LE CHRISTIANISME
AU RISQUE DE L'INTERPRÉTATION

CLAUDE GEFFRÉ

LE CHRISTIANISME AU RISQUE DE L'INTERPRÉTATION

LES ÉDITIONS DU CERF
29, bd Latour-Maubourg, Paris
1983

ISBN 2-204-02014-1
ISSN 0587-6036

INTRODUCTION

> *« Ce qui m'intéresse, c'est "l'interprétation" en ce qu'elle donne à la parole une vie qui déborde l'instant et le lieu où elle a été prononcée ou transcrite. Le français "interprète" ramasse toutes les nuances adéquates. »*
>
> George Steiner (*Après Babel,* p. 37).

Quand, il y a une dizaine d'années, je publiai *Un nouvel âge de la théologie,* un de mes critiques acheva sa recension en saluant mon livre comme un nouvel âge de l'*Apologétique...* Cela n'allait pas sans quelque ironie dans la mesure où je m'employais justement à montrer les impasses d'une certaine apologétique, soit qu'elle s'appuie sur des arguments rationnels extérieurs à la foi, soit qu'elle emprunte les voies d'une démarche existentielle à partir d'une analyse des implications de la subjectivité humaine. Au demeurant, je n'ai rien contre l'apologétique et, au cours de sa longue histoire, la théologie chrétienne n'a cessé d'exercer une fonction défensive. Mais pourquoi faut-il que le théologien soit soupçonné d'apologétique au sens péjoratif chaque fois qu'il s'efforce simplement de manifester la *pertinence* du Mystère chrétien pour l'intelligence et la pratique de l'homme d'aujourd'hui? Pour éviter une telle caricature du travail théologique, peut-être faut-il avoir mesuré toute la distance qui sépare l'apologétique au sens classique et la théologie fondamentale que je définissais déjà comme une

« herméneutique de la Parole de Dieu et de l'existence humaine ».

Dix ans plus tard, je persiste et je signe, si j'ose dire. En présentant ces essais d'*herméneutique théologique* sous le titre, *Le Christianisme au risque de l'interprétation,* je demande tout d'abord que l'on soit attentif à l'ambivalence du mot « risque ». Le risque de l'interprétation, c'est bien sûr – et il ne faut jamais l'oublier – le risque du gauchissement, de la distorsion et même de l'erreur. Mais quand il s'agit du christianisme, c'est aussi le risque même, le beau risque, de la foi. Tout le propos du présent livre est de faire mieux comprendre que la foi n'est fidèle à son propre élan et à ce qui lui est donné de croire que si elle conduit à une interprétation *créatrice* du christianisme. Le risque de ne transmettre qu'un passé mort, faute d'audace et de lucidité, n'est pas moins grave que celui de l'erreur.

Je n'ignore pas le procès moderne fait à l'herméneutique, surtout dans le contexte culturel français (cf. mon chapitre II). Mais sans faire de l'herméneutique le cheval de Troie qui renverse tous les obstacles sur le chemin de la compréhension théologique, je maintiens que la théologie est de bout en bout une entreprise herméneutique. Il ne s'agit pas seulement de constater que depuis le début de l'Église, la théologie n'a cessé de réinterpréter l'Ancien Testament à la lumière du Nouveau et qu'elle n'a pas manqué de réinterpréter le message chrétien en fonction des mutations successives de la culture (les travaux historiques d'Henri de Lubac sont là pour nous en convaincre). Il s'agit de prendre au sérieux l'herméneutique comme une dimension intrinsèque de la connaissance en tant que moderne et d'en tirer toutes les conséquences pour la théologie comme intelligence de la foi.

Que tout acte de connaissance soit un acte d'interprétation, nous le savons mieux depuis qu'a émergé au XIXe siècle la nouvelle « conscience historique » et depuis que nous sommes mieux avertis, grâce à la méthode analytique et grâce à la critique des idéologies, des illusions et des préjugés qui sont inhérents à tout acte de connaissance prétendument objective. C'est tellement vrai qu'on accepte aujourd'hui de définir la connaissance scientifique elle-même comme une connaissance interprétative et que la distinction classique (cf. Dilthey) entre les sciences de la nature sous le signe de l'*expliquer* et les sciences humaines sous le signe du *comprendre* a perdu beaucoup de sa pertinence. Ainsi, la querelle, au nom du structuralisme, contre l'herméneutique comme méthode de lecture des textes, sous prétexte qu'elle serait congénitalement prisonnière d'une compréhension métaphysique des rapports du signe et du signifié, me semble un débat mineur en regard de ce qui est en jeu dans ce nouveau paradigme que représente la théologie comprise comme herméneutique. Et d'ailleurs, la possibilité même d'une lecture structurale des Écritures comme de la tradition chrétienne confirmerait plutôt le destin fatalement herméneutique de la théologie à l'époque moderne.

Avec des théologiens comme Edward Schillebeeckx et David Tracy, qui sont aussi des collègues et des amis, je comprends de plus en plus la tâche présente de la théologie comme une corrélation critique et mutuelle entre l'interprétation de la tradition chrétienne et l'interprétation de notre expérience humaine contemporaine [1]. Quoi qu'il en soit de la diversité des sujets abordés dans cet ouvrage, c'est toujours cette méthode qui est présupposée même quand elle n'est pas explicitée pour elle-même.

C'est dire assez que je ne puis relire la tradition chrétienne en faisant abstraction de ce que j'appelle volontiers *les états de conscience* de l'homme contemporain. Mais c'est dire aussi que je ne puis interpréter notre monde actuel d'expérience, avec toute son ambiguïté, sans être habité par le monde de l'expérience chrétienne. Nous appartenons au langage beaucoup plus que nous ne le possédons, de même que nous appartenons à l'histoire beaucoup plus que nous ne la maîtrisons. Comment le théologien pourrait-il déchiffrer l'expérience de l'homme contemporain sans être informé par les effets conscients ou inconscients de siècles de tradition judéo-chrétienne ? Ce processus d'interaction mutuelle, où je ne puis dissocier mon interprétation des textes de la tradition chrétienne de mon expérience actuelle, conduit nécessairement au risque d'une interprétation *créatrice* du message chrétien. Je connais bien l'abus moderne

---

1. On trouvera un résumé de la méthode herméneutique d'E. SCHILLEBEECKX dans l'édition française présentée par J. Doré de son petit livre, *Expérience humaine et foi en Jésus-Christ*, Paris, Cerf, 1981. Pour D. Tracy, on consultera *Blessed Rage for Order*, New York, Seabury Press, 1975 et *The analogical Imagination*, New York, Cross Road, 1981.

du mot «créativité» qui peut masquer l'impuissance à explorer les richesses du passé. Mais quand je parle d'interprétation créatrice, il ne s'agit pas de l'arbitraire d'une interprétation qui prétendrait surgir *ex nihilo*. Il s'agit beaucoup plus d'une *reprise,* sans répétition, du message chrétien qui n'est fidèle à lui-même que pour autant qu'il engendre de nouvelles figures historiques sous la forme d'écritures ou de pratiques inédites. Pour reconnaître le caractère créateur de toute interprétation, il faut avoir démystifié l'illusion d'un sens qui serait derrière le texte (dans la conscience de son auteur, dans la reconstitution de son contexte socio-historique ou dans sa première réception) ou même dans le texte lui-même. Le sens est beaucoup plus à chercher dans cet «en-avant» qui est au point de rencontre de l'horizon du texte et de notre propre horizon de compréhension.

Cette interaction du texte et de l'interprète nous renvoie à l'image classique en herméneutique depuis Gadamer: celle de *conversation.* Mais même si Gadamer est le premier à revendiquer contre les prétentions à l'objectivité pure de l'Âge des lumières l'importance de la tradition dans laquelle s'inscrit tout interprète, le modèle même de la conversation peut encore évoquer l'illusion d'une transparence entre le texte et l'interprète. Cette herméneutique idéale doit être relayée aujourd'hui par une *herméneutique du soupçon* qui s'interroge de manière critique sur les présupposés conscients ou non de notre propre précompréhension comme sur les conditions de production des textes à interpréter. Pour reprendre l'exemple de la conversation, c'est justement le propre de la méthode analytique de manifester les sens latents, refoulés, paradoxaux du discours qui s'instaure entre l'analysé et l'analysant. Et ce qui est déjà vrai de toute relation interpersonnelle l'est encore plus de la communication sociale. C'est dire que l'herméneutique théologique dans sa relecture des textes du passé au service d'une meilleure intelligence de l'identité chrétienne ne peut ignorer cette ascèse de la lucidité à laquelle nous convient les théories critiques modernes, qu'elles relèvent de la psychanalyse, de la critique marxiste des idéologies ou des différentes formes de méthode généalogique dans le sillage de Nietzsche et de M. Foucault (cf. notre chap. III).

Il convient d'ajouter par ailleurs que tout en reconnaissant avec Gadamer que l'ensemble du processus d'interprétation est en vue de la *compréhension,* le grand mérite de Paul Ricœur est de nous avoir rendu attentifs à l'importance du *texte,* à sa structure objective, à son organisation interne, à ses conditions de production. L'interprétation juste se fera dans une interaction vivante avec le monde de compréhension de l'interprète, mais le sens sera toujours dans le prolongement de la *chose* du texte soumis aux procédures d'explication les plus rigoureuses de l'analyse littéraire ou structurale. C'est pourquoi loin de conclure à l'impasse de l'herméneutique comme entreprise de compréhension, il se plaît à constater que *l'explication* est devenue désormais le chemin de la *compréhension* (cf. notre chapitre II sur le déplacement de l'herméneutique sous le choc du structuralisme). Le théologien-herméneute aurait tout bénéfice à accepter l'ascèse inévitable qu'impose l'objectivité du texte. Dans son souci d'actualiser le message chrétien pour aujourd'hui, n'est-il pas souvent tenté en effet d'extraire trop vite des « messages » à propos de tel ou tel texte qui résiste pourtant à une telle récupération ?

Ces quelques réflexions devraient suffire à rassurer ceux qui m'objecteront qu'en plaidant pour le risque d'une interprétation créatrice, je fais bon marché de la tradition de l'Église. C'est bien plutôt parce que la tradition nous précède et nous résiste que nous n'avons jamais fini d'en tirer du neuf et de discerner le contingent d'avec l'unique essentiel. Loin de s'opposer, créativité et lucidité critique sont les meilleures alliées dans le processus complexe de la réinterprétation du christianisme. Seule, la distance historique nous permet de repérer les sédimentations successives qui ont pu recouvrir la teneur originelle du message à transmettre. Et seul un soupçon méthodique peut nous aider à discerner les complicités entre l'imaginaire propre de la foi et la maladie infantile du désir ou bien une volonté secrète de domination. Les plus grands spirituels n'ont-ils pas toujours eu à cœur de pratiquer la règle du discernement des esprits ?...

Mais alors que le souci d'une interprétation créatrice nous expose au risque de l'arbitraire, est-ce que la hantise de la lucidité ne nous expose pas au risque du *réductionnisme* ? Je connais bien ce genre d'aporie. Comment savoir si le « croyable disponible » d'une époque n'est pas déjà devenu la norme de ce qui est à croire ? Il est évidemment plus rassurant de se replier sur le « bien commun » des fidèles et d'en appeler au « scandale des faibles ». Pourtant, comme le montre l'histoire de la pensée chrétienne, la peur est toujours mauvaise conseillère, et le refus de regarder en face les résultats incontestables de la critique prépare des lendemains amers. Si on est convaincu de la jeunesse permanente de l'Évangile, pourquoi feindre d'ignorer les nouveaux états de conscience de l'humanité contemporaine ? Comme je le dis plus loin (cf. chap. x), la situation historique du « croire » ne permet pas d'en rester à une foi naïve. Ou plutôt, faut-il parler de la « naïveté seconde » d'une foi qui est passée par l'épreuve critique. Et dans le cercle toujours recommencé du « croire » et du « comprendre », j'ai l'intime conviction que la lucidité critique ne compromet en rien la spontanéité proprement théologale de la foi. En cela, j'ai le sentiment d'être strictement fidèle à la leçon de mon ancien maître dans la lecture de Thomas d'Aquin, le Père Chenu, qui répétait à l'envi que la foi ne supprime pas le régime humain de l'esprit.

Le plan du présent ouvrage ne réclame pas de longs commentaires. Il s'est rapidement imposé à moi et je souhaite qu'il soit également clair pour chacun de mes lecteurs. La *première partie,* plus méthodologique, relève de la théologie fondamentale ou encore de ce qu'on appelle l'épistémologie théologique. J'essaie de resituer historiquement l'instance herméneutique de la théologie et d'en tirer les conséquences pour la redistribution du travail théologique. Depuis plus d'un siècle, le problème herméneutique n'a cessé de se poser en termes nouveaux. Au-delà des modes successives du structuralisme français, le théologien responsable ne peut rester dans une superbe ignorance à l'égard du déplacement opéré par l'herméneutique moderne sous le choc provocant mais finalement bénéfique des nouvelles méthodes de lecture des textes. Dans un autre chapitre (III), je m'efforce de caractériser le modèle d'une écriture théologique de type herméneutique dans sa différence avec le modèle classique d'une écriture de type dogmatique. J'ose espérer qu'il sera clair qu'en faisant le procès d'un certain dogmatisme, je ne conteste en rien les droits et la validité permanente d'une théologie dogmatique. Un dernier chapitre (IV) rappelle la vocation propre du théologien qui est une sorte de « médiateur » entre l'enseignement magistériel de l'Église et le vécu irréductible du peuple chrétien.

On reproche volontiers à la pensée contemporaine de s'enliser dans des débats méthodologiques sur les préalables. La théologie elle-même n'échappe pas à ce danger de formalisme. Et pourtant, elle est concernée de bout en bout par la *chose* du texte ou encore par le *monde* auquel renvoient les Écritures judéo-chrétiennes, à savoir l'irruption inouïe de l'amour gratuit de Dieu pour l'homme. C'est pourquoi, je n'ai pas hésité à regrouper dans une *deuxième partie* un certain nombre d'essais d'écriture plus facile, qui concernent tous les réalités les plus fondamentales de la révélation chrétienne. Depuis l'état naissant de l'Église, le langage de la foi est toujours et déjà un langage interprétatif. Je le montre à propos de ce qui constitue le cœur de la prédication apostolique, à savoir la résurrection du Christ (chap. v). Ensuite, par contraste avec ce que peut être une herméneutique athée moderne du christianisme comme celle d'E. Bloch (chap. vi), je m'interroge sur les conditions d'une réinterprétation du discours sur le Dieu de Jésus qui prenne au sérieux les apories fondamentales du théisme traditionnel pour le régime moderne de l'esprit (chap. vii et viii). Enfin, la conscience aiguë de la non-nécessité de Dieu dans une histoire livrée à elle-même nous fait un devoir de réinterpréter en termes neufs le sens de la Seigneurie du Christ sur l'histoire. Je propose donc modestement quelques points de repère parmi les diverses tendances de la théologie de l'histoire (chap. ix).

L'herméneutique théologique, dans son souci d'actualiser la Parole de Dieu pour aujourd'hui, ne se contente pas de produire de nouveaux commentaires. À force d'habiter un texte qui est le témoin privilégié de la Parole agissante de Dieu, le théologien a la vocation exigeante de l'*exercer,* c'est-à-dire de proposer des pratiques signifiantes pour l'Église. Mais c'est encore trop peu dire. La pratique des chrétiens est elle-même un *lieu théologique* qui donne à penser au théologien dans sa réinterprétation créatrice de la foi de toujours. Sous l'action de l'Esprit qui ne lui fait jamais défaut, c'est la communauté chrétienne tout entière qui a *compétence* pour interpréter les «signes des temps» et pour faire exister des figures historiques différentes de la plénitude insondable du Mystère du Christ.

Tous les thèmes abordés dans ma *troisième partie* ont affaire avec la pratique concrète des Églises affrontées à des conditions historiques, sociales et culturelles nouvelles. Alors même que nous n'en avons pas encore tiré toutes les conséquences quant à la révision de certaines thèses théologiques élaborées à un autre âge de la foi, c'est la pratique même des chrétiens qui est en train de réinterpréter le christianisme. C'est vrai de la transmission de la foi dans une culture athée ou indissociable d'une grande reli-

gion non chrétienne (chap. x). C'est vrai des tentatives de réinterprétation non religieuse du christianisme dans un monde
séculier (chap. XI). C'est vrai de la reprise du thème classique de
l'imitation du Christ à la lumière de notre nouvelle intelligence
des rapports entre l'orthodoxie et l'orthopraxie (chap. XII). C'est
vrai de la conquête onéreuse hors de l'Église et dans l'Église du
droit à la liberté religieuse (chap. XIII). C'est vrai de la nouvelle
conscience missionnaire de l'Église, alors qu'elle doit dialoguer
avec les grandes religions non chrétiennes et contribuer à la promotion des droits de l'homme (chap. XIV). À chaque fois, dans
cette troisième partie, la question posée est celle de l'*identité
chrétienne,* face à des réinterprétations, soit éthiques et politiques, soit sacralisantes, du christianisme.

J'ai défini plus haut le travail théologique comme une mise en
corrélation critique de la tradition chrétienne et de l'expérience
humaine contemporaine. Au sujet de cette expérience complexe, j'ai surtout insisté sur notre nouvelle «conscience historique» avec toutes ses exigences critiques. Mais en vue de prévenir un reproche d'intellectualisme hyper-critique, je voudrais
que l'on sache bien que, pour moi, prendre le risque d'une interprétation du christianisme, c'est réinterpréter aussi sans cesse la
Bonne Nouvelle du salut à la lumière de cette contre-expérience
de la souffrance massive et globale de l'humanité contemporaine.

Même s'ils ont été revus, corrigés et même parfois entièrement
refondus, la plupart des textes rassemblés dans ce volume ont
déjà fait l'objet de communications ou de publications diverses
au cours des dix dernières années [2]. Il ne me déplaît pas de vérifier qu'en dehors des lieux de passage obligés de l'enseignement
théologique, ma réflexion a souvent été stimulée par des demandes occasionnelles. Dans leur diversité, ces demandes ne sont
pas fortuites. Je constate par exemple qu'après avoir dû, à la
suite de tant d'autres, prendre en compte les diverses formes de
l'athéisme occidental, j'ai été amené de plus en plus à réfléchir
sur la coexistence du christianisme et des grandes religions non
chrétiennes de même que sur la résurgence d'un néo-paganisme.
En cette fin du deuxième millénaire, la pensée chrétienne ne

---

2. Voir la notice bibliographique en fin de volume.

doit pas seulement surmonter le défi de l'indifférence religieuse. Elle doit – au-delà de l'alternative du théisme et de l'athéisme – prêter la plus grande attention à la permanence de ce que d'aucuns saluent comme le «génie du paganisme».

Mon dernier mot sera pour exprimer ma gratitude envers tous ceux, connus ou inconnus, qui m'ont aidé autant par leurs questions que par leurs réponses. C'est pourquoi j'ai tenu à brosser en conclusion de ce volume un tableau de la recherche théologique française. Je prie le lecteur d'y voir à la fois un geste de reconnaissance à l'égard de ma propre communauté théologienne et un acte de confiance dans l'avenir. Malgré sa relative discrétion, je demeure convaincu que la partition française rend un son inimitable dans la polyphonie théologique de l'Église de ce temps.

Février 1983

PREMIÈRE PARTIE

DE LA THÉOLOGIE
COMME HERMÉNEUTIQUE

CHAPITRE PREMIER

DU SAVOIR À L'INTERPRÉTATION

En choisissant ce titre, je veux essayer de caractériser le déplacement qui s'est opéré dans la théologie depuis une vingtaine d'années, c'est-à-dire le passage de la théologie comme savoir constitué à la théologie comme interprétation plurielle ou encore le passage de la théologie dogmatique à la théologie comme herméneutique. Je sais bien que le mot même d'«interprétation» est devenu un mot tabou pour certains et que, si l'on veut parler du déplacement de la théologie aujourd'hui, il faut parler du déplacement plus radical provoqué par la crise de l'herméneutique. Mais ce sera justement le rôle des prochains chapitres de se demander si les nouveaux modes de lecture de l'Écriture et du Dogme rendent caduque la fonction herméneutique de la théologie comme actualisation du sens du message chrétien.

I. LES CAUSES DU DÉPLACEMENT ACTUEL DE LA THÉOLOGIE

Pour essayer de comprendre le déplacement en cours de la théologie, j'évoquerai seulement l'approfondissement théologique de la notion de révélation et l'histoire récente du problème herméneutique.

En ce qui concerne la *révélation*, je ferai simplement trois remarques [1].

1. Pour de plus amples développements, on se reportera à notre

1. Nous avons une plus vive conscience aujourd'hui que la Parole de Dieu ne s'identifie ni à la lettre de l'Écriture, ni à la lettre des énoncés dogmatiques. Dogme et Écriture sont des témoignages partiels rendus à la plénitude de l'Évangile qui est d'ordre eschatologique.

2. La révélation n'est pas la communication à partir d'en haut d'un savoir fixé une fois pour toutes. Elle désigne à la fois l'action de Dieu dans l'histoire et l'expérience croyante du Peuple de Dieu qui se traduit dans une expression interprétative de cette action. Autrement dit, ce que nous appelons l'Écriture est déjà une interprétation. Et la réponse de la foi appartient au contenu même de la révélation.

3. La révélation n'atteint sa plénitude, son sens et son actualité que dans la foi qui l'accueille. C'est pourquoi, la révélation, en tant que Parole de Dieu dans une parole humaine ou trace de Dieu dans l'histoire, ne relève pas d'une méthode scientifique, historicocritique. La foi, selon son aspect cognitif, est toujours une connaissance interprétative marquée par les conditions historiques d'une époque. Et la théologie, comme discours interprétatif, n'est pas seulement l'expression différente d'un contenu de foi toujours identique qui échapperait à l'historicité. Elle est l'interprétation actualisante du contenu même de la foi.

A partir de ces brèves élucidations, nous pouvons dire que comprendre la théologie comme herméneutique, c'est prendre au sérieux l'historicité de toute vérité, y compris la vérité révélée, et prendre au sérieux l'historicité de l'homme comme sujet interprétant. Loin de vouloir gommer le caractère contingent de la vérité à la manière de l'ancienne métaphysique, la pensée moderne dirait plutôt que l'historicité est la condition même de toute restauration du sens. La théologie contemporaine cherche à tirer toutes les conséquences de cette intuition.

Ainsi, il me semble qu'une réflexion plus lucide sur la révélation nous amène à comprendre que la théologie est toujours une entreprise herméneutique, au moins en ce sens qu'elle est une interprétation de la signification actuelle de l'événement Jésus-Christ à partir des divers langages de la foi qu'il a suscités sans qu'on puisse en absolutiser aucun, même pas celui du Nou-

étude: «Esquisse d'une Théologie de la révélation» dans P. RICŒUR, E. LÉVINAS... *La Révélation,* Bruxelles, Fac. univers. Saint-Louis, 1977, pp. 171-205.

veau Testament. Jésus en effet est maître de tous les temps, et nous avons à redire ce qui a été manifesté en Jésus de Nazareth en référence à notre expérience de l'homme et du monde.

Le déplacement de la théologie opéré par le passage du savoir à l'interprétation est également lié à l'*histoire récente du problème herméneutique*. Je n'ai pas à retracer cette histoire de Dilthey à Gadamer [2]. Qu'il me suffise de retenir deux aspects qui concernent directement les déplacements actuels de la théologie, d'une part la contestation du savoir historique au sens de l'historicisme, d'autre part la contestation du savoir spéculatif.

La contestation du savoir historique

Nous avons vu l'impact de la méthode historique en théologie. Quoi qu'il en soit de la crise moderniste, l'introduction des méthodes historiques a été, dans un premier temps, libératrice par rapport à une scolastique complètement coupée des sources historiques de la foi. Mais dans un second temps, l'exégèse scientifique et l'histoire scientifique des origines chrétiennes ont contribué à creuser le fossé entre l'histoire et le dogme, entre la vérité des exégètes et la vérité des théologiens [3].

Le présupposé implicite des exégètes est que la vérité du christianisme se trouve contenue dans un texte, la Bible, et que l'on peut la restituer selon des méthodes scientifiques. L'exégèse devient le lieu de passage obligé pour accéder à cette vérité qui est identifiée au contenu d'un texte passé. D'où une certaine méconnaissance de l'expérience actuelle de la communauté chrétienne et la mise en veilleuse d'un questionnement proprement théologique sur le sens de ces textes pour aujourd'hui.

C'est le mérite de l'herméneutique philosophique depuis Dilthey d'avoir mis en question les prétentions du savoir historique au sens du positivisme et d'avoir montré qu'il ne peut y avoir de restitution du passé sans une *interprétation* vivante conditionnée par ma situation présente.

2. Je renvoie en priorité à l'étude de P. RICŒUR, «La tâche de l'herméneutique», in *Exegesis*, Neuchâtel, Delachaux et Niestlé, 1975, pp. 179-200.

3. À cet égard, on consultera avec profit F. REFOULÉ, «L'exégèse en question», *Le Supplément*, n° 111 (nov. 1974), pp. 391-423 ainsi que l'ouvrage collectif, *Crise du biblisme, chance de la Bible*, Paris, Épi, 1974.

Depuis Karl Barth, la théologie est une herméneutique qui s'efforce de faire parler la Parole de Dieu pour aujourd'hui. Et même s'il reproche à Barth de faire trop bon marché de l'étude critique des textes, Bultmann lui aussi réagit contre la conception positiviste de l'histoire qui prétendrait parvenir à une connaissance exacte du passé à la manière des sciences exactes. La connaissance existentielle, c'est-à-dire une connaissance interprétative inséparable de l'auto-interprétation du sujet lui-même, est la seule connaissance historique authentique à la différence de la connaissance objectivante de l'historicisme [4].

Toutefois, nous savons mieux aujourd'hui, depuis les travaux de Gadamer [5] et de Pannenberg [6], que la contestation de l'historicisme par l'herméneutique existentiale est elle-même prisonnière de la problématique kantienne qui sépare l'ordre des faits (objet des sciences de l'expérience) et l'ordre du sens ou de la valeur (objet d'une éthique et d'une métaphysique). La théologie protestante, pour échapper aux méfaits de l'historicisme, va renchérir sur l'autorité surnaturelle de la Parole de Dieu sans recourir au critère de l'histoire. Et de fait, on aboutit à une distinction ruineuse entre la tâche de l'exégète-historien et celle de l'herméneute-théologien. Le premier cherche le sens de l'événement à partir de son contexte historique. Le second s'efforce d'actualiser le sens de l'événement passé pour nous aujourd'hui. Contre une herméneutique psychologisante qui comprend le texte comme expression de la vie subjective de l'auteur, la nouvelle herméneutique cherche le sens du texte en respectant son altérité historique.

La contestation du savoir spéculatif

La contestation du savoir historique au sens de l'historicisme a donc ébranlé l'assurance d'une théologie de type fondamenta-

---

4. Parmi les écrits de BULTMANN, voir surtout *Histoire et Eschatologie,* Trad. franç. Neuchâtel, Delachaux et Niestlé, 1959. Sur la portée de la distinction *Historie – Geschichte,* cf. notre étude «Kérygme et histoire chez Rudolf Bultmann», *Rev. sc. phil. Théol.* n° 49 (1965), pp. 809-639.

5. Pour une première approche, H.-G. GADAMER, *Le Problème de la conscience historique,* Louvain, 1963.

6. Cf. surtout, «Hermeneutik und Universalgeschichte», in *Grundfragen systematischer Theologie,* Göttingen, 1967, pp. 91-122.

liste qui prétendrait rejoindre directement la Parole de Dieu dans l'écoute littérale de la parole des Écritures. Mais plus généralement, on ne peut parler d'un passage du savoir à l'interprétation et d'un ébranlement du dogmatisme sans mentionner la contestation du savoir spéculatif dans la philosophie contemporaine.

1. La nouvelle ontologie de Heidegger qui s'efforce de restaurer la pensée de l'être a déconstruit l'ancienne onto-théologie qui avait donné à la théologie ses fondements conceptuels. Cette théologie métaphysique a pu constituer une réussite exceptionnelle. Mais nous ne pouvons plus aussi impunément théologiser selon le mode de penser métaphysique. Et nous ne pouvons plus aussi innocemment identifier le *théologique* qui vient proprement du Dieu de Jésus-Christ et le *théologique* de nature et de niveau purement ontologiques. D'ailleurs, la philosophie a renoncé à sa prétention de « savoir absolu » et la théologie chrétienne doit tirer les conséquences pour sa propre rationalité de tout ce qui sépare une philosophie herméneutique d'une philosophie du savoir.

2. En deuxième lieu, la prétention d'une théologie à être la systématisation parfaite et universelle du message chrétien rencontre de plein fouet la critique moderne de l'idéologie si justement celle-ci se signale par son vœu de totalisation non dialectique, son mépris de la complexité historique, son entêtement contre le réel. Nous sommes tous marqués par le soupçon nietzschéen à l'égard de la vérité [7]. La vérité elle-même n'est pas « perspectiviste », mais nous devons accepter de ne pouvoir l'atteindre que dans une certaine perspective. Tout discours est donc provisoire, relatif. Il n'est pas un savoir, mais un langage interprétatif, relatif à la perspective de celui qui le tient. La vérité est plurielle dans la mesure où la réalité elle-même est multiforme. Cette conscience plus aiguë ne conduit pas nécessairement à la destruction d'une foi vraiment dogmatique au sens chrétien du mot. Mais cela nous rend plus circonspects à l'égard d'une certaine théologie dogmatique qui se présenterait comme la seule interprétation authentique du message chrétien.

7. On consultera avec profit l'ouvrage classique de J. GRANIER, *Le Problème de la vérité dans la philosophie de Nietzsche*, Paris, Seuil, 1966. Voir aussi: P. GISEL, « Perspectivisme nietzschéen et discours théologique », *Concilium*, n° 165 (1981), pp. 121-131.

Dans la mesure où la théologie prend conscience d'être toujours *en situation herméneutique*, elle se veut plus modeste et plus interrogative.

3. J'ajoute enfin que le déplacement actuel de la théologie que je caractérise comme un passage du savoir à l'interprétation est une conséquence du déplacement des structures de crédibilité de l'homme moderne. Je veux dire que les conditions historiques de la foi et donc du discours théologique ont profondément changé. Ce qui était déjà latent au moment de la crise moderniste, mais qui éclate en plein jour aujourd'hui, c'est le conflit entre l'autorité de la foi et l'autorité de la raison dans le débat des hommes. Si beaucoup de discours ecclésiastiques sont devenus insignifiants pour bon nombre de nos contemporains, ce n'est pas seulement à cause de l'indifférence religieuse ou du relâchement des mœurs, c'est à cause d'un sentiment plus vif du divorce entre la foi chrétienne et les nouveaux états de conscience de l'humanité. L'autonomie de la conscience est une donnée inéluctable de notre modernité. C'est pourquoi, la prétention à l'infaillibilité d'un savoir théologique au nom d'une autorité, celle d'un magistère ou même celle de Dieu, est récusée. Le contenu de vérité d'un enseignement n'est pas accepté en vertu de l'autorité de celui qui le profère, mais en vertu de son propre titre à être cru. Des théologies «autoritaires» comme les théologies de la Parole de Dieu au sens barthien ou des théologies catholiques comme celle de l'École romaine ne correspondent plus au régime moderne de l'esprit [8]. Comme à d'autres époques de son histoire, la théologie moderne ne peut renoncer à médiatiser les rapports de la raison et de la foi. Je pense dans ce sens à une théologie herméneutique comme celle de Pannenberg qui s'efforce de réagir contre le surnaturalisme des théologies de la Parole pour enraciner la crédibilité du message chrétien dans ses événements fondateurs.

---

8. À propos des théologies «autoritaires», nous renvoyons à notre chapitre: «La Théologie dogmatique à l'âge herméneutique» dans *Un nouvel âge de la théologie*, Paris, Cerf, «Cogitatio Fidei» n° 68, 1972.

II. CONSÉQUENCES POUR LA PRATIQUE THÉOLOGIQUE DE L'ORIENTATION HERMÉNEUTIQUE DE LA THÉOLOGIE

Je voudrais maintenant repérer un certain nombre de déplacements à l'intérieur de la pratique théologique. Même si tous ces aspects sont étroitement associés, je distinguerai successivement un traitement nouveau des lieux traditionnels que sont l'Écriture et la Tradition, une articulation nouvelle de l'Écriture et du Dogme, un déplacement de l'acte théologique, l'émergence de lieux nouveaux qui modifient la fonction des lieux traditionnels de la théologie.

Un traitement nouveau des lieux traditionnels

L'attitude des théologiens à l'égard de ces lieux que sont l'Écriture et la Tradition a changé. Je veux dire que ce sont des objets textuels au sens d'une référence plus que des « autorités ». Quand il s'agit de l'Écriture, on ne la considère pas d'abord comme un *donné* au sens d'un contenu de vérité qu'il suffit de s'approprier. C'est un *témoignage* qui renvoie à des événements historiques. Il s'agit donc d'une certaine interprétation croyante, irrémédiablement historique, c'est-à-dire relative. Dans une perspective structurale, on dirait qu'il n'y a pas de vérité du texte. C'est la lecture qui produit des significations diverses. Mais le théologien reçoit le texte d'une communauté, l'Église. Et c'est parce que cette communauté est en continuité avec la communauté primitive qui a produit ce texte qu'il ne peut pas lui faire dire n'importe quoi. C'est cette continuité qui est la condition de possibilité de la tradition. Ainsi, la lecture croyante de l'Écriture est toujours herméneutique en ce sens que nous interprétons aujourd'hui le texte à l'intérieur de la même tradition que celle dans laquelle il a été écrit. On peut donc parler d'une certaine continuité de sens liée à la continuité historique, même si l'événement Jésus-Christ suscite toujours en fonction de ma situation historique une interprétation et une expression différentes. La référence à l'origine du sens, celle de l'événement fondateur, est essentielle. Mais la transmission du message n'est pas la répétition d'un savoir constitué une fois pour toutes : c'est l'actualisation toujours nouvelle de ce qui a été manifesté en Jésus-Christ. C'est pourquoi une théologie vivante est toujours une entreprise herméneutique.

Une articulation nouvelle de l'Écriture et du Dogme

Considérer la théologie comme une herméneutique, c'est remettre en cause la distinction du *donné* et du *construit* mise en œuvre dans la théologie traditionnelle et dépasser l'opposition entre une théologie dite *positive* et une théologie dite *spéculative* qui depuis plus de trois siècles compromet l'unité du savoir théologique [9]. En fait, cette distinction consacrait le divorce entre la raison et l'histoire dans le travail théologique et le triomphe d'une scolastique coupée de ses sources bibliques. Le positivisme historique et le rationalisme théologique ont la même origine, à savoir la méconnaissance d'une véritable compréhension herméneutique du passé. Nous l'avons suggéré : cette méconnaissance est un héritage de la distinction kantienne entre la connaissance des faits et la recherche du sens. La théologie dite positive se bornait à l'enregistrement des documents du passé. La théologie spéculative pouvait alors entreprendre son travail de construction théorique, comme si on pouvait se contenter d'une distinction naïve entre un donné dont on pourrait lire le sens en mettant entre parenthèses notre compréhension d'aujourd'hui et puis un construit qui n'aurait qu'un rapport lointain avec ce donné. Nous savons bien que nous ne pouvons pas faire l'inventaire des sources de la foi sans nous livrer déjà à tout un travail d'interprétation.

Ce dépassement de la distinction entre le donné et le construit nous conduit à un déplacement des diverses fonctions de la théologie. Nous avons abandonné la division tripartite de la théologie dogmatique issue de la Contre-Réforme : exposé de la doctrine de l'Église, preuve de cette doctrine à partir de l'Écriture et de la Tradition, approfondissement spéculatif [10]. Le théo-

9. C'est encore en fonction de cette distinction que Y. CONGAR comprend le rapport entre la Théologie *positive* et la Théologie *spéculative* dans *La Foi et la théologie,* Paris, Desclée, 1962.

10. Sur l'origine de cette division tripartite de la dogmatique, nous renvoyons à W. KASPER, *Renouveau de la méthode théologique,* trad. franç., Paris, Cerf, 1968.

logien ne fait plus appel à l'Écriture simplement pour justifier
ou confirmer l'enseignement du magistère comme c'était le cas
dans la théologie catholique jusqu'à la veille de Vatican II. C'est
bien plutôt notre lecture actuelle de l'Écriture qui nous conduit
à une réinterprétation des énoncés dogmatiques en tenant
compte de la situation de question et de réponse qui fut l'occasion de leur formulation. Le langage dogmatique est l'expression
d'une prise de conscience par l'Église, de ce qu'elle vit à un
moment donné. De même qu'on ne peut identifier l'Église et le
Royaume de Dieu, de même on ne peut parler d'une identité
pure et simple du langage dogmatique de la foi et de la Parole
de Dieu. Si on évite d'identifier soit l'Écriture, soit le Dogme
avec la Parole de Dieu, on comprend alors leur complémentarité dans l'appropriation progressive par l'Église des richesses du
Mystère du Christ. Concrètement, la fonction herméneutique de
la théologie est mesurée, par l'articulation réciproque des
confessions de foi dogmatiques et de l'Écriture. Nous lisons
l'Écriture à partir de cet horizon que constitue la tradition de
l'Église. Ce fut la méthode privilégiée de la dogmatique catholique. Mais nous devons aussi pratiquer l'opération inverse,
c'est-à-dire nous livrer à une relecture de l'Écriture à partir de
notre propre horizon historique afin de discerner ce qui est visé
par telle définition dogmatique et ce qui relève de la mentalité
et des représentations spontanées d'une époque (cf. *infra*
chap. IV).

Le déplacement de l'acte théologique comme « intellectus fidei »

De tout ce qui précède, il résulte que l'acte théologique
comme *intellectus fidei* s'est déplacé. Je veux dire que nous ne
pouvons plus identifier l'*intellectus fidei* avec un acte de la raison spéculative qui se meut selon le schéma du sujet et de l'objet
et qui cherche à expliquer ce qui nous est donné à comprendre
dans la révélation à partir d'un certain nombre de raisons métaphysiques. L'*intellectus fidei* peut être assimilé à un
« comprendre herméneutique », c'est-à-dire autre chose qu'un
simple acte de connaissance, un mode d'être où la compréhension du passé est inséparable d'une interprétation de soi [11]. Cela

---

11. Nous nous référons évidemment au *verstehen* de Heidegger pour
qui le « comprendre » n'est pas un acte de la connaissance noétique mais

me semble très important à condition de ne pas en rester au psychologisme de l'herméneutique existentiale. Comme l'a montré Gadamer, comprendre n'est jamais un comportement subjectif par rapport à un « objet » donné. « Le comprendre lui-même doit être considéré moins comme une action de la subjectivité que comme une insertion dans le procès de la transmission où se médiatisent constamment le passé et le présent [12]. »

Ainsi, il est permis de dire que l'objet immédiat du travail théologique n'est justement pas un « objet » au sens d'un ensemble de propositions dont je cherche l'intelligibilité, mais l'ensemble des textes compris dans le champ herméneutique ouvert par la révélation. Je cherche à laisser se déployer l'être nouveau de la Bible et de ses relectures ecclésiales sur la base de ma relation vivante au Christ, Seigneur de l'histoire. Pour que cet être nouveau du texte soit révélant pour moi, je dois vaincre la distance culturelle qui me sépare du texte resitué dans sa production historique. Mais en même temps, je ne dois pas annuler l'altérité du texte, car c'est justement cette distance qui est créatrice de possibilités nouvelles de sens en fonction de ma situation présente de lecteur. La théologie est donc un mouvement sans fin d'interprétation où la nouveauté des questions posées au texte comporte nécessairement le risque de réponses imprévisibles.

L'émergence de lieux nouveaux

La théologie de Vatican II n'utilisait plus comme *medium* d'élaboration les concepts de la philosophie scolastique. Mais si elle utilisait les concepts relationnels de la philosophie existentielle ou bien le vocabulaire et les résultats des sciences humaines comme la sociologie et la psychologie, c'était toujours avec le secret désir de reconstituer un discours totalisant sur le monde et sur l'homme sous l'emprise du symbolisme chrétien. Nous comprenons mieux aujourd'hui qu'il ne s'agit pas simplement de substituer à la philosophie chrétienne ces lieux nouveaux que sont les sciences humaines (concept d'ailleurs flou) sans changer profondément notre manière de théologiser. Ces lieux sont

---

un existential. (Cf. *Sein und Zeit,* § 31 ; trad. franç. *L'Être et le temps,* Paris, Gallimard, 1964, p. 178 s.)

12. H.-G. GADAMER, *Vérité et Méthode,* trad. franç. Paris, Seuil, 1976, p. 130.

moins des lieux nouveaux que des rationalités nouvelles, des approches différentes de la réalité individuelle et collective [13].

La théologie comme herméneutique doit tenir compte dans son interprétation du message chrétien, qu'il soit évangélique ou dogmatique, de l'analyse critique des conditions de production de tout langage. Avant d'intégrer des thèmes nouveaux, elle doit donc s'interroger sur le rapport à son propre langage. Elle ne peut plus se contenter d'être un discours spontané et auto-affirmatif. A partir d'une analyse sociopolitique, elle doit discerner la fonction idéologique que peut exercer son propre discours. Elle doit aussi se livrer à une lecture sociologique des divers messages ecclésiaux en tenant compte d'une analyse rigoureuse des structures de communication et de production des messages dans la société. Elle peut encore s'interroger à nouveaux frais sur la fonction symbolique du langage biblique ou dogmatique à partir des techniques de l'analyse psychanalytique. Enfin, l'analyse structurale contraint le théologien à ne jamais réfléchir sur des énoncés en faisant abstraction de leur acte d'énonciation. Tout cela nous montre que le fameux dialogue de la théologie et des sciences humaines présuppose toujours d'abord un débat d'ordre épistémologique [14]. La théologie doit tout mettre en œuvre pour une meilleure intelligence du croire chrétien. Mais tout en sauvegardant son originalité irréductible, elle ne peut constituer un savoir en rupture avec les nouvelles approches scientifiques de la réalité, approches qui sont moins des savoirs totalisants que des entreprises de vérification et de production de rationalité.

Enfin, je voudrais signaler que le passage de la théologie comme savoir à la théologie comme interprétation est inséparable de l'émergence d'un lieu nouveau, à savoir *la pratique chrétienne,* à la fois comme lieu de production du sens du message chrétien et comme lieu de vérification de ce message. On peut définir la théologie comme une herméneutique actualisante de la Parole de Dieu. Mais il ne peut y avoir une interprétation

13. Sur l'originalité de ces procédures scientifiques et l'évanescence d'un objet *religieux* comme objet spécifique des «Sciences de la religion», on relira toujours avec profit l'article de M. DE CERTEAU, «La rupture instauratrice...», dans *Esprit*, juin 1971, pp. 1177-1214.

14. Voir à cet égard le livre récent de J.-P. DECONCHY, *Orthodoxie religieuse et sciences humaines,* Paris et La Haye, Mouton, 1980.

théorique de l'Écriture qui fasse abstraction de la pratique actuelle des chrétiens. La théologie n'est pas un savoir constitué antérieur à la praxis de la foi et de la charité des chrétiens. C'est celle-ci qui est le lieu et l'instrument de l'interprétation de l'Écriture. La pratique ecclésiale est autre chose qu'un simple conditionnement nouveau d'un message toujours identique : elle a un rôle structurant dans l'élaboration du message. Cette importance donnée à la pratique comme lieu théologique entraîne plus qu'un simple déplacement de la théologie. C'est un véritable retournement dont nous n'avons pas encore mesuré toutes les conséquences, en particulier en ce qui concerne le pluralisme insurmontable de la théologie. La théologie comme théologie de la praxis ne peut se contenter d'interpréter autrement le message chrétien. Elle est créatrice de nouvelles possibilités d'existence. Mais évidemment, il faut parler d'un rapport dialectique entre l'Écriture et telle pratique signifiante. Si l'Écriture pouvait justifier n'importe quelle pratique chrétienne, elle serait proprement insignifiante. La théologie de la praxis prend le risque d'anticiper l'avenir. Elle n'est pas seulement l'interprétation actualisante de ce qui est derrière elle. Elle est *pratique de l'espérance* qui a pour lieu le non-lieu et non pas l'être passé.

J'ai donc essayé de caractériser le déplacement actuel de la théologie comme un passage du savoir à l'interprétation. J'accepte de définir la théologie comme une interprétation actualisante de la Parole de Dieu. Malgré le succès des nouvelles théories de la lecture, je crois encore à la possibilité d'une lecture herméneutique des textes qui sont pour nous porteurs du message chrétien. Beaucoup d'exégètes reconnaissent aujourd'hui qu'il est nécessaire de faire appel à la complémentarité de la méthode structurale et de la méthode historique. Je ne vois pas pourquoi il ne serait pas possible en théologie dogmatique de faire appel à plusieurs types de lecture. Ou bien alors, nous attachons plus de prix aux idéologies qui accompagnent ces différentes lectures qu'aux services propres que peuvent rendre à la théologie comme intelligence de la foi ces méthodes différentes. La théologie comme service d'Église est responsable d'un message et l'étude de l'autofonctionnement des textes qui lui sont confiés doit être au service de la communication de ce message. Je sais bien que selon certains la lecture herméneutique d'un texte est incorrigiblement liée au mode de penser métaphysique et que ce mode de penser est révolu. Mais il s'agirait d'abord de préciser de quelle «métaphysique» on veut parler.

Comme on le verra au chapitre suivant, je ne pense pas qu'on puisse en rester à une approche purement structurale du langage biblique pour poser le problème théologique de la révélation dans et par des mots humains. Nous risquons alors de demeurer enfermés dans la clôture des textes et de ne plus pouvoir ménager la condition de possibilité d'une révélation, c'est-à-dire d'un sens donné et pas simplement reconstruit. Le langage est plus qu'un système de signes, il est l'événement d'une parole. Je dois donc m'interroger sur l'intentionnalité signifiante qui est à l'origine du langage. Cela relève d'une approche phénoménologique du langage. Le sens n'existe que dans la rencontre d'une conscience et de la réalité. Parler, c'est dire quelque chose en référence à une réalité. Mais une telle approche du langage ne suffit pas encore. C'est la reconnaissance du niveau ontologique du langage comme *onto-phanie*, comme manifestation d'être qui est le présupposé nécessaire de la révélation et d'une théologie de la Parole de Dieu.

CHAPITRE II

L'HERMÉNEUTIQUE
EN PROCÈS

Depuis plus d'une décennie, il est devenu banal de considérer la théologie comme une herméneutique de la Parole de Dieu. On cherchait à désigner par là le passage d'une théologie «dogmatique» au sens autoritaire du mot à une théologie «interprétative» qui est consciente de l'historicité de toute vérité — même révélée — et de toute connaissance — même théologique. Ce passage d'un savoir constitué, sûr de lui-même, à une interprétation plurielle était l'écho en théologie de la contestation des prétentions du savoir historique au sens de l'historicisme comme des prétentions au savoir absolu du savoir spéculatif. Tant du côté catholique que du côté protestant, certains théologiens s'efforçaient de tirer les conséquences de la phénoménologie herméneutique de Heidegger quand celui-ci nous dit que toute connaissance de l'être (et donc de Dieu) ne peut se comprendre qu'à travers l'élucidation de cet être qui se pose la question de l'être, à savoir l'homme. Ainsi, la théologie est-elle inséparablement une herméneutique de la Parole de Dieu et une herméneutique de l'existence humaine. La théologie devient herméneutique dans la mesure où elle comprend qu'il n'y a pas d'affirmation sur Dieu qui n'implique une affirmation sur l'homme.

En d'autres termes, le théologien ne se contente pas de chercher l'intelligibilité en soi des énoncés scripturaires ou des énoncés dogmatiques. Il cherche à dégager leur sens pour

aujourd'hui. Il y a là toute la distance entre un comprendre spéculatif et un comprendre herméneutique.

Or, cette théologie herméneutique se trouve aujourd'hui de
plus en plus contestée. Je ne veux pas tellement parler de ceux
qui, au nom d'une théologie de l'histoire ou d'une théologie
politique, dénoncent la théologie herméneutique comme étant
une pure théologie de la parole qui se contente de proposer une
nouvelle interprétation *théorique* du christianisme. Ils font
valoir à juste titre que la praxis historique des hommes — et
donc aussi la pratique historique de l'Église — doit intervenir à
titre d'élément constitutif dans l'interprétation actualisante du
christianisme. Mais il serait relativement aisé de montrer que la
théologie herméneutique bien comprise ne peut jamais faire
l'économie de la *pratique* à la fois comme élément déterminant
de la compréhension herméneutique et comme visée terminale
du mouvement d'interprétation. Puisque la révélation judéo-
chrétienne est inséparablement événement historique et parole
suscitée par cet événement, il faut nécessairement dépasser une
fausse opposition entre théologie de la parole et théologie de
l'histoire.

En parlant de contestation de la théologie comme herméneutique, je vise quelque chose de beaucoup plus radical. Il s'agit
d'abord du procès intenté à l'herméneutique comme méthode de
lecture d'un texte : c'est tout le débat actuel au sein de l'exégèse
contemporaine entre une approche herméneutique et une
approche structurale de l'Écriture. Mais plus généralement, il
s'agit de la contestation radicale du mouvement de pensée propre à l'herméneutique, celui-là même qui se trouve au principe
de toute compréhension théologique même quand la théologie
ne se comprenait pas comme herméneutique, à savoir la remontée à un intelligible permanent sous le miroitement du sensible
ou au-delà de la contingence des événements historiques. Il
s'agit toujours au fond de retrouver l'intelligibilité de l'être sous
le sensible ou de restaurer une continuité de sens par-delà un
écart culturel ou une distance historique. En cela même, l'herméneutique demeurerait congénitalement liée au mouvement
de pensée de la métaphysique. Elle est donc récusée par tous
ceux qui aujourd'hui font le procès du *logocentrisme* et se livrent
à une *déconstruction* de la métaphysique. L'herméneutique doit
faire place à la *grammatologie,* pour reprendre le titre d'un

ouvrage du penseur le plus radical de cette mutation culturelle :
J. Derrida.

Il est de bon ton aujourd'hui en France, même dans les
milieux théologiques, de parler de la crise de l'herméneutique.
Personnellement, je pense que si l'on va jusqu'au bout de la mise
en question radicale de l'herméneutique, c'est tout exercice de
l'acte théologique qui devient impossible. Dois-je avouer que les
essais théologiques qui veulent prendre une distance radicale à
l'égard de l'herméneutique pour adopter une approche structurale — non seulement comme méthode de lecture des textes,
mais comme horizon de pensée — ne m'ont pas convaincu ?

Dans le présent chapitre, je voudrais commencer par rappeler
quels sont les traits majeurs de la crise de l'herméneutique. Il
s'agira ensuite de se demander à quel déplacement de l'herméneutique conduit une prise au sérieux des nouvelles méthodes de
lecture des textes. Nous pourrons alors chercher à préciser quelques-unes des conséquences pour la pratique de la théologie
d'une herméneutique qui a accepté de se laisser mettre en question par tout le mouvement de pensée contemporain sous le
signe du refus du logocentrisme. Comme on le devine, je continue à défendre la possibilité d'une théologie herméneutique et
j'ai souvent le sentiment que beaucoup des critiques actuelles
procèdent d'une méconnaissance de l'évolution présente de
l'herméneutique.

I. LA CRISE DE L'HERMÉNEUTIQUE

Faire un bilan complet de la crise actuelle de l'herméneutique
est une tâche impossible. Elle coïncide en effet avec la crise de
la pensée occidentale elle-même. En me référant au contexte
français, j'insisterai surtout ici sur la critique de l'herméneutique
comme méthode de lecture d'un texte et sur la contestation plus
radicale de tout projet herméneutique en tant qu'il est l'expression même de la pensée métaphysique. Mais auparavant, j'évoquerai très rapidement la contestation allemande de l'herméneutique au nom de la «théorie critique des idéologies»[1].

1. Je me réfère ici au débat qui s'est instauré en Allemagne entre
H.-G. GADAMER et J. HABERMAS. On pourra prendre connaissance de

L'herméneutique et la critique des idéologies

On sait que l'herméneutique philosophique de Gadamer veut être plus qu'une méthodologie des sciences de l'interprétation. Elle n'a pas seulement une portée épistémologique et ne se contente pas de nous dire ce qu'il faut faire pour comprendre. Elle a une portée ontologique et se donne pour tâche d'énoncer les conditions de possibilité de toute compréhension effective [2].

À la suite de Heidegger, il va donc s'efforcer d'élaborer une théorie vraiment philosophique du comprendre herméneutique comme structure de notre être-au-monde et non comme origine d'un savoir au sens épistémologique. Dans ce but, Gadamer va réhabiliter le concept de *tradition* qui avait été complètement discrédité par l'*Aufklärung*. Il n'y a pas de compréhension effective sans consentement à une tradition qui nous constitue. Or, c'est justement sur ce point que Habermas conteste le projet herméneutique de Gadamer. Alors que le mérite permanent de l'*Aufklärung* est de nous avoir rendus attentifs aux exigences de la réflexion critique qui est corrélative de l'autonomie et de l'émancipation de l'homme moderne, Gadamer chasse cette instance critique du champ herméneutique. Son entreprise est donc suspecte dans la mesure où elle aboutit à un impérialisme non critiqué de la tradition.

Habermas va esquisser lui-même une théorie générale de la communication inter-subjective dominée par le concept de «critique des idéologies». Il s'emploie en particulier à montrer que nous devons renoncer une fois pour toutes au pseudo-idéal de la connaissance désintéressée. Nous ne pouvons plus comme au temps de Marx nous contenter de dénoncer l'idéologie comme superstructure métaphysique et religieuse. C'est la science elle-même qui est devenue l'idéologie dominante.

ce débat en lisant le livre publié sous le titre: *Hermeneutik und Ideologie-kritik,* Francfort, Suhrkamp, 1971.
2. Cf. J. GREISCH, K. NEUFELD, C. THEOBALD, *La Crise contemporaine. Du modernisme à la crise des herméneutiques,* Paris, Beauchesne, 1973, p. 144. Je recommande vivement le bilan de la crise de l'herméneutique présenté par J. GREISCH dans ce volume collectif auquel je dois beaucoup.

À première vue, la critique des idéologies ne fait pas autre chose que l'herméneutique quand elle dénonce le faux absolu de la science et sa prétention illusoire au savoir désintéressé. Mais Habermas estime que, malgré les apparences, l'herméneutique de Gadamer, à cause justement de sa confiance aveugle dans la tradition, a encore une conception idéaliste de la connaissance humaine. Elle privilégie une certaine transparence de la relation inter-humaine et est incapable de démasquer les rapports de force et même de violence qui sont inscrits dans la tradition qui nous porte, et qui oblitèrent toute communication humaine. Malgré sa prétention à l'universel, l'herméneutique de Gadamer échoue à fournir un critère pour discerner la conscience fausse de la conscience authentique. Elle doit être dépassée par la critique des idéologies qui voudrait pouvoir mettre à l'épreuve tous les types de dialogue humain à la lumière d'une exigence de communication universelle enfin sans violence et sans contrainte.

La lecture contre l'interprétation

Alors que toute approche herméneutique d'un texte présuppose la possibilité de découvrir un sens originaire, caché, sous la lettre d'un texte, les nouvelles théories de la lecture, en particulier l'analyse structurale des textes, ne postulent aucune théorie du double sens et s'attachent uniquement aux structures internes d'un texte. Il ne s'agit plus dans une perspective historique de se poser la question du sens auquel renvoie une multiplicité de signes, textuels ou non. Comme dit Roland Barthes, «la désintégration du signe semble bien être la grande affaire de la modernité». Depuis que Saussure a établi que le sens jaillit de l'articulation des signes en systèmes signifiants, la question n'est plus celle d'une continuité de sens au-delà d'écarts textuels ou historiques, mais celle de la *production du sens* et de son fonctionnement à l'intérieur d'un texte clos organisé comme un système de signification. Comment le texte fonctionne-t-il pour produire certains effets de sens? Le concept de «production» remplace celui de «compréhension» comme celui de «trace» ou d'«archive» remplace celui de «signe».

Si nous quittons le plan de la linguistique pour expliciter l'idéologie qui l'accompagne, nous sommes en présence d'une contestation radicale de l'herméneutique dans la mesure où celle-ci postule une continuité de sens et la primauté du sujet qui déchiffre l'intelligibilité d'une aventure unique et toujours identique au-delà de la matérialité des contextes textuels ou historiques. Le structuralisme ne se définit pas lui-même comme un système philosophique. Mais en tant qu'il représente un système de pensée original, il se veut en rupture avec l'humanisme philosophique défini par la primauté du sujet. « L'événement de vérité le plus important de notre temps est le décentrage de l'homme par rapport à toute fausse subjectivité centrale [3]. » Cette idéologie antihumaniste se retrouve dans le néo-marxisme de L. Althusser, le néo-freudisme de J. Lacan, le néo-positivisme de C. Lévi-Strauss et l'archéologie du savoir de M. Foucault. En tout cas, du point de vue de la linguistique moderne, l'homme comme sujet du langage disparaît au profit d'une région muette, celle des structures et celle des signes dispersés qui ne renvoient pas à une signification globale du monde et de l'homme. Il s'agit d'étudier le langage comme système de signes et non comme signe ou expression d'une pensée. Les mots ont un sens par rapport aux autres mots dans la phrase, mais non par rapport à une réalité extérieure. Il faut prendre au sérieux le jeu latéral des signifiants sans postuler un signifié dernier. Disons que le langage comme parole, comme manifestation de sens et comme événement d'une rencontre est absorbé par le langage comme système. « Ça parle avant que je ne parle » pour reprendre le mot souvent cité de Lacan.

Comme l'a bien montré J.-P. Osier, le procès intenté à l'herméneutique ne date pas d'aujourd'hui. Les nouvelles théories de la lecture du texte biblique prennent acte du déplacement de terrain opéré par Marx et avant lui par Spinoza. Il faut choisir en effet. Ou bien nous sommes les héritiers de Spinoza. Ou bien nous sommes les héritiers de Feuerbach. Ce dernier n'a pas quitté le terrain traditionnel de l'herméneutique en se livrant à une interprétation athée du christianisme. Il s'agissait toujours de décrypter une essence intelligible sous des mutations culturelles, en particulier celle de l'avènement de l'athéisme moderne. « Le déplacement exemplaire opéré par Spinoza est un "changement de terrain"; Spinoza ne va pas derrière le décor dans le trou du souffleur, il va ailleurs sur un autre théâtre. Cet "ail-

---

3. A. VERGOTE, *Interprétation du langage religieux*, Paris, Seuil, 1974, p. 16.

leurs" introuvable au niveau du texte religieux littéral ou symbolique, c'est la connaissance du deuxième genre qui, *more geometrico,* procède déductivement par définition, c'est-à-dire par l'explication causale, puisque définir et dérouler la cause nécessaire sont une seule et même chose, du moins au niveau de la science. Le produit de ce déplacement est la considération de la religion ou de sa manifestation dans un texte comme constituant un *effet*» [4]... «Spinoza a une descendance dans la mesure où il a inauguré une théorie de la lecture comme condition et possibilité de toute lecture. Avec lui le texte devient *effet,* et aussi le sens du texte. Connaître ce qu'on lit c'est donc produire le concept théorique des mécanismes qui donnent tel ou tel texte, tel ou tel sens, contresens, non-sens. Autrement dit, Spinoza a subordonné toute "compréhension" ou récollection du sens à une théorie préalable de la *connaissance* des "effets-compréhension" ou "récollection", ou, si l'on préfère, Spinoza réduit l'herméneutique au rang d'"effet herméneutique", ce qui ôte à cette dernière tout privilège de connaissance [5].»

Il nous faut maintenant expliciter les conséquences de l'analyse structurale, surtout en ce qui concerne la mise en question d'un certain type d'exégèse biblique traditionnelle.

1. Si on prend au sérieux le retournement copernicien opéré par la linguistique depuis Saussure, il faut mettre en question l'idée d'*une vérité du texte* ou d'un sens littéral à découvrir, ce qui était le postulat implicite de l'exégèse historicocritique. «Si chaque élément du langage en tant qu'unité constitutive n'est pas distinguable des autres par ce qu'il représente ou désigne, donc le sens ne sera pas constitué par la relation extrinsèque du signe avec la réalité, par l'étiquette que le mot, par exemple, met sur la chose. Il sera produit par la relation interne constituante que ce mot entretient avec tous les autres mots du vocabulaire [6].» Contrairement à une conception substantialiste du langage selon laquelle le langage est un réservoir de signes à travers lesquels un lecteur va déchiffrer un sens, il faut comprendre le

---

4. J.-P. OSIER, Préface à la traduction française de *L'Essence du christianisme* de L. Feuerbach, Paris, Maspero, 1968, pp. 10-11.

5. *Ibid.,* p. 17.

6. L. MARIN, «La dissolution de l'homme dans les sciences humaines: modèle linguistique et sujet signifiant», *Concilium,* n° 86 (1973), p. 33.

langage comme une totalisation des différences, produisant le sens par oppositions. Il n'y a donc pas un sens déjà là du texte qu'il suffirait de restituer. Le sens n'est pas «avant» le texte ni «par-dessous» le texte. Et ainsi, lire ce n'est pas déchiffrer un sens antécédent, mais produire du sens en se laissant régler par la chaîne des signifiants. Comme le dit A. Delzant «le sens ne peut être que la circulation réglée des signifiants, le jeu différentiel des oppositions, par lesquels s'inscrit aussi bien un auteur textuel qu'un lecteur textuel [7]».

On voit bien la distance entre une telle théorie de la lecture et le positivisme latent d'une certaine exégèse traditionnelle qui identifiait la vérité au contenu du texte lui-même. Cela a d'ailleurs permis aux exégètes d'exercer parfois un certain terrorisme comme si l'interprétation authentique du christianisme aujourd'hui dépendait étroitement du sens littéral des textes mis à jour par l'exégèse. Une lecture structurale du texte biblique peut être au contraire libératrice dans la mesure où, au lieu de nous contraindre à la répétition d'un sens déjà là, elle devient pré-texte à une pluralité de lectures et à de la communication avec d'autres. «Je ne possède pas une vérité du texte, mais il me déloge et me déplace : exil ou extase grâce au texte, mais sans que je parle ce que dit le texte [8].» Il faudrait insister ici sur la notion de «permission» : ce que permet et ce que ne permet pas le texte dans la mesure où on ne l'identifie pas avec une plénitude de vérité immédiatement transparente. Et il est légitime d'en dire autant de la présence du Christ comme événement fondateur pour l'histoire présente des chrétiens. «Une kénose de la présence donne lieu à une écriture plurielle et communautaire [9].»

2. Une autre conséquence de la lecture de type structural dans sa différence avec la démarche interprétative de l'herméneutique, c'est qu'il est vain de chercher à remonter à partir du texte, comme jeu différentiel de signifiants, à un *vouloir dire* de

---

7. A. DELZANT, *La Communication de Dieu. Par-delà utile et inutile. Essai théologique sur l'ordre symbolique,* Paris, Cerf, «Cogitatio Fidei» n° 92, p. 65.

8. M. DE CERTEAU in *Crise du biblisme, chance de la Bible,* Paris, Épi, 1973, p. 46.

9. M. DE CERTEAU, «La rupture instauratrice», *Esprit,* juin 1971, p. 1201.

l'auteur et même à un signifié dernier. Si le sens est un effet des signifiants dans le système clos d'un texte, il est évidemment illusoire de chercher à rejoindre le vouloir dire d'un auteur, dans tel contexte socioculturel à travers telle forme littéraire. Là aussi, nous sommes en complète rupture avec l'ambition de la méthode historicocritique en exégèse. Le privilège donné au point de vue synchronique nous amène à relativiser la notion d'auteur au sens d'une intentionnalité ou d'une voix derrière le texte. Comme nous le disions plus haut à propos du structuralisme en général : il y a une mise hors-jeu de l'homme comme sujet et intentionnalité signifiante. «L'homme n'y apparaît point comme sujet donateur de sens, mais comme le lieu de production et de manifestation du sens [10]...» La prise en considération du texte comme objet textuel remet en cause l'idéologie d'une origine à chercher du côté d'un auteur propriétaire du sens comme celle d'une finalité du côté d'un lecteur qui doit s'approprier le sens. Il faut donc mettre entre parenthèses les idées d'auteur, de message et de destinataire pour rester simplement à l'intérieur de l'immanence du texte et repérer ses lois de fonctionnement.

Plus radicalement, l'analyse structurale des textes appliquée à la lecture de la Bible remet en cause le présupposé même d'une approche herméneutique, à savoir le renvoi à un signifié dernier et donc à un auteur divin. Nous sommes toujours au niveau du jeu des signifiants et c'est la distinction même du signifiant et du signifié qui perd sa pertinence. Il faut abandonner le postulat même de l'herméneutique, à savoir celui d'un double sens, d'un sens originaire par le moyen d'un sens premier.

Selon la conception traditionnelle de l'herméneutique, le matériel signifiant d'un symbole renvoie toujours à un signifié dernier. C'est en ce sens que P. Ricœur peut dire que «le symbole donne à penser». Mais pour celui qui adopte une approche structurale, c'est confondre l'ordre symbolique avec le fonctionnement de la représentation imaginaire, qui prétend se donner la réalité à partir et dans une image. En fait, pour avoir accès au véritable ordre symbolique, il faut remettre en cause la priorité du signifié. Le symbolique ne renvoie pas à une plénitude de sens. Il ne donne pas à penser..., mais il *permet* l'avènement du sujet et la rencontre avec d'autres. «Le symbolique renvoie donc

10. L. MARIN, *art. cité*, p. 37.

à la société et à l'alliance qu'elle implique, à la communication qui s'y trame [11].» Alors qu'une lecture herméneutique du symbole postulait la priorité du signifié, on dira volontiers aujourd'hui que dans l'ordre symbolique, «tout signifié est toujours en position de signifiant [12]». Et Dieu lui-même ne peut être identifié avec le signifié dernier. Il doit être considéré comme un signifiant qui renvoie à d'autres signifiants latéraux.

3. Il y a un troisième point qui mérite d'être souligné et qui est gros de conséquences en ce qui concerne notre pratique de l'Écriture, c'est *la clôture des textes*. Ce privilège donné au point de vue synchronique conteste directement le présupposé implicite de toute compréhension herméneutique, à savoir que la tradition est l'horizon nécessaire de notre compréhension du passé. Contrairement à la méthode historique qui cherche à comprendre un texte à partir de sa genèse et de ses relectures actualisantes dans la tradition, il faut rester à l'intérieur du texte et produire son sens en se laissant guider par le jeu différentiel des signifiants. Alors que pour l'herméneutique traditionnelle, surtout depuis Gadamer, la distance historique loin d'être un obstacle est le moyen le plus sûr de comprendre le passé, ici, elle devient le lieu d'une béance irréductible, d'une «dissémination» radicale, comme dirait J. Derrida. Si on veut interpréter le christianisme en termes de tradition, il faut donner la priorité aux ruptures sur la continuité, aux différences sur la ressemblance, aux altérités sur l'identité. Non seulement le texte de l'Écriture donne lieu à une pluralité d'interprétations, mais il est prétexte à des interprétations *novatrices* qui créent à chaque fois, une différence. Il est vain de postuler un sens unique et définitif de l'Écriture qu'il suffirait de recueillir et de répéter tout au long des siècles. «Le sens n'est ni déjà là, ni dans l'accès au sens, mais il en est l'excès, donné gratuitement dès lors qu'on renonce à sa présence et à sa saisie: le travail du sens est cette *renonciation,* la marche vers la terre promise, le chemin, la méthode [13].»

Et s'il faut renoncer à la présence d'une continuité de sens qui subsiste au-delà des écarts culturels et des ruptures historiques, il faut de même écarter la prétention de pouvoir retraduire un

---

11. G. LAFON, *Esquisses pour un christianisme,* Paris, Cerf, «Cogitatio Fidei» n° 96 (1979), p. 64.

12. G. LAFON, *ibid.*, p. 68.

13. A. DELZANT, *op. cit.*, p. 69.

sens identique dans des langages différents. Ce serait en rester à une conception insuffisante du langage et maintenir une coupure illusoire entre les signifiants et le signifié. Nous ne pouvons pas prétendre dire la même chose avec des mots différents. Les mots n'ont de sens que par rapport à d'autres mots selon des rapports latéraux. Et ce jeu différentiel change selon qu'il fonctionne dans un autre contexte textuel ou historique. Nous sommes toujours renvoyés au langage comme système clos. Si on change les règles du jeu, on modifie la production du sens. Le sens n'est pas antérieur ou transcendant au système des signifiants qui le constitue.

On devine que dans cette perspective synchronique, on sera conduit à une pratique radicalement nouvelle de l'Écriture. Le fameux problème toujours irritant pour la conscience chrétienne, de la conciliation de la nouveauté créatrice et de la fidélité, sera posé dans toute son acuité. Et de fait, puisqu'il n'y a pas une vérité de l'Écriture qui puisse nous fournir un critère sûr d'interprétation du message chrétien pour aujourd'hui, on comprend l'usage privilégié qui est fait du recours à la pratique signifiante du chrétien, ou à l'ortho-praxie [14].

Herméneutique et grammatologie

Nous avons essayé de voir en quoi les nouvelles théories de la lecture, en particulier l'analyse structurale des textes, contestent directement l'herméneutique comme procès d'interprétation lié à un double sens, comme accès au sens par le moyen d'un sens. Cela renouvelle notre pratique de l'Écriture. Mais en exégèse, on peut traiter l'analyse structurale comme une méthode qui vient compléter la méthode historicocritique. Il n'y a pas forcément incompatibilité absolue entre les deux méthodes. Il n'en est pas de même si on envisage les idéologies sous-jacentes aux deux méthodes. Il faut alors parler d'une incompatibilité radicale et même d'une lutte à mort. C'est Jacques Derrida qui a donné sa forme la plus extrême au procès intenté à l'herméneutique comme mouvement de pensée. «Grammatologie ou herméneutique»: il s'agit bien d'une alternative sans compromis possible. Chez lui, la crise de l'herméneutique devient la crise de toute la

---

14. Voir sur ce point l'article de F. REFOULÉ: «L'exégèse en question», *Le Supplément*, n° 111 (1974), pp. 411-414.

pensée occidentale elle-même. Et du même coup, le mouvement de pensée désigné sous le nom de «grammatologie» représente la contestation la plus radicale qui soit de toute théologie herméneutique. «La rencontre entre herméneutique et grammatologie doit nécessairement prendre la forme d'une lutte à mort, d'un affrontement qui exclut d'emblée toute possibilité d'une réconciliation ou d'une médiation [15].»

1. On peut, selon une première approche, ramener l'opposition entre herméneutique et grammatologie à l'opposition entre l'*écriture* et la *parole*. Mais à condition de ne pas en rester au niveau linguistique. En privilégiant l'écriture, la grammatologie veut être une déconstruction radicale de la métaphysique en tant qu'elle est dans la ligne du logocentrisme. Le privilège accordé à la voix, à la *phoné*, est un privilège métaphysique. Il est inséparable d'une métaphysique de la présence qui postule une plénitude de sens, un signifié transcendantal, antérieur à tout signifiant. L'écriture n'est que l'expression de l'événement de langage par lequel l'homme se rend présent le monde.

2. Le projet de la grammatologie est de conduire jusqu'à ses ultimes conséquences la déconstruction de la métaphysique comme onto-théologie opérée par Heidegger. Or, l'horizon de pensée du projet herméneutique demeure inéluctablement sous le signe de l'onto-théo-logie en tant que pensée de l'Être comme présence, identité, appartenance, origine. Plus radicalement que Heidegger, Derrida veut dépasser l'onto-théo-logie dans la direction d'une pensée de la *différance*. «Alors que la différance renvoie en dernière instance aux concepts de production et d'économie, qui marque une prédominance irréductible de la spatialité, l'herméneutique reste sous le signe du sens qui se manifeste [16].» On pourrait objecter que l'herméneutique de Gadamer veut aussi s'inscrire dans le mouvement de pensée instauré par Heidegger. Mais justement, Derrida estime que non seulement Gadamer, mais Heidegger lui-même, n'ont pas été jusqu'au bout des implications du destin historial de la pensée de l'être et de la clôture de la métaphysique.

3. Derrida, tout en estimant que le structuralisme reste encore prisonnier de la métaphysique puisqu'il privilégie trop la phonétique, fournit sa justification théorique à celui-ci quand il

---

15. J. GREISCH, in *La Crise contemporaine...*, *op. cit.*, p. 157.
16. J. GREISCH, *ibid.*, pp. 165-166.

définit le langage comme un système de signes, comme « un jeu formel des différences ». La grammatologie doit se comprendre comme une destruction du signe au profit de la *trace* qui désigne justement le jeu des différences. « La trace est en effet l'origine absolue du sens en général, ce qui revient à dire, encore une fois, qu'il n'y a pas d'origine absolue du sens en général [17]. » Comme nous l'avons vu plus haut, c'est la relation signifiant-signifié, le postulat même de toute herméneutique, qui s'effondre. Le sens ne peut jaillir que de l'opposition des signifiants. Et il ne faut pas hésiter à dire que tout signifié est *déjà en position de signifiant.* « Que le signifié soit originairement et essentiellement (et non seulement pour un esprit fini et créé) trace, qu'il soit *toujours déjà en position de signifiant,* telle est la proposition en apparance innocente où la métaphysique du logos, de la présence et de la conscience, doit réfléchir l'écriture comme sa mort et sa ressource [18]. » Dès que nous comprenons le langage selon une organisation de type signifié-signifiant, nous accordons la priorité au signifié comme plénitude de sens et nous n'échappons pas au logocentrisme comme destin de la pensée occidentale. « Chaque fois que nous affirmons du signifié qu'il n'est pas réductible au signifiant, nous assignons le sens de l'être comme identité, appartenance, origine [19]. »

Il resterait à se demander si la tradition herméneutique est aussi fatalement liée que le dit J. Derrida au destin de la métaphysique comme onto-théo-logie. Ce qui est sûr en tout cas, c'est qu'une herméneutique présuppose nécessairement une philosophie du sens. Or le mouvement de pensée radicalisé par Derrida signifie l'effondrement de toute philosophie du sens, qu'elle soit classique, c'est-à-dire métaphysique, ou moderne, c'est-à-dire husserlienne ou même heideggérienne [20].

En guise de conclusion à cette trop brève évocation du conflit irréductible qui sépare ces deux horizons de pensée, la gramma-

17. J. DERRIDA, *De la grammatologie,* Paris, Éd. de Minuit, 1967, p. 95.

18. J. DERRIDA, *ibid.,* p. 108.

19. F. WAHL, in *Qu'est-ce que le structuralisme?* Paris, Seuil, 1968, p. 413.

20. Pour toute cette discussion sur le conflit entre l'herméneutique et la grammatologie, on se reportera avec profit à l'ouvrage de J. GREISCH, *Herméneutique et grammatologie,* Paris, Éditions du C.N.R.S., 1977.

tologie, d'une part, l'herméneutique, d'autre part, il conviendrait de souligner la portée destructrice pour tout projet théologique d'une pensée de la différence au sens de Derrida. Il s'agit de bien autre chose que d'un conflit de méthode en ce qui concerne l'approche du texte biblique. Il ne s'agit de rien de moins que du problème de la *vérité* et donc de la compréhension théologique tout court.

On pourrait à cet égard tenter une comparaison entre la crise moderniste et la crise de l'herméneutique en précisant tout de suite que cette dernière conteste encore plus radicalement les fondements mêmes du discours théologique.

La crise moderniste est née de l'impossibilité de réconcilier la nouvelle pratique scientifique de l'histoire avec une compréhension théologique du dogme chrétien. Aujourd'hui, la crise de l'herméneutique est le symptôme du fossé toujours plus grand qui sépare une compréhension théologique du mystère chrétien et une approche du *fait chrétien* selon la pratique des sciences humaines et de l'histoire. Notre situation actuelle ne fait qu'accuser davantage la rupture épistémologique, déjà manifeste au temps du modernisme, entre «entendement scientifique», «raison spéculative» et «expérience théologale». Nous avons vu l'importance du concept de «production» tant du point de vue linguistique que du point de vue du structuralisme idéologique. Il est révélateur d'une situation et d'une pratique scientifique totalement différente de celle du modernisme. On s'attache à l'étude des «conditions de production» socioculturelles, psychologiques, économiques de l'objet religieux. Mais lui-même en tant que réalité, en tant que vérité et sens à déchiffrer, s'évanouit. «Pendant la crise moderniste, c'était la spécificité chrétienne, l'"Ephapax", qui s'évanouissait au profit d'une expérience en soi ineffable et supra-historique. Dans la "crise de l'herméneutique", c'est l'objet religieux tout entier qui perd son lieu. Au moment même où l'analyse ne vise plus la vérité du discours ou d'un symbole religieux, mais les mécanismes de sa production qui, d'après la pratique scientifique choisie, appartiennent à un système sociologique, psychologique ou autre, le symbole ou le phénomène religieux ne peut plus rester un objet privilégié ; il se réduit plutôt à un seul point dans un champ relationnel qui désormais a d'autres centres de référence [21].»

21. C. THEOBALD, «L'entrée de l'histoire dans l'univers religieux et

II. LE DÉPLACEMENT ACTUEL DE L'HERMÉNEUTIQUE

Le destin de l'herméneutique théologique

J'ai donc cherché à restituer quelques aspects de la crise de l'herméneutique. Dans sa forme la plus radicale, celle de la grammatologie de J. Derrida, la contestation de l'horizon de pensée qui est indissociable du projet herméneutique conduit à s'interroger très sérieusement sur les possibilités mêmes d'un discours théologique. La crise de l'herméneutique n'est-elle pas d'ailleurs la crise de la théologie elle-même? Comme nous l'avons dit, la crise de l'herméneutique n'est pas seulement une crise de langage, c'est une crise de la pensée. C'est pourquoi je ne vois pas actuellement comment il est possible de négocier une sorte de compromis entre la grammatologie et la théologie. Nous sommes en présence d'une alternative qui interdit tout effort de conciliation.

Nous devons donc accepter de vivre dans l'inconfort d'une crise dont nous n'avons pas encore mesuré toutes les conséquences. Je ne crois pas pourtant que toute herméneutique théologique soit vouée à l'échec, ne serait-ce qu'à cause de l'irréductibilité de l'herméneutique théologique à une herméneutique générale. Je ne pense pas en particulier que le procès intenté à l'onto-théo-logie rende définitivement caduc tout projet herméneutique. Ce procès ne date pas d'aujourd'hui. Et depuis Heidegger, la théologie herméneutique a justement cherché à prendre au sérieux les conséquences de la déconstruction de la métaphysique en s'attachant de plus en plus à ne pas confondre le « théologique » qui vient de la tradition onto-théo-logique occidentale et le « théologique » qui vient de la tradition judéo-chrétienne.

Je vois bien le bénéfice énorme que notre pratique de l'Écriture peut retirer de l'analyse structurale des textes. L'ascèse de l'analyse structurale a le mérite incontestable de nous mettre à l'abri des fantaisies subjectives, psychologiques, apologétiques dans l'interprétation d'un texte, tentation à laquelle a trop sou-

théologique au moment de la crise moderniste», in *La Crise contemporaine..., op. cit.,* pp. 74-75.

vent succombé l'exégèse chrétienne traditionnelle. Mais je vois difficilement comment le théologien peut en rester au point de vue du linguiste dans sa conception du langage. Nous l'avons vu, le linguiste considère exclusivement le langage comme système différentiel de signes et non comme parole, comme intentionnalité signifiante, comme message adressé à un destinataire. Disons que le linguiste fait abstraction de la fonction phénoménologique du langage comme *médiation*. Cette médiation est pourtant le véritable événement de parole : *je – tu –* et ce *dont* ils parlent. Qui dit « message » dit quelqu'un qui parle ou écrit et quelqu'un qui écoute ou lit.

En d'autres termes, le théologien ne peut éviter d'envisager le langage au point de vue *sémantique*. Le langage ne relève pas uniquement d'une analyse structurale. Il relève aussi d'une phénoménologie où l'on ressaisit l'intentionnalité signifiante qui préside au discours. Dans la ligne même de la linguistique saussurienne, nous savons qu'il faut distinguer la linguistique de la « langue » et celle du « discours ». Dans la première, c'est le signe qui est l'unité de base, pour la seconde, c'est la phrase. Autre chose est de considérer le mot comme une « différence » dans un système d'oppositions ; autre chose est de le considérer comme une fonction dans la phrase en tant qu'unité signifiante du discours.

On doit même ajouter, me semble-t-il, que le théologien ne peut se contenter d'une approche phénoménologique du langage. C'est justement le propre d'une herméneutique théologique qui s'efforce de ne plus lier son destin historique à celui de l'onto-théo-logie, de recueillir la leçon du second Heidegger quand il nous parle du langage comme modalité de l'être, comme *ontophanie*. Avant d'être une parole adressée à quelqu'un, le langage est un *dire*, il est une parole comme manifestation d'être. Nous avons d'abord à *écouter* le dire du langage avant d'exercer notre responsabilité de sujet parlant[22].

22. Nous nous reportons surtout au texte inédit de M. HEIDEGGER traduit en français sous le titre : « Quelques indications sur des points de vue principaux du colloque théologique consacré au "Problème d'une pensée et d'un langage non objectivisants dans la théologie d'aujourd'hui », *Archives de philosophie,* n° 32 (1969), pp. 397-415. Témoin ce questionnement : « L'homme est-il cet être qui a le langage en sa possession ? Ou bien est-ce le langage qui "a" l'homme, dans la

Je serais même tenté de penser que ce niveau ontologique du *dire* comme manifestation de l'être est le présupposé nécessaire d'une herméneutique du langage de la révélation. C'est parce que je suis déjà capable de discerner la manifestation de l'être en tout langage, en particulier dans le langage poétique, que je suis capable d'accueillir la Parole de Dieu comme manifestation « inouïe » de l'être. L'herméneutique chrétienne aura justement pour tâche de chercher le sens des mots clés du langage de la révélation en fonction du mot « Dieu » qui dit plus que le mot « être », surtout si le mot « Dieu » est compris dans son rapport privilégié avec la symbolique de la Croix.

En tout cas, je ne vois pas comment on peut rester au niveau d'une analyse structurale pour manifester l'intelligence des mots clés du langage biblique. Pour moi, la lecture chrétienne de l'Écriture sera toujours herméneutique, au moins en ce sens que nous interprétons le texte à l'intérieur de la même tradition que celle dans laquelle il a été écrit. Il peut bien y avoir une pluralité d'interprétations en fonction de situations historiques différentes. Mais la tradition vivante, dont le sujet est la communauté interprétante, circonscrit un *champ herméneutique* qui exclut les interprétations aberrantes ou arbitraires. Nous ne pouvons donc pas sacrifier le point de vue diachronique au point de vue synchronique pour aboutir à une clôture absolue du texte et à une discontinuité radicale. Dans la mesure où l'Événement-fondateur, Jésus-Christ, est irrémédiablement passé, il « permet » une certaine continuité du sens qui est inséparable de la tradition historique de ceux qui vivent de son esprit.

Le déplacement de l'herméneutique selon Paul Ricœur

Ces remarques préalables étant faites, je me sens d'autant plus libre pour affirmer que le destin de l'herméneutique ne peut plus être le même après cet événement culturel que représente le structuralisme, tant comme méthode de lecture que comme idéologie. Dans sa forme la moins radicale, la crise de l'herméneutique est au moins la crise d'une certaine herméneutique romantique et psychologisante. Le déplacement actuel de l'herméneutique participe au mouvement de la pensée moderne dans

mesure où il appartient au langage, lequel lui ouvre d'abord le monde et par là, en même temps, sa demeure dans le monde ? », *ibid.*, p. 409.

ce qu'elle a de plus significatif et que l'on peut caractériser comme un « décentrage de l'homme » par rapport à une fausse subjectivité ou comme un « dessaisissement de la conscience ». Ceux pour qui le mot même d'« herméneutique » est devenu tabou devraient s'en aviser et ne pas se livrer trop vite à la critique d'une herméneutique, toujours incorrigiblement sous le signe du primat du sujet, qu'il soit métaphysique ou transcendantal.

Paul Ricœur est un bon témoin de ce déplacement d'une herméneutique qui accorde toute son importance à l'objet textuel et ne se concentre pas aussitôt sur le moment de l'appropriation subjective du texte. C'est pourquoi, je me permets de faire référence à ses travaux herméneutiques récents pour essayer de ressaisir rapidement les aspects les plus significatifs du déplacement en cours [23].

1. Le dépassement de l'opposition entre « expliquer » et « comprendre »

Pour comprendre la position la plus récente de l'herméneutique, il faut bien voir qu'elle prend à la fois ses distances à l'égard de l'herméneutique romantique et psychologisante qui, à la suite de Schleiermacher et de Dilthey (encore chez Gadamer), privilégie l'idée d'une affinité, d'une connaturalité entre le lecteur d'un texte et son auteur, et aussi à l'égard du structuralisme qui vise avant tout l'*objectivation* du texte quelle que soit sa portée de message pour quelqu'un.

L'ambition de l'herméneutique romantique était, à propos d'un texte déterminé, « de comprendre son auteur mieux qu'il ne s'est compris lui-même ». Comme le dit Ricœur, « l'objet de l'herméneutique est sans cesse déporté du texte, de son sens et

---

23. En dehors de la préface à la traduction française du *Jésus* de R. BULTMANN, Paris, Seuil, 1968, je me réfère surtout aux travaux suivants : « La tâche de l'herméneutique ; La fonction herméneutique de la distanciation ; Herméneutique philosophique et herméneutique biblique », in *Exegesis*, Neuchâtel, Delachaux et Niestlé, 1975, pp. 179-228 ; « Herméneutique de l'idée de révélation », in P. RICŒUR, E. LEVINAS, E. HAULOTTE, E. CORNÉLIS, C. GEFFRÉ, *La Révélation*, Bruxelles, Publication des Facultés universitaires Saint-Louis, 1977 ; « Nommer Dieu », *Études théologiques et religieuses*, n° 52 (1977), pp. 489-508.

de sa référence, vers le vécu qui s'y exprime [24] ». Ricœur cherche
au contraire à recueillir la leçon de Heidegger quand il dépsy-
chologise le « comprendre historique » pour le mondaniser. La
compréhension comme existential ne vise plus un acte de la
connaissance noétique : elle désigne un « pouvoir-être ». Ma
« situation » par rapport au monde précède ma connaissance du
monde comme objet. Et ainsi, comprendre un texte, c'est
déployer la possibilité d'être indiquée par le texte. Ricœur ne
veut plus lier le destin de l'herméneutique à « la notion purement psychologique de transfert dans autrui et déployer le texte,
non plus vers son auteur, mais vers un sens immanent et la sorte
de monde qu'il ouvre et découvre [25] ». Il rejoint donc paradoxalement une des requêtes fondamentales du structuralisme quand
celui-ci veut promouvoir un type de lecture qui renonce à
rejoindre un *vouloir dire* de l'auteur pour s'en tenir à l'objectivité du texte et retrouver ses conditions de production. Le vis-
à-vis du lecteur, ce n'est pas l'auteur, mais la *chose* du texte pour
parler comme Gadamer.

En d'autres termes, Ricœur cherche à dépasser le dilemme
entre la *distanciation* liée à l'objectivité du texte et la *proximité*
ou l'*appartenance* liée à la compréhension historique. C'est
pourquoi il s'efforce d'échapper à l'alternative qui est encore
présente dans le titre même du grand ouvrage de Gadamer :
Vérité *et* méthode, c'est-à-dire, d'une part, la *compréhension* liée
à une commune appartenance, d'autre part, la *méthode* qui évoque l'idée de distance impliquée par le souci d'objectivité des
sciences de l'homme. Malgré le sens conjonctif de la préposition
« et », on peut penser en effet que le titre de Gadamer exprime
une alternative et que de fait il sacrifie une théorie épistémologique de l'interprétation à l'herméneutique au sens ontologique.

Ricœur fait un effort désespéré pour concilier les deux. D'un
côté, il donne raison au structuralisme quand il accepte de passer par la voie longue des méthodes exégétiques pour établir
l'objectivité du texte. Mais de l'autre, il résiste à la déconstruction du sens pratiquée par le structuralisme. Il ne renonce pas en
effet à la compréhension herméneutique, c'est-à-dire, finalement, à la recherche de la vérité. Mais pour lui, c'est le texte
comme œuvre qui va médiatiser la vérité à comprendre. Plus

24. P. Ricœur, *Exegesis, op. cit.,* p. 189.
25. P. Ricœur, *ibid.,* p. 190.

précisément, c'est la notion de *monde du texte* (l'équivalent pour lui de la «chose du texte» chez Gadamer) qui lui permet de médiatiser le rapport entre distance et appartenance. Elle est pour lui le paradigme de la distanciation dans la communication. «L'objectivation du discours dans l'œuvre et le caractère structural de la composition, à quoi s'ajoutera la distanciation par l'écriture, nous contraint à remettre entièrement en question l'opposition reçue de Dilthey entre «comprendre» et «expliquer». «Une nouvelle époque de l'herméneutique est ouverte par le succès de l'analyse structurale, l'explication est désormais le chemin obligé de la compréhension [26].»

2. La médiation du texte

La notion de «monde du texte» découle directement chez Ricœur de sa compréhension du langage comme dialectique de l'événement et du sens, dialectique sur laquelle il est souvent revenu surtout dans son dialogue avec le structuralisme [27]. Elle est inséparable d'une décision épistémologique, celle de privilégier le *discours* dans sa différence avec le *langage,* pour reprendre la distinction saussurienne entre le langage comme *langue* et le langage comme *parole.*

Il n'y a événement de parole qu'au niveau du discours. Ce dernier en effet renvoie à un locuteur et à un destinataire et il est toujours message au sujet de quelque chose. Ainsi, alors que l'analyse structurale demeure dans l'immanence du texte comme jeu différentiel de signifiants qui ne renvoie pas à un référent, le discours, pour Ricœur, fait advenir «un monde». Et ce qui fait l'originalité du discours, c'est le dépassement de l'événement fugitif de parole dans sa signification qui demeure. Ce dépassement qui n'est encore que latent au niveau de la parole vive devient manifeste quand le discours devient une *écriture,* surtout quand celle-ci prend la forme d'une véritable œuvre, une œuvre littéraire. L'œuvre va assurer la fonction de médiation pratique entre la parole et le sens. C'est justement le propre du

26. P. Ricœur, *Exegesis, op. cit.,* p. 209.
27. Voir en particulier: «La structure, le mot et l'événement», in *Le Conflit des interprétations,* Paris, Seuil, 1969, pp. 80-97 et «Événement et sens», in *Révélation et Histoire,* colloque édité par E. Castelli, Paris, Aubier, 1971, pp. 15-34.

style d'inscrire l'événement fugitif de l'intentionnalité de l'auteur dans l'œuvre. Le texte a désormais une vie propre indépendamment de l'intention de l'auteur. Il va pouvoir être relu dans un autre contexte que celui de sa production et il va pouvoir susciter des lectures multiples. Ainsi, c'est le phénomène même de l'écriture qui appelle l'objectivation et donc la distanciation comme condition de toute compréhension. Grâce à la notion de « monde du texte », Ricœur prend ses distances vis-à-vis d'une herméneutique traditionnelle qui croit pouvoir recueillir un sens objectif du texte en retrouvant le vouloir dire de l'auteur. Mais il prend aussi ses distances vis-à-vis du structuralisme pour qui le sens à comprendre n'est pas autre chose que les structures du texte et le mécanisme de son fonctionnement. Le texte garde sa prétention à dire quelque chose sur la réalité. Il exprime un certain « monde ». « Ce qui est en effet à interpréter dans un texte, c'est une *proposition de monde*, d'un monde tel que je puisse l'habiter pour y projeter un de mes possibles les plus propres... C'est ce que j'appelle le monde du texte, le monde propre à ce texte unique [28]. » Il faut donc récuser l'alternative d'une herméneutique polarisée sur la *compréhension* de l'intention de l'auteur et d'une méthode structurale polarisée sur l'*explication* de la structure du texte. « L'alternative de l'intention ou de la structure est vaine. Car la *référence* au texte – ce que j'appelle la *chose* du texte ou le *monde* du texte – n'est ni l'une ni l'autre. Intention et structure désignent le sens, le monde du texte désigne la référence du discours, non ce qui est dit mais ce *sur quoi* il est dit. La chose du texte, voilà l'objet de l'herméneutique. Et la chose du texte, c'est le monde que le texte déploie devant lui [29]. »

Cette idée de « déploiement du monde devant le texte » n'a de sens qu'en référence au langage poétique que Ricœur privilégie par rapport à la fonction simplement descriptive du langage quotidien. Le discours poétique (à ne pas confondre avec la poésie dans sa différence avec la prose) a une fonction *révélante* dans un sens non religieux. « Ma conviction la plus profonde est que le langage poétique seul nous indique une *appartenance* à un ordre des choses qui précède notre capacité de nous opposer

---

28. P. RICŒUR, *Exegesis, op. cit.,* p. 213.
29. P. RICŒUR, « Herméneutique de l'idée de révélation », art. cité, pp. 38-39.

ces choses comme des objets faisant face à un sujet [30].» On
notera la saveur typiquement heideggérienne de cette confi-
dence. Et de fait, cette insistance sur la dimension poétique du
langage renvoie au second Heidegger pour qui le langage est le
dire de l'être du monde avant d'être l'instrument de la communication inter-humaine. Ricœur a toujours revendiqué une
réflexion sur le langage qui dépasse le point de vue du linguiste
et du phénoménologue pour déboucher sur une véritable ontologie du langage. Et dans son beau texte sur «L'herméneutique
de l'idée de révélation», il commence à élaborer la tâche qu'il
assignait à toute théologie de la Parole de Dieu après Bultmann,
à savoir le long chemin de la «revendication du dire par
l'être [31]».

3. L'appropriation du texte et la compréhension de soi

Nous avons insisté sur l'objectivation du texte, sur son autonomie par rapport à l'auteur et sur son rôle de médiation par
rapport à la compréhension. Il faut maintenant en tirer toutes
les conséquences en ce qui concerne l'appropriation subjective
du texte par le lecteur.

Ce thème de l'appropriation (*Aneignung*) est constant en herméneutique. On a pu reprocher à juste titre à l'herméneutique
existentiale de Bultmann de sacrifier l'objectivité du texte à
comprendre à l'historicité de la décision personnelle. En ce sens-
là, son herméneutique rencontre de plein fouet la critique des
théories structuralistes actuelles de la lecture. Disons que celles-
ci retiennent du langage l'aspect «langue», alors que Bultmann
concentre toute son attention sur le langage comme «événement
de la parole». Comme nous l'avons vu, tout le propos de
Ricœur – propos impensable sans l'événement du structuralisme
– est de surmonter l'opposition entre la distanciation et la compréhension ou mieux de faire de la distanciation le chemin de la
compréhension. Il ne s'agit plus de comprendre le texte en se
rendant contemporain de l'intention de l'auteur. Mais alors que
dans ses écrits antérieurs (cf. la préface au *Jésus* de Bultmann),
Ricœur parlait encore de l'*objectivité du sens* comme s'il y avait

---

30. P. Ricœur, «Herméneutique de l'idée de révélation», art. cité,
pp. 39-40.
31. Cf. la préface au *Jésus* de R. Bultmann, p. 28.

à s'approprier une « vérité-derrière-le-texte », il met ici en œuvre son concept de « *monde* du texte ». « Ce que finalement je m'approprie, c'est une proposition du monde, celle-ci n'est pas *derrière* le texte, comme le serait une intention cachée, mais *devant* comme ce que l'œuvre déploie, découvre, révèle. Dès lors, comprendre, c'est se comprendre devant le texte [32]. »

Cette rupture décidée avec l'herméneutique romantique sous le signe du primat de la subjectivité est cohérente chez Ricœur avec son souci constant, depuis la *Symbolique du mal,* de dénoncer « l'infirmité constitutionnelle du *cogito* cartésien ». De même qu'il prend de plus en plus ses distances à l'égard de la tradition spéculative et de l'onto-théo-logie, il conteste de plus en plus les illusions de la conscience immédiate de soi. L'homme ne se comprend qu'en acceptant de suivre le long détour des divers signes d'humanité déposés dans les objectivations de la culture. Le « monde du texte », devant lequel l'homme reçoit un soi plus vaste, est étroitement corrélatif à un dessaisissement de la conscience. C'est pourquoi d'ailleurs, l'herméneutique philosophique de Ricœur pense pouvoir faire droit non seulement à la critique marxiste et freudienne des illusions de la conscience, mais aussi à la critique des idéologies d'Habermas.

Ainsi, Ricœur renonce à la prétention de la conscience à être autofondatrice et à être à l'origine du sens pour revenir au langage dans ce qu'il a de plus originaire. Mais autant les recherches structurales l'ont conduit à prendre de plus en plus au sérieux l'objectivité du texte, autant il continue de s'opposer au structuralisme quand celui-ci prétend abolir la *référence* du texte au bénéfice de son seul *sens* compris comme jeu de relations purement interne au texte. « La thèse herméneutique, diamétralement opposée à la thèse structuraliste – non à la méthode et aux recherches structurales – est que la différence entre la parole et l'écriture ne saurait abolir la fonction fondamentale du discours (lequel englobe ces deux variantes : orale et écrite). Le discours consiste en ceci que quelqu'un dit quelque chose à quelqu'un sur *quelque chose*. Sur quelque chose : voilà l'inaliénable fonction référentielle du discours [33]. »

32. P. Ricœur, *Exegesis, op. cit.,* p. 214.
33. P. Ricœur, « Nommer Dieu », art. cité, p. 493.

III. LES IMPLICATIONS THÉOLOGIQUES
DU DÉPLACEMENT ACTUEL DE L'HERMÉNEUTIQUE

Malgré la contestation radicale de l'herméneutique par la méthode d'analyse structurale et surtout par l'idéologie structuraliste, j'ai déjà dit pourquoi je croyais encore à l'avenir d'une théologie herméneutique. Je ne pense pas en effet qu'elle soit liée de façon fatale et nécessaire au destin de la métaphysique. Je crois au contraire que la crise actuelle de la métaphysique comme pensée de l'identité et des philosophies du sujet comme autofondation de la conscience ouvre de nouvelles chances à l'herméneutique.

Ce renoncement au double absolu de la spéculation onto-théologique et de la réflexion transcendantale nous invite à prendre vraiment au sérieux la modalité propre du langage comme langage originaire. C'est la grande leçon de l'herméneutique générale de P. Ricœur dont nous avons essayé de résumer les requêtes les plus significatives. Mais il est bien évident qu'un tel déplacement serait impensable sans la crise d'une pensée sous le signe du primat du sujet et du logos. Le destin de la théologie herméneutique sera nécessairement conditionné par la modernité comme pensée de la différence et de l'altérité. Elle cherche encore sa voie à partir d'un double refus : à la fois celui de l'herméneutique romantique qui postule une harmonie idéale entre le lecteur d'aujourd'hui et l'auteur du passé et celui de l'historicisme qui – sous sa forme moderne – continue à identifier les faits du passé avec la vérité.

Je voudrais seulement en terminant dégager quelques-unes des implications théologiques du déplacement actuel de l'herméneutique. Il faudrait – idéalement – montrer comment la théologie peut faire droit à certaines requêtes du structuralisme tout en gardant son identité propre.

L'objet de la théologie comme objet textuel

En fonction de la dialectique de l'*expliquer* et du *comprendre* propre à toute herméneutique, nous avons dit, à l'encontre de toute herméneutique psychologisante, qu'il ne fallait pas télescoper l'étape de l'objectivation du texte au profit de la décision existentielle face au texte. L'objet de la théologie n'est ni une parole originaire, pleine de sens, dont le texte ne serait que l'écho, ni un événement historique dans sa facticité; c'est un texte comme acte d'interprétation historique et comme nouvelle structuration du monde. «(L'écriture) ne contient pas une "Parole" offerte à la réinterprétation, mais des systèmes d'interprétation qui "font parole" [34].»

L'idée de «monde du texte» nous permet de faire droit à une lecture structurale quand celle-ci renonce à chercher un sens ou une vérité, déjà là sous le texte (cf. le fondamentalisme biblique). Mais en même temps, nous maintenons une compréhension herméneutique parce que le texte renvoie à autre chose que lui-même, à un certain type de monde qui a une portée révélante pour moi. La théologie est toujours herméneutique en ce sens qu'elle vit d'une antériorité, à savoir l'histoire du christianisme. Mais en même temps, elle est toujours en devenir parce qu'elle ne peut identifier la vérité du christianisme ni avec un moment passé de la tradition (même pas le corpus néo-testamentaire) ni avec le présent de la foi actuelle. Il y a une homologie fondamentale entre les énoncés bibliques et leur contexte socioculturel et puis le discours de la foi à tenir aujourd'hui dans son rapport avec notre situation culturelle.

Tout le problème d'une théologie herméneutique après la «crise des herméneutiques», c'est de concilier une «priorité historique» et une «primauté théologique» pour reprendre une formule de Pierre Gisel dans son essai sur le programme théologique d'Ernst Käsemann. Cette herméneutique-là prend définitivement congé de l'historicisme: on part bien en théologie chrétienne d'un événement historique fondateur, mais on se livre à une lecture *théologique* de cet événement. Pour autant, on n'est pas nécessairement condamné, comme le pensent les inconditionnels du structuralisme, à une théologie de type métaphysique qui est hantée par la question de l'origine. On ne connaît pas d'histoire qui ne vive d'une origine, mais on ne connaît pas d'origine qui ne soit dite du sein de l'histoire et comme interprétation de cette histoire [35]. L'*intellectus fidei* de la

34. G. CRESPY, «L'écriture de l'écriture», in *Parole et dogmatique, hommage à Jean Bosc*, cité par P. GISEL, *Vérité et Histoire. La théologie dans la modernité, Ernst Käsemann*, Paris, Beauchesne, 1977, p. 169.

35. Cf. P. GISEL, *op. cit.*, p. 627.

théologie aura nécessairement la structure du « comprendre herméneutique » dans la mesure où le théologien traite l'histoire du christianisme comme un texte et en même temps traite le texte comme une histoire, l'histoire des interprétations. Il faudrait au fond élaborer une nouvelle épistémologie théologique qui répondrait aux exigences du modèle « généalogie » que l'on peut découvrir chez Nietzsche.

L'importance accordée au texte et au monde du texte entraîne des conséquences importantes pour le travail théologique. J'en énumère seulement quelques-unes.

1. L'objet immédiat du travail théologique, ce n'est pas une série de propositions dont je cherche l'intelligibilité, mais l'ensemble des textes compris dans le champ herméneutique ouvert par la révélation. Et ainsi, l'*intellectus fidei* est autre chose qu'un acte de la raison spéculative qui se meut selon le schéma du sujet et de l'objet. Il peut être assimilé à un « comprendre herméneutique » (cf. *supra,* p. 27).

2. La théologie, dans son effort pour nommer Dieu, doit respecter la structure originaire du langage de la révélation et ne pas le réduire immédiatement à un contenu propositionnel. La structure de la confession de foi est étroitement liée à la structure du langage dans laquelle elle s'exprime. C'est pourquoi, je ne puis par exemple traiter les diverses formes de la confession de foi du Dieu d'Israël (écrits narratifs, prophétiques, législatifs, sapientiels, etc.) comme de simples genres littéraires. La nomination de Dieu est polyphonique [36], et c'est en suivant la particularité propre à chaque énoncé biblique (inséparable de son acte d'énonciation) que je puis élaborer une théologie diversifiée du nom de Dieu.

3. Une théologie herméneutique qui s'attache à la « chose » du texte au lieu de chercher le sens voulu par l'auteur sacré qui renvoie lui-même à l'auteur divin, nous conduit à remettre en cause une certaine théologie de la révélation identifiée pratiquement à l'inspiration comprise comme insufflation de sens par un auteur divin. L'idée d'une voix derrière la voix, d'une écriture sous la dictée, nous est suggérée par la modalité propre de la révélation prophétique. Mais il faut prendre au sérieux les autres formes originaires de la révélation dans le corpus biblique. Ces

---

36. P. RICŒUR, « Nommer Dieu », art. cité, p. 497.

textes sont « révélation » pour nous parce qu'ils déploient un
« être nouveau » devant nous et non d'abord parce qu'ils
auraient été écrits sous la dictée de Dieu [37].

4. Contrairement à la conception assez imaginative de l'inspiration comme voix (divine) derrière la voie, on doit souligner
davantage le lien entre l'inspiration et la foi de la communauté
confessante. Il faut partir du lien entre l'Écriture et l'Église primitive pour éclairer le problème général de l'inspiration. Selon
la suggestion de Karl Rahner, on peut continuer à parler de
Dieu comme « auteur de l'Écriture » au sens où il est l'auteur de
la foi de l'Église primitive, le rassembleur de cette communauté
dont la foi va trouver son expression et son objectivation dans
l'Écriture [38].

Le déplacement actuel de l'herméneutique nous aide donc à
renouveler la théologie de la révélation. Le texte biblique est
révélation religieuse pour nous, parce qu'en lui-même, dans sa
facture textuelle, il a déjà une *portée révélante,* comme tout texte
poétique qui dépasse la fonction simplement descriptive du langage quotidien. En face de cet « être nouveau » déployé par le
texte, l'homme va recevoir lui-même un « être nouveau », c'est-
à-dire un élargissement de son soi purement naturel. Cette
actualisation d'un possible propre de l'homme peut se vérifier à
l'occasion de tout texte poétique. Mais dans le cas du texte biblique, l'appropriation du texte coïncide non seulement avec une
nouvelle compréhension de soi, mais avec une nouvelle possibilité d'existence et avec la volonté de faire exister un monde nouveau. En d'autres termes, il n'y a pas de révélation au sens fort
sans conversion personnelle et inauguration d'une nouvelle pratique éthique et sociale.

Tradition et production : la théologie comme généalogie

Une théologie herméneutique qui prend pour catégorie centrale le « monde du texte » ne fera pas l'économie de la tradition
comme histoire des interprétations du texte. Nous l'avons dit : la
théologie chrétienne vit toujours d'une précédence. Mais si on se

37. Cf. P. RICŒUR, « Herméneutique de l'idée de révélation », art.
cité, surtout p. 32.
38. C. GEFFRÉ, *Esquisse d'une théologie de la révélation, op. cit.,*
p. 185 s.

garde d'identifier le texte de l'Écriture avec la vérité originaire, ou encore l'Écriture avec l'Évangile (au sens luthérien), on aura une conception moins statique de la tradition. Qui dit tradition ne dit pas simplement transmission d'un donné valable en tout temps. Tradition et production ne s'opposent pas. L'application ou l'appropriation du « monde du texte » conduit non seulement à des productions nouvelles dans l'ordre du langage, mais à des pratiques nouvelles.

L'herméneutique traditionnelle postulait toujours une harmonie préétablie, une identité fondatrice, une « fusion des horizons ». L'herméneutique nouvelle, dans la mesure où elle prend au sérieux la matérialité textuelle du texte fondateur et son historicité radicale, est une herméneutique *créatrice*. Il faut accepter de vivre sous le régime de la différence. Si je prends le texte selon son autonomie d'œuvre textuelle, il ne s'agit pas d'écouter une parole originaire dont le texte ne serait que l'écho, il ne s'agit pas de me rendre contemporain du vouloir dire d'un auteur passé, il ne s'agit pas de rejoindre un au-delà évident du texte. C'est la clôture même du texte qui est la condition d'une reprise créatrice. « Le texte n'est pas tant le témoignage second d'une origine radicale (antérieure) que l'avènement, dans un temps et un lieu déterminés, d'une configuration spécifique, d'une structuration du monde [39]. »

La théologie vit nécessairement d'une origine, l'événement Jésus-Christ comme événement fondateur. Mais le Nouveau Testament comme témoignage sur cet événement n'est pas un texte qui nous livre immédiatement son sens plénier et définitif. Nous considérons ce texte comme un « acte d'interprétation » et la distance qui nous sépare de lui – loin d'être un obstacle – est la condition même d'un nouvel acte d'interprétation pour nous aujourd'hui. Il y a analogie entre le Nouveau Testament et la fonction qu'il exerçait dans la primitive Église et la production d'un nouveau texte aujourd'hui et la fonction qu'il exerce dans le présent de la société et de la culture. « La théologie aurait moins pour tâche aujourd'hui, l'intelligence d'une Parole autrefois prononcée que la "nouvelle production" d'un texte, d'une pratique, d'une institution... [40]. » Nous pouvons alors mieux

---

39. P. GISEL, *op. cit.,* p. 147.
40. P. GISEL, *op. cit.,* p. 164.

comprendre la dialectique de *continuité* et de *rupture* qui est constitutive de la tradition chrétienne. « En nous tournant vers l'origine, nous ne faisons pas retour à ce qu'elle a été en fait et au monde concret où elle s'effectua. Car ce que nous y retrouvons est un *acte* qui doit se *reprendre,* de façon toujours créatrice, et non se répéter de façon littérale [41]. »

On prend ainsi ses distances vis-à-vis d'une herméneutique qui prétendrait restituer le sens originaire d'un événement passé en s'en rendant contemporain ou retraduire un sens identique dans une pluralité de langages. Faire œuvre herméneutique, c'est *créer* de nouvelles interprétations et même *produire* de nouvelles figures historiques du christianisme dans d'autres temps et d'autres lieux. Une telle pratique herméneutique est corrélative d'une conception de la *vérité* qui ne s'identifie ni avec une plénitude d'être à l'origine, ni avec une figure historique. La vérité est plutôt sous le signe d'un devenir. Elle est un *advenir* permanent. C'est le sens même de la vérité biblique comme réalité d'ordre eschatologique.

Le christianisme est *tradition* parce qu'il vit d'une origine première qui est *donnée.* Mais il est nécessairement en même temps toujours *production,* parce que cette origine ne peut être redite qu'historiquement et selon une interprétation créatrice. On a pu comparer à juste titre la théologie à la *généalogie* au sens de Nietzsche, parce que sa tâche consistera toujours à dire ensemble l'origine et l'histoire. Nous nous expliquerons plus longuement là-dessus au chapitre suivant.

Herméneutique et théologie politique

Nous avons surtout insisté sur la contestation de l'herméneutique par le structuralisme – soit comme méthode, soit comme idéologie. Mais dans un exposé sur la crise de l'herméneutique, il convient de rappeler que l'herméneutique rencontre aussi la critique des diverses théologies politiques. On peut même caractériser le mouvement de la théologie protestante depuis plus de vingt ans comme un passage des théologies de la parole aux théologies de l'histoire et aux théologies politiques. On reproche

41. M. Bellet, in « Crise du biblisme, chance de la Bible », p. 195, cité par F. Refoulé, « L'exégèse en question », *Le Supplément,* n° 111 (1974), p. 413.

volontiers aux premières de n'être qu'une nouvelle interprétation *théorique* du christianisme et de ne pas conduire à une transformation effective du monde et de l'histoire sous la mouvance du Royaume de Dieu qui vient. D'autres ont déjà montré que cette opposition entre théologie de la parole et théologie de l'histoire était une fausse alternative. Mais il est intéressant de manifester en quoi l'orientation nouvelle de l'herméneutique centrée sur le « monde du texte » ne permet pas d'en rester à une pure interprétation textuelle dans l'ordre du langage. Elle conduit nécessairement à une réinterprétation pratique, à un *faire.*

Il faut rappeler ici ce que nous disions, à la suite de Ricœur, sur la dimension *poétique* du langage biblique. En tant que poétique, le langage biblique n'est pas seulement une célébration du Nom de Dieu, il est la recréation d'un monde nouveau. La compréhension herméneutique du langage biblique a pour objet le monde nouveau auquel renvoie le texte. Et la compréhension s'achève par une nouvelle compréhension de soi devant le texte. Mais se comprendre devant le texte, ce n'est pas se livrer à une compréhension purement intellectuelle du texte, c'est réaliser une nouvelle possibilité d'existence et faire exister un monde nouveau. Le comprendre herméneutique débouche donc sur une pratique sociale et une pratique politique. « Je tiens donc qu'une herméneutique, qui prend pour catégorie centrale le "monde du texte", ne risque plus de privilégier le rapport dialogal entre l'auteur et le lecteur ni la décision personnelle en face du texte. L'amplitude du monde du texte requiert une amplitude égale du côté de l'*application,* laquelle sera autant praxis politique que travail de pensée et de langage [42]. »

Il n'y a donc pas de théologie herméneutique sans pratique. Ce qui distingue justement la théologie d'une idéologie, c'est qu'elle conduit à des *pratiques signifiantes.* Un des traits marquants de l'herméneutique nouvelle qui met l'accent sur la compréhension du texte du Nouveau Testament comme acte d'interprétation de la communauté primitive est de ne pas pouvoir séparer, dans l'acte d'interprétation aujourd'hui, l'interprétation du langage de la foi et l'interprétation de l'existence chrétienne. La théologie ne répète pas une vérité originelle. Elle

42. P. Ricœur, « Nommer Dieu », art. cité, p. 508.

« fait » la vérité au sens johannique. Et dans cette herméneutique créatrice, la pratique n'est pas seulement le champ d'application d'une vérité chrétienne déjà constituée une fois pour toutes. La pratique signifiante des chrétiens intervient comme un moment constitutif dans l'avènement même de la vérité.

Le langage de la théologie n'est pas un langage poétique comme le langage biblique. C'est un langage spéculatif qui n'a donc pas de portée « révélante » du seul fait de sa structure de langage. Mais on peut comparer la théologie à une « poétique » au sens où elle est la théorie d'un « faire ». La théologie dit toujours la vérité qui lui est confiée dans une différence historique. Cette situation historique nouvelle la conduit à un acte d'interprétation qui est l'instauration permanente d'un *poème de la foi* tant dans l'ordre de la confession que dans celui de la pratique.

CONCLUSION

J'ai essayé de prendre très au sérieux la contestation de l'herméneutique par tout un courant de pensée contemporain qui veut mettre un terme à la tyrannie du *logos*. Mais plutôt que de conclure à l'échec de toute théologie herméneutique, je demande seulement que l'on soit très attentif aux conséquences du déplacement inévitable de l'herméneutique provoqué par le choc du structuralisme.

Certains me reprocheront sans doute de m'être livré à une opération qui ressemble fort à une récupération. Je répondrai seulement, et ce sera aussi ma conclusion : nous ne pouvons pas ignorer le destin de l'herméneutique générale, mais nous ne pouvons pas subordonner l'avenir de la théologie au destin de l'herméneutique. La théologie chrétienne est en effet irréductible à toute autre expérience herméneutique. Elle veut être la théorie d'une expérience absolument originale. Comment caractériser cette expérience herméneutique originale ? Je dirai d'un mot que dans le moment même où la théologie se fait pratique d'un texte et veut être la théorisation de la pratique suscitée par ce texte, elle est vaincue par « la chose » du texte, à savoir une Altérité qui met en échec tout discours de l'objectivation.

Je reprendrai volontiers, ici, un propos récent de Gadamer : « Il n'y a pas de théorie herméneutique qui ne soit dépendante de la pratique herméneutique [43].» C'est cette dépendance qui constitue ce qu'il appelle la «situation herméneutique». Eh bien, disons qu'avant de trancher d'un point de vue théorique le débat: structuralisme ou herméneutique, il faut s'aviser de la *situation herméneutique* propre à la théologie chrétienne.

43. H.-G. GADAMER, «Herméneutique et théologie», *Rev. Sc. Rel.*, n° 51 (1977), p. 396.

CHAPITRE III

DOGMATIQUE
OU HERMÉNEUTIQUE?

Il n'y a pas si longtemps, on parlait du conflit des dogmaticiens et des exégètes. Faut-il parler maintenant du conflit des dogmaticiens et des herméneutes? Cela n'a pas grand sens, car l'herméneutique n'est pas devenue une nouvelle discipline à l'intérieur du savoir théologique. C'est toute la théologie dogmatique qui tend à se comprendre comme une herméneutique de la Parole de Dieu. Mais il est incontestable que les mots «dogmatique» et «herméneutique» sont devenus, dans la pratique concrète des théologiens, l'indice de deux tendances bien différentes. Il faut même parler de deux paradigmes du travail théologique. Et il n'est pas abusif de dire qu'une révolution épistémologique les sépare.

La théologie dogmatique comme présentation systématique des vérités chrétiennes n'a rien perdu de sa légitimité et de son actualité. Mais le mot «dogmatique» tend à désigner l'usage «dogmatiste» d'une telle théologie, c'est-à-dire la prétention de présenter les vérités de la foi de manière autoritaire comme garanties uniquement par l'*autorité* du magistère ou de la Bible, sans aucun souci de vérification critique concernant la vérité dont témoigne l'Église. Une telle théologie est fatalement condamnée à la répétition, dans la mesure où elle est exclusivement soucieuse de la transmission scrupuleuse des *tradita*, mais ne réfléchit nullement à ce qui est impliqué dans la *traditio* comme acte de transmission. «Herméneutique» évoque un mouvement de pensée théologique qui, par une mise en relation

vivante entre le passé et le présent, court le risque d'une interprétation nouvelle du christianisme pour aujourd'hui. Cette instance herméneutique de la théologie nous conduit à une conception non autoritaire de l'autorité, à une conception non traditio-
naliste de la tradition et à une notion plurielle de la vérité chrétienne.

Mais de même qu'on a assisté à l'intérieur du catholicisme
jusqu'à Vatican II à une inflation *dogmatique* de la théologie, ne
faut-il pas parler aujourd'hui d'une inflation *herméneutique ?* La
question mérite d'être posée et la contestation récente de l'herméneutique comme méthode de lecture par le structuralisme ne
change rien à cette orientation profonde de la théologie
moderne. Contrairement à l'épistémologie ancienne, le domaine
de la vérité et celui du sens ne se recouvrent pas nécessairement.
Et certains se demandent sérieusement si la théologie a encore
un pouvoir d'affirmation et de décision dans l'ordre de la vérité.
Est-ce que tout le labeur du théologien ne s'épuise pas dans la
manifestation du sens ou mieux des sens multiples des divers
langages de la foi ? Est-ce que le champ de la théologie chrétienne n'est pas livré au conflit des interprétations et est-ce que,
trop souvent, l'herméneutique ne devient pas la solution miracle
pour harmoniser les affirmations différentes de l'Écriture et du
dogme ou les discontinuités trop évidentes de la tradition dogmatique et théologique ?

Je pense que le meilleur moyen de répondre à ces objections
est de réfléchir sur les causes de ce passage de la dogmatique à
l'herméneutique. Je voudrais justement montrer comment la
compréhension moderne de la théologie comme herméneutique
nous aide à mettre en valeur l'originalité de la vérité chrétienne.

Dans une première partie, je m'efforcerai de caractériser le
passage du modèle dogmatique au modèle herméneutique
d'écriture théologique. Ensuite, je m'interrogerai sur la portée
historique et théologique de ce changement. Enfin, dans une
dernière partie, nous nous demanderons quel est le statut de la
vérité chrétienne dans une théologie comprise comme herméneutique.

I. LE PASSAGE DU MODÈLE DOGMATIQUE
AU MODÈLE HERMÉNEUTIQUE

On peut décrire la théologie comme un phénomène d'écriture. Et en fait, comme pour toute écriture, il s'agit toujours d'une « réécriture ». À chaque époque de son histoire, la théologie se donne pour tâche de rendre plus intelligible et plus parlant le langage déjà constitué de la révélation. Ce langage est privilégié et normatif pour toute la foi de l'Église. Mais on ne peut se contenter de le répéter de façon passive. Il doit être sans cesse réactualisé de façon vivante en fonction d'une situation historique nouvelle et en dialogue avec les ressources inédites d'une culture donnée. La théologie est donc une « réécriture » à partir d'écritures antérieures, non seulement l'Écriture-source des deux testaments, mais les nouvelles écritures suscitées par elle tout au long de la vie de l'Église.

Depuis ses origines, la théologie chrétienne a connu plusieurs modèles d'écriture. Les Pères de l'Église ont pratiqué l'allégorie en commentant l'Écriture, la théologie médiévale a forgé le modèle de la théologie-science au sens d'Aristote, la Réforme a privilégié le commentaire de l'Écriture contre les ressources dialectiques de la scolastique. Mais ce qui nous intéresse le plus ici, c'est le modèle dogmatique qui a nettement dominé toute la théologie catholique depuis le Concile de Trente jusqu'à Vatican II.

Je ne vais pas m'attarder longuement sur la description du modèle dogmatique. On peut se reporter à la présentation qu'en a donnée Marc Michel dans son petit livre *Voies nouvelles pour la théologie* [1]. Je me contente de rappeler quelques points essentiels.

La théologie selon le modèle dogmatique que l'on trouvait dans les manuels classiques à l'usage des séminaires procédait en trois temps. Il y avait d'abord l'énoncé de telle ou telle *thèse* de foi. Ensuite, on abordait la phase d'*explication* en rappelant les décisions officielles du magistère, en particulier celles du

---

1. M. MICHEL, *Voies nouvelles pour la théologie,* surtout le chap. III, « L'effacement du modèle dogmatique », Paris, Cerf, « Dossiers libres », 1980, pp. 55-69.

Concile de Trente. Enfin, on fournissait la *preuve* en citant l'Écriture, les Pères et certains théologiens. Et en conclusion, on rejetait les thèses opposées, tout spécialement celles de la Réforme.

Ce qui mérite d'être noté tout de suite, c'est que le point de départ du travail théologique, l'énoncé initial qui joue le rôle de principe premier, c'est toujours l'enseignement actuel du magistère. Il joue donc le rôle de principe herméneutique exclusif. Il opère une *sélection* parmi les écritures antérieures, qu'il s'agisse du Nouveau Testament, des textes patristiques, des diverses théologies du passé. Et il permet de pratiquer l'*exclusion* à l'égard des opinions adverses.

Ainsi, la théologie dogmatique se définit comme un commentaire fidèle du dogme, c'est-à-dire ce que l'Église a toujours compris et enseigné, et l'Écriture n'intervient qu'à titre de preuve de ce qui est déjà établi par ailleurs. Alors que chez saint Thomas, les propositions externes de la foi, celles des conciles, des théologiens et des évêques ne sont vraies que si elles sont l'expression de la vérité divine dans le libre événement de sa révélation, ici les propositions de foi, dont procède le raisonnement théologique, fonctionnent avec l'évidence des premiers principes et leur vérité dépend uniquement de l'autorité du magistère[2]. Nous sommes donc bien en présence d'un système *autoritaire* où l'autorité du magistère s'est pratiquement substituée à l'autorité de l'Écriture. Et dans cette perspective, on comprend qu'un des soucis majeurs de cette théologie «autoritaire» soit de démontrer le développement continu entre l'Écriture, les Pères et

---

2. Cette distance entre la perspective de saint Thomas et celle de la théologie Contre-Réforme a été particulièrement bien soulignée par P. EICHER dans *Theologie. Eine Einführung in das Studium,* München, 1980, surtout pp. 99-103 et pp. 178-183; trad. franç., *La Théologie comme science pratique,* Paris, Cerf, «Cogitatio Fidei» n° 115, 1982, pp. 116-120 et pp. 212-217. De son côté, Y. Congar est revenu souvent sur cette évolution de la théologie catholique en vertu de laquelle le rôle de l'autorité du magistère comme règle prochaine et immédiate de la croyance s'est trouvé de plus en plus majoré. Cf. son article récent: «Les régulations de la foi», *Le Supplément,* n° 133, 1980, pp. 260-281. Il note, par exemple, l'importance du remplacement, à Vatican I, de la formule thomiste du motif formel de la foi, «Veritas prima», par «Auctoritas Dei revelantis», p. 268, n° 19; cf. à ce sujet P. EICHER, *op. cit.,* p. 89; trad. franç. p. 163.

l'enseignement actuel du magistère. Les théories fameuses sur le développement homogène du dogme procèdent de la même préoccupation apologétique [3].

D'autres ont relevé avant moi, à propos de ce modèle «dogmatique» de théologie, l'importance de l'*institution hiérarchique* dans la production de la vérité. La théologie est le reflet fidèle de l'institution-Église, comprise selon la distinction entre Église enseignante et Église enseignée, distinction encore inconnue à l'âge classique de la théologie médiévale. Il est clair que la théologie ne peut remplir sa fonction qu'à l'intérieur d'un champ social. Mais la question est de savoir si la seule fonction de la théologie est de *reproduire* en le légitimant l'enseignement officiel de l'instance hiérarchique comme instance d'orthodoxie ou bien si elle a aussi, par vocation, une fonction *critique* et même *prophétique* à l'égard de ceux qui détiennent le pouvoir de définir et d'interpréter?

En d'autres termes, le danger, pour une théologie selon le modèle «dogmatique», c'est que le rapport à la vérité du message soit déterminé par son rapport à l'institution hiérarchique. La théologie risque alors de se dégrader en idéologie au service du pouvoir dominant dans l'Église. Comme il arrive dans toute société religieuse, l'autorité hiérarchique est souvent tentée de demander à la théologie de *reproduire* le discours qui légitime le monopole qu'elle détient comme seul interprète authentique en refoulant comme marginaux ou déviants les discours innovateurs [4]. Et comme il est prévisible, cette dépendance étroite de la théologie à l'égard de l'institution-Église consacre aussi un certain type de rapport entre l'Église et la société en général. Il

---

3. Voir à ce sujet le diagnostic lucide de J.-P. JOSSUA dans «Immutabilité, progrès ou structurations multiples des doctrines chrétiennes», *Rev. Sc. phil. théol.,* nº 52 (1968), pp. 173-200.

4. À propos de ce «jeu institutionnel», on se reportera à l'ouvrage collectif dirigé par M. MICHEL, *Pouvoir et vérité,* Paris, Cerf, «Cogitatio Fidei», nº 113 (1981). On consultera aussi l'ouvrage déjà classique de P. LEGENDRE, *L'Amour du censeur, essai sur l'ordre dogmatique,* Paris, Seuil, 1974. Nous recommandons encore deux approches sociologiques particulièrement suggestives: G. DEFOIS, «Discours religieux et pouvoir social», in *Arch. de sociologie des religions,* nº 32 (1971), pp. 85-106 et J. SÉGUY, «Le conflit théologique», *Le Supplément,* nº 133 (1980), pp. 223-242.

s'agira essentiellement d'une attitude défensive comme le montre trop bien l'anathème porté sur les idées modernes par le *Syllabus* de Pie IX [5]. Au mieux, il s'agira d'une attitude apologétique quand le dogme catholique se trouve contesté par les résultats des sciences de la nature et des sciences historiques. En tout cas, ce modèle «dogmatique» d'écriture théologique, qu'on a habituellement désigné comme «théologie Contre-Réforme», s'est maintenu jusqu'à la veille de Vatican II.

Aujourd'hui, c'est-à-dire depuis une vingtaine d'années, nous assistons à une dislocation et à un éclatement de ce système de «théologie dogmatique» qu'on peut caractériser comme un système clos et autoritaire. En fonction d'un certain nombre de conditionnements historiques et culturels que nous étudierons plus loin, le modèle «dogmatique» d'écriture théologique a fait place à un modèle d'écriture que l'on peut appeler «herméneutique». Dire que la théologie contemporaine se comprend comme une herméneutique, cela ne veut pas dire qu'elle est devenue *adogmatique,* cela veut dire, avant tout, qu'elle prend au sérieux l'historicité de toute vérité, fût-ce la vérité révélée, de même que l'historicité de l'homme comme sujet interprétant, et qu'elle s'efforce d'actualiser pour aujourd'hui le sens du *message* chrétien. J'ai déjà insisté plus haut sur cette instance herméneutique de toute théologie chrétienne [6]. Je me contente ici de résumer, en quelques propositions, les traits les plus caractéristiques de cette écriture théologique selon le modèle «herméneutique».

1. Le point de départ de la théologie comme herméneutique n'est pas un ensemble de propositions de foi immuables, mais c'est la pluralité des écritures comprises à l'intérieur du champ herméneutique ouvert par l'événement Jésus-Christ. La pre-

---

5. À propos du cas de l'athéisme, P. LADRIÈRE a bien montré qu'entre la condamnation de Pie IX et l'ouverture de Vatican II il n'y avait pas développement harmonieux mais rupture: «L'esprit de mensonge dans le discours théologique», *Le Supplément,* n° 139 (1981), pp. 509-529.

6. Voir *supra,* le chap. I; cf. aussi: «La révélation hier et aujourd'hui. De l'Écriture à la prédication ou les actualisations de la Parole de Dieu», in *Révélation de Dieu et langage des hommes,* Paris, Cerf, «Cogitatio Fidei» n° 63 (1962), pp. 95-121; *Un nouvel âge de la théologie,* Paris, Cerf, «Cogitatio Fidei» n° 68 (1972), pp. 43-66.

mière écriture comme mise par écrit du témoignage rendu à l'événement Jésus-Christ est elle-même un acte d'interprétation de la première communauté chrétienne. En fonction d'une situation historique nouvelle, cette première écriture a suscité de nouvelles écritures comme actes d'interprétation qui témoignent inséparablement, sous la mouvance de l'Esprit, de l'expérience chrétienne fondamentale et d'une nouvelle expérience historique de l'Église. La théologie comme herméneutique est donc toujours un phénomène de réécriture à partir d'écritures antérieures. On peut la définir comme un nouvel acte d'interprétation de l'événement Jésus-Christ sur la base d'une corrélation critique entre l'expérience chrétienne fondamentale dont témoigne la tradition et l'expérience humaine d'aujourd'hui [7].

2. L'*intellectus fidei* de la théologie comme herméneutique n'est pas un acte de la raison spéculative au sens classique de la pensée métaphysique. On peut l'identifier à un «comprendre historique» où la compréhension du passé est inséparable d'une interprétation de soi et d'une actualisation créatrice tournée vers l'avenir. L'écriture théologique, selon le modèle «herméneutique» est *anamnèse* en ce sens qu'elle est toujours précédée par l'événement fondateur, mais elle est, en même temps, *prophétie* en ce sens qu'elle ne peut actualiser l'événement fondateur comme événement contemporain qu'en produisant un nouveau texte et de nouvelles figures historiques. Ainsi, la théologie comme dimension constitutive de la tradition est nécessairement une fidélité créatrice.

3. Contrairement à la méthode classique en théologie dogmatique, la théologie selon le modèle herméneutique ne se contente pas d'exposer et d'expliquer les dogmes immuables de la foi catholique en montrant leur accord avec l'Écriture, les Pères et la tradition théologique. Elle cherche bien plutôt à manifester la signification toujours actuelle de la Parole de Dieu, que ce soit sous sa forme scripturaire, dogmatique ou théologique, en fonction des nouvelles expériences historiques de l'Église et de

---

7. C'est ce principe herméneutique qui est à l'œuvre dans la christologie d'E. Schillebeeckx; cf. E. SCHILLEBEECKX, *Jesus. Die Geschichte von einem Lebenden,* Freiburg, Herder, 1975. On trouvera un bon résumé de la méthode théologique d'E. Schillebeeckx dans l'édition française de *Expérience humaine et foi en Jésus-Christ,* Paris, Cerf, 1981.

l'homme d'aujourd'hui. C'est pourquoi, elle ignore une différence fondamentale entre une théologie dite *positive,* qui ferait l'inventaire historique du «donné de foi», et une théologie dite *spéculative,* qui en donnerait l'explication rationnelle. Elle a toujours affaire à des «objets textuels» dont elle cherche à déchiffrer le sens pour aujourd'hui et à partir desquels elle procède à une nouvelle écriture.

4. La théologie comme herméneutique se nourrit d'une circumincession incessante entre l'Écriture et la Tradition qui demeurent les lieux privilégiés de toute théologie. Elle recherche une nouvelle intelligence du message chrétien en respectant le cercle herméneutique entre l'Écriture et le Dogme qui, l'un et l'autre, rendent témoignage à la plénitude de la Parole de Dieu, même si l'Écriture demeure l'autorité dernière *(norma normans non normata)* par rapport aux nouvelles écritures qu'elle a suscitées dans l'Église. La théologie dogmatique issue de la Contre-Réforme lisait avant tout l'Écriture à partir des explications ultérieures de la tradition dogmatique. La théologie selon le modèle «herméneutique» ne craint pas de se livrer à une réinterprétation des énoncés dogmatiques à partir d'une meilleure connaissance de la situation historique qui fut l'occasion de leur formulation et à la lumière de notre lecture actuelle de l'Écriture, c'est-à-dire une lecture qui prend en compte les résultats irrécusables de l'exégèse moderne.

II. LA PORTÉE HISTORIQUE ET THÉOLOGIQUE DE L'EFFACEMENT DU MODÈLE DOGMATIQUE

On pourrait épiloguer longuement sur les facteurs divers qui ont entraîné la substitution du modèle «herméneutique» d'écriture théologique au modèle «dogmatique». Je n'ai pas l'intention de me livrer ici à une enquête historique détaillée. Je voudrais seulement relever quelques-uns des facteurs les plus décisifs. Je distinguerai des facteurs d'ordre *historique,* d'ordre *épistémologique* et d'ordre *psychologique.* Mais ce qui nous intéresse à chaque fois, c'est la portée *théologique* de cette mutation. Ce qui est engagé, en effet, c'est une certaine conception de la *vérité.* Et loin que l'orientation herméneutique de la théologie contemporaine compromette l'avenir de la théologie dogmatique comme exposé systématique des vérités chrétiennes, il s'agit de montrer qu'elle est au service d'une meilleure reconnaissance de l'originalité propre de la vérité en théologie.

A. L'éclatement de l'idéologie unitaire du système dogmatique

Le premier ébranlement de la théologie catholique comme système clos et autoritaire fut provoqué par l'irruption des méthodes historiques à l'intérieur du savoir ecclésiastique. Ce fut l'occasion de la crise moderniste. Même si l'autorité hiérarchique a pratiquement méconnu la pertinence des questions posées par le modernisme, il est incontestable que la belle suffisance des dogmaticiens fut entamée [8]. On a abouti à ce qu'on a appelé le système de la «double vérité»: il y avait la vérité des exégètes et des historiens des origines chrétiennes d'une part, la vérité des dogmaticiens d'autre part. S'il est vrai qu'on ne peut identifier la vérité du christianisme avec la reconstitution des faits historiques – ce fut l'erreur de l'*historicisme* – il est vrai aussi qu'on ne peut accepter la rupture propre à une certaine théologie scolastique entre les énoncés dogmatiques et leurs fondements scripturaires et historiques – c'est l'erreur d'un certain *rationalisme* théologique.

A l'aube des temps modernes, l'Église s'est pensée comme une société exclusive selon le modèle d'une idéologie unitaire. La théologie dogmatique de type monolithique était cohérente avec son rapport défensif à l'égard de la société moderne. En même temps qu'elle refusait à l'extérieur d'elle-même le pluralisme idéologique et culturel des sociétés libérales d'Occident, elle condamnait le pluralisme doctrinal à l'intérieur d'elle-même et définissait des règles d'orthodoxie de plus en plus strictes. Et si on précise que, jusqu'à Vatican II, tous les professeurs de théologie avaient l'obligation d'enseigner ce qu'on appelle le thomisme, la question du pluralisme théologique à l'intérieur de l'Église catholique ne se posait même pas.

La théologie selon le modèle «dogmatique» ou encore la théologie scolastique qu'on a qualifiée de théologie «baroque» demeurait prisonnière de la problématique rationaliste du

8. Parmi de multiples travaux sur le modernisme, citons seulement la thèse récente de R. Virgoulay, *Blondel et le modernisme*, Paris, Cerf, 1980; on trouvera à la fin du volume une abondante bibliographie.

XVIIIe siècle et, comme nous l'avons vu, elle tendait à édifier un système où l'autorité du magistère revêt pratiquement une autorité plus grande que celle de l'Écriture elle-même. Pour la première fois dans l'histoire de la théologie, par réaction contre le principe scripturaire de la Réforme, la Bible n'est plus que la *source* de la révélation, elle n'est plus *la forme première* de la foi en la révélation judéo-chrétienne. Sous sa forme rationaliste, la théologie scolastique tend à devenir un système de propositions capables de déduire tous les contenus de foi à partir des principes crédibles. Et ce qui me semble tout à fait décisif dans le débat « dogmatique ou herméneutique », c'est que l'âme de cette construction théologique, ce n'est plus la *vérité* de ce qui est à croire, mais la *certitude* que Dieu a dit ceci ou cela, certitude qui a reçu la garantie de l'autorité du magistère [9].

Aujourd'hui, surtout depuis Vatican II, l'Église a accepté de dialoguer avec un monde qui est caractérisé par une pluralité d'options en faveur de tel ou tel système de valeurs ou d'idéologies. Elle doit par ailleurs affronter une situation historique où les chrétiens ont une conscience beaucoup plus radicale du relativisme de la civilisation occidentale et du christianisme lui-même comme religion historique. On assiste donc à une transformation considérable du travail théologique et de ses méthodes.

Tout d'abord, les théologiens doivent tenir compte d'un pluralisme philosophique insurmontable au sens où aucun « système » ne peut prétendre totaliser toutes les sources de l'expérience humaine. Il faut ajouter que la philosophie n'est plus le seul interlocuteur de la théologie. Les théologiens ne peuvent plus étudier le fait chrétien en ignorant les résultats des diverses sciences humaines de la religion. Et la manière de théologiser est forcément interpellée par les nouvelles rationalités qui sont à l'œuvre dans ces diverses disciplines. C'est dire qu'il y a des lieux nouveaux de production théologique – non seule-

---

9. Cette conception du travail théologique qui caractérise la théologie scolastique sous sa forme rationaliste a été fort bien discernée par P. EICHER, *op. cit.,* pp. 179-180 : « Nicht mehr die Wahrheit des Geglaubten, sondern die Gewissheit dass Gott dies oder jenes gesagt habe, wird zur treibenden Frage des Systemdenkens, das zu seiner Sicherung nun ein unerschütterliches Fundament der theologischen Konstruktion braucht... » ; trad. franç., p. 214.

ment les champs nouveaux du savoir à l'intérieur de notre modernité occidentale, mais aussi les ressources propres des autres cultures [10].

Ainsi, l'ancien édifice d'une théologie scolaire, qui prétend à l'universalité pour toute l'Église, est en train de s'écrouler. La théologie de type herméneutique est nécessairement plurielle dans la mesure même où elle veut être inséparablement herméneutique de la Parole de Dieu et herméneutique de l'expérience historique des hommes. C'est en fonction de cette circularité entre la lecture croyante des textes fondateurs qui témoignent de l'expérience chrétienne originaire et l'existence chrétienne d'aujourd'hui que peut naître une interprétation nouvelle du message chrétien. Or, cette existence chrétienne est culturellement, socialement, politiquement conditionnée selon la situation historique propre à chaque Église. Nous constatons donc aujourd'hui un pluralisme théologique « qualitativement nouveau » comme dit Karl Rahner [11]. Il n'a rien à voir avec la pluralité des « Écoles théologiques » au sens ancien : pluralité qui se situait encore à l'intérieur d'un même champ culturel et d'une unique civilisation.

En cette fin du XXᵉ siècle, au moment où nous savons mieux que l'avenir du christianisme ne se pose plus principalement en Occident, le pluralisme théologique est devenu le destin historique de l'Église [12]. Nous connaissons déjà les théologies latino-américaines de la libération. Même si elles sont encore balbutiantes, nous connaissons aussi des théologies africaines et asiatiques. Contrairement aux esprits chagrins qui pensent que nous sommes sur la voie d'un relativisme dangereux et que l'unité de la foi est menacée, il faut comprendre que ce pluralisme des théologies et même des confessions de foi est tout à la fois

10. Sur ces lieux nouveaux de la théologie à ne pas confondre avec les *lieux théologiques* au sens habituel, je renvoie à mes conclusions du colloque publié sous le titre *Le Déplacement de la théologie,* Paris, Beauchesne, 1977, pp. 171-178.

11. K. RAHNER, « Le pluralisme en théologie et l'unité du credo de l'Église », *Concilium,* nᵒ 46 (1969), p. 95.

12. Nous nous sommes efforcés de dégager la portée historique du pluralisme théologique au sein de l'Église d'aujourd'hui dans notre étude *Pluralité des théologies et unité de la foi* parue dans la nouvelle *Initiation pratique à la théologie,* Paris, Cerf, 1982, t. I, pp. 117-142.

l'expression et l'exigence de la véritable catholicité de l'Église. Mais évidemment, cela invite la théologie à repenser à nouveaux frais le statut de la vérité chrétienne qui n'est pas identifiable avec un savoir dogmatique tout constitué une fois pour toutes.

B. Une nouvelle épistémologie théologique

Le passage d'une théologie selon le modèle «dogmatique» à une théologie selon le modèle «herméneutique» soulève un problème redoutable en ce qui concerne le statut de la vérité en théologie. J'essaie seulement ici de donner quelques points de repère dans un domaine encore très mal débroussaillé.

La contestation de la vérité comme «adaequatio»

Je ne partirai pas de l'horizon des théories analytiques du néopositivisme logique [13]. On peut distinguer les théories critériologiques: quels sont les critères qui permettent d'identifier un énoncé vrai? Et les théories vérificatoires: quelles sont les procédures de vérification pour savoir si un énoncé est vrai? On peut dire que toutes ces théories ont pour cadre le problème de l'énoncé et de son fondement. En fonction du contexte de notre théologie européenne, je préfère partir de Heidegger qui met justement en question ce lien entre problème de la vérité et énoncé. Il cherche à déconstruire ce lien en dégageant un horizon plus originaire (existentiel, 1er Heidegger) ou en faisant une remontée vers une histoire originaire de la vérité et de l'être (2e Heidegger) [14].

Le «comprendre» historique, au sens de Heidegger, a une importance décisive pour notre compréhension théologique des énoncés de foi [15]. Il nous invite, en particulier, à remettre en

---

13. Pour une introduction à ces diverses théories, je renvoie volontiers à l'ouvrage précieux de J.-F. MALHERBE, *Épistémologies anglosaxonnes,* Namur, P.U.F., 1981.

14. Voir en particulier O. PÖGGELER, *La Pensée de Martin Heidegger,* Paris, Aubier, 1967, pp. 124-136 et pp. 366-382.

15. Sur l'importance de la compréhension herméneutique de la vérité pour les essais de théologie systématique contemporains, on lira avec profit: D. TRACY, *The Analogical Imagination. Christian Theology and the Culture of Pluralism,* New York, 1981, surtout le chap. III, «The Classic», pp. 99-153.

cause notre habitude de faire du jugement (comme *adaequatio rei et intellectus*) le lieu exclusif de la vérité théologique. On sait que Heidegger a voulu dépasser l'herméneutique individualiste et romantique de Dilthey en montrant que c'est notre existence elle-même, en tant que perpétuel projet de soi, qui doit être saisie comme interprétation compréhensive. Et dans ses derniers écrits, il insistera sur le fait que cette modalité d'existence interprétante est don du langage et, par lui, don de l'histoire de l'être lui-même. Le langage nous interprète et c'est en lui que la vérité nous advient. A sa suite, Gadamer fait de la *tradition* le lieu de l'interprétation. Celle-ci n'est que le produit de la différence entre deux termes historiques déjà signifiants par eux-mêmes, le passé et le présent. Ainsi, la connaissance du passé n'est pas une reconstitution arbitraire : elle est la saisie de ce qui nous saisit nous-mêmes. Aujourd'hui, sous le choc des sciences humaines et du structuralisme, la nouvelle herméneutique sera beaucoup plus attentive aux conditions sociales, psychologiques, linguistiques de la compréhension. Elle prendra en particulier très au sérieux l'objectivité du texte dans ses conditions de production. Par là, elle renoue avec « *l'expliquer* » propre aux sciences de la nature. Mais comme nous l'avons vu au chapitre précédent chez un auteur comme Paul Ricœur, l'herméneutique ne renonce pas à la *compréhension* du texte et donc à la recherche de la vérité. Nous avons déjà cité ce constat : « Une nouvelle époque de l'herméneutique est ouverte par le succès de l'analyse structurale ; l'explication est désormais le chemin obligé de la compréhension [16]. »

Une compréhension herméneutique de la vérité dans la ligne de Heidegger nous invite à prendre nos distances aussi bien à l'égard de la conception métaphysique de la vérité propre à la théologie dogmatique classique qu'à l'égard de la conception de la vérité présupposée par l'historicisme. Ce qu'il y a de commun à ces deux conceptions, qui sont finalement toutes les deux héritières de la problématique rationaliste de l'*Aufklärung,* c'est l'idée de correspondance, d'adéquation entre un sujet et un objet sur la base d'un rapport immédiat à l'origine, que celle-ci soit identifiée avec une plénitude d'être comme dans la pensée méta-

---

16. P. Ricœur, « La fonction herméneutique de la distanciation », in *Exegesis,* Neuchâtel, Delachaux & Niestlé, 1975, p. 209.

physique ou avec un fait historique passé comme dans le cas de l'historicisme.

La connaissance métaphysique de la vérité en usage dans la théologie dogmatique méconnaît l'historicité radicale de toute vérité, y compris la vérité révélée. La tradition est alors conçue comme un trésor, le dépôt d'un certain nombre de vérités intangibles qu'il s'agit uniquement de transmettre. Le présupposé implicite de l'historicisme, c'est que la vérité du christianisme se trouve contenue dans un texte de la Bible, que l'on peut restituer selon des méthodes scientifiques. Qu'il s'agisse des textes ou des faits, l'historicisme croit pouvoir instaurer un rapport immédiat à une origine qu'il identifie avec la vérité. Tout l'effort de Bultmann, de Karl Barth et de la théologie dialectique consistera justement à échapper à l'impasse de l'historicisme en substituant un terme *théologique* à un terme *historique* pensé comme origine.

Aujourd'hui, un auteur comme Käsemann réagira contre Bultmann en accordant toute son importance à l'*historique*. Mais il sera en même temps très soucieux de maintenir la pertinence *théologique* du Jésus historique [17]. Dans la mesure où ce Jésus historique a suscité une pluralité de témoignages, on ne peut identifier la vérité du christianisme avec la figure *historique* de Jésus. De même que Gadamer cherche à surmonter la rupture kantienne entre les faits et le sens, Käsemann s'efforce de dépasser l'opposition entre l'extrincésisme théologique et l'historicisme. On peut dire qu'à l'époque moderne, la recherche la plus féconde en théologie fondamentale concerne les rapports de la vérité et de l'histoire. On prend ses distances à l'égard d'un rapport métaphysique à la vérité qui est toujours sous le signe de la logique du même, d'une coïncidence immédiate avec l'origine et qui annule toute discontinuité, différence et pluralité. Il s'agit d'instaurer un rapport entre l'histoire et la vérité qui accepte pleinement d'être sous le signe de la discontinuité, de la différence, de l'altérité. Alors, on est en mesure de penser la tradition non pas comme *reproduction* d'un passé mort, mais comme *production* toujours nouvelle. Pierre Gisel, commentateur de

---

17. Pierre Gisel, dans son ouvrage sur Käsemann, cherche justement à déployer toutes les conséquences de cette double pertinence. P. GISEL, *Vérité et histoire. La théologie dans la modernité: Ernst Käsemann*, Paris, Beauchesne, 1977.

l'œuvre de Käsemann, propose de désigner cette nouvelle épistémologie comme une « généalogie » en référence à la pensée de
Nietzsche.

Un rapport généalogique à la vérité

Je partirai de cette citation de Gisel : « Tout discours renvoie
à un acte d'interpréter, à une évaluation du monde, à une entrée
singulière en humanité. C'est en ce sens-là qu'on parle, depuis
Nietzsche, de généalogie. Au-delà de l'alternative historicisme-
métaphysique, on dit *ensemble* l'origine et l'histoire, parce
qu'on ignore toute histoire qui ne vivrait pas d'une origine et qui
ne soit dite du *sein* de l'histoire et comme interprétation de *cette*
histoire [18]. » Ainsi, il faut instaurer un rapport généalogique
entre le passé et le présent. On ne peut dire la signification de
l'origine que dans la volonté *présente* de prendre en charge le
passé comme origine. Dire que la théologie est « généalogie »,
c'est dire que la théologie est de part en part historique et que
c'est dans l'acte d'interpréter le christianisme au présent qu'elle
peut aussi dire le sens des origines chrétiennes.

Pour Nietzsche, l'accès à la vérité est toujours un accouche-
ment douloureux par-delà tous les masques. C'est lui qui nous
met en garde contre les illusions du dogmatisme spéculatif et de
l'historicisme. À cet égard, il est le véritable initiateur de notre
modernité critique, qui n'est pas seulement de nature épistémologique, au sens de la critique kantienne, mais de style « généalogique ». Il s'agit de démonter les mécanismes subtils qui sont
à l'origine de nos certitudes et de se demander d'où elles viennent. On va, en particulier, démystifier l'illusion qui consiste à
identifier l'origine avec une plénitude de sens. L'origine ne dit
son sens que dans le présent.

Mais le « marteau de l'analyse généalogique » ne nous
condamne pas nécessairement au silence ou au miroitement
indéfini des interprétations. Le rapport généalogique du passé et
du présent est le lieu de production de la vérité et la théologie
chrétienne comme discours historique doit retenir la leçon d'une
telle méthode [19]. C'est dans l'acte même de dire le monde actuel

18. P. GISEL, *op. cit.*, p. 627.
19. Sur la méthode généalogique chez Nietzsche, voir J. GRANIER,
Nietzsche, Paris, P.U.F., « Que sais-je ? », 1982, pp. 66-69. Sur la fécon-

que la théologie chrétienne peut dire le sens des origines chrétiennes. En d'autres termes, les énoncés théologiques sur le christianisme sont indissociables d'un acte présent d'énonciation dans la situation présente de l'Église. La véritable tradition chrétienne est toujours une interprétation créatrice qui procède d'une confrontation vivante entre le discours passé de la première communauté chrétienne et le discours présent de l'Église informé par sa pratique concrète.

Nous avons déjà insisté sur l'idée de «témoignage» pour caractériser l'Écriture. En tant que témoignage rendu à l'événement Jésus-Christ, le Nouveau Testament n'est pas un texte qui nous livre immédiatement son sens plénier et définitif. Il faut comprendre ce texte comme un «acte d'interprétation» pour nous aujourd'hui. Selon Pierre Gisel, il faut tirer toutes les conséquences de l'analogie entre le Nouveau Testament et la fonction qu'il exerçait dans la primitive Église, et puis la production d'un nouveau texte aujourd'hui ainsi que la fonction qu'il exerce dans le présent de la société et de la culture. La théologie comprise comme écriture herméneutique a pour tâche de créer de nouvelles interprétations du christianisme et de favoriser des pratiques chrétiennes signifiantes en fonction de la situation concrète de l'Église selon les temps et les lieux. Une telle manière de concevoir la théologie est évidemment corrélative d'une conception de la vérité qui, comme on l'a déjà dit, ne s'identifie ni avec une plénitude d'être à l'origine ni avec une figure historique particulière. La vérité est plutôt sous le signe d'un *advenir* permanent. C'est le sens même de la vérité biblique comme réalité d'ordre eschatologique [20].

La pathologie de la vérité dogmatique

J'ai essayé d'élucider quelques-uns des facteurs historiques et épistémologiques qui ont contribué à l'effacement du modèle «dogmatique» d'écriture théologique. Je voudrais encore évoquer rapidement des facteurs d'ordre psychologique. Je veux

dité de cette méthode «généalogique» pour la tâche théologique d'aujourd'hui, on lira les remarques intéressantes de P.-M. BEAUDE, *L'Accomplissement des Écritures*, Paris, Cerf, «Cogitatio Fidei», n° 104 (1980), pp. 292-295.

20. Voir à ce sujet l'ouvrage classique de I. DE LA POTTERIE, *La Vérité dans saint Jean*, «Analecta biblica», n°s 73-74, 2 vol., Rome, 1976.

parler de cette «pathologie de la vérité» que trahit une certaine théologie dogmatique quand elle vire au dogmatisme.

De même que la théologie morale peut conduire au légalisme, la dogmatique peut conduire au dogmatisme. Pourquoi? Nous sommes mieux avertis aujourd'hui des sources inconscientes qui peuvent incliner toute religion vers le dogmatisme. Que ce soit dans l'ordre doctrinal, rituel ou institutionnel, la religion connaît la tentation d'hypostasier des formes contingentes et de conférer le sceau de l'éternel à telle ou telle de ses figures historiques. C'est même la stratégie habituelle des pouvoirs religieux institués quand les formes traditionnelles de la religion se voient contestées par les nouveaux états de conscience de l'humanité. Sans aller comme certains jusqu'à parler du caractère fasciste de tout langage, il est certain qu'il y a une violence du discours de vérité qui, par nature, est un discours de totalisation, qui se rend maître du passé et de l'avenir et qui tend à devenir un discours totalitaire [21].

Le discours dogmatique de l'Église n'a pas échappé à cette tentation, surtout lorsqu'il a fait appel aux ressources du savoir spéculatif. On peut se demander, en effet, si le ressort secret de la pensée onto-théologique, qui est sous-jacente aux discours dogmatisants, n'est pas la nostalgie d'une origine identifiée avec la plénitude de l'être et de la vérité. Le monde se définit par la contingence, l'homme par le manque. On fera alors de l'idée de Dieu le lieu métaphysique qui totalise toutes les significations du monde, qui réconcilie toutes les oppositions, qui abolit toutes les différences. Le Dieu du projet spéculatif ne serait plus alors que la projection de la mégalomanie du désir de l'homme qui ne consent pas à sa finitude. En réalité, comme le souligne très justement A. Vergote, «Dieu, s'Il est vraiment Dieu, ne peut entrer dans le règne de la vérité que comme un signifiant qui ouvre le champ de la manifestation, non pas comme ce qui bouche le pouvoir de signifiance dans une réponse dernière. S'Il a sens, ce doit être en tant qu'Il représente un surpouvoir de donner sens [22].»

21. Cf. J. GREISCH, «Le pouvoir des signes, les insignes du pouvoir», in Le Pouvoir, Paris, Beauchesne, 1978, pp. 175-205, surtout pp. 180-181.

22. A. VERGOTE, Interprétation du langage religieux, Paris, Seuil, 1974, p. 52.

Il y a donc une complicité entre le désir du savoir absolu inhérent à la pensée métaphysique et la tendance à dogmatiser de la foi chrétienne. Surtout à partir du XVIIIᵉ siècle, la notion de vérité qui est mise en œuvre dans la théologie comme science de la foi sera celle de la logique des propositions qui repose sur le principe de non-contradiction. Le mot «dogme», qui renvoie normalement à l'événement de la vérité divine qui survient dans l'histoire, devient en fait l'indice d'une vérité infaillible garantie par le magistère de l'Église. Quand plus tard le dogme de l'infaillibilité pontificale sera proclamé, on pourra très justement le caractériser comme l'idéologie propre de cette figure historique du christianisme que fut le catholicisme intransigeant. Il est permis de voir dans la surenchère de l'infaillibilité l'expression typique de la pathologie de la vérité catholique [23]. Dans une telle pespective, la foi chrétienne comme adhésion à une vérité qui «advient» gratuitement ne se confond-elle pas inconsciemment avec le besoin archaïque d'une certitude infaillible? Il faut certainement analyser ces composantes psychiques de la conscience religieuse si on veut aller jusqu'aux racines secrètes du dogmatisme comme du fondamentalisme. Et l'intolérance de certains croyants à l'égard du pluralisme théologique ou de tout essai de reformulation de la foi chrétienne n'est-elle pas le signe d'une insécurité fondamentale devant toute atteinte à un système clos de vérités dogmatiques immuables?

III. LA VÉRITÉ DE LA THÉOLOGIE COMME LANGAGE INTERPRÉTATIF

Tout mon effort dans ce chapitre consiste à montrer que la théologie, quand elle ne fonctionne plus selon le modèle «dogmatique», ne renonce pas pour autant à faire œuvre de vérité. Je crois même pouvoir dire que la théologie comprise comme une herméneutique respecte mieux l'originalité propre de la vérité qui nous est confiée dans la révélation chrétienne. C'est ce que je voudrais suggérer dans cette dernière partie.

On peut définir la théologie comme l'effort pour rendre plus

---

23. Cf. J. HOFFMANN, «L'infaillibilité pontificale: formulation d'un dogme ou genèse d'une idéologie», in Travaux du C.E.R.I.T., *Pouvoir et vérité,* Paris, Cerf, «Cogitatio Fidei» n° 108 (1981), pp. 209-229.

intelligible et plus signifiant pour aujourd'hui le langage déjà constitué de la révélation. Ce langage est déjà un langage interprétatif. La théologie comme nouveau langage interprétatif prend appui sur lui pour déployer les significations du mystère chrétien en fonction du présent de l'Église et de la société. La théologie est donc un chemin toujours inachevé vers une vérité plus plénière. Le langage théologique est nécessairement interprétatif dans la mesure où il vise la réalité du mystère de Dieu à partir de signifiants inadéquats. Et c'est justement le propre de la théologie spéculative de *transgresser* les premiers signifiants du langage de la révélation grâce aux nouveaux signifiants que lui offre un certain état de la culture philosophique et scientifique [24]. L'erreur propre du dogmatisme consiste à réduire les signifiants de la révélation à leurs expressions conceptuelles. La théologie comme herméneutique ne renonce pas à une logique rigoureuse des vérités de foi, mais elle est consciente de la limite constitutive de son langage par rapport à un idéal de systématisation conceptuelle. Le langage théologique a ses propres critères de vérité. Par définition, ces critères ne peuvent être d'ordre empirique puisque la théologie a pour objet une réalité invisible. La théologie a cependant comme point de départ une objectivité historique : les événements fondateurs du christianisme. Et c'est pourquoi un des critères de vérification propre au travail théologique consistera justement à confronter les nouvelles expressions de la foi avec le langage initial de la révélation portant sur ces événements fondateurs de même qu'avec les divers langages interprétatifs que l'on trouve dans la tradition [25].

La théologie comme nouvelle écriture sur la base d'une confrontation incessante entre des écritures antérieures est mesurée par la nature même de la vérité dont elle est responsable. Il faut donc chercher à caractériser les traits propres de cette vérité dont la théologie a la charge. J'en retiendrai trois.

---

24. Voir à ce sujet J. LADRIÈRE, «La théologie et le langage de l'interprétation», *Rev. théol. de Louvain,* n° 1 (1970), pp. 241-267.

25. Pour cette critériologie théologique, on peut se reporter à notre article «Théologie», in *Encyclopaedia Universalis,* vol. XV, Paris, 1973, pp. 1087-1091.

A. La vérité de la théologie est de l'ordre du témoignage

L'objet de la connaissance théologique n'est pas un ensemble de vérités conceptuelles. C'est un mystère, l'acte même par lequel Dieu s'est fait connaître aux hommes. De cette vérité divine en acte d'automanifestation, Jésus est le témoin indépassable. Le témoignage de Jésus s'est traduit en énoncés de foi sur lesquels travaille le théologien. Mais il ne peut jamais détacher ces énoncés de l'événement de leur énonciation. Ainsi, la vérité chrétienne est une vérité qui n'advient que dans l'événement toujours actuel de son énonciation et qui est toute tendue vers une plénitude de manifestation d'ordre eschatologique. On a pu, à bon droit, rapprocher la vérité au sens biblique de l'essence de la vérité telle que la comprend Heidegger [26]. Il parle d'une vérité originaire, située en deçà du jugement et qui n'est autre que l'éclosion même du sens. C'est dire que toute vérité est corrélative d'une non-vérité liée à l'état de voilement originaire. De même la vérité dont s'occupe la théologie se ressent toujours de son état de voilement originaire. Elle ne peut donc jamais être réduite aux vérités objectives dont traite le savoir théorique.

C'est dire qu'il n'y a pas de connaissance théologique de la vérité de foi sans participation active à la vérité même de Dieu en acte d'avènement. Le langage théologique peut être un langage spéculatif. Il n'en demeure pas moins un langage d'engagement, un langage *auto-implicatif.* Il relève du témoignage puisqu'il ne porte pas sur des vérités vérifiables et que le sujet croyant est totalement impliqué dans son acte d'énonciation. Ainsi, la vérité dont se réclame le théologien est une vérité célébrée, confessée. On peut la rapprocher des vérités de la raison

---

26. Parmi d'autres travaux, citons: H. SCHLIER, «Méditations sur la notion johannique de vérité, in *Essais sur le Nouveau Testament,* Paris, Cerf, 1968, pp. 317-324; W. KASPER, *Dogme et Évangile,* Tournai, Casterman, 1967, pp. 55-101; H. OTT, «Was ist systematische Theologie?», in *Der spätere Heidegger und die Theologie,* «Neuland in der Theologie», Bd 1, Zurich, 1964, pp. 95-133; C. GEFFRÉ, «Le problème théologique de l'objectivité de Dieu», in J. COLETTE et alii, *Procès de l'objectivité de Dieu,* Paris, Cerf, «Cogitatio Fidei», n° 41 (1969), pp. 241-263; B. DUPUY, «L'infaillibilité selon Hans Küng», in *Église infaillible ou intemporelle? Recherches et Débats,* Paris, DDB, 1973, pp. 33-40.

pratique au sens de Kant. Ces vérités-là n'ont pas l'évidence objective d'une vérité scientifique ou d'une vérité philosophique. Ce ne sont pas cependant des vérités arbitraires, parce qu'elles correspondent aux fins nécessaires de l'homme : elles s'imposent au nom d'une évidence intérieure [27].

La théologie est donc précédée par une vérité qu'elle connaît par témoignage, *ex auditu,* et de laquelle elle témoigne à son tour. Elle reconnaît qu'elle est obligée par une vérité dont elle ne dispose pas. Le langage théologique, si spéculatif soit-il, doit se ressentir de cette *passivité* première. Disons que le langage théologique comme célébration de la vérité qui est advenue en Jésus-Christ a nécessairement une dimension *doxologique.* Mais en même temps, le langage théologique aura toujours une portée *pratique* car il témoigne d'une vérité qui ne cesse d'advenir au cœur du monde et qui tend à s'incarner dans des figures historiques nouvelles. Ainsi, même si le langage théologique n'a plus en tant que langage spéculatif la valeur évocatrice et suggestive du langage biblique, il demeure radicalement un langage *poétique* au sens où il est la théorie d'un *faire.* Il doit déboucher sur de nouvelles pratiques signifiantes dans l'Église et dans la société. En ce sens-là, la théologie aura normalement une responsabilité sociale et politique [28]. Elle exerce une fonction de *jugement* à l'égard des pratiques du monde.

27. Sur l'originalité de la vérité dans le registre d'une philosophie du témoignage, voir P. Ricœur, «L'herméneutique du témoignage», in *Le Témoignage* (Colloque Castelli), Paris, Aubier, 1972, pp. 35-61.

28. Cf. P. Ricœur, «Nommer Dieu», in *Études théologiques et religieuses,* n° 52 (1977), pp. 505-508. On pourrait évoquer ici le sens éthique de la transcendance selon E. Levinas, qui renvoie à la *« veritas redarguens»,* la «vérité qui accuse» de saint Augustin : «La transcendance ne prend-elle pas un sens, éventuellement plus ancien et, en tout cas, différent, de celui qui lui vient de la *différence ontologique?* Il signifierait, dans ma responsabilité pour l'autre homme, d'emblée, mon prochain ou mon frère... Responsabilité qu'aucune expérience, aucun apparaître, aucun savoir ne vient fonder; responsabilité sans culpabilité, mais où, devant le visage, je me trouve exposé à une accusation que l'alibi de mon altérité ne saurait annuler.» (E. Levinas, «De la signifiance du sens», in *Heidegger et la question de Dieu,* Paris, Grasset, 1980, p. 240).

B. La vérité de la théologie est radicalement historique

Si dès le départ, la vérité chrétienne est de l'ordre du témoignage, témoignage qui est devenu une Écriture, c'est dire qu'il n'y a pas d'immédiateté de la vérité qui est advenue en Jésus-Christ. Qui dit témoignage dit distance, épaisseur humaine, interprétation. Et il en va de même pour ces nouveaux témoignages que sont les théologies tout au long de l'histoire de l'Église. La théologie ne peut donc rêver d'un accès immédiat à la vérité comme si celle-ci coïncidait avec la Parole de Dieu à l'état pur ou avec un événement historique au commencement. La théologie comme herméneutique n'atteint la vérité des énoncés de foi que dans une perspective historique.

Sous prétexte que les vérités de foi sont absolues, ce fut l'erreur d'une certaine théologie dogmatique d'oublier que la possession de ces vérités par l'esprit humain est toujours historique et donc relative. Les énoncés de foi sont vrais aujourd'hui comme hier, mais leur compréhension juste dépend du pouvoir de signification de l'esprit à un moment historique donné. Et par ailleurs, la vérité d'un énoncé est déterminée par la situation historique de question et de réponse qui fut à l'origine de la formulation de cet énoncé.

La connaissance théologique, comme connaissance interprétative, participe à l'historicité radicale de cette situation de question et de réponse. Qu'il s'agisse d'un article de foi ou d'une définition dogmatique, sa juste compréhension suppose que l'on ait créé la bonne «situation herméneutique» qui est déterminée par le jeu de la question et de la réponse [29]. Il est évident, par exemple, qu'une définition dogmatique est une réponse qui ne peut être comprise qu'en référence à la question historique qui l'a provoquée. Il n'y a pas d'affirmations dogmatiques à l'état pur qui ne fassent référence à une situation concrète de l'Église, généralement une situation de crise, et qui ne soient marquées par le système de représentations d'une époque. Grâce à tout un travail critique, le théologien va discerner le contenu permanent

---

29. Cette condition essentielle d'une juste compréhension a été rappelée avec vigueur par E. SCHILLEBEECKX, dans son article, «Le problème de l'infaillibilité ministérielle. Réflexions théologiques», *Concilium*, n° 83 (1973), pp. 83-102, surtout pp. 88-93.

de vérité d'une définition dogmatique et puis sa fonction concrète de réponse face à une erreur déterminée. Cette définition dogmatique ne devient pas fausse ou périmée dans une situation ecclésiale différente. Mais elle peut revêtir un sens nouveau par rapport au sens originel qui était le sien face à telle urgence ecclésiale et elle peut exercer une fonction différente dans l'économie générale de la foi, pour autant que la vérité de foi sur laquelle elle insistait fait l'objet d'une possession tranquille et non d'une contestation.

Tout cela nous aide à comprendre quel est le rapport à la vérité d'une théologie herméneutique. Ce rapport est indissociable de cette relation mutuelle entre l'événement fondateur et la situation actuelle de la communauté chrétienne sur laquelle j'ai déjà insisté plusieurs fois. Il faut renoncer à l'illusion d'une vérité-adhésion ou d'une vérité-adéquation qui supposerait un objet immuable et un sujet connaissant invariant. Depuis que Dieu s'est fait connaître aux hommes, l'élément interprétatif de la communauté chrétienne appartient au contenu même de la vérité de foi. La vérité chrétienne n'est donc pas un noyau invariant qui se transmettrait de siècle en siècle sous la forme d'un dépôt figé. Elle est un *advenir* permanent livré au risque de l'histoire et de la liberté interprétative de l'Église sous la mouvance de l'Esprit. Il est notoirement insuffisant de parler toujours à propos du contenu de la foi d'un rapport entre un noyau invariant et un registre culturel variable. Il faut se garder de l'illusion d'un *invariant* sémantique qui subsisterait au-delà de toutes les contingences de l'expression [30]. C'est en rester à une conception purement véhiculaire et instrumentale du langage. Il faut parler d'*un rapport de rapports*. Selon les situations historiques différentes de l'Église, il y a production d'un rapport nouveau entre le message chrétien et la nouveauté du rapport sémantique. La responsabilité propre du théologien est de manifester la continuité discontinue de la tradition chrétienne qui est créatrice de figures historiques nouvelles, en réponse à l'avènement permanent de la vérité originaire qui s'est dévoilée en Jésus-Christ.

---

30. Ce danger a été lucidement dénoncé par J. GABUS: cf. *Critique du discours théologique,* Neuchâtel, Delachaux & Niestlé, 1977, p. 323.

C. La vérité de la théologie comme expression du consensus ecclésial

En fonction de ce qui précède, il apparaît que l'expérience chrétienne de la vérité ne s'identifie pas à une connaissance purement spéculative. La vérité de foi est un chemin à suivre, un advenir permanent, un itinéraire en commun. Elle relève du témoignage et elle est toujours incarnée, aux prises avec la situation concrète du monde et de l'Église, sans qu'on puisse la détacher de ses lieux d'avènement.

Faut-il alors parler d'une vérité *plurielle* en théologie et n'est-on pas livré au risque des interprétations indéfinies? On retrouve finalement l'objection de tous ceux qui n'acceptent pas l'effacement de la théologie dogmatique au profit de l'herméneutique. Est-il possible de sortir du dilemme irritant : ou le dogmatisme monolithique ou l'arbitraire des interprétations multiples?

Je répondrai qu'il est vrai que l'interprétation n'est pas unique parce qu'il y a plusieurs possibilités de lire un même texte et qu'il est impossible de sacraliser la *vérité* d'un texte. Mais il est vrai aussi qu'il n'y a pas une possibilité infinie d'interprétations. Cette possibilité s'inscrit à l'intérieur d'un *champ herméneutique* qui est déterminé par une communauté d'interprétation [31]. Le progrès dans la vérité se fait par une reconnaissance mutuelle de plusieurs sujets qui témoignent d'une vérité toujours inaccessible. À cet égard, le théologien pourrait tirer profit de la récente théorie de J. Habermas, la *Konsensus-theorie:* la vérité est le résultat d'un processus intersubjectif de consensus. Le problème n'est pas d'arriver coûte que coûte à un consensus, mais à un *consensus sans violence,* une situation de communication idéale, sans facteur de violence et de pouvoir pour perturber la communication. La vérité ne relève pas du savoir immédiat, mais d'un processus argumentatif intersubjectif.

Pour le théologien, le champ herméneutique, l'espace de vérité, c'est l'Église comme sujet adéquat de la foi. On peut certes redire à la suite de Paul VI que «la foi n'est pas pluraliste». Mais il s'agit de bien l'entendre. Si on envisage la foi selon sa

---

31. Cf. P. RICŒUR, Conclusion du colloque «Exégèse et herméneutique», Paris, Seuil, 1971, p. 295.

traduction dans un langage (et elle n'existe pas à l'état pur en dehors de ce régime d'incarnation), on pourrait tout aussi bien parler d'une *unité multiforme de la foi* dans le temps et dans l'espace. Pour surmonter le conflit possible entre les exigences de l'unité et les droits à un légitime pluralisme dans la connaissance interprétative de la vérité, il faut toujours revenir à l'expérience de toute l'Église que l'on désigne communément par le *sensus fidelium.* Il y a – pourrait-on dire – un *flair* qui s'enracine dans l'expérience fondamentale de la première communauté chrétienne et dans les expériences historiques ultérieures de l'Église. En dépit des ruptures historiques, ce qui garantit l'identité du «Je» de l'Église, c'est inséparablement la permanence du don de l'Esprit de vérité (Jn 14,26) et l'identité de l'expérience croyante qui ne trouve pas seulement son expression dans les confessions de foi, mais dans la prière liturgique de l'Église et dans le service de l'Évangile des béatitudes.

Je sais bien qu'il est beaucoup trop général d'invoquer l'Église comme *lieu herméneutique* pour décider du vrai et du faux en théologie. On nous place toujours dans l'obligation de fournir des critères infaillibles. Mais j'ai déjà démystifié l'illusion qui consiste à croire que nous disposons d'un critère statique infaillible – soit au sens d'énoncés scripturaires ou dogmatiques – soit au sens de la décision d'un magistère infaillible. Je dirai simplement que la norme du jugement théologique conforme à la vérité qui nous est confiée dans la révélation doit être cherchée à partir de la corrélation réciproque entre l'expérience fondamentale du Nouveau Testament et l'expérience collective de l'Église marquée par les nouveaux états de conscience de l'humanité.

Dogmatique ou herméneutique? Sous son apparence candide, la question est une question perfide : elle concerne le statut de la vérité en théologie. Au terme de ce chapitre, il me semble possible de formuler les trois conclusions suivantes.

1. La théologie comprise comme herméneutique n'est pas adogmatique. Je veux dire que si elle conteste l'usage *dogmatiste* d'une certaine théologie scolastique, elle ne prétend pas remettre en cause la légitimité de la théologie dogmatique comme exposé rigoureux des vérités de la foi. Dans la mesure même où l'on doit renoncer au mythe d'une théologie universelle, chaque théologie particulière est dans l'obligation d'être radicalement

chrétienne, je veux dire qu'elle doit manifester le oui et le non de l'Évangile et conduire à un jugement prononcé sur le monde.

2. La théologie comprise comme herméneutique nous aide à respecter l'originalité de la vérité de la révélation chrétienne qui est de l'ordre du *témoignage* et qui ne cesse d'*advenir* dans le présent de l'Église. Elle nous invite en particulier à ne pas réduire les signifiants de la révélation à leurs expressions conceptuelles et à ne pas identifier purement et simplement la raison théologique avec la raison spéculative.

3. Enfin, la théologie herméneutique correspond à une situation historique de l'Église où la défense de la vérité qui nous est confiée dans la révélation n'est pas liée à l'existence d'une théologie dogmatique autoritaire qui prétendrait à l'universel. Au-delà du dogmatisme et de l'éclatement anarchique, nous sommes invités à repenser à nouveaux frais ce que pourrait être une *unité plurielle* de la vérité chrétienne qui ne compromette pas l'unanimité dans la foi.

CHAPITRE IV

LA LIBERTÉ HERMÉNEUTIQUE DU THÉOLOGIEN

Le théologien est responsable devant Dieu et devant les hommes de la Parole de Dieu au sein de cette communauté qu'est l'Église convoquée et instituée par cette même Parole de Dieu. Avant de tenter une réflexion sur la fonction propre du théologien dans la conjoncture présente de l'Église de Jean-Paul II, je voudrais faire deux remarques préliminaires.

1. Puisque la Parole de Dieu a été accomplie une fois pour toutes en Jésus le Christ, l'acte théologique est traversé par une tension irréductible entre une foi transmise historiquement par les premiers témoins et la nécessité toujours nouvelle de comprendre et d'actualiser la foi pour aujourd'hui. En un mot, la théologie est toujours inséparablement *anamnèse* et *prophétie*. Modestement mais sans relâche, le théologien se sent responsable de l'espérance universelle qui a surgi dans le monde avec la venue du Christ. C'est pourquoi il n'est pas seulement responsable devant la communauté des croyants mais devant tout homme.

2. La responsabilité de l'actualisation de la Bonne Nouvelle de l'Évangile appartient à toute la communauté des croyants qui ont tous reçu un certain charisme de vérité. Mais l'Église est un tout organique à l'intérieur duquel on peut distinguer diverses fonctions et divers ministères. Pour ce qui relève du service de la foi apostolique, on distingue traditionnellement le magistère pastoral des évêques et le magistère scientifique des théologiens.

Le ministère propre des évêques est de transmettre la foi apostolique et d'en garder la pureté et la plénitude.

Le ministère propre du théologien est de réfléchir la foi jusqu'à la porter à un niveau scientifique d'élaboration ; et cela, grâce aux instruments critiques de l'histoire, de la philosophie, des sciences humaines et en fonction des nouvelles mises en question qui viennent de la situation historique de l'Église et du monde.

Normalement, il doit y avoir une interaction réciproque et même une complémentarité entre ces deux fonctions. En fait, comme nous le constatons aujourd'hui, il y a souvent conflit [1].

Au-delà des polémiques récentes, il faudrait tenter de prendre du recul et réfléchir sur les causes de ce conflit. Il conviendrait de se demander si cela ne provient pas d'une compréhension différente de ce qu'on appelle le « dépôt de la foi » et la « régulation de la foi ». Et cela, parce qu'on présuppose à chaque fois une conception différente du langage et de la vérité.

I. La fonction propre de la théologie

Avant d'exprimer ma propre vision du service théologique dans l'Église, je voudrais évoquer certaines conceptions insuffisantes de la théologie. J'en distinguerai trois.

1. Hier surtout, mais encore aujourd'hui, certains sont tentés de concevoir la théologie comme un prolongement du magistère [2]. La tâche de la théologie consisterait essentiellement à transmettre et à expliquer, en l'élaborant et en le justifiant scientifiquement, l'enseignement du magistère. La théologie n'est plus alors que l'auxiliaire du magistère. Il semble que ce soit souvent le cas de la théologie de la curie romaine : elle risque alors d'exercer une fonction idéologique, celle de légitimer

---

1. Parmi les cas les plus récents de conflit, il suffit d'évoquer les *affaires* « Pothier », « Küng », « Schillebeeckx ». Dans l'immense littérature suscitée par ces conflits, nous choisissons de citer l'étude irénique de Y. CONGAR : « Les régulations de la foi », *Le Supplément*, n° 133 (1980), pp. 260-281.

2. C'est la tentation du modèle de théologie dogmatique Contre-Réforme que nous avons présenté au chapitre précédent. Dans sa belle méditation sur le « site eucharistique de la théologie », J.-L. MARION n'échappe pas complètement à ce danger dans la mesure où il fait du ministère du théologien une participation au charisme de l'évêque ; cf. *Dieu sans l'être*, Paris, Fayard, 1982, chap. V, « Du site eucharistique de la théologie », pp. 196-222.

auprès des fidèles les prises de position du magistère dans l'ordre doctrinal comme dans l'ordre disciplinaire. On ne peut assigner une telle tâche à l'ensemble des théologiens, enracinés qu'ils sont dans diverses Églises locales avec leurs problèmes propres.

2. À l'inverse, d'autres sont portés à faire de la théologie la thématisation du vécu d'une communauté particulière ou même d'une Église locale. La théologie s'enracine toujours dans une pratique concrète. Mais elle risque de se dégrader en idéologie – l'idéologie de tel groupe de pression dans l'Église – si elle ne demeure pas en dialogue avec les autres interprétations du christianisme dans le temps et dans l'espace. Une théologie universelle est sans doute devenue impossible dans l'Église d'aujourd'hui. Mais toute théologie doit tendre à manifester l'universalité de la foi chrétienne [3].

3. Il est très fréquent enfin que l'on en reste à une conception insuffisante de la théologie comprise comme la traduction dans un langage plus adapté de la doctrine officielle de l'Église.

On entend souvent dire que la tâche du théologien est de «renouveler le langage de la foi». C'est là une formule très ambiguë, car on peut l'entendre d'un simple rajeunissement ou ravalement d'un langage usé. Or, le problème n'est pas seulement un problème de traduction, d'adaptation ou d'adjonctions nouvelles par rapport à un noyau doctrinal qui demeurerait immuable.

En fonction des nouveaux états de conscience de l'humanité, le théologien est le témoin d'une interrogation fondamentale qui porte sur le cœur même de la foi. Selon l'expression du P. Labarrière, il s'agit d'une recherche *centripète* et non pas centrifuge. D'ailleurs, les croyants de la base ne s'y trompent pas: leurs difficultés ne tiennent pas seulement au langage traditionnel de la foi, mais au contenu même de la foi. Aussi, est-ce faire un mauvais procès aux théologiens que de les tenir pour responsables du trouble ou de l'inquiétude des simples fidèles. Ils sont

---

3. On a pu déceler un certain «provincialisme théologique» à propos de théologies particulières comme «la théologie de la libération», «la théologie noire», «la théologie féministe». Sous le titre «Théologies différentes, responsabilité commune: Babel ou la Pentecôte?» un prochain numéro de *Cornilium* s'efforcera de montrer que le pluralisme théologique ne doit pas conduire à un éclatement de la théologie (à paraître en 1984).

bien plutôt à l'écoute des croyants pour tenter de faire une analyse critique de leur malaise et risquer une réinterprétation
neuve du langage de la foi.

Croire que l'on peut retraduire dans un nouveau langage de
bonnes vieilles vérités traditionnelles sans se livrer à une réinterprétation de ces vérités, c'est en rester à une conception insuffisante de la vérité et du langage. D'une part, c'est oublier l'historicité radicale de toute vérité, même lorsqu'il s'agit de la vérité
révélée. D'autre part, c'est en rester à une conception instrumentale du langage comme si celui-ci n'était que l'instrument
neutre d'une pensée toute-puissante et immuable, et comme si
l'invariance du sens était toujours garantie quoi qu'il en soit de
ses expressions verbales.

Par contraste avec cette conception insuffisante, je proposerai
de définir la théologie comme une *réinterprétation créatrice* du
message chrétien.

Le point de départ du travail théologique sera toujours ce
qu'on appelle le «Donné révélé» ou encore le «Dépôt de la
foi», c'est-à-dire ce qui a été transmis depuis les Apôtres. Mais
en fait, ce Dépôt de la foi, c'est le témoignage suscité par l'événement Jésus-Christ et qui est devenu une *Écriture*. En d'autres
termes, dans la révélation, on ne peut séparer l'action salvifique
de Dieu qui s'accomplit dans l'événement Jésus-Christ et l'expérience croyante de la première communauté chrétienne qui est
toujours une connaissance interprétative. C'est dire que le théologien travaille sur un texte qui est lui-même un «acte d'interprétation».

C'est dire encore que dans la première communauté chrétienne, la théologie comme discours interprétatif est
contemporaine de la foi. Je veux dire que la théologie n'est pas
seulement une réflexion ultérieure sur la foi et son contenu : elle
intervient dans le contenu même de la foi. Cela doit nous aider
à démystifier l'idée d'un contenu de foi qui serait un invariant
sous-jacent à des traductions théologiques multiples et variables.
La révélation et la foi (y compris le dogme) sont aussi radicalement historiques que la théologie.

Ainsi, comme nous l'avons montré au chapitre II, l'objet
immédiat de la théologie n'est ni une parole originaire pleine de
sens dont le texte des Écritures ne serait que l'écho, ni un événement historique dans sa facticité brute. C'est un texte comme
acte d'interprétation historique. Et c'est la distance qui nous

sépare de ce texte qui est la condition même de la théologie comme nouvel acte d'interprétation pour nous aujourd'hui. Il y a donc une homologie ou un rapport de rapports entre le Nouveau Testament et son effectivité pratique dans la primitive Église et puis la production d'un nouveau texte aujourd'hui et son caractère opératoire pour la vie présente de l'Église. Une telle pratique de la théologie comme *reprise* créatrice est corrélative d'une conception de la vérité comprise non comme un savoir mais comme un dévoilement progressif tendu vers une plénitude d'ordre eschatologique. La vérité de l'Évangile est un *advenir* permanent mesuré par la distance entre le Christ hier et le Christ demain.

Le Dépôt de la foi sur lequel travaille le théologien ne comprend pas seulement l'Écriture, mais la Tradition, non pas au sens d'une seconde source, mais au sens de l'Écriture telle qu'elle est comprise par l'Église (cf. *Dei Verbum,* 6,24). Il s'agit essentiellement de la tradition dogmatique comme texte produit par l'Église à partir d'écritures antérieures dans des circonstances déterminées.

La théologie comme reprise créatrice devra se livrer à une réinterprétation des vérités dogmatiques à la lumière de nos nouvelles lectures de l'Écriture. Grâce aux ressources de la critique historique, elle cherchera à discerner ce qui appartient à la foi apostolique et ce qui relève de la mentalité et des représentations spontanées d'une époque. Le grand principe méthodologique qui doit jouer, c'est celui de *la question et de la réponse* [4]. La réponse que constitue un dogme comme prise de conscience du contenu de la foi de l'Église à un moment donné ne peut être comprise que par la question historique qui l'a provoquée [5].

Mais il est possible que la simple réinterprétation de la

4. Sur ce jeu de la question et de la réponse, on lira surtout l'article important de E. SCHILLEBEECKX, «Le problème de l'infaillibilité ministérielle», *Concilium,* n° 83 (1973), pp. 83-102.

5. Voir à cet égard la manière dont B. Sesboué comprend la réponse que constituait le dogme de Chalcédoine en rapprochant à la suite de Gadamer l'herméneutique théologique et l'herméneutique juridique. Tel dogme est un décret d'application du message fondateur pour une situation concrète de l'Église: il est à la fois un acte d'interprétation et un acte de jurisprudence. Cf. B. SESBOUÉ, «Le procès contemporain de Chalcédoine», *R.S.R.,* n° 65/1 (1977), pp. 45-80; voir aussi du même auteur son ouvrage récent, *Jésus-Christ dans la tradition de l'Église,* coll. «Jésus et Jésus-Christ», n° 77, Paris, Desclée, 1982, pp. 146-147.

réponse dans un nouveau contexte comme le nôtre ne suffise pas. Il ne faut pas alors écarter l'éventualité d'une reformulation du dogme. La répétition pure et simple des formules dogmatiques peut engendrer des contresens et des confusions si les mots et les concepts philosophiques assumés par le dogme ont aujourd'hui une autre signification. Il faut accepter un changement dans la formulation pour être justement fidèle à la valeur permanente d'une affirmation de foi. Et quand on sait combien les formules dogmatiques sont dépendantes d'une élaboration théologique particulière, il est permis de se demander si le magistère peut encore déterminer la foi par des définitions dogmatiques au moment où l'Église doit prendre son parti d'un pluralisme théologique insurmontable. Les responsables ecclésiaux doivent se poser sérieusement la question, alors qu'en cette fin du second millénaire l'Église a le devoir urgent d'actualiser le message chrétien dans d'autres cultures que la culture occidentale. L'histoire de la tradition nous atteste pourtant que des divergences dans l'expression peuvent sauvegarder l'unanimité dans la foi. Pourquoi par exemple ce qui fut possible en 433 au moment de l'acte d'union de Cyrille d'Alexandrie reconnaissant la différence des formules christologiques opposant Alexandrie et Antioche ne serait-il pas possible aujourd'hui?

En conclusion de tout cela, je dirai que la réinterprétation du dogme ne consiste pas à déclarer que ce qui était vrai hier est devenu faux aujourd'hui, mais à resituer un dogme particulier dans l'ensemble de la foi et à comprendre qu'il peut exercer aujourd'hui une fonction différente de celle qu'il exerçait au moment où il a été formulé. À cet égard, on doit tenir le plus grand compte du principe de «la hiérarchie des vérités» remis en valeur à Vatican II [6]. C'est ainsi que dans le dialogue avec les autres confessions chrétiennes on ne saurait mettre sur un plan d'égalité le dogme d'Éphèse sur la Maternité divine et puis les dogmes mariaux récents de l'Immaculée Conception et de l'Assomption.

J'ajoute enfin que la prise au sérieux de l'historicité radicale des formules dogmatiques peut nous aider à comprendre la dia-

---

6. Voir le commentaire (avec une bibliographie complète) de ce principe énoncé dans le Décret sur l'œcuménisme par Y. CONGAR, *Diversités et communion*, Paris, Cerf, «Cogitatio Fidei» n° 112, 1982, pp. 184-197.

lectique de continuité et de rupture qui est constitutive de la tradition chrétienne. La véritable tradition n'est pas reproduction mécanique, mais toujours production nouvelle. Le christianisme n'est pas le déploiement linéaire d'une histoire qui se trouve déjà contenue en germe dans son origine. Et on sait combien l'idée de développement homogène a une saveur fortement apologétique [7].

II. LE SENS D'UNE RÈGLE
DE FOI DANS L'ÉGLISE

Dès l'origine du christianisme historique, nous nous trouvons confrontés à une pluralité de confessions de foi. On sait que le Nouveau Testament lui-même contient plusieurs théologies qui ne peuvent se ramener à une unité doctrinale simple [8]. Il y a donc un processus continu de genèse de ces confessions, à l'intérieur de l'Écriture, à l'époque des premières expressions ecclésiales postapostoliques et jusqu'aux développements dogmatiques ultérieurs; et cela, sous la pression de conditionnements historiques nouveaux.

Aujourd'hui, sinon dans les principes, du moins dans la pratique, on a accepté un pluralisme théologique de fait par suite de l'éclatement de la culture. Indépendamment de la permanence de la division des Églises chrétiennes, il faut même parler d'un pluralisme légitime des confessions de foi dans la mesure où les Églises locales sont enracinées dans des expériences historiques, culturelles, sociopolitiques irréductibles. Aussi, on ne peut être qu'inquiet de constater que le magistère se situe trop exclusivement dans la ligne traditionnelle de l'Église d'Occident, alors que l'avenir de la foi chrétienne se joue de plus en plus dans d'autres continents.

En tout cas, la question d'une règle de foi se pose avec une très grande urgence. Par rapport à cette question, on peut rencontrer deux attitudes extrêmes.

Ou bien, on se réclame de la prétention absolue du christia-

---

7. Cf. J.-P. Jossua, art. cité, *supra* p. 69, n. 3.

8. E. Käsemann a montré comment il est impossible de ramener à une unité formelle les ecclésiologies différentes du Nouveau Testament, cf. Y. Congar, *op. cit.*, p. 19 s.

nisme à l'universel et grâce à l'autorité formelle d'un pouvoir central, on s'efforce de promouvoir une uniformité de la doctrine et de la pratique chrétiennes. Mais il s'agit en fait d'une fausse universalité abstraite et on court le risque d'une *orthodoxie verbale* qui ne rejoint pas le vécu irréductible de chaque croyant. Sans exclure le danger que la confession de foi, au lieu d'être l'expression spontanée du Peuple de Dieu, puisse devenir un instrument de pouvoir aux mains des responsables hiérarchiques.

Ou bien, à force de respecter toutes les opinions et de tolérer toutes les pratiques chrétiennes, on aboutit à un «christianisme éclaté». C'est l'identité même de ce qui nous a été transmis depuis les Apôtres qui risque d'être compromise. En outre, c'est la visibilité sociale du christianisme dans le monde qui est menacée.

On ne peut donc pas faire l'économie d'une *règle de foi*. Il y aura nécessairement une part de réglementation sociale du langage de la foi. Et à l'intérieur de l'Église, on doit accepter une certaine tension entre les exigences d'authenticité de ma foi personnelle: «Que m'importe un langage qui n'est pas vrai pour moi?» et puis les exigences de ma communion avec tous ceux qui se réclament du Christ: «Que m'importe une vérité qui me sépare de mes frères?»[9].

Je distinguerai successivement le sens historique de l'expression *regula fidei,* les instances de la régulation de la foi dans l'Église et les critères de la vraie règle de foi.

A. L'expression «regula fidei»

On trouve pour la première fois chez saint Irénée l'expression «règle de la vérité». Dans les premiers siècles de l'Église, l'expression *regula fidei* ne désignait pas un acte de l'Église enseignante au sens d'une norme qui serait différente de la doctrine elle-même reçue des Apôtres et remise à l'Église.

Mais en vertu d'une évolution historique que le P. Congar a retracée dans son ouvrage sur la Tradition[10], on a tendu à dis-

9. Cf. M. DE CERTEAU, «Y a-t-il un langage de l'unité? De quelques conditions préalables», *Concilium,* n° 51, (1970), pp. 72-89.

10. Cf. *La Tradition et les traditions,* I. *Essai historique,* Paris, Fayard, pp. 233-257 et notes, pp. 279-291.

tinguer de plus en plus la tradition *passive*, c'est-à-dire le contenu de la foi, et la tradition *active*, c'est-à-dire le magistère qui propose ce contenu. En fait, c'est le magistère dans sa fonction normative qui est devenu la règle prochaine de la foi. On a donc majoré indûment le pouvoir de l'autorité ecclésiastique qui énonce la foi, alors que la seule règle de la foi de toute l'Église, ce n'est pas une autorité créée, mais Dieu lui-même, Dieu comme Vérité première pour parler comme saint Thomas. Dans cette ligne, on oublie trop que la vérité de l'Évangile comme objet de foi, ce n'est pas seulement un *corpus* doctrinal, une vérité-chose, mais une vérité dynamique, une vérité advenante, une vérité pratiquée au sens de saint Jean. Il s'agit d'une vérité visée et jamais possédée. Disons que le caractère inépuisable du message chrétien s'enracine dans la distance entre la Parole de Dieu consignée dans l'Écriture et l'Évangile comme plénitude eschatologique. Il est à la fois mémoire et promesse. Depuis les origines, nous savons que le capital de vérité évangélique que porte la pratique ecclésiale déborde le contenu explicite des confessions de foi. Et de même qu'il n'y a pas identité entre l'Église et le Royaume de Dieu, il n'y a pas identité entre la confession de foi dogmatique et la Parole de Dieu.

B. Les instances de la régulation de la foi

Il faut en discerner trois : celle du peuple des croyants, celle du corps des pasteurs et celle de la communauté des théologiens ; et une bonne économie de la régulation suppose l'interaction des trois.

1. Le peuple des croyants

L'indéfectibilité, c'est-à-dire la permanence dans la vérité est une promesse faite par le Christ à toute l'Église, Peuple de Dieu. Et l'infaillibilité ministérielle, celle des responsables hiérarchiques, n'est que l'expression de cette indéfectibilité de toute l'Église.

Quoi qu'il en soit des erreurs, des gauchissements, de l'imbrication inextricable de ce qui est réformable et de ce qui est irréformable, l'Église est sous le signe de l'épiclèse permanente de l'Esprit. Il faut donc prendre au sérieux le *sensus fidei* de tous les fidèles et parler d'une « autorégulation » de tout le peuple des croyants comme organisme vivant dans sa recherche de la vérité

tout entière. «Vérifiez tout: ce qui est bon, retenez-le»
(1 Th 5, 21): c'est là une recommandation qui s'adresse à tous
les chrétiens. L'importance de ce *sensus fidei* a été très nettement soulignée, en particulier dans *Lumen Gentium*:
«L'ensemble des fidèles, ayant reçu l'onction qui vient du Saint
ne peut se tromper dans la foi; ce don particulier qu'il possède,
il le manifeste par le moyen du sens surnaturel de la foi qui est
celui du peuple tout entier...» (*L.G.* II,12) [11].

On pourrait donner plusieurs exemples dans l'histoire de
l'Église de cette vigilance dans la foi de l'ensemble du Peuple de
Dieu. Ainsi, au moment de la controverse arienne, la confession
de foi fut préservée non pas par l'épiscopat, mais par la foi de
la communauté chrétienne tout entière. Et aujourd'hui même la
non-réception active par les croyants de la base d'un enseignement ou d'une loi promulguée par les responsables officiels a
valeur de signe. Il ne suffit pas de condamner comme illégale
telle praxis ecclésiale nouvelle. L'histoire nous enseigne que telle
pratique initialement en conflit avec l'ordre ecclésial officiel est
devenue avec le temps la pratique dominante de l'Église et a fini
par recevoir la sanction officielle de l'autorité. Il faut donc faire
confiance à la vitalité évangélique du peuple chrétien et très souvent les «renouveaux» les plus conformes à la condition exodale du Peuple de Dieu viennent d'en bas et non d'en haut.
Dans le domaine liturgique par exemple, le Concile de Vatican II n'a-t-il pas sanctionné des initiatives venues dans une
large mesure de la base?

2. *Le corps des pasteurs*

C'est l'instance de régulation à laquelle nous pensons le plus
spontanément. Le corps des évêques en communion avec l'évêque de Rome continue la mission confiée aux apôtres pour
transmettre le message propre de Jésus. C'est dans une conviction de foi que nous acceptons le rôle propre du magistère pastoral du pape et des évêques pour décider en cas de conflit ou
de trouble de la légitimité d'une nouvelle interprétation de la

11. Parmi d'autres travaux sur le *sensus fidelium*, nous recommandons tout spécialement l'étude de J.-M. R. TILLARD, «Le sensus fidelium, réflexion théologique», in *Foi populaire, foi savante*, Paris, Cerf,
1976, pp. 9-40.

confession de foi ou d'une nouvelle confession de foi. Je me contente de rappeler ici quelques-unes des conditions les plus communément admises qui favorisent le bon exercice de cette régulation propre au magistère.

1. Le magistère est soumis à la Parole de Dieu, c'est-à-dire au témoignage de l'Écriture relue dans la foi de l'Église, mais en tenant compte des résultats irrécusables de l'exégèse critique.

2. Le magistère est au service de la communauté ecclésiale et de son témoignage. C'est dire qu'il ne saurait utiliser la confession de foi pour en faire un instrument de pouvoir. Il est bien plutôt à l'écoute du *sensus fidei* qui s'exprime de manière variée dans toute l'Église. Autrement dit, la *réception* par l'ensemble du Peuple de Dieu de l'enseignement des responsables hiérarchiques est un critère certain de vérification de sa crédibilité et de sa force de persuasion.

3. Le magistère – surtout quand il s'exprime par cette instance de régulation qu'est la Congrégation de la foi – doit s'exprimer pour toute la communauté ecclésiale au nom de la foi apostolique et non au nom d'une théologie particulière, fût-ce celle de la curie romaine.

4. Le magistère a autorité sur l'interprétation de la foi proposée par les théologiens, mais il doit tenir le plus grand compte de la recherche théologique dans son effort pour exprimer de manière scientifiquement responsable le *sensus fidei* des croyants et pour réinterpréter la confession de foi en fonction des interrogations les plus radicales de notre temps [12].

3. La communauté des théologiens

J'ai déjà parlé du travail théologique comme réinterprétation créatrice. Je voudrais seulement insister ici sur le rôle organique des théologiens dans le processus complexe de la régulation de

---

12. Il faut bien reconnaître que jusqu'à la veille de Vatican II, on a assisté non seulement à une surenchère du magistère, mais à une certaine confusion entre la fonction dogmatique et la fonction théologique dans l'Église. C'était inévitable dès lors que dans le climat de la Contre-Réforme, la théologie dite baroque a tendu à édifier un système où l'autorité du magistère revêtait pratiquement une autorité plus grande que celle de l'Écriture elle-même. Depuis Vatican II, on distingue plus nettement la fonction de régulation du magistère et la fonction scientifique de la recherche théologique.

la foi. Je distinguerai une fonction plus pastorale des théologiens et une fonction scientifique.

1. Les théologiens exercent une fonction de médiation entre le magistère et les fidèles. Et cela dans les deux sens. D'une part, ils donnent une expression réfléchie à la vitalité évangélique de la communauté chrétienne en solidarité avec la vie et les questions de tous les hommes. Par là même, ils peuvent aider le magistère dans sa tâche en le sensibilisant aux besoins réels des croyants et aux déplacements de la culture. D'autre part, ils s'efforcent d'expliquer et d'interpréter l'enseignement officiel de l'Église pour qu'il advienne réellement et non verbalement dans l'intelligence et dans le cœur des fidèles.

2. Le théologien a droit à un espace de liberté pour se livrer à une recherche exigeante sans autre préalable que l'amour de la vérité et la certitude que le Mystère du Christ déborde tous les énoncés que l'Église peut en donner. Il se sent plus particulièrement responsable de l'avenir de la foi chrétienne devant l'instance critique de la raison humaine. Cela veut dire qu'il ne doit pas seulement tenir compte du scandale des faibles, mais aussi du scandale des forts. Cela veut dire encore qu'il ne doit pas seulement critiquer les hérésies progressistes. Il doit aussi dénoncer les hérésies conservatrices. Pour ce faire, au nom même du sérieux de sa recherche, il ne peut s'empêcher de manifester l'écart qu'il peut y avoir entre une certaine doctrine officielle et la confession de foi chrétienne dans ce qu'elle a de plus authentique.

Concrètement, le théologien exercera un discernement critique au sujet des énoncés traditionnels de la foi avec la conviction qu'il n'y a rien d'irréversible en matière de formulation. Il apprendra en particulier à distinguer la vérité d'une formulation dogmatique en réponse au contexte historique qui lui a donné naissance (il y va alors de l'autorité ecclésiale à un moment donné) et puis la vérité de l'affirmation de foi qui est énoncée dans et par cette formulation (il y va alors de l'autorité même de la Parole de Dieu). Une saine critériologie est indispensable pour ne pas accorder la même valeur et la même autorité à tous les actes magistériels.

Dans ce travail risqué mais responsable, le théologien doit pouvoir cheminer longuement et il a droit à l'erreur. Mais il doit pouvoir bénéficier de la régulation et de la critique constructive de la communauté des théologiens avant d'être stoppé prématurément dans sa recherche par les mesures disciplinaires d'une congrégation romaine.

C. La question des critères

Tout ce que j'ai essayé de dire jusqu'ici tend à montrer qu'il ne suffit pas d'affirmer l'autorité juridique d'un magistère pour assurer la régulation de la foi dans l'Église. Il faut plutôt parler d'une autorégulation de toute l'Église comme corps vivant où chacun est appelé à jouer sa partition. La règle de foi, c'est l'objet même de la foi, le Mystère du Christ en tant qu'il est capable de susciter des figures historiques toujours nouvelles dans l'ordre de la confession et dans l'ordre de la pratique.

Mais en cas de conflit, en cas de pluralité irréductible d'interprétations, quel est le critère à partir duquel on va pouvoir juger ce qui est conforme ou non à la foi de l'Église?

Par rapport à une nouvelle formulation de la foi, on ne peut se contenter de faire appel à la littéralité de l'Écriture. On ne peut pas non plus faire appel à une sorte d'invariant chimiquement pur qui serait le contenu minimal de la foi chrétienne sous forme d'énoncé immuable et irréformable à travers tous les siècles. Certes, le critère sera toujours à chercher en fonction de ce qui est au centre de la confession chrétienne, Jésus le Christ, sa vie et sa prédication. Mais cela reste encore beaucoup trop général.

Le vrai critère sera toujours non pas une norme statique et extérieure, mais un *critère dynamique*, à savoir un rapport proportionnel entre plusieurs idées forces qui constituent la substance du christianisme et qui se rapportent au Christ comme à leur centre.

Finalement, la vérification, et donc le jugement, appartient à la communauté ecclésiale tout entière comme communauté confessante et comme communauté interprétante dans son écoute toujours nouvelle de la Parole de Dieu. Il y a un discernement propre de la foi *vécue* à l'égard de la foi *confessée*. La liberté d'interprétation n'est pas indéfinie. Il est permis d'avancer qu'elle est mesurée non pas par un contenu propositionnel intangible qui se transmettrait mécaniquement de siècle en siècle, mais par la permanence du rapport religieux de l'homme à Dieu inauguré en Jésus-Christ et dont l'Esprit Saint assure l'identité à travers tous les temps de l'Église. Si, en cas de nécessité, le magistère doit intervenir, il le fait comme serviteur de la totalité de la foi de l'Église, de la foi catholique au sens de son universalité dans le temps et dans l'espace. Il s'agit toujours de rechercher ce qui est essentiel à la foi apostolique. *Id quod requiritur et id quod sufficit* : à condition de ne pas être compris dans un sens quantitatif, ce principe de base du travail œcuménique dans la recherche d'une formule d'union entre les diverses confessions chrétiennes doit s'exercer aussi au sein de la communauté ecclésiale catholique.

Je parlais en commençant de la fidélité créatrice du théologien. La théologie est toujours *tradition* en ce sens qu'elle est précédée par une origine qui est donnée, l'événement Jésus-Christ dont aucun énoncé n'épuise le sens. Mais elle est toujours en même temps *production* d'un langage inédit, parce qu'elle ne peut redire cette origine qu'historiquement et selon une interprétation créatrice.

DEUXIÈME PARTIE

LE TÉMOIGNAGE INTERPRÉTATIF DE LA FOI

CHAPITRE V

LA RÉSURRECTION DU CHRIST COMME TÉMOIGNAGE INTERPRÉTATIF

Le témoignage est sans doute la possibilité la plus irréductible du discours humain. Il est en lui-même un «procès d'interprétation», comme rencontre créatrice de l'événement et du sens, de l'expérience et du langage. C'est dans le discours du témoignage qu'apparaît le mieux le lien inextricable entre la réalité et le langage dont nous parle la nouvelle herméneutique. Un événement qui n'est pas ressaisi dans une tradition de langage, et donc dans une succession de témoignages, devient vite un événement insignifiant et même cesse d'être un événement historique. Selon le mot d'Enrico Castelli : «Un fait ne témoigne pas s'il n'est pas interprété.»

Le témoignage comme possibilité originale du discours humain témoigne à la fois de l'irréductibilité des événements historiques à des faits bruts et de l'irréductibilité de la parole au langage comme système. Le témoignage est toujours un *événement de parole* : il est le *dire* de quelqu'un à quelqu'un. Une réflexion sur le témoignage nous oblige à dépasser le positivisme des mots comme le positivisme des faits, car le témoignage se situe justement au nœud de l'articulation vivante du mot et de l'événement. Et face à un structuralisme qui voudrait en rester au «positivisme des signes», le témoignage, comme possibilité originale du discours humain, est le plus propre à nous faire pressentir le mystère même du langage, en tant que promotion du «dire» par une libre décision.

Le témoignage renvoie toujours à la liberté du témoin, à son intentionalité signifiante et donc à un destinataire. Au moment où l'homme n'habite plus le langage comme signe de l'être et de Dieu, la parole comme témoignage, c'est-à-dire comme interpellation de la conscience humaine, garde plus que jamais son urgence. Le témoignage conteste tous les *césarismes,* à commencer par le « césarisme de la science ». Mieux que la mémoire humaine, les cerveaux électroniques pourront nous fournir une *information* toujours plus copieuse et toujours plus sûre. Mais ils ne pourront jamais *témoigner.* Et alors que, selon certains, nous devrons de plus en plus faire notre deuil d'une certaine normativité dans l'ordre du savoir objectif comme dans l'ordre éthique, il se pourrait bien que le témoignage – surtout quand il est l'expression d'une communauté humaine – devienne la source d'une nouvelle objectivité, au-delà du dilemme typiquement moderne d'une « objectivité aliénante » ou d'une « subjectivité inconsistante ».

Ces quelques mots sur le témoignage comme possibilité originale du discours humain nous invitent à réfléchir sur la *structure* du témoignage, en tant qu'il relève de façon indissociable de la foi personnelle et du savoir. Le témoignage est inséparablement attestation historique et « événement de parole ». Je voudrais le montrer à propos du témoignage rendu à la Résurrection du Christ. Certes, il s'agit d'un cas limite. Mais c'est un cas privilégié pour saisir l'activité interprétante à l'œuvre dans le témoignage. Faire l'herméneutique du témoignage, c'est faire l'interprétation de l'interprétation en acte. Et c'est à propos du témoignage rendu aux événements fondateurs du christianisme que nous voyons le mieux les limites du positivisme historique comme d'une herméneutique psychologisante. Avant d'étudier les rapports de l'expérience et du langage comme éléments constitutifs du témoignage de la Résurrection, j'aimerais recueillir la leçon qui se dégage de l'étude des origines du mot « témoin ».

I. À L'ORIGINE DU MOT « TÉMOIN »

A. « Témoin » dans le langage ordinaire

Il n'est pas inutile de rappeler que le mot *témoin* (μάρτυς) trouve son premier usage dans la langue judiciaire. Est témoin dans un procès celui qui peut fournir une information de première main sur des événements auxquels il a été mêlé ou auxquels il a assisté personnellement. Le témoignage est alors fondé sur une expérience immédiate : seul le témoin oculaire et auriculaire est un témoin digne de foi.

Mais nous trouvons dans le grec classique un autre usage du mot *témoin* et de ses dérivés [1]. Il n'appartient plus à l'aire juridique, mais à la sphère de l'éthique. Le témoin n'est plus celui qui témoigne d'événements réels sur la base d'une expérience immédiate. Il est celui qui se fait le porte-parole d'une opinion personnelle ou de vérités dont il est convaincu. En d'autres termes, le témoignage ne sera plus l'expression d'un *savoir* expérimental, mais d'une *foi*.

Cependant, en dépit de cette divergence de sens (témoignage sur des événements – témoignage rendu à une vérité), il y a une parenté profonde qui justifie ce glissement de l'ordre objectif du procès à la sphère de l'éthique, à savoir la conviction intime et irrécusable comme source du témoignage et l'engagement du témoin dans sa parole. Celui qui témoigne d'une vérité ne témoigne pas au nom de l'évidence contraignante d'un fait empirique. Mais il parle cependant au nom d'une certitude intérieure qui a pour lui la force de l'évidence. Le témoignage est l'expression publique d'une parole intérieure irrécusable. C'est pourquoi, celui qui témoigne d'une vérité dans l'ordre des valeurs et de l'agir humain est prêt à sacrifier la liberté de vivre à la liberté de parler. Le langage courant sait d'instinct qu'on ne *témoigne* pas des vérités scientifiques. On ne témoigne que des vérités ou des valeurs pour lesquelles on est prêt à mourir. Il y a là toute la différence entre le rôle de l'*informateur* et celui du *témoin*. Les ordinateurs pourront suppléer au langage de l'information, jamais à la parole du témoin.

L'originalité du témoignage portant sur des jugements de valeur nous suggère qu'il n'est pas réductible au pur témoignage *subjectif* par opposition au seul témoignage *objectif*, celui portant sur des événements ou des situations vérifiables. Certes, la liberté du témoin est toujours engagée, mais il ne témoigne pas jusqu'à la mort pour faire part d'une simple conviction personnelle : ce serait alors de l'obstination ou du fanatisme. Il témoi-

---

1. Pour l'usage du mot «témoin» dans le grec non biblique, voir l'article de Strathmann dans Kittel, *Theol. Wört.* IV, 478-484.

gne pour *célébrer* un ordre objectif de vérité. Nous commençons alors à pressentir le statut épistémologique original du témoignage, quand il s'agit du témoignage d'un «croyant». Il a un statut mixte, à la fois objectivement insuffisant et subjectivement suffisant, que l'on peut rapprocher du statut mixte des postulats de la raison pratique chez Kant. Dans l'ordre du savoir théorique, la foi-croyance a la fragilité du probable. Mais dans l'ordre pratique, la foi raisonnable correspond à l'ordre objectif des fins nécessaires de l'agir humain. Si la vérité honorée par le témoignage relève du domaine des fins nécessaires dans l'ordre de l'agir, on comprend que le témoignage ne soit pas réductible à l'arbitraire d'une subjectivité. Il est l'expression d'une certaine normativité, celle des vérités pratiques qui échappent à la saisie du savoir purement théorique. Disons que le champ du témoignage correspond à la question de Kant : «Que m'est-il permis d'espérer?»

Malgré la force de conviction commune aux deux types de témoignage, le témoignage compris comme témoignage de la foi-croyance dans l'ordre de la valeur tendra de plus en plus, dans le langage ordinaire, à perdre son enracinement dans le premier sens du mot *témoin*, celui qu'il a dans le langage juridique. Or justement, dans la langue du Nouveau Testament, les deux sens du mot *témoin* distingués jusqu'ici vont se trouver associés de façon originale : à la fois le témoin oculaire d'événements dans un procès et le témoin dans l'ordre des valeurs. Il s'agira du témoignage d'un «croyant». Mais ici, «croyant» renvoie non pas à la foi philosophique, mais à la foi positive fondée sur une révélation historique.

B. «Témoin» dans la langue du Nouveau Testament

C'est surtout chez S. Luc que le mot *témoin* désigne de façon indissociable celui qui a été témoin des événements historiques de la vie de Jésus, en particulier sa Résurrection, et celui qui témoigne de ces mêmes événements dans la foi [2]. Bien que l'idée de témoin, chez Luc, soit liée au témoignage rendu à des événements historiques, elle est élargie : il s'agit toujours d'un témoignage de *croyants*. La Résurrection est un événement réel, mais

---

2. Cf. Strathmann: μάρτυς dans le Nouveau Testament, *op. cit.*, pp. 492-510.

elle ne se situe pas sur le même plan que les autres événements de la vie historique de Jésus. Elle ne peut pas être attestée seulement sur la base du témoignage de témoins oculaires. Elle doit être rejointe dans la foi, et c'est alors qu'elle devient objet de témoignage.

Il est très remarquable que dans la théologie de Luc, seuls les Douze soient témoins de la Résurrection (Ac 1,22 ; 2,32 ; 4,33 ; 10,40) alors qu'il y a eu un plus grand nombre de témoins oculaires des apparitions. Le témoignage de la Résurrection est limité au petit cercle des Douze, parce que «connaître» la Résurrection c'est *connaître dans la foi*. Rendre témoignage à la Résurrection ne consiste pas à transmettre une information neutre sur un événement historique : c'est identifier, et donc interpréter dans la foi, cet événement comme l'événement salutaire par excellence. Et si la qualité d'Apôtres est limitée au groupe des Douze, c'est parce que le témoignage de la Résurrection est l'objet même du ministère apostolique. Le témoignage apostolique réclame non seulement du témoin qu'il soit un témoin direct digne de foi, mais qu'il adhère dans la foi à l'Évangile comme message de salut. Ce témoignage apostolique sera la source de tous les autres témoignages dans l'Église. La connaissance chrétienne de la Résurrection sera toujours une connaissance apostolique «sur le fondement des Apôtres» (Ep 2,20), c'est-à-dire une participation à la connaissance des Apôtres.

Chez S. Jean, le verbe *témoigner* (μαρτυρεῖν) garde son sens primitif, celui de la langue judiciaire, et c'est pourquoi il est nécessaire que le témoin ait vu et entendu (1,34 ; 3,11 et 32 ; 19,35 ; 1 Jn 1,2 ; 4, 14) ce dont il témoigne[3]. Mais ce premier sens est constamment dépassé dans une conception originale du témoignage où le «savoir» du témoin vient de la foi au témoignage de Jésus et non pas d'une expérience sensible. Seul Jésus est le témoin fidèle par excellence (Ap 1,5 ; 3,14). Il est venu dans le monde pour rendre témoignage à la vérité (Jn 18,37). Et il peut être un témoin véritable parce qu'il est celui qui sait (5,32). Il témoigne de ce qu'il a vu et entendu auprès du Père (3,11.32). Et si désormais, les hommes sont capables de trans-

---

3. Pour S. Jean, en plus de l'article de Strathmann, nous avons consulté E. NEUHÄUSLER, art. «Zeugnis» dans *Lex. f. theol. u. Kirche,* col. 1361-1362 et N. BROX, art. «Témoignage» dans *Encyclopédie de la foi,* 4, Paris, Ed. du Cerf, 1967, pp. 285-294.

mettre le témoignage reçu, c'est parce que, eux aussi, ils *savent* dans la foi.

Selon la compréhension johannique, il n'y a pas de témoignage sans témoignage oculaire, mais en définitive, les témoins oculaires témoignent des «choses du ciel»). C'est pourquoi, leur témoignage ne peut être reçu que dans la foi qui ne juge pas «selon la chair» (8,15). Puisque le témoignage porte sur une *révélation*, la seule garantie de l'authenticité du témoignage, c'est l'*autorité* du témoin : Jésus revendique le témoignage du Père, les disciples revendiquent le témoignage de Jésus. Ainsi, alors que chez Luc, l'authenticité du témoignage repose sur une garantie d'ordre historique – celle des témoins de la Résurrection –, pour Jean, le témoignage renvoie au témoin lui-même et à sa véracité. On doit accepter le témoignage portant sur la révélation parce que les témoins sont dignes de foi. Et seule la foi donne cette certitude. Certes, la théologie johannique du témoignage ne rompt pas le lien entre foi et l'histoire. Mais elle ne cherche pas à accréditer la foi au mystère du Verbe incarné sur le témoignage historique rendu à l'événement de la Résurrection. N'est-elle pas soucieuse avant tout de montrer que la foi ne trouve son fondement propre que dans «la révélation du Père» et non pas dans «la chair et le sang»? Et c'est bien le quatrième évangile qui privilégie la foi sans vision par rapport à celle de Thomas qui veut voir pour croire (Jn 20,29).

Au terme de ces brèves remarques sur le sens du mot *témoin*, nous constatons que le sens de témoin dans le langage juridique, c'est-à-dire de celui qui atteste l'existence d'un fait empirique, tend à s'écarter de plus en plus – au moins dans le langage ordinaire – du sens de témoin dans le langage éthique ou religieux.

Or, comme le montre l'étude du vocabulaire du Nouveau Testament, dans le langage chrétien, les deux sens du mot témoin sont associés de façon inextricable. Je voudrais maintenant étudier le témoignage de la Résurrection comme l'expression d'une expérience unique où l'attestation d'un événement est indissociable d'une réinterprétation croyante. Il ne s'agit pas de rééditer un débat typiquement apologétique sur les rapports entre certitude historique et foi surnaturelle dans l'acte de foi. Ce qui m'intéresse, c'est de réfléchir sur le témoignage comme un cas exemplaire de la rencontre de la réalité et du langage. La Résurrection du Christ est à la fois un événement réel qui s'est produit et un événement du langage de la foi, un «événement de parole» *(Wortgeschehen).* Sans doute, elle est irréductible à tout autre événement historique, mais la Résurrection nous aide à repérer ce qui est en jeu dans la structure de tout témoignage quand il porte sur un événement historique. Témoigner, c'est *faire venir à la parole* l'expérience immédiate d'un événement. Mais, c'est autre chose qu'une simple répétition, c'est toujours une «reproduction» originale de l'événement.

II. EXPÉRIENCE ET LANGAGE
DANS LE TÉMOIGNAGE DE LA RÉSURRECTION

A. Les langages de la foi pascale

Le meilleur moyen de discerner les éléments engagés dans la structure du témoignage rendu à la Résurrection du Christ serait de faire une analyse rigoureuse du langage du Nouveau Testament portant sur Jésus ressuscité. Ce travail a été déjà accompli par d'autres[4]. Nous voulons seulement ici recueillir les conclusions qui concernent plus directement notre propos.

Si l'on envisage tous les textes du Nouveau Testament sur la Résurrection, on pourrait distinguer bien des types de langage: à côté du langage du témoignage ou de la confession de foi, il y a des récits narratifs, des récits liturgiques, des interprétations théologiques. Mais on peut s'en tenir à deux genres littéraires fondamentaux, le *témoignage* et la *narration*, par exemple, le témoignage de Paul dans la première aux Corinthiens et les récits évangéliques portant sur la découverte du tombeau vide et sur les apparitions[5].

Dans la première aux Corinthiens, Paul se fait le porte-parole de la tradition concernant les apparitions: «Il s'est fait voir de Céphas, puis des Douze. Ensuite, il *s'est fait voir* de plus de cinq cents frères à la fois (la plupart d'entre eux demeurent jusqu'à présent et quelques-uns sont morts). Ensuite, il s'est fait voir de

---

4. Nous nous appuyons ici surtout sur deux travaux exégétiques classiques en langue française: X. LÉON-DUFOUR, *Résurrection de Jésus et message pascal,* Paris, Seuil, 1971 et J. DELORME, «La résurrection de Jésus dans le langage du Nouveau Testament», dans *Le Langage de la foi dans l'Écriture et dans le monde actuel,* Paris, Cerf, 1971, pp. 101-182.

5. Cf. X. LÉON-DUFOUR, *op. cit.* p. 258.

Jacques, puis de tous les Apôtres. Et en tout dernier lieu, il s'est fait voir de moi aussi, comme de l'avorton...» (1 Co 15,5-8). Mais ce récit objectif des apparitions fait partie d'un discours qui relève du genre *témoignage*. Les apparitions font l'objet du *credo* qu'il transmet aux Corinthiens : cf. par exemple le verset 11 : «Voilà ce que nous proclamons, et voilà ce que vous avez cru» et les versets 14-15 : «Mais si le Christ n'est pas ressuscité, il se trouve même que nous sommes de faux témoins de Dieu.» Et inversement, les récits évangéliques a-personnels portant sur les apparitions sont l'expression d'une expérience personnelle immédiate et d'une réinterprétation croyante de cette expérience. «D'après l'évolution des discours dans le Nouveau Testament, l'apparition n'a pu faire longtemps l'objet d'un récit autobiographique. Elle a été très tôt intégrée au récit a-personnel [6].»

On voit donc qu'il ne faut pas urger la distinction entre «témoignages» et «narrations» parmi les énoncés sur la Résurrection du Christ. Le plus intéressant pour nous est plutôt de constater que dans la structure de tout discours sur la Résurrection de Jésus, on vérifie une relation qui est du type de celle du prédicateur au croyant. Autrement dit, le témoin est toujours impliqué dans son récit et un destinataire est toujours visé : celui chez lequel on veut éveiller la foi. C'est évident dans les discours de Pierre et de Paul qui nous sont rapportés dans les Actes. Mais on pourrait le vérifier aussi dans le discours narratif du prologue des Actes (Ac 1,1-3).

Ainsi, le souci de rejoindre l'historicité de la Résurrection à partir des textes les plus descriptifs et les plus narratifs du Nouveau Testament ne doit jamais faire oublier que ces récits sont l'objet d'une prédication adressée aux Juifs et aux Grecs : ils sont l'Évangile proposé à la foi. Pour reprendre une distinction familière aux linguistes, ce ne sont pas des énoncés *constatifs,* mais des énoncés *performatifs.* Et quand il s'agit des brèves confessions de foi primitives : «C'est bien vrai ! Le Seigneur est ressuscité» (Lc 24,34) «elles *annoncent* la foi plutôt qu'elles l'énoncent [7].» «Elles ne se donnent pas comme *descriptives.* Elles ne fournissent pas des informations. Elles médiatisent une adhésion

6. J. DELORME, *op. cit.* p. 157.
7. *Ibid.,* p. 164.

à Dieu et à Jésus-Christ [8].» A l'aide des analyses d'Austin, J. Delorme a étudié la force «illocutionnaire» des verbes grecs utilisés par S. Paul pour proclamer la foi pascale [9]. Il en ressort qu'il s'agit d'un type de discours où Paul est engagé tout entier dans sa parole et où l'interlocuteur est invité à prendre une décision personnelle. Le langage n'est pas l'instrument neutre d'une communication d'informations. Et même s'il utilise le registre du récit, le discours de Paul sur le Christ ressuscité ne se présente pas comme un énoncé constatif, mais se rapproche d'un énoncé performatif.

Il faut ajouter que c'est la même puissance de Dieu qui s'est manifestée dans la Résurrection du Christ qui se manifeste dans la prédication apostolique : celle-ci est «une démonstration d'esprit et de puissance» (1 Co 2,4). Ainsi, le témoignage est lui-même un «événement de parole» en continuité avec l'événement de la Résurrection à l'origine du témoignage. Les deux «événements» sont des manifestations de la puissance de Dieu. Et c'est encore la puissance de Dieu qui est à l'œuvre dans l'adhésion du croyant au témoignage de l'apôtre. Qu'il s'agisse du témoignage des premiers témoins, de la prédication apostolique, de la confession de foi des croyants, nous sommes en présence d'expressions différentes d'une expérience commune où l'attestation historique, la foi et la puissance de l'Esprit sont impliquées d'une manière indissociable.

L'analyse du langage de la Résurrection est donc instructive quant à la nature du témoignage rendu au Christ ressuscité et quant à la nature même de l'événement de la Résurrection. Il ne s'agit pas d'un constat empirique ou d'un compte rendu d'événements, comme peut en faire un témoin dans un procès. A l'origine du témoignage, il y a bien l'*expérience* d'un quelque chose de nouveau, d'un événement extérieur au témoin et dont il n'a pas l'initiative ; le meilleur moyen de faire justice aux textes est de parler de « vision objective », cf. Mc 1,3 : «C'est encore à eux (les Apôtres) que Jésus *se montra vivant*, après sa passion, avec bien des preuves, *se faisant voir* à eux durant quarante jours et leur parlant de ce qui concerne le Royaume de Dieu.» Mais cette expérience originaire est enveloppée dans une expérience de foi qui reconnaît le Seigneur ressuscité dans le Jésus qui se

8. J. DELORME, *op. cit.,* p. 177.
9. *Ibid.,* p. 159 s.

montre vivant. C'est pourquoi le témoignage, comme constatation de l'événement, se transmue immédiatement en «confession de foi» qui a pour but d'éveiller la foi chez celui auquel elle est adressée.

L'étude des textes suggère que la dimension empirique de l'événement dont on témoigne n'est qu'une composante d'un événement qui transcende l'ordre des événements historiques ordinaires [10]. Autrement dit, la Résurrection du Christ est autre chose qu'un *fait brut*. C'est un *événement interprété* qu'on ne peut atteindre qu'à partir du langage propre de la foi pascale. L'événement réel qui s'est produit est toujours réfracté dans un «événement de parole». Je voudrais maintenant montrer comment la pluralité des langages de la foi pascale nous aide à préciser le rapport original entre expérience historique et langage dans le témoignage de la Résurrection.

B. Expérience historique et langage

La nouvelle herméneutique prend conscience d'une double distance à surmonter, non seulement la distance entre le passé du texte et le présent de notre culture, mais la distance entre le texte et les événements auxquels il renvoie. Autrement dit, l'Écriture est moins un *donné* directement inspiré par Dieu qu'un *témoignage* dont il faut déchiffrer le sens en le resituant dans une tradition. Du côté protestant, on est donc amené à remettre en question l'autorité «autonome» de l'Écriture. Comme le fait remarquer Pannenberg, «... pour Luther, le sens littéral de l'Écriture était encore identique à son contenu historique. Pour nous, par contre, les deux sont séparés; on ne peut plus faire équivaloir l'image de Jésus et son histoire, donnée par les différents auteurs néo-testamentaires, avec l'origine réelle des événements [11].»

10. On trouvera un bon résumé des recherches sur l'historicité de la Résurrection et des diverses prises de position à cet égard dans l'article de A. GESCHÉ, «La Résurrection de Jésus», *Revue théologique de Louvain,* n° 21 (1971), pp. 257-306, surtout pp. 265-272; pour un bilan critique de la controverse actuelle sur l'historicité de la Résurrection du Christ, on consultera aussi l'étude récente de P. GRELOT, «La Résurrection de Jésus et l'histoire. Historicité et historialité», *Les Quatre Fleuves,* n°s 15-16 (1982), pp. 145-179.

11. W. PANNENBERG «Die Krise des Schriftprinzips», dans *Grundfragen systematischer Theologie,* Göttingen, 1967, p. 15.

Nous ne pouvons donc pas faire équivaloir les divers témoignages de la foi pascale avec l'origine réelle des événements. Et comme nous l'avons vu, ces témoignages sont moins de l'ordre du *discours* que de l'*annonce* : ils sont une parole *parlante* et non une parole *parlée* ou écrite. Ils témoignent d'événements réels, les apparitions. Mais ces événements ne sont pas rapportés comme des *faits bruts* : ce sont des événements interprétés. C'est déjà vrai de l'histoire en général où je ne puis dissocier sa pratique, son activité interprétante, de son objet, les événements relatés. *Faire de l'histoire*, c'est toujours « produire » autrement les mêmes événements [12]. « L'histoire ne devient jamais un ensemble à partir de faits bruts. En tant qu'histoire d'hommes, elle est toujours mêlée à la compréhension, à l'espoir et à la mémoire. La transformation de la compréhension unit elle-même les événements de l'histoire. Histoire et compréhension ne se laissent pas dissocier dans les données primitives d'une histoire [13]. »

---

12. Nous renvoyons à l'article de M. DE CERTEAU, au titre déjà suggestif, « Faire de l'Histoire. Problèmes de méthodes et problèmes de sens », *Rech. Sc. Rel.* (1970), pp. 481-520.

13. W. PANNENBERG, « Dogmatische Thesen zur Lehre von der Offenbarung » dans *Offenbarung als Geschichte,* Göttingen, 1965, p. 112. Pour mieux déjouer l'illusion du « positivisme historique », je citerai volontiers ces lignes de J. Granier, paraphrasant la dénonciation par Nietzsche du *réalisme positiviste* « ... l'"esprit de pesanteur" guette. Et le voici qui nous interpelle sous les traits d'un avocat du réalisme positiviste. Que nous conseille-t-il ? De nous en tenir aux "faits", en adoptant une attitude de stricte objectivité, afin que la réalité se montre telle qu'elle est, sans nulle adjonction d'affectivité, de convoitise ou d'intérêt... Conseil de myope ! Car, riposte Nietzsche, c'est avoir la vue basse que de croire saisir des faits bruts, la réalité telle qu'elle est, lorsqu'on se fie au donné immédiat. Cette réalité immédiate est un leurre, c'est parce que l'œil est trop faible qu'il s'imagine avoir devant lui des faits, alors que pour un regard aiguisé, *il n'y a que des interprétations !* Le perçu est déjà un monde arrangé, simplifié, schématisé, un monde dont le sens exprime notre propre activité créatrice. » (J. GRANIER « La pensée nietzschéenne du chaos », Rev. de métaph. et de morale [1971], p. 132.) Sur l'ambiguïté de l'expression « fait historique » et sur la nécessité de dépasser la « positivité » propre à la problématique ancienne de l'histoire, nous conseillons vivement la lecture de A. VANEL, « L'impact des méthodes historiques en théologie du XVIᵉ

Le lien indissociable entre expérience historique et langage de l'interprétation est encore plus saisissant si nous considérons les témoignages historiques dont nous disposons sur le *quelque chose qui s'est passé* durant les « cinquante jours » entre la mort du Christ et la naissance de l'Église. Nous disons depuis longtemps que s'il est vrai que la Résurrection du Christ est un événement réel nouveau par rapport à la Croix de Jésus, il n'empêche que c'est un événement irréductible aux faits bruts de l'histoire universelle, ceux qui relèvent d'une enquête historique. C'est en effet l'acte même, inaccessible à des témoins directs, par lequel Dieu glorifie Jésus de Nazareth qui a été mis au tombeau. Mais nous disons aussi que l'événement transcendant de la Résurrection comporte pourtant une dimension historique, la trace concrète qu'il a laissée dans l'histoire des hommes, à savoir les apparitions, le tombeau vide, la prédication pascale des Apôtres. Or, parvenue à ce point, la réflexion théologique sur la Résurrection, trop uniquement préoccupée d'établir l'historicité des apparitions, fait souvent comme si on pouvait rejoindre des « faits historiques » en dehors de l'interprétation croyante des premiers témoins. Les apparitions sont inséparablement des événements réels et des « événements de langage ».

On peut parler des apparitions comme signes *historiques* de la Résurrection. Mais précisément, ce sont des *signes* et non des preuves démonstratives. *Non sunt probationes, sed signa*, disait déjà Thomas d'Aquin. En tant qu'elles ont une dimension empirique, les apparitions sont l'objet d'une expérience sensible. Mais en tant que signes d'autre chose, elles laissent entière la liberté du témoin. « Elles sont un appel à la foi et non pas aux constatations empiriques [14]. »

En ce qui concerne le rapport entre expérience historique et langage de la foi, la leçon la plus suggestive des récents travaux exégétiques est de nous rendre attentifs à la diversité des langages qui tâchent d'exprimer le mystère de la Résurrection. Nous sommes en présence d'une expérience unique et la pluralité des vocabulaires trahit le caractère indicible de l'expérience. Il n'y a

au XXᵉ siècle », dans *Le Déplacement de la théologie,* Paris, Beauchesne, 1977, surtout p. 26 s.

14. A. JAUBERT, « Christ est ressuscité », dans *Qui est Jésus-Christ?* (Recherches et Débats), Paris, D.D.B., 1968, p. 121.

pas de foi pascale sans témoins et donc sans langage. Mais la foi pascale n'est pas réductible à l'un de ses langages.

Parmi les divers langages du mystère pascal, c'est la formule la plus ancienne, «Dieu a ressuscité Jésus d'entre les morts», qui s'est imposée dans le langage traditionnel de l'Église. En dépit de ses imperfections, le langage de la *Résurrection* demeure privilégié. C'est «le langage de référence» auquel toutes les interprétations doivent se mesurer, nous dit X. Léon-Dufour [15]. Mais il ne faut pas négliger les autres langages du Nouveau Testament, ceux de la *vie* et de l'*exaltation*, qui ont justement pour fonction de corriger et de compléter le vocabulaire de la *résurrection*.

Écrivant pour des Grecs hostiles à l'idée de résurrection, Luc et Paul privilégieront le vocabulaire de la *vie*. Ils cherchent à affirmer à la fois la *réalité* et la *nouveauté* de la vie du Ressuscité (on parlera de vie «éternelle» pour le Christ ou on le désignera comme «le premier-né d'entre les morts»). Mais, qu'il s'agisse du langage de la résurrection ou de celui de la vie, le danger est grand d'en rester à une représentation imaginaire du retour de Jésus à la vie antérieure. C'est pourquoi le vocabulaire de l'*exaltation* a pour fonction de souligner le caractère *eschatologique* de la Résurrection du Christ. Cette nouvelle interprétation de la réalité de la Résurrection nous aide à percevoir toute la distance entre le miracle de la Résurrection comme retour à la vie d'un cadavre et le mystère de la Résurrection comme exaltation à la droite de Dieu et entrée dans la gloire. Nous sommes alors invités à dépasser tous les pièges de l'imagination et à concevoir, au-delà de la sphère d'ici-bas, une autre vie et un autre corps. La foi pascale peut confesser simplement : «Jésus est Seigneur.» Elle dit autrement tout ce qu'il y a dans la formule primitive : «Dieu a ressuscité Jésus d'entre les morts.»

Cette pluralité des expressions pascales nous confirme ce que nous disions sur la structure du témoignage, comme expérience historique et comme événement de langage. Il n'y aurait pas de témoignage de la Résurrection sans l'expérience d'un phénomène réel. Mais cette expérience «historique» est enveloppée dans une expérience de foi qui se donne des expressions différen-

15. X. LÉON-DUFOUR, *op. cit.*, p. 277.

tes dans la mesure même où l'expérience déborde les possibilités d'un unique langage.

La liberté herméneutique des expressions de la foi pascale témoigne de la dimension trans-historique de la Résurrection. De même que la Résurrection, comme événement eschatologique, n'est pas réductible à sa composante historique, de même le *témoignage* de la Résurrection est le passage à la parole d'une expérience où la foi interprétante est plus importante que la constatation empirique. Ainsi, quand on dit que notre foi à la Résurrection du Christ repose sur le témoignage historique des Apôtres, témoins des apparitions, elle porte moins sur le caractère événementiel des faits rapportés que sur la personne même de Jésus ressuscité, qui se révèle à travers ces faits. Nous ne connaissons ces faits qu'à travers le témoignage d'hommes qui sont eux-mêmes des croyants, des «témoins choisis d'avance» (Ac 10,41). Autrement dit, la foi porte en elle-même son propre témoignage, même si elle s'appuie sur un témoignage qui relève de l'enquête historique.

L'étude des divers langages de la foi pascale nous a donc permis de mettre en relief le lien inextricable entre *expérience* et *interprétation* dans le témoignage. Mais c'est trop peu de dire qu'il ne faut pas dissocier expérience et interprétation. C'est trop peu aussi de dire que le témoignage est le reflet d'une expérience unique où se mêlent l'événement et le sens. Il faut souligner davantage le caractère inaugurateur du témoignage par rapport à l'événement lui-même qui, en devenant «événement de parole», est promu à une nouvelle existence. Et à la différence de ce que penserait un positivisme historique étroit, c'est au moment où l'on quitte l'histoire empirique que l'on retrouve en fait l'histoire humaine réelle comme tradition.

C. Le témoignage comme «événement de parole»

On connaît le mot de Bultmann : «Jésus est ressuscité dans le kérygme.» Si elle implique la négation de l'historicité de la Résurrection, la formule est inacceptable. Mais elle revêt un sens très profond si elle cherche à nous faire saisir que la Résurrection de Jésus n'est pas entrée dans l'histoire seulement par les apparitions comme faits empiriques, mais dans et à travers le témoignage de la foi des Apôtres. Il y a un accomplissement de la Résurrection dans le kérygme lui-même. Tout événement historique a de quoi susciter une parole, un témoignage... Et c'est quand l'événement réel est devenu «événement de parole» qu'il appartient alors vraiment à l'histoire humaine qui n'a jamais fini d'actualiser son sens.

C'est vrai de l'événement Jésus-Christ plus que de tout autre. «L'historicité d'un événement tient moins à sa densité "factuelle", à sa matérialité brute qu'à son aptitude à entrer dans un discours où une communauté humaine pourra reconnaître (mais aussi réviser, refaire) son histoire [16].» Un fait ou une expérience qui ne suscite pas de témoignage est sans intérêt ou même inexistant. L'histoire ne recueille que des événements nommés, interprétés, resitués par une parole dans une tradition, c'est-à-dire dans un réseau de significations. «La parole par laquelle je fais advenir au langage une situation donnée est, en fait, l'inauguration humaine de l'événement et, en ce sens, sa constitution, quelles que soient sa consistance et sa réalité par ailleurs [17].»

Témoigner, c'est donc faire venir à la parole un événement qui s'est réellement produit, mais ce n'est pas relater purement et simplement l'événement : c'est promouvoir l'événement à une existence nouvelle. On ne peut en effet dissocier l'événement du sens nouveau qu'il revêt dans le témoignage. Le témoignage est par excellence un «événement de parole», et c'est pourquoi je disais en commençant que le témoignage comme possibilité du discours manifeste au mieux l'irréductibilité de la Parole au langage comme système. Comme le montre Paul Ricœur dans son étude sur *Événement et sens,* c'est dans la linguistique de la Parole que l'on vérifie l'articulation vivante de l'événement et du sens [18]. Le témoignage relève d'une linguistique du *discours* ou du message, et non d'une linguistique de la *langue* ou du code.

Mais c'est l'*écriture* qui nous manifeste clairement ce qui se passe déjà dans le témoignage comme parole immédiate sur l'événement. Il y a un *dépassement* de l'événement en tant que

16. J. MOINGT, «Certitude historique et foi», *Rech. Sc. Rel.* (1970) p. 572.

17. A. GESCHÉ, art. cité, p. 287.

18. Cf. P. RICŒUR, «Événement et sens», dans *Révélation et Histoire.* (Colloque Castelli, 5-11 janvier 1971), Paris, Aubier, (1971), pp. 15-34.

fugitif dans son sens en tant que durable. En devenant une écriture, le premier témoignage des Apôtres appartient de façon durable à l'histoire humaine et ouvre des possibilités d'actualisation toujours nouvelles dans l'ordre du sens comme dans l'ordre de l'agir. «La carrière du texte échappe désormais à l'horizon fini du vécu de son auteur; ce que le texte dit importe maintenant plus que ce que l'auteur a voulu dire, et toute l'exégèse déroule ses procédures dans l'enceinte d'un sens qui a rompu ses amarres avec la psychologie de son auteur [19].»

Ce détachement du sens par rapport à l'événement factuel s'opère déjà dans le témoignage comme proclamation de l'événement. Dans le cas de la Résurrection, cela veut dire que nous n'atteignons la Résurrection du Christ que dans les témoignages sur elle, dans les confessions de foi. Autrement dit, nous l'atteignons non pas dans ses conditions spatiotemporelles, mais en tant qu'elle est devenue un «événement de langage». Un des exemples du caractère instaurateur du langage pascal est sa visée eschatologique: les Apôtres ont identifié le Christ ressuscité comme Sauveur et Juge eschatologique [20]. Le témoignage humain est autre chose que la photographie ou la sténographie de ce qui s'est passé. En faisant venir l'événement à la parole, il le recrée, il lui donne une nouvelle existence. Et désormais, l'événement, en tant que proclamé, aura une vie propre sans qu'il soit possible de dissocier l'événement dans sa facticité de sa saisie par le témoin.

Ce que nous disons là vaut déjà pour tout événement promu à la dignité de «fait historique» dans cet ensemble qu'est un récit historique. Il est vrai de dire que l'historien «produit» les faits. Mais dans le cas de la Résurrection, l'événement dont il y a témoignage n'est pas promu à une nouvelle existence du seul fait de la liberté interprétative du témoin. Sa confession, et donc son interprétation, est l'œuvre de la foi et de l'Esprit de Dieu. Comme nous l'avons vu, c'est la même puissance de Dieu qui est à l'œuvre dans la Résurrection du Christ comme événement historique et qui est aussi à l'œuvre dans le témoignage rendu à

19. P. RICŒUR, op. cit., p. 19.
20. Cf. A. GESCHÉ, art. cité pp. 302-303. A. Gesché montre très justement dans la troisième partie de son article comment l'eschatologie nous fournit le vrai lieu d'intelligibilité théologique du mystère de la Résurrection.

l'événement, c'est-à-dire dans la Résurrection confessée, dans la Résurrection devenue un «événement de parole». Il ne suffit donc pas de dire que nous n'atteignons pas la Résurrection en dehors des témoignages des croyants sur elle. Il faut dire que le lieu propre de la Résurrection, c'est moins l'histoire dans ses données empiriques que le langage de la foi pascale comme langage de la première communauté chrétienne.

Seuls ceux qui ne comprennent rien à l'intrication vivante de la réalité et du langage peuvent en conclure que la Résurrection du Christ n'est plus que le produit de la foi des premiers témoins. C'est bien plutôt parce que la Résurrection échappe à la facticité d'un prodige physique dont les témoins nous auraient transmis un reportage scrupuleux et qu'elle devient le «dire» de toute une communauté croyante, qu'elle accède à la véritable historicité. Les témoignages de la Résurrection renvoient à l'événement historique qui les a suscités. Mais ils renvoient de façon indissociable à la tradition d'une communauté confessante dont ils sont la trace historique. Et c'est parce que nous appartenons à la même tradition de foi que nous pouvons rejoindre la personne du Ressuscité à travers ces divers témoignages.

Pour terminer, je voudrais maintenant situer brièvement le témoignage rendu à la Résurrection par les croyants aujourd'hui, du point de vue du rapport entre expérience et langage.

III. LE TÉMOIGNAGE DES CROYANTS AUJOURD'HUI

Le témoignage est toujours l'interprétation d'une expérience particulière. Dans le témoignage apostolique de la Résurrection, nous avons constaté l'interaction constante entre une expérience inattendue, le fait des apparitions, et une foi éveillée par les paroles de Jésus, par la connaissance de l'Écriture et de ses promesses eschatologiques. Et tout le sens de notre recherche a été de montrer qu'il n'est pas facile de dissocier *expérience* et *langage* dans le témoignage. L'expérience est identifiée dans un certain langage qui est déjà une interprétation de «ce qui s'est passé». C'est pourquoi le témoignage est autre chose que la pure traduction verbale de l'expérience vive. Il recrée en quelque sorte l'expérience dont on veut être le témoin. Qu'en est-il aujourd'hui de notre témoignage comme rencontre originale d'une expérience et d'un langage? Nous verrons qu'il faut à la fois souligner la nouveauté et la continuité de notre situation par rapport aux Apôtres.

1. Le témoignage apostolique est un témoignage dans la foi, mais c'est un témoignage de première main, sans intermédiaire. Les Apôtres sont les témoins *directs* de ce que Jésus a dit ou fait depuis son baptême par Jean-Baptiste jusqu'à son Ascension. Ils sont en particulier les témoins *oculaires* de sa mort et de sa Résurrection (Ac 1,22). Et c'est parce qu'ils ont *vu* qu'ils ne peuvent pas ne pas parler (Ac 4,20). Cette connaissance « selon la chair » est le privilège exclusif des Apôtres, et leur privilège, leur charisme apostolique, n'est pas transmissible. Les croyants venant après eux seront toujours, de ce point de vue, des témoins par procuration, car ils n'ont pas vu ce que les Apôtres ont vu. Ils *savent* simplement que ceux-ci l'ont vu, et leur propre témoignage ne peut être que la transmission de ce qu'ils ont reçu. Ils ne mériteront donc d'être appelés témoins à leur tour que dans la stricte mesure où leur parole sera dans une continuité vivante avec le témoignage de ces premiers et uniques témoins que sont les Apôtres.

2. Cela dit, il importe de ne pas oublier maintenant ce sur quoi portait toute notre recherche, à savoir que le témoignage des Apôtres n'est pas un compte rendu d'événements, mais l'« événement de parole » qui résulte inséparablement de l'expérience d'un phénomène réel et d'une interprétation croyante. Ce ne sont pas des témoins neutres, mais des *croyants*. Du point de vue du rapport entre la foi au mystère du Christ glorifié et des signes historiques qui accréditent cette foi, la foi des Apôtres n'est pas différente de la nôtre. Ils ont été témoins oculaires des apparitions, mais la reconnaissance du Christ comme Seigneur de gloire est l'œuvre de l'Esprit. Autrement dit, leur *voir* n'est pas constitutif de leur foi. De même pour nous, notre *savoir* fondé sur le témoignage historique de ceux qui ont vu, les Apôtres, n'est pas constitutif de notre foi au Ressuscité.

Ainsi, qu'il s'agisse de celle des Apôtres ou de la nôtre, la foi porte en elle-même son propre témoignage, même si elle s'appuie sur des signes historiques, le fait des apparitions pour les Apôtres, la réalité historique de leur témoignage pour nous. Comme nous l'avons dit plus haut, c'est la même puissance de Dieu, qui s'est manifestée par la Résurrection du Christ, qui est à l'œuvre dans la prédication des Apôtres et dans le témoignage des croyants aujourd'hui. En vertu du témoignage intérieur de l'Esprit, chaque croyant est établi dans la contemporanéité avec ce qui est advenu durant «les cinquante jours» dont parle l'Écriture. La foi des Apôtres ne porte pas sur la facticité des événements, selon leur dimension phénoménale, mais sur les événements comme signes du salut eschatologique advenu en Jésus-Christ. De même notre foi ne porte pas sur la matérialité des récits évangéliques comme procès-verbal de «ce qui s'est passé», mais sur le témoignage apostolique comme Bonne Nouvelle du salut advenu. Le croyant qui s'appuie sur le témoignage apostolique s'est décidé pour le témoignage de Jésus et devient lui-même un témoin. Bien qu'il n'ait pas connu Jésus, «selon la chair», il faut même dire qu'il est un témoin «oculaire» au sens de S. Jean. Il témoigne en effet de ce qui est devenu pour lui une évidence [21].

À l'origine du témoignage rendu aujourd'hui à la Résurrection, il y a, comme pour les Apôtres, le lien indissociable d'une expérience personnelle et d'une interprétation dans la foi. Il y a *rencontre* personnelle de Jésus de Nazareth à travers les témoignages historiques de l'Évangile, à travers les signes ecclésiaux de sa présence, à travers les signes de son amour. Il est alors *reconnu* et *identifié* comme le Ressuscité à la lumière de la foi et de la tradition vivante de l'Église. Et cette reconnaissance me conduit à proclamer la Bonne Nouvelle du salut, c'est-à-dire la présence toujours actuelle du Ressuscité: «J'ai cru, c'est pourquoi j'ai parlé» (2 Co 4,13). Le témoignage des croyants dans l'Église s'appuie à la fois sur les événements fondateurs de la communauté chrétienne et sur les témoignages apostoliques portant sur ces événements. La lecture croyante de ces événements aujourd'hui s'inscrit dans la tradition même qui fut constitutive des témoignages.

21. Nous citerons ces lignes caractéristiques de H. Urs von Balthasar: «Qu'en présence même des apparitions du Ressuscité, il soit toujours parlé de foi, c'est la preuve claire que la foi devant la Résurrection, la foi de ceux qui n'ont pas obtenu de voir corporellement le Ressuscité, mais croient en vertu du témoignage apostolique, ne consiste pas à tenir pour vraie une simple vraisemblance, mais consiste dans le même don d'amour de sa propre personne et de ses propres évidences à la Personne divine qui enferme et garde en elle le centre de gravité de toute évidence.» (H. Urs von Balthasar, *La Gloire et la Croix*, Paris, Aubier, 1965, p. 170.)

3. Le témoignage du croyant aujourd'hui n'est donc pas simplement l'expression d'une expérience personnelle. Il s'inscrit dans une tradition vivante d'interprétation, celle de l'Église comme communauté confessante à travers les siècles. Cependant, il n'y a pas témoignage au sens fort sans un nouvel acte d'interprétation et donc sans une certaine inventivité de langage. Nous avons déjà constaté cette recherche d'un nouveau langage, qui témoigne d'une expérience trop riche, au plan des témoignages apostoliques. S. Paul, par exemple, en butte aux objections des Corinthiens, ne s'est pas contenté de répéter les formules primitives qu'il avait reçues : il parlera du corps du Christ ressuscité comme d'un «corps céleste» qui vient d'en haut (1 Co 15,35-38). Il n'y a pas témoignage sans médiation de ma propre existence, et donc sans volonté de m'approprier le contenu de la foi pascale dans mon propre langage. Et c'est le seul moyen de retraduire le message pascal dans un langage qui puisse éveiller nos contemporains à la foi. Le langage de la *Résurrection*, demeurera toujours «le langage de référence», car c'est celui de l'Église depuis des siècles. Mais s'il a dû être complété, réinterprété par d'autres langages dès l'âge apostolique, cela est encore plus vrai aujourd'hui, alors qu'il faut témoigner du Christ ressuscité dans un monde postchrétien, étranger au langage biblique.

Je ne puis dire ici comment il est possible de traduire le témoignage de la foi pascale dans un langage contemporain sans trahir le sens qu'il a toujours eu dans la tradition de l'Église. Je rappellerai seulement que le témoignage rendu à la Résurrection du Seigneur n'est jamais réductible à l'expérience que tel croyant en a. Le témoignage n'est vivant que s'il exprime la manière dont j'ai vérifié dans ma propre existence la présence et l'énergie du Christ ressuscité. Mais le témoignage rendu à la Résurrection doit être aussi l'expression de la foi et de l'unité de l'Église. La relecture et la réinterprétation des formules de la foi pascale se font toujours au sein d'une communauté d'interprétation en continuité avec la première communauté de foi d'où ont jailli les témoignages apostoliques.

Au terme de cette recherche sur le témoignage de la Résurrection comme expérience et comme langage, nous pouvons dire au moins que le seul langage qui soit en même temps adéquat à l'expérience des premiers témoins et conforme à l'attente des hommes d'aujourd'hui, c'est *le langage de l'espérance*. Et alors,

ERRATA

- P. 158, il faut compléter le début de la première phrase
  du premier alinéa comme suit : Grâce à la critique
  marxiste des idéologies, nous savons mieux (aujourd'hui la fonction...)

- P. 92, note 1, il faut lire Pohier (et non Pothier).

- P. 225, note 13, il faut lire n° 134 (et non 34).

- P. 252, note 14 et p. 353, il faut lire Sironneau (et non
  Simonneau).

- P. 233, note 19, il faut lire Quelquejeu (et non Qelquejeu).

témoigner de l'actualité du mystère pascal, ce n'est pas seulement répéter la vieille confession de foi des premiers chrétiens : « Christ est ressuscité ! », c'est provoquer dans sa vie, dans la société des hommes et dans l'histoire, des anticipations significatives de l'avenir promis en Jésus-Christ.

Je disais en commençant que le témoignage rendu aux valeurs de l'existence humaine répond à la question : « Que m'est-il permis d'espérer ? » C'est dire que tout témoignage est l'interprétation *pratique* d'un avenir entrevu. Et alors, il semble que tout témoignage humain pointe obscurément vers la vérité du témoignage pascal. Dans le désert des langages clos et sans parole, c'est la fonction du témoignage humain de maintenir l'histoire ouverte à quelque chose de toujours nouveau et d'imprévisible.

CHAPITRE VI

L'HERMÉNEUTIQUE ATHÉE DU TITRE DE FILS DE L'HOMME CHEZ ERNST BLOCH

On a déjà souvent désigné *L'Essence du christianisme* de Feuerbach comme un exemple d'«herméneutique athée» du christianisme. Par contraste avec les essais d'herméneutique théologique proposés dans le présent ouvrage, je voudrais m'arrêter à un exemple particulièrement significatif d'herméneutique athée moderne. Pour cela, je choisis l'interprétation par Ernst Bloch du titre de «Fils de l'homme» dans *Atheismus im Christentum.*

L'exégèse du titre de «Fils de l'homme» se trouve dans le chapitre v d'*Atheismus im Christentum* qui a pour titre : «*Aut Caesar aut Christus* [1] ». Il fait suite au chapitre IV qui est consacré à l'Exode dans la représentation de Yahwé, c'est-à-dire à la «déthéocratisation» *(Enttheocratisierung)*. Il prolonge ce thème en montrant comment le titre de «Fils de l'homme», c'est-à-dire l'union de l'homme avec Dieu, désigne le point d'aboutissement du thème messianique de l'exode qui court tout au long de la Bible. L'Exode des Juifs devient l'Exode de Dieu lui-même et la figure du Fils de l'homme conduit cet Exode, c'est-à-dire cette sortie de Dieu hors de lui-même, à son terme.

---

1. E. BLOCH, *L'Athéisme dans le christianisme,* trad. franç., Paris, Gallimard, 1978. Toutes les citations sans autre référence renvoient à cette édition.

Avant d'aborder l'exégèse même d'Ernst Bloch dans ce chapitre v, je voudrais essayer de résumer ce qui caractérise l'originalité de son programme herméneutique.

1. Il s'agit bien d'une herméneutique *athée* au service d'une sécularisation radicale. Mais à la différence de Feuerbach, il ne s'agit pas de restituer à l'homme ce qui est attribué illusoirement à Dieu, mais de conserver Dieu comme utopie concrète du mouvement d'autotranscendance de l'homme. Il ne s'agit donc pas d'une transposition anthropologique de la théologie. L'homme ne prend pas la place de Dieu. Il n'est qu'un possible réel à venir.

2. Il s'agit d'une herméneutique *subversive*. Il faut entendre par là le fait que par rapport à la dialectique «religion-politique», Bloch ne se livre pas à une réduction triviale du religieux au politique, mais à une critique de la religion par la religion elle-même. C'est une herméneutique qui subvertit la religion dans la mesure où elle la sécularise. Mais, en fait, cette sécularisation a pour but de manifester la dimension irréductible de la religion. En effet, loin de liquider la religion, il s'agit de maintenir le pouvoir pratique de la religion comme dialectique de l'Espérance. En ce sens-là, il est plus juste de parler d'une critique du politicoreligieux par la religion que d'une réduction du religieux au politique. En tout cas, il semble bien que pour Bloch, la religion constitue un irréductible qui n'est pas comme pour Hegel dépassable dans le concept.

3. On peut définir l'herméneutique de Bloch comme un programme de déthéocratisation plus que de démythologisation. Comme toute herméneutique, celle de Bloch cherche le clair et le manifeste sous le caché et l'obscur. Mais l'opacité de l'Écriture ne tient pas seulement à son revêtement mythologique et à notre distance historique. Elle est un miroir de l'opacité de la condition présente de l'homme. Et surtout, elle tient au processus de théocratisation qui est inhérent à l'Écriture elle-même jusqu'à la venue du Christ. Bloch se livre donc à une relecture du texte biblique à la lumière d'un exode déthéocratisé et de la promesse d'une nouvelle terre inaugurée par le Christ. Il se fraie un chemin à travers l'opacité du texte avec le dessein de restituer la révolte qui habite le texte, révolte qui a été occultée non seulement par les relectures ecclésiales de l'Évangile, mais dans le processus même de mise par écrit du message du Christ.

Ainsi, il est légitime de parler d'un usage subversif de l'herméneutique traditionnelle, et cela en un double sens. D'une part, au lieu de chercher au-delà du sens littéral un sens divin, il cherche un sens séculier, à savoir une réalité humaine : l'homme comme possibilité réelle. Il est fidèle en cela à l'utopie marxiste de l'humain qui s'exprime à la fois par la naturalisation de l'homme et l'humanisation de la nature [2]. D'autre part, il cherche à restituer le mouvement de subversion qui est interne à l'Écriture et qui est constamment recouvert ou édulcoré dans l'Écriture même, par la logique théocratique de la domination.

On comprend mieux alors le sens de l'affirmation paradoxale de Bloch, qui est devenue célèbre : « Seul un vrai chrétien peut être un bon athée ; seul un véritable athée peut être un bon chrétien. » En d'autres termes : seul un vrai chrétien peut être un bon athée, car c'est le chrétien qui conduit à son terme le mouvement de déthéocratisation ; et seul un véritable athée peut être un bon chrétien, car c'est l'athée qui travaille à l'avènement du Royaume déjà instauré dans le Christ, à savoir le Royaume de l'homme.

L'exégèse du titre de « Fils de l'homme » est difficile à résumer. C'est un texte plein d'aller et retour, de digressions, et le caractère haletant de son écriture est un écho du grondement du texte qu'il commente. Au risque de simplifier, je crois possible de ramener l'exégèse du titre de « Fils de l'homme » chez Bloch à trois thèmes, même si ceux-ci sont inséparables.

I. L'INVESTISSEMENT DE YAHWÉ PAR JÉSUS OU L'EXODE DE DIEU

Il semble que l'exégèse blochienne des textes du Nouveau Testament soit commandée par une double idée. D'une part, Jésus comme Fils de l'homme est le signe de l'avènement de Dieu en l'homme ; c'est le thème de l'exode, l'utopie religieuse par excellence, l'ouverture sur l'inconnu.

D'autre part, Jésus est le signe de l'inachèvement de l'homme. En d'autres termes, le Dieu de l'homme actuel c'est l'*homo absconditus* de l'avenir (ontologie historique). Il ne s'agit pas

---

2. Voir à ce sujet l'étude de G. RAULET, «Utopie-Discours pratique», qui présente l'ouvrage collectif publié sous le titre : *Utopie, marxisme selon Ernst Bloch,* Paris, Payot, 1976, pp. 9-53.

d'aboutir à une humanisation de Dieu qui ne serait qu'une plate *sécularisation* à la Feuerbach ou bien à un *prométhéisme*. Il s'agit de transformer dialectiquement le christianisme comme religion cultuelle en religion utopique où Dieu est la réalité de l'homme caché qui ne peut être réalisée et dévoilée que par la transformation de la réalité présente. En faisant cela, Bloch exégète veut être simplement fidèle à la dimension eschatologique du Nouveau Testament.

Le thème de l'investissement de Jahwé par Jésus revient constamment. La venue de Jésus coïncide avec la fin du théocratisme politicoreligieux d'Israël. Et c'est cette subversion du théocratisme qui conduira Jésus à la mort. Mais en fait, la venue du Fils de l'homme est dans la ligne du messianisme eschatologique juif. L'Exode des Juifs devient l'exode de Dieu lui-même. Jésus va jusqu'au bout de la religion du Dieu de l'Exode : «Ce Messie fils de l'homme ne se faisait pas non plus passer pour celui qui lutte pour maintenir ou pour rétablir avec un zèle tout romantique le Royaume de David, tel qu'il était avec son Dieu-Seigneur. Non, il s'affirmait en tout point exode, un nouvel exode, eschatologique et révolutionnaire de part en part : *avènement de Dieu en l'homme*» (p. 171).

Contrairement à l'opinion la plus largement répandue sur le messianisme transcendant de Jésus, Bloch estime que Jésus avait bien conscience d'être le Messie tel que l'attendaient les Juifs, c'est-à-dire «un Messie qui réaliserait la promesse d'un salut politique et religieux mettant fin à la misère concrète, ouvrant une ère de bonheur concret» (p. 164). Cette insistance sur le réalisme politique du messianisme de Jésus est le seul moyen d'être fidèle à sa dimension eschatologique. Ce sont les théologiens libéraux et antisémites comme Renan, Wellhausen et Harnack qui ont trahi l'eschatologie du Nouveau Testament en mettant l'accent sur l'attente d'un Royaume intérieur et purement éthique. En fait, «dès son origine, l'authenticité de l'Évangile impliquait son sens réel et révolutionnaire» (p. 165).

À l'appui de sa thèse, Bloch interprète de manière très personnelle certains lieux classiques du Nouveau Testament. Par exemple, dans le récit des tentations au chapitre IV, il lui semble clair que Jésus aurait le sentiment de succomber au diable en se disant «Fils de Dieu». De même, on ne comprendrait pas la nécessité du secret messianique dans saint Marc, si Jésus n'avait pas voulu être le Messie attendu par les Juifs. Il se serait désigné seulement comme un homme bon, un pasteur et tout au plus un successeur des anciens prophètes. Le cri de Jésus durant son agonie : « Mon Dieu, mon Dieu, pourquoi m'as-tu abandonné ? » n'est pas un cri de désespoir dû au sentiment d'être abandonné de Dieu. C'est l'expression de l'angoisse de quelqu'un qui voit la réalisation concrète de son œuvre lui échapper. C'est le seul moment où la foi lui fit défaut par rapport à l'assurance qu'il avait d'être celui qui ouvre la voie vers Sion toute proche (cf. p. 163).

Et quand Jésus dit que son joug est aisé et son fardeau léger, il ne s'agit pas du joug de la Croix. Il s'agit de l'annonce de la venue sur le trône du Messie-Roi. Finalement, la Bonne Nouvelle de l'Évangile, c'est l'annonce d'un bonheur social et politique que rien ne pourrait plus étouffer (cf. p. 164). Le texte suivant résume très nettement la pratique herméneutique de Bloch au service de la sécularisation : « Subjectivement, Jésus se considérait donc sans réserve comme le Messie dont parlait la tradition ; objectivement, il est celui qui a le moins pensé à se réfugier dans une intériorité qui ne se manifeste pas, à faire son trou dans l'attente d'un Royaume des cieux transcendant ; bien au contraire, le salut, c'est Canaan. C'est l'accomplissement de ce qui fut prophétisé aux ancêtres, mais sans sa fragilité, sa trivialité, ses échecs, un Canaan réalisé dans sa quintessence... Il y avait déjà bien assez d'intériorité dans l'attente du Messie, et plus qu'assez de ciel dans la foi en l'au-delà : c'est la terre qui avait besoin du Sauveur et de l'Évangile » (p. 164).

Comme nous le verrons plus loin, le titre de « Fils de l'homme », qui est une création propre de Jésus et non de ses disciples, souligne à la fois le réalisme politique du messianisme de Jésus et la fin du théocratisme. La thèse principale, en effet, de Bloch dans ce chapitre est de dire que le titre de « Fils de l'homme » est eschatologique alors que le titre ultérieur de *Kyrios Christos* ne relève que du culte.

En s'attribuant le titre de « Fils de l'homme », Jésus prononce le nom d'un exode jusqu'à présent inconnu des Juifs et qui touche toutes les représentations de Dieu à l'usage de ceux qui disposaient du pouvoir religieux. Il met un terme à la fausse hypostase d'un Dieu créateur. « Quant à l'évangile selon saint Jean, s'il fait reculer l'eschatologique derrière le protologique et la lumière du *commencement* qui est celle de son prologue, c'est uniquement pour faire de ce *logos* l'alpha d'un autre monde que celui de la création déjà donnée et pour le faire surgir avec le Christ, à la fin, en prologue à un nouveau monde. Et le véritable créateur est le Christ Logos engendrant une nouvelle créature...» (cf. p. 202).

Pour Bloch, le titre mystérieux de «Fils de l'homme» est le chiffre de la déthéocratisation : il signifie le réinvestissement dans un *humanum* encore énigmatique de tous les trésors qui avaient été confisqués par l'hypostase d'un Père céleste. La formule biblique : *Deus homo factus est* est l'ultime expression de l'Exode biblique qui est «exode hors de Yahwé. Il ne faut même plus parler d'antithéocratisme mais d'a-théocratisme, ou encore de "christocentrisme sans reste"» (cf. § 31). Et il voit dans le chapitre XVII de saint Jean la clé de l'homoousie, c'est-à-dire non pas de la divinité du Christ, mais de son égalité avec Dieu. L'ancien «jour de Yahwé», celui qui devait arriver à la fin des temps, se présente dans le quatrième évangile comme une parousie du Christ, du Fils de l'homme existant sans Yahwé, *A-Kyrios* et *A-Theos* tout à la fois. Bloch pense avoir ainsi fondé exégétiquement l'athéisme radical qu'il professait dans *Le Principe Espérance* : «La vérité de l'idéal de Dieu n'est autre que l'utopie du Royaume et celle-ci présuppose justement qu'aucun Dieu ne demeure dans les cieux, puisque aussi bien aucun ne s'y trouve et ne s'y est jamais trouvé» (*Das Prinzip Hoffnung,* 1959, p. 1514, cité p. 204).

À l'appui de sa thèse, Bloch se livre à une relecture très particulière du procès de Jésus. Si les grands prêtres ont condamné Jésus, ce n'était point parce qu'il blasphémait en se prétendant le Messie, c'est-à-dire le Fils de Dieu, c'est parce qu'il menaçait l'ensemble de la théocratie cléricale et de la religion institutionnelle, telle qu'elle s'était stabilisée depuis Esdras et Néhémie. Jésus était considéré comme dangereux parce que son Royaume, celui du Fils de l'homme, était trop différent du Royaume théocratique de Yahwé. Jésus a été crucifié parce qu'il apparaissait comme subversif, en tant même qu'il était «la figure exemplaire d'un autre monde, sans oppression et sans Dieu Seigneur» (p. 170).

II. L'AVÈNEMENT DU ROYAUME DE DIEU COMME ROYAUME TERRESTRE

Tout le propos de Bloch est de réagir contre une interprétation du christianisme conçu comme le point de fuite d'une évasion consolatrice pour l'interpréter comme une perspective ouverte sur l'inaccompli, le nouveau.

À la lumière de son exégèse du titre mystérieux de «Fils de l'homme», on peut résumer son interprétation des textes du Nouveau Testament concernant le Royaume comme suit:

1. Ce qui est premier dans l'Évangile, ce n'est pas l'amour, mais l'annonce du Royaume.

2. Le Royaume de Dieu n'est pas un Royaume intérieur ou un Royaume dans l'Au-delà, mais l'avènement d'un Royaume de liberté sur la terre.

3. Le Royaume de Dieu se réalise sur terre, mais comme royaume eschatologique, il n'est pas encore donné: il se réalise seulement à l'état de germe.

A. C'est le Royaume et non l'amour qui est primordial

Bloch insiste sur l'immédiateté chiliastique de la référence au Royaume des cieux. Il faut interpréter la portée éthique du Royaume à partir de son attente eschatologique et non l'inverse. Les paroles de Jésus sont chargées d'attente apocalyptique et c'est le christianisme ultérieur, en partie sous l'influence de Paul, qui a vidé le message évangélique de sa parole subversive. La parole de Marc: «Le temps est accompli et le Règne de Dieu approche» signifie que Jésus n'a jamais donné à sa mission un sens édulcoré et extérieur au monde.

La prédication de Jésus est plus dure que celle de tous les prophètes qui l'ont précédé. Jésus vomit les tièdes. Et Bloch cite avec complaisance la parole de Jésus en Matthieu 10,34: «Je suis venu apporter non la paix, mais l'épée» ou Jean 22,48: «Celui qui me rejette, qui ne reçoit pas mes paroles, a déjà qui le juge: la parole que j'ai annoncée, c'est elle qui le jugera au dernier jour.»

Mais comment alors interpréter toutes les paroles de Jésus dans le Sermon sur la montagne sur la non-violence et sur l'amour des ennemis? Bloch les interprète toujours à la lumière de l'imminence du Royaume qui vient et cela dans un contexte apocalyptique. Je me contente de citer un texte particulièrement clair à cet égard. « La vieille, trop vieille terre est saisie par le *kairos* de cette urgence et c'est bien pourquoi il semble par ailleurs que le royaume désormais si proche ne requiert *plus la moindre violence.* Le Jésus du Sermon sur la montagne est tout à fait dans cet esprit puisque derrière chacune des Béatitudes à la gloire de la non-violence il laisse entrevoir aussitôt (Mt 5,3-10) l'imminence qui est désormais celle du Royaume des cieux. C'est-à-dire que ce n'est pas ou pas seulement une récompense populaire, mais que le "car" qui précède et fonde "le Royaume des cieux est à eux" signifie plus profondément que toute violence, toute tentative d'expulser les marchands d'un temple, qui de toute façon s'effondre, est déclarée superflue en un temps dont le temps est enfin venu. Il est vrai que la révolution violente qui élève les humbles et abaisse les puissants s'accomplit totalement au sein de la *nature* chez un Jésus *apocalyptique* et remplace en quelque sorte une révolte accomplie par les hommes eux-mêmes, par l'arme supérieure d'une catastrophe cosmique » (pp. 168-169).

Il y a donc antériorité de l'annonce du Royaume qui vient par rapport au contenu éthique du message de Jésus. Bloch ne nie pas pour autant que l'amour soit au centre du message de Jésus, mais il doit être interprété à la lumière d'un Avent proche. C'est justement ce que n'a pas fait le christianisme historique qui a rendu le message du Christ inoffensif et en a fait un encouragement à la résignation devant l'injustice. L'amour au sens de l'agapé est un amour des hommes qui n'a pas de précédent. Il renverse toutes les formes d'agression. Mais il ne trouve sa place dans la prédication de Jésus qu'à la lumière d'un Avent déjà proche.

B. L'avènement d'un royaume de liberté sur la terre

À partir du thème du « Fils de l'homme » qui investit Yahwé, nous avons déjà insisté sur le réalisme charnel et politique du Royaume annoncé par Jésus. Il est intéressant de voir quelle exégèse Bloch donne des textes du Nouveau Testament qui vont dans le sens d'un Royaume intérieur ou d'un Royaume qui n'est pas de ce monde. Il estime en effet que, depuis deux mille ans, on a exploité indûment ces textes dans un sens spiritualiste pour montrer combien le christianisme est inoffensif.

En Luc 17,21, Jésus n'a jamais voulu dire : « Le Royaume de Dieu est en vous » en référence à l'intériorité. La traduction exacte est : « Le Royaume de Dieu est au milieu de vous. » Jésus s'adresse en fait non aux disciples, mais aux pharisiens. Il répond ainsi au piège de leur question sur le moment de l'avènement du Royaume. Sa réponse signifie : « Le Royaume est également proche dans l'espace, il est ici dans la communauté de ceux qui le reconnaissent » (p. 166). De même, la fameuse réponse de Jésus à Pilate : « Mon Royaume n'est pas de ce monde » n'a pas la portée qu'on a voulu lui accorder. Bloch pense que cette parole attribuée par saint Jean à Jésus devant Pilate n'est pas historique. Elle sent son influence paulinienne. Jean pense à la détresse des premières communautés chrétiennes et leur procure un moyen de s'en tirer devant les autorités romaines. C'est un thème judiciaire et apologétique. « Il est contraire au courage et même à la dignité du Christ qu'il ait prononcé devant Pilate cette parole défaitiste, qu'il se soit présenté en rêveur et en original devant son juge romain, qu'il ait donné aux Romains le spectacle d'un personnage inoffensif et presque comique » (p. 167). Et Bloch d'ajouter que ce passage de saint Jean n'a pas sauvé le moindre chrétien de Néron, mais a servi d'apologie aux maîtres du monde. Il a servi à enlever toute force aux aspirations terrestres du christianisme.

L'opposition entre ce monde et l'autre monde n'a donc pas le sens que lui donne la spiritualité chrétienne depuis vingt siècles. Il s'agit d'une tension eschatologique entre ce monde, c'est-à-dire l'éon présent, et l'autre monde, c'est-à-dire « l'éon futur et meilleur, celui d'un âge futur du monde en opposition au monde existant ».

Bloch connaît évidemment le *logion* de Mt 16,28 : « Rendez donc à César ce qui appartient à César et à Dieu ce qui appartient à Dieu. » Mais il ne faut pas en tirer une leçon morale sur le désintéressement par rapport au monde. Cette parole de Jésus a avant tout une portée eschatologique. C'est justement parce que le Royaume est proche que l'on peut traiter César avec indifférence. Contrairement à ce que Luther croira pouvoir en tirer en ce qui concerne la doctrine des deux Règnes, cette parole n'a aucun sens dualiste. Il ne faut pas envisager une double comptabilité qui conduit d'ailleurs aux pires compromis. Le texte suivant résume très bien la conception que Bloch se fait de l'attitude évangélique à l'égard du monde : « Le monde impérial est insignifiant et malgré sa splendeur il est aussi insipide que de séjourner pour une nuit dans une auberge lorsqu'il faut repartir le lendemain à l'aube. Pour Jésus, ce qui compte c'est avant tout ce conseil authentiquement chiliastique : distribuer ses biens aux pauvres et se soustraire ainsi non seulement subjectivement, mais objectivement, aux intérêts rassemblés autour de César, intérêts méprisables et condamnés à court terme. Dans cette perspective, l'Évangile n'a rien de social, mais il n'est pas non plus moral au premier chef. C'est un évangile de la rédemption eschatologique » (p. 172).

C. Le Royaume de Dieu se réalise seulement à l'état de germe

Il faudrait commenter ici les pages assez difficiles du § 29 intitulé : *Même la grandeur du Fils de l'homme disparaît. Le Royaume est « petit ».* Bloch s'oppose à la fois au mythe païen et anthropomorphique de l'homme *Makanthropos* comme incarnation du Royaume futur et au thème hégélien d'une réconciliation de l'Esprit absolu et de l'homme comme esprit fini.

On pourrait dire que, selon la vision blochienne, le Royaume coïncide avec la fermentation qui habite tout homme. Jésus comme Fils de l'homme est la figure historique de cette ouverture. Mais c'est une ouverture sur l'inconnu, sur l'*Anthropos agnostos.* « C'est l'inconnu, la proximité de l'inconnu qui fait défaut à toutes les manifestations religieuses, classiques ou néoclassiques de l'anthropomorphisme ; il leur manque la dimension *ouverte* de l'*Anthropos agnostos* » (p. 192).

Et ce qu'il reproche à l'humanisme de Hegel, c'est de ramener le divin à une mesure humaine. Car s'il est vrai que l'être-poursoi est sauvé de l'aliénation religieuse, il se réifie lui-même dans l'histoire. L'*humanum* de Hegel disparaît dans l'État. Au fond, Bloch, au-delà de l'humanisme athée, veut garder Dieu comme utopie concrète du devenir homme de l'homme, devenir qui n'est jamais ni achevé, ni manifesté. C'est cela l'apport propre du christianisme qui se résume dans la figure du Fils de l'homme. Il s'agit d'un Royaume sans Dieu et sans transcendance, mais le Fils de l'homme désigne l'action même de transcender toute réification de l'homme.

Pour montrer tout ce qui sépare l'athéisme religieux de Bloch de la platitude de l'humanisme athée, nous citerons encore ce texte : « L'humanisme du classicisme retombe, même dans la sphère religieuse, en deçà de Job, en deçà de l'idée du Fils de l'homme et de la découverte qu'un homme peut être meilleur, qu'il peut être, plus que son Dieu, le centre de toutes choses. Une religion où le Fils de l'homme n'est plus que beauté et mesure signifie en effet toujours, comme chez Hegel, la "conscience de la réconciliation de l'homme avec Dieu". Une religion où bouillonne le Royaume ne ramène jamais le divin à des mesures humaines ; elle ne tend pas à l'équilibre de la réconciliation ; au contraire, le Fils de l'homme et son Royaume sont humains *sans être déjà donnés* » (pp. 192-193).

Cela nous confirme que la figure du « Fils de l'homme » est une clé décisive pour comprendre l'herméneutique athée du christianisme de Bloch. Il ne s'agit pas de se contenter du renversement de la théologie que constitue l'humanisme athée. Il s'agit de maintenir sous une forme athée, dans l'image du Fils de l'homme, ce que recouvrait le Dieu de l'Exode. Le Dieu de l'homme présent ouvert sur des possibilités inédites, c'est l'*homo absconditus* qui n'a pas encore été dévoilé. « L'image du Fils de l'homme est une image des plus incomplètes et qui ne porte pas encore en elle la solution de son mystère » (p. 193).

Ainsi, après la disparition du Dieu théocratique de l'Ancien Testament, le mystère demeure. Mais ce mystère n'est pas autre que l'énigme de l'homme dont le Fils de l'homme est la figure historique. Et c'est cette énigme de l'homme qui coïncide avec l'avènement du Royaume. Le Messie comme Fils de l'homme n'achève pas l'histoire, mais il l'ouvre. Il est le chiffre du non-encore-être, comme possibilité historique [3].

---

3. Voir à cet égard E. BRAUN, « Possibilité et non-encore-être. L'ontologie traditionnelle et l'ontologie du non-encore-être de Bloch », in *Utopie, marxisme selon Ernst Bloch*, pp. 155-169.

III. LE RENVERSEMENT DIALECTIQUE
DU TITRE CULTUEL DE FILS DE DIEU
PAR LE TITRE ESCHATOLOGIQUE
DE FILS DE L'HOMME

À la suite de Bousset, Bloch croit pouvoir établir une coupure absolue entre le titre eschatologique de « Fils de l'homme » qui serait une création propre de Jésus et d'un usage constant dans la communauté palestinienne primitive et puis le titre de *Kyrios* et de *Fils de Dieu* qui le remplaça peu à peu dans le christianisme hellénistique tenté de rendre un culte au Christ à l'instar d'une nouvelle divinité.

Ce titre cultuel de *Kyrios,* qui est toujours tenté de reprendre son sens païen, comme celui de *Pantocrator,* tend peu à peu à escamoter le titre de Fils de l'homme qui cependant, depuis la primitive Église jusqu'à Thomas Münzer, reste aux côtés des pauvres et de ceux qui se révoltent. « Seul ce qui dans le futur est propre à l'autorité de l'institution ecclésiastique a appartenu et continue d'appartenir au *Kyrios,* mais pas celui qui, dans l'esprit de la communauté primitive et du Fils de l'homme, avait seul valeur du futur : l'avènement du "meilleur éon", ce qui constitue depuis lors pour la chrétienté la pierre d'achoppement de son image du Seigneur Jésus, quand ce n'est pire encore, et qu'elle tente constamment d'escamoter hypocritement » (p. 199).

Bloch n'a pas manqué de remarquer que cette hypothèse de l'origine purement palestinienne du titre de Fils de l'homme était contredite par l'évangile de Jean qui, bien que plus tardif, fait un usage privilégié de ce titre. Il ne s'en explique pas. Dans le paragraphe 31 intitulé « Un Christocentrisme sans reste », il voit justement une confirmation de l'antithéocratisme foncier du message de Jésus. C'est l'évangile de Jean qui nous manifeste en clair l'homoousie de Jésus, c'est-à-dire son égalité avec Dieu. Si on trouve encore une théodicée chez saint Jean, c'est-à-dire si Jésus attribue au Père des qualités qui n'appartiennent qu'à lui, ce n'est qu'une pure façade. Jésus en effet ne dit que de lui, de sa première venue comme *Logos* qu'il est la lumière et la vie. Tous les versets (chap. 15-17) sur le monde qui n'a connu ni le Père, ni le Fils concernent un Dieu encore inconnu non seulement des païens, mais des Juifs eux-mêmes.

Au moins, pourrait-on admettre que le titre de *Kyrios* qui appartient à la prédication postpascale est à mettre directement en liaison avec la Résurrection du Christ... Mais pour Bloch, la Résurrection est seulement le produit de l'imagination des disciples qui ne se consolaient pas de la mort de Jésus. Et c'est saint Paul le grand responsable du mythe de la mort et de la résurrection qui nous renvoie aux mystères païens naturistes les plus archaïques. L'idée de sacrifice volontaire est une création de Paul. Elle a un rapport dialectique avec la Résurrection et elle était nécessaire pour la prédication missionnaire qui s'adressait aux païens. Si Jésus est le Messie attendu, ce n'est pas en dépit, mais en raison même de la Croix. Ainsi, ce n'est pas en investissant le vieux théocratisme de Yahwé que le Fils de l'homme se révèle comme le Messie, c'est en mourant sur la croix au Golgotha. Le rapprochement entre le Messie et la figure du Serviteur souffrant du deuxième Isaïe – qui semble pourtant fait par Jésus lui-même – est sans valeur pour Bloch. Il estime en effet que la prophétie d'Isaïe 53 porte sur Israël et non sur le Messie lui-même.

C'est l'apôtre des païens, avec son esprit comptable, qui a combiné le mythe païen de la mort du dieu qui meurt et qui ressuscite tous les ans, avec la logique juridique de la dette à payer au Dieu Moloch par le sang d'une victime innocente. Dans une perspective apologétique, il fallait innocenter Dieu le Père d'avoir livré son fils innocent. Si Jésus se sacrifie volontairement pour payer la dette, c'est à cause de la culpabilité de l'homme. Cette idée n'est pas entièrement propre à Paul. « Ses ultimes racines plongent dans un sol non seulement profondément sanguinaire mais encore tout à fait archaïque : elle provient de l'antique *sacrifice humain,* évité depuis longtemps déjà – et même d'avant Moloch ! Par là, elle se révèle essentiellement contraire au christianisme » (p. 209).

Bloch décèle une profonde parenté, depuis saint Paul jusqu'à Luther, entre le thème de la prétendue patience de la croix et celui de l'obéissance inconditionnelle à l'autorité qui servit les intérêts de ceux qui détenaient le pouvoir à l'intérieur des Églises. Grâce au mythe de l'agneau sacrifié, « la subversion qui habite la Bible s'en trouve définitivement interrompue » (p. 211). On retrouve une fois de plus l'objectif majeur de l'herméneutique blochienne : il s'agit, en contraste avec la patience du crucifié, de restituer le bouillonnement révolutionnaire, la colère et la révolte qui habitent le texte biblique.

Cependant, pour être tout à fait juste à l'égard de la position de Bloch, il faut noter que, s'il est vrai que pour lui l'espérance de la Résurrection n'a jamais aidé aucun opprimé à surmonter sa misère, il salue tout de même en saint Paul un «tribun de l'humain, dans la mesure où il s'est dressé contre la plus impitoyable des antiutopies que recèle ce monde hétéronome qui nous fait face, – contre la mort» (p. 212).

IV. VALEUR DE L'EXÉGÈSE DU TITRE DE «FILS DE L'HOMME» SELON E. BLOCH

J'ai essayé de montrer comment l'exégèse par Bloch du titre de «Fils de l'homme» illustre parfaitement le mouvement même de son herméneutique comme programme de déthéocratisation. Il serait évidemment intéressant de confronter son herméneutique athée avec les résultats de l'exégèse scientifique contemporaine. L'ouvrage *Atheismus im Christentum* date de 1968 et Bloch connaît bien les travaux des grands exégètes modernes, Schweitzer, Bultmann, von Rad, Käsemann, Jeremias, Stauffer, Wellhausen. Il faut noter toutefois, qu'au point de vue des origines chrétiennes, il privilégie des auteurs comme Bousset et Bauer dont les conclusions sont largement dépassées aujourd'hui.

Dans l'incapacité d'entreprendre sérieusement ce travail de confrontation qui ferait l'objet d'un nouvel exposé, je me contenterai de faire quatre brèves remarques en m'appuyant surtout sur les conclusions de J. Jeremias dans sa théologie du Nouveau Testament [4].

1. Le titre de «Fils de l'homme» se retrouve quatre-vingt-

---

4. J. JEREMIAS, *Théologie du Nouveau Testament, I. La Prédication de Jésus,* trad. franç., Paris, Cerf, 1973, pp. 321-345. En dehors de Jeremias, nous avons également consulté: C.H. DODD, *L'Interprétation du quatrième évangile,* trad. franç., Paris, Cerf, 1975; H.E. TÖDT, *Der Menschensohn in der synoptischen Ueberlieferung,* Gütersloh, Gerd Mohn, 1959; J.M. VAN CANGH, «Le Fils de l'homme dans la tradition synoptique», dans *Revue Théologique de Louvain,* nº 1 (1970), pp. 411-419.

trois fois dans les évangiles, soixante-neuf fois dans les synoptiques et treize fois dans l'évangile de Jean. Il est incontestable –
et il faut donner raison à Bloch sur ce point – que l'application
du titre de «Fils de l'homme» au Christ vient d'une ancienne
tradition d'origine palestinienne. C'est la reprise du Fils du premier homme céleste de Daniel 7 qui appartient au judaïsme tardif après l'Exil, même si on le retrouve aussi dans l'antiquité ira-
nienne. C'est un fait que l'Église d'expression grecque a évité le
titre de «Fils de l'homme». Le titre ne se rencontre dans aucun
formulaire de foi de la chrétienté primitive.

Saint Paul devait connaître l'expression de «Fils de
l'homme» bien qu'il ne l'emploie jamais. On peut même penser
que sa typologie «Adam-le Christ» qui est totalement inconnue
tant du judaïsme antique que de l'hellénisme préchrétien, lui a
été inspirée par l'application du titre de Fils de l'homme au
Christ. S'il a cependant évité le titre dans sa prédication aux
Gentils, c'était sans doute pour prévenir le danger de voir les
chrétiens grecs de naissance se méprendre sur le titre, en le
considérant comme une indication de descendance.

2. L'exégèse contemporaine est de plus en plus unanime à
faire remonter le titre à Jésus lui-même. Et là encore, il faut donner raison à Bloch. Un indice de cela est fourni par le fait que
Jésus parle toujours de lui comme «Fils de l'homme» à la troisième personne. Cela n'aurait pas de sens si le titre était une
création des disciples. Pour eux, l'identification de Jésus avec le
Fils de l'homme allait de soi. Par ailleurs, les exégètes font
remarquer que dans aucun *logion* sur le Fils de l'homme, il n'est
question à la fois de la Résurrection et de la Parousie. La distinction entre Résurrection et Parousie dérive en effet de la christologie postpascale. Ainsi, cette absence de toute distinction entre
Résurrection et Parousie correspond à un emploi prépascal de la
formule «Fils de l'homme».

On peut évidemment s'étonner que la première communauté
chrétienne n'emploie jamais la formule dans ses symboles de foi
alors qu'elle l'a transmise dans les *verba Christi* et même dans
la tradition synoptique. Cela prouve au moins que le titre était
sacré en tant qu'il remontait à Jésus lui-même et que personne
ne se serait permis de l'éliminer [5].

3. Il semble bien établi aujourd'hui que l'origine de la notion

---

5. J. JEREMIAS, *op. cit.*, p. 333.

de « Fils de l'homme » n'est pas à chercher dans les mythes de l'homme primordial qui étaient vivaces en Mésopotamie, en Perse, en Inde et dans la gnose. L'idée de « Fils de l'homme » renvoie à l'apocalyptique du judaïsme antique, en particulier au texte de Daniel 7,1-14.

Mais l'opposition radicale que Bloch établit entre le titre eschatologique de Fils de l'homme et le titre cultuel de Fils de Dieu est exégétiquement insoutenable. Les témoignages les plus anciens concernant la venue du Fils de l'homme et sa manifestation tendent à montrer qu'elle se produirait sous la forme d'une élévation vers Dieu. Le titre de Fils de Dieu et celui de *Kyrios* conviennent donc parfaitement à l'épiphanie du Fils de l'homme au dernier jour. En d'autres termes, même si l'idée de glorification du Fils de l'homme a pu évoluer à la lumière de l'expérience pascale, elle se trouve déjà en germe dans la révélation du Fils de l'homme selon Daniel 7. Le Messie attendu aura donc la dignité et les attributs d'un roi. Mais contrairement à ce qu'affirme Bloch, cette attente messianique n'a rien à voir avec les espérances nationalistes d'Israël. Le judaïsme a connu deux sortes d'attente messianique : l'espérance nationale du héros guerrier de la race de David et l'espérance du *bar'enasha*, le Fils de l'homme qui serait la « lumière des nations ». En se réclamant explicitement de l'attente du *bar'enasha*, Jésus rejetait donc l'espérance d'un Messie politique. Le titre de Fils de l'homme exprimait justement l'universalité de son pouvoir : il est le sauveur du monde entier [6] (Mt 25,31-46). Et d'ailleurs, le fait que Jésus parle toujours de lui-même comme Fils de l'homme à la troisième personne suggère qu'il distingue entre son état présent et son état d'exaltation quand il sera élevé au rang de « Fils de l'homme ».

4. Comme on l'a vu plus haut, Bloch considère l'idée de sacrifice volontaire comme une création tardive propre à saint Paul. Or il semble pourtant indubitable que Jésus a prévu et annoncé sa passion et sa mort (cf. les trois annonces de la passion en Mc 8,31 ; 9,31 ; 10,33) et que c'est lui-même qui a fait le rapprochement entre le Fils de l'homme et le Serviteur souffrant d'Isaïe 53. Au moins, dans le fameux texte de Mc 10,45 et de Lc 22,24-27, on voit nettement que Jésus se présente comme le modèle du service, sous l'aspect du sacrifice de sa vie en réfé-

---

rence à Isaïe 53. « Le Fils de l'homme est venu non pour être servi, mais pour servir et donner sa vie en rançon pour la multitude. » Quoi qu'il en soit de l'authenticité de ce verset, il est incontestable qu'il provient d'une tradition palestinienne ancienne (chez Marc) où l'idée de la force expiatoire de la mort était très courante. Ce n'est donc pas une création dogmatique postérieure de Paul. Si Jésus avait conscience d'être l'envoyé de Dieu et s'il s'attendait à une mort violente, il est assez normal qu'il ait interprété sa propre mort en termes de service et d'expiation et qu'il ait trouvé le sens de sa mort dans la prédiction d'Isaïe 53.

CONCLUSION

1. L'herméneutique athée du Nouveau Testament d'Ernst Bloch est un défi stimulant par rapport à une certaine compréhension abâtardie du christianisme selon laquelle l'enseignement de Jésus ne serait plus qu'un message inoffensif ou... un platonisme pour le peuple. Bloch a certainement aidé la théologie chrétienne à redécouvrir la dimension eschatologique du christianisme et à dissocier le Dieu de la tradition biblique du Dieu du théisme [7]. À la différence d'un Dieu conçu comme hypostase d'un éternel présent, on peut dire que le futur est la détermination ontologique la plus propre de Dieu. Bibliquement, l'être de Dieu est identique à son Règne. C'est seulement dans l'accomplissement de son Règne que Dieu est Dieu et cet accomplissement de son Règne est déterminé par le futur. En d'autres termes, la question de l'*Ens perfectissimum* est dépassée et elle a fait place au problème le plus utopique, celui de la fin. En ce sens, il est vrai de dire que « seul un athée peut être un bon chrétien ».

2. Le Fils de l'homme est le chiffre de l'inachèvement de l'homme tendu vers une réalisation inconnue de lui-même. Finalement, le Royaume de Dieu n'est pas autre chose que l'avènement progressif du royaume terrestre comme royaume de la liberté coïncidant avec une humanisation de la nature et une naturalisation de l'homme. La question qui demeure est de

---

7. On lira avec profit à ce sujet : Ch. DUQUOC, « Un athéisme biblique », *Lumière et Vie,* n° 156 (1982), pp. 69-81.

savoir sur quoi se fonde l'irréductibilité du *Nouveau* par rapport à tout ce qui a été et qui est. Si le futur est déjà donné dans les potentialités et dans les latences des processus de la nature ou même dans les désirs et les espoirs de l'homme, alors il n'est pas le *Nouveau* dans son irréductibilité et dans son indisponibilité. En d'autres termes, pour fonder le primat ontologique du futur par rapport à toute réalité, ne faut-il pas poser l'«extériorité» de ce que nous désignons bibliquement comme le Royaume de Dieu?

3. Bloch subvertit l'hypostase du Dieu qui a été et qui est par la figure du Fils de l'homme. Mais fait-il plus que d'y substituer une nouvelle hypostase, celle du Futur? Autrement dit, le Dieu «en avant» est-il une véritable alternative par rapport au Dieu «au-delà»? Dieu pour Bloch est l'expression de l'espérance jamais comblée de l'homme. Et il reproche justement au christianisme de vouloir apporter une réponse à cette attente, de combler le creux ontologique qui définit l'homme, au fond de tuer l'espérance par la foi.

Mais précisément, est-ce que cette hantise de l'accomplissement ne vient pas de ce que Bloch conçoit encore le *futur* au sens grec, comme l'opposé dialectique du passé, alors que le futur au sens biblique doit être conçu comme Avènement, Avent, Parousie[8]? Le Dieu qui advient comme Dieu de la promesse introduit une rupture dans l'immanence de la nature et de l'histoire, mais il n'abolit pas l'espérance: il la fonde. Bloch professe l'athéisme à l'égard d'un Dieu hypostasié *pour l'amour de Dieu* et de son Royaume, Dieu n'étant pas autre chose que la réalité de l'homme caché comme utopie de l'homme présent. Son herméneutique athée de la religion consiste à conserver Dieu comme facteur de transcendantalité en supprimant Dieu comme transcendance. Mais que l'on comprenne l'histoire comme dégradation par rapport à une origine ou comme accession jamais achevée à une origine non encore réalisée, on demeure toujours dans le cercle de l'immanence ou de la totalité. Peut-il y avoir une autre issue que celle d'un *Novum* qui

8. Voir à cet égard les discernements de J. Moltmann dans *Théologie de l'espérance,* trad. franç., Paris, Cerf, «Cogitatio Fidei» n° 50 (1970); cf. aussi A. Dumas, «Ernst Bloch et la théologie de l'espérance de Jürgen Moltmann, in *Utopie, marxisme selon Ernst Bloch, op. cit.,* pp. 222-238.

soit l'extériorité d'un Autre fondant en moi une responsabilité infinie ? (cf. Levinas.)

Critique de la religion et critique par la religion, tel est le projet original de cette herméneutique au service de la sécularisation. Bloch veut subvertir le christianisme comme religion culturelle par le messianisme. Mais est-ce qu'il ne subvertit pas le messianisme juif lui-même en substituant à la dialectique d'une promesse et d'un accomplissement celle d'une totalité toujours visée et cependant toujours inachevée ?

CHAPITRE VII

DU DIEU DU THÉISME
AU DIEU CRUCIFIÉ

Aujourd'hui, ou bien Dieu demeure inconnu : la question de Dieu n'est plus historiquement posable par n'importe qui et dans n'importe quelles circonstances, ou bien Dieu est trop connu : je veux dire que les noms divins du théisme classique sont usés, ce qui conduit beaucoup de croyants à garder le silence sur Dieu.

Alors que beaucoup d'hommes, incroyants et même croyants, font l'expérience négative de l'absence de Dieu ou bien éprouvent douloureusement le contraste entre l'injustice du monde et l'existence d'un Dieu qui est à la fois Toute-Puissance et Amour, il est certain que la confession de Dieu ne peut pas se contenter d'être une répétition morte. Il nous faudrait partir à la reconquête du nom perdu de Dieu. Sous prétexte en effet de respecter le nom ineffable de Dieu, on ne peut renoncer à l'invoquer, à le nommer. Comment assurer la présence de Dieu parmi les hommes si nous ne pouvons plus le nommer ? Mais pour cela, il ne suffit pas de transmettre une confession reçue par révélation. Dieu reçoit aussi son nom de baptême de l'homme selon les époques [1]. La nomination de Dieu est une tâche créa-

---

1. Je note ici cette heureuse formule d'André DUMAS : «Je dirais donc que Dieu s'attend aujourd'hui à recevoir son nom de baptême de notre part, un nom qui lui convienne autant qu'il nous parle, un nom agréé et agréable auprès de Dieu comme auprès de l'homme», dans «Dieu, pourquoi, comment ?», *Bulletin du Centre protestant d'études*, juin 1973, p. 17.

trice. Nous avons sans cesse à prendre le risque de nommer Dieu pour faire en sorte que Dieu apparaisse comme toujours neuf, vivant, actuel. Dieu a une histoire dans la conscience des hommes. Et l'histoire des noms divins, c'est l'histoire des images de Dieu. Il serait sans doute facile de montrer que ces images sont produites en liaison avec des *intérêts* bien déterminés. Mais justement, la tâche de la théologie est de critiquer ces images différentes de Dieu et de chercher les noms les moins impropres, des noms qui soient à la fois l'expression de ce que Dieu nous a dit de lui-même et de la situation historique de l'homme devant Dieu.

Il s'agit donc de savoir si nous sommes encore capables de dire Dieu, de nommer le Dieu unique et personnel – tant face à la critique athée moderne que face à l'immanentisme secret du renouveau religieux contemporain. Eu égard à cette urgence, notre œcuménisme chrétien paraît bien étroit. Il y a lieu d'envisager sérieusement une complémentarité des trois grandes religions monothéistes en ce qui concerne l'avenir de la nomination de Dieu. Les trois grandes religions issues d'Abraham peuvent apprendre les unes des autres à ne pas invoquer le nom de Dieu en vain.

Dans les pages qui suivent, nous commencerons par évaluer la situation de la théologie récente, qui est caractérisée par la contestation à la fois philosophique et politique du Dieu du théisme. Nous ferons ensuite état des recherches allant dans le sens d'un «théisme christique» et nous tâcherons de dire quels sont les noms privilégiés de Dieu qui répondent à l'attente de l'homme moderne.

I. SITUATION DU DISCOURS
SUR DIEU AUJOURD'HUI

À l'intérieur du christianisme, la théologie des noms divins dépend essentiellement du rôle de Jésus dans la qualification de l'image privilégiée de Dieu. On peut dire que cette théologie oscille entre deux orientations: ou bien Dieu est compris en continuité avec l'Absolu de la pensée philosophique et des grandes religions; ou bien Dieu est surtout compris à partir de sa manifestation en Jésus de Nazareth. On pourrait presque parler d'un combat entre Jésus et Dieu [2]. C'est justement le destin historique du christianisme d'être exposé à une double tentation : ou bien de compromettre l'identité irréductible du Dieu de Jésus en la sacrifiant au Dieu du théisme, ou bien de prendre tellement au sérieux la manifestation de Dieu en Jésus que le statut de la transcendance personnelle de Dieu devient incertain et que le dialogue avec les autres grandes religions monothéistes devient problématique. Il s'agit en fait d'un faux dilemme. Mais il ne suffit pas de le démontrer théoriquement pour éliminer cette dualité d'intérêts, cette hésitation, ce boitement dont témoignent la pratique et le langage des chrétiens.

À cet égard, le mouvement théologique récent de «la mort de Dieu» est un bon révélateur de cette opposition entre Dieu et Jésus. Paradoxalement, le résultat positif de cette théologie fut d'être à l'origine d'une troisième voie au-delà du *théisme* métaphysique et du *jésuisme*. La théologie chrétienne connaît en particulier un renouveau christologique remarquable qui s'efforce de concilier les exigences d'une théologie trinitaire et d'une théologie de la Croix [3].

Les théologies séculières et les théologies de la mort de Dieu sont le résultat d'une double contestation, la contestation du Dieu de la métaphysique et la contestation de la fonction sociale de Dieu. Il nous faut regarder cette contestation de plus près. Elle coïncide avec la critique d'un certain nombre d'images de Dieu et donc de noms divins qui ne sont pas la propriété exclusive du Dieu des chrétiens. L'impérialisme de la figure de Jésus dans beaucoup de milieux chrétiens contemporains peut être interprété comme une réaction contre une époque qui était sous le signe du théisme, c'est-à-dire d'un Dieu considéré comme «quasi évident» et dont le visage était peu différent de celui qu'il peut revêtir dans la forme commune de la croyance en Dieu.

2. Cf. C. DUQUOC, «La figure trinitaire du Dieu Jésus», *Lumière et Vie*, n° 128 (mai-juillet 1976), p. 68.

3. Je pense surtout évidemment à l'ouvrage de J. MOLTMANN, *Le Dieu crucifié*, Paris, Cerf, «Cogitatio Fidei» n° 80 (1974), mais je citerai aussi H. URS VON BALTHASAR, «Le mystère pascal», dans *Mysterium Salutis*, Paris, Cerf, 1972, pp. 9-274 ; S. BRETON, *Le Verbe et la Croix*, Paris, Desclée, 1981 ; E. JÜNGEL, *Dieu mystère du monde* (trad. franç.) Paris, Cerf, «Cogitatio Fidei» n°s 116 et 117 (1983).

A. La contestation du Dieu de la métaphysique

Cette contestation est à comprendre à partir du changement de notre conjoncture culturelle, c'est-à-dire de notre nouvelle image du monde et de l'homme, et à partir de la crise du langage philosophique sur Dieu.

Le changement de notre image de l'homme et du monde

Le langage traditionnel sur Dieu, c'est-à-dire le langage du théisme, était lié à une vision du monde comme cosmos stable et hiérarchisé, dépendant d'un Dieu Cause première et Fondement absolu. L'homme s'intégrait à sa place dans cet univers hiérarchisé.

Aujourd'hui, l'image du monde n'est plus celle d'un cosmos déterminé une fois pour toutes. Le monde se définit surtout comme *histoire*, comme devenir, comme champ illimité de l'action humaine. Il renvoie d'abord à la liberté transformatrice de l'homme et non à un principe transcendant, cause explicatrice du monde. L'image dominante n'est donc plus celle d'un Dieu tout-puissant et immuable, prédéterminant la marche du monde. C'est celle d'une histoire dont l'homme est le producteur et le responsable. On devine combien cette substitution de *l'histoire* à la nature est importante en ce qui concerne la nomination de Dieu.

Cette idée d'autogenèse de l'homme semble donc difficilement conciliable avec celle d'un Dieu tout-puissant et provident. Tant que l'homme n'était pas lui-même, tant qu'il aliénait sa propre substance dans l'Absolu, Dieu exerçait un certain nombre de fonctions dans sa vie et dans le monde. Il faut accepter un certain statut d'inutilité de Dieu dans le monde moderne ; Dieu recule dans la mesure où le pouvoir de l'homme s'étend [4].

4. Il serait intéressant de retracer l'histoire de la sécularisation de l'idée Théologique de création qui tend à l'époque moderne à définir l'essence de l'homme qui s'enfante lui-même. Voir à ce sujet, A. GANOCZY, *Homme créateur, Dieu créateur*, Paris, Cerf, «Cogitatio Fidei» n° 98 (1970), qui suit le thème de la création chez Hegel, Marx, Nietzsche et Sartre. Dans un tout autre contexte, celui de la philosophie de A.N. Whithead, la *Process Theology* américaine (cf. surtout J. Cobb et S. Ogden) est née de la volonté de surmonter les difficultés fondamen-

Notre vision moderne de l'homme nous invite donc à abandonner l'image d'un Dieu providentialiste qui interviendrait miraculeusement dans sa création pour la retoucher ou qui agirait directement dans le cours de l'histoire pour susciter tel événement heureux ou malheureux comme récompense ou châtiment de l'action des hommes.

C'est justement pour dépasser cette image de Dieu, utilité suprême de l'homme, que la théologie moderne, à la suite de Karl Barth a accentué la distance entre le Dieu de la religion et le Dieu de la foi.

Le Dieu des religions ou le Dieu cosmique de la nature est un Dieu qui répond trop bien aux besoins de l'homme. Il correspond à un état d'enfance de l'humanité : c'est le Dieu hypothèse de travail, le Dieu qui donne sens, le Dieu qui console et donne bonne conscience, le Dieu qui protège et cautionne nos entreprises humaines.

Le Dieu d'Abraham, d'Isaac et de Jacob, le Dieu de l'histoire, c'est le Dieu Tout Autre qui crée la question du salut dans l'homme, le Dieu dont la réponse dépasse complètement l'attente humaine. C'est un Dieu que l'on cherche pour lui-même et non pas un Dieu « disponible » qu'on adapte à ses besoins. Nous sommes à la recherche d'un nom qui évoque Dieu comme mystère de gratuité.

La crise du langage philosophique sur Dieu

Ainsi, notre image de l'homme et du monde a trop changé pour que nous puissions nous satisfaire d'une image de Dieu liée à un autre état de la culture. Et de fait, certains noms divins n'habitent plus la conscience religieuse spontanée de l'homme moderne.

Mais si nous voulons aller jusqu'aux racines des difficultés du langage théologique traditionnel, il faut mentionner la crise du langage philosophique sur Dieu ou, plus précisément, la crise des fondements métaphysiques de la théologie.

tales du théisme traditionnel pour une pensée critique moderne. Pour une introduction en langue française à la *Process Theology*, on lira avec profit l'étude de A. GOUNELLE, « Le Dynamisme créateur de Dieu. Essai sur la théologie du Process », Montpellier, *Et. Théol. Rel.,* Cahier hors série, 1981.

Depuis Kant, nous savons que la pensée métaphysique sur Dieu a reçu un coup mortel; la voie de l'entendement est dénoncée comme illusion transcendantale. Dieu n'est accessible que comme postulat de la raison pratique, c'est-à-dire au plan des exigences éthiques.

Cet événement considérable est demeuré longtemps masqué à l'intérieur de la théologie catholique, en partie grâce au renouveau moderne du thomisme. Mais aujourd'hui, le succès d'un certain «Jésus-centrisme» coïncide avec l'ébranlement du Dieu tout-puissant et immuable du théisme métaphysique. Et d'ailleurs, de son côté, la théologie protestante avait cherché depuis longtemps à construire un discours sur Dieu après Kant [5].

Grâce à Heidegger et à sa critique de l'onto-théologie, nous savons mieux que cette mort du Dieu de la métaphysique est inscrite dans le destin même de la métaphysique depuis son origine. C'est en effet le même mouvement de la métaphysique qui fait de Dieu le Fondement absolu de l'étant et qui le tue. Dans cette théologie inversée qu'est l'humanisme athée, l'homme a remplacé Dieu comme étant suprême, et, chez Nietzsche, nous aboutissons au meurtre de Dieu par la volonté de puissance [6].

Un des résultats positifs de la crise actuelle de la métaphysique, c'est d'inaugurer une nouvelle époque «historiale» pour la théologie chrétienne, une époque où il n'est plus possible de confondre le «théologique» venant proprement de Dieu et le «théologique» de nature proprement ontologique [7]. Ainsi, la

---

5. Voir en particulier A. DUMAS, «La critique de l'objectivité de Dieu dans la théologie protestante» dans *Nommer Dieu*, Paris, Cerf, «Cogitatio Fidei» n° 100 (1980), pp. 115-137. On trouvera un jugement nuancé sur la contestation actuelle du Dieu de la tradition ontothéologique dans P. VIGNAUX, «Dieu contesté, Dieu incontestable», in *Les Quatre Fleuves,* n° 6 (1976), pp. 64-77.

6. Sur ce destin de la métaphysique comme onto-théologie et ses conséquences pour la théologie chrétienne, nous nous permettons de renvoyer à des travaux antérieurs, C. GEFFRÉ, «Le problème théologique de l'objectivité de Dieu» dans *Procès de l'objectivité de Dieu,* Paris, Cerf, «Cogitatio Fidei» n° 41 (1969), pp. 241-263 et «Sens et non-sens d'une théologie non métaphysique» dans *Un nouvel âge de la théologie,* Paris, Cerf, «Cogitatio Fidei» n° 68, pp. 67-81.

7. Sur la portée de cette distinction, on trouvera de précieuses remar-

théologie chrétienne est-elle invitée à oser être elle-même et à ne pas sacrifier les noms propres de Dieu qui lui sont confiés dans la révélation divine aux impératifs du théisme métaphysique. Comme le montre avec vigueur un ouvrage récent, le Dieu conceptuel de l'onto-théologie pourrait bien n'être qu'une *idole*, c'est-à-dire la mise à la disposition de l'homme du divin dans un visage qu'on nomme le dieu et donc la méconnaissance de sa distance absolue [8].

On peut épiloguer sans fin sur l'alliance historique qui s'est nouée entre la pensée grecque et la révélation judéo-chrétienne, mais on ne peut nier que l'idée d'étant suprême qui trouve son expression la plus parfaite dans la figure de la *causa sui* appartienne à l'essence même de la métaphysique. «C'est d'ailleurs pourquoi l'étant suprême demeure et, avec lui, une constitution onto-théologique, là même où Dieu, comme chrétien, disparaît.» «La *causa sui* ne vaut comme théologique que dans l'onto-théologie où elle maîtrise la fonction divine et l'utilise au moment même où elle la révère. Les caractères de l'idole conviennent également à un "Dieu" qui sert comme fondement, mais reçoit lui-même un fondement; qui énonce suprêmement l'Être des étants en général et, en ce sens, leur renvoie une image fidèle de ce par où ils sont, et de ce qu'ils sont; qui ne demeure distant de l'ontologie commune qu'à l'intérieur d'une Conciliation *(Austrag)* qui préserve d'une fondamentale familiarité. Produit par et pour l'onto-théologie, ce "Dieu" s'ordonne à elle comme l'idole à la cité (à moins que le jeu politique de l'idole ne renvoie inversement à l'onto-théologie). À cette différence près que l'idole, ici, reste conceptuelle: non seulement elle ne renvoie pas, comme l'icône, à l'invisible, mais elle n'offre même

---

ques de G. GRANEL dans plusieurs études sur Heidegger rassemblées dans le volume *Traditionis traditio,* Paris, Gallimard, 1972.

8. Nous pensons au livre de J.-L. MARION dont le titre est tout un programme, *L'Idole et la distance,* Paris, Grasset, 1977. Voir en particulier pour notre propos ici le § 2 «Le "Dieu" de l'onto-théologie», p. 27 s. Dans son nouveau livre, *Dieu sans l'être,* Paris, Fayard, 1982, J.-L. MARION radicalise encore sa pensée en cherchant à libérer la théologie non seulement de l'idolâtrie propre à la métaphysique au sens de Heidegger, mais de l'idolâtrie propre à la pensée de l'Être en tant que tel. Dieu ne peut se donner à penser sans idolâtrie qu'à partir de Lui seul.

plus aucun visage où le divin nous regarde et se donne à dévisager [9].»

On fera justement valoir que chez les plus grands (un Thomas d'Aquin) la théologie métaphysique des théologiens chrétiens a su justement éviter la compromission du Dieu de la révélation par l'*idole* onto-théologique. Mais même s'il est vrai qu'il a une perception très vive de l'au-delà conceptuel de Dieu identifié avec l'Être absolu, de son Altérité irréductible, il semble cependant difficile d'affirmer que Thomas d'Aquin échappe au destin de la métaphysique occidentale, c'est-à-dire au moins au mouvement de celle-ci comme tentative d'explication de la réalité à partir d'un fondement suprême.

Comme je l'ai déjà suggéré ailleurs [10], la théorie des noms divins propre à saint Thomas (la fameuse question XIII...), même si elle demeure un modèle d'épistémologie théologique, manifeste les limites d'une théologie comme science rigoureuse de Dieu. On assiste en effet à une réduction rigoureuse des attributs bibliques de Dieu, surtout quand ils sont exprimés sous forme verbale (verbes d'action) à l'actualité pure de l'être. Cela conduit à des difficultés redoutables dès qu'il s'agit de prendre au sérieux les actions «historiques» de Dieu (création – incarnation – divinisation). Et la distinction entre «noms propres» et «noms métaphoriques» comporte le risque de laisser se perdre la force de suggestion propre aux grands symboles bibliques qui sont réduits au rôle de métaphores douées d'une simple fonction pédagogique.

En tout cas, cette théologie des noms divins explicite les conséquences de l'option audacieuse de saint Thomas interprétant le Dieu de la révélation en termes d'être et l'identifiant avec

---

9. J.-L. Marion, *L'Idole et la distance, op. cit.,* pp. 34-35. L'auteur cite tout naturellement à cet endroit le fameux texte de Heidegger dans *Identität und Differenz*: «Ce Dieu, l'homme ne peut ni le prier, ni rien lui offrir, ni devant lui tomber à genoux par respect, ni jouer de la musique ou danser. Conformément à cela, la pensée a-thée (*gottlose* au sens paulinien), qui doit abandonner le Dieu des philosophes, le Dieu *causa sui*, est peut-être plus proche du Dieu divin. Ce qui veut seulement dire: ceci lui est plus librement ouvert que ne voudrait le croire l'onto-théologie» (trad. franç. dans *Questions I,* Gallimard, 1968, p. 306.

10. Voir C. Geffré, art. «Dieu» dans *Encyclopaedia Universalis,* vol. 5, Paris, 1969, pp. 576-580.

le Fondement des étants. Dans sa volonté d'explication, la théologie-science rend raison du Dieu d'Abraham, d'Isaac et de
Jacob à partir de quelque chose d'antérieur, une certaine expérience humaine du divin, à savoir l'idée de Dieu conçu comme
Être absolu. Le critère herméneutique pour savoir quel nom,
biblique ou non, convient proprement à Dieu, ce sera sa conver-
tibilité avec Dieu conçu comme Premier Être. Il est certain que
le Dieu révélé n'est pas autre que le Dieu créateur, qui peut être
interprété comme le Dieu Fondement de l'onto-théologie. Mais
une théologie chrétienne des noms divins doit encore nous montrer ce que la sainteté et l'amour divins révélés en Jésus-Christ
ajoutent de spécifique aux propriétés transcendantales de l'être,
transposées en Dieu.

Il fallait rappeler cette critique du Dieu de l'onto-théologie
pour comprendre la crise du théisme dans la théologie contemporaine. Concrètement, elle a coïncidé avec le procès fait à la
théologie objectivante et avec le succès des théologies existen-
tielles. Mais on comprend mieux aujourd'hui que ce dernier
courant qui refuse de nommer Dieu autrement que comme un
« Tu » indicible peut être lui-même l'expression d'un certain
triomphe de la subjectivité de l'homme et donc d'une certaine
humanisation de Dieu. Au moment où l'existentialisme théologique (cf. Bultmann) n'ose pas objectiver Dieu pour sauvegarder
son caractère indicible, est-ce qu'il ne réduit pas Dieu au *sens*
qu'il a pour l'homme [11] ? Le destin de la théologie chrétienne
serait alors de vérifier le mot prophétique de Feuerbach : « Dieu
est un mot dont le seul sens est l'homme. » Et contrairement à
certaines interprétations un peu courtes de l'athéisme nietzschéen, il est permis de comprendre le cri : « Dieu est mort ! »
comme un refus du Dieu-idole métaphysique. La mort de Dieu
pour Nietzsche, c'est la mort du Dieu moral et idéal, la mort
d'un concept de Dieu qui l'humanise et qui ne respecte pas la
nécessaire *distance* entre l'homme et Lui.

B. La contestation de la fonction sociale de Dieu

La contestation du Dieu du théisme n'a pas seulement des
causes philosophiques. Elle a aussi des causes sociales et politiques. Quelles que soient leurs orientations différentes, les théo-

11. Cf. notre étude citée *supra*, « Le problème théologique de l'objectivité de Dieu », pp. 251-252.

logies séculières et les théologies dites «de la mort de Dieu» s'accordent dans leur refus du Dieu métaphysique et dans leur adhésion à Jésus. Le Dieu tout-puissant et immuable, le Dieu métaphysique et même le symbole de la Paternité divine apparaissent comme la caution idéologique d'un ordre social conservateur auquel s'oppose tout le mouvement d'émancipation moderne. Il semble que les noms traditionnels donnés à Dieu : toute-puissance, immutabilité, éternité légitiment et sacralisent un type d'institution ecclésiale qui témoignait de l'ordre métaphysique du monde et exerçait un pouvoir effectif sur les sociétés civiles.

aujourd'hui la fonction idéologique que peut exercer la théologie à un moment historique donné. Il n'y a pas de discours théologique innocent. Il n'est pas nécessaire d'être marxiste pour prendre au sérieux l'idée que l'histoire des images sur Dieu et donc des noms divins a un lien avec l'histoire de la production, c'est-à-dire le développement de la base matérielle d'une société [12]. Il y a une corrélation permanente entre les conditions d'existence historique d'une société et les représentations qu'elle se donne d'elle-même. Cette «vision du monde» n'est pas un simple reflet des structures socio-économiques. Elle a une fonction de justification et de légitimation d'un groupe (la classe dominante) à l'intérieur de la société. Et c'est à ce moment-là que la «vision du monde» dégénère en idéologie [13].

La théologie dégénère justement en idéologie chaque fois qu'elle devient un système de justification et de légitimation sociale et cherche à imposer au nom de la «pure fidélité à l'Évangile» telle ou telle option sociale ou politique, alors qu'en fait elle défend les intérêts d'un groupe dominant, soit à l'intérieur de la société Église, soit à l'intérieur de la société à laquelle l'Église se trouve liée.

12. Cf. A. Fierro, «Histoire de Dieu», dans *Lumière et Vie,* n° 128 (mai-juillet 1976), pp. 79-99.

13. À défaut de citer l'immense littérature consacrée à la théorie des idéologies, nous renvoyons seulement à deux ouvrages qui posent bien le problème des rapports entre foi chrétienne et idéologie : C. Wackenheim, *Christianisme sans idéologie,* Paris, Gallimard, 1974 et S. Breton, *Théorie des idéologies*, Desclée, 1976. Voir cependant notre réserve à l'endroit de la démarche de Wackenheim dans *Le Supplément,* n° 116 (février 1976), pp. 125-128.

Qui peut nier qu'au cours de sa longue histoire, le discours chrétien sur Dieu n'ait cherché à justifier l'injustice sociale régnante et à fournir aux hommes l'illusion d'une compensation pour l'injustice qu'ils subissaient? Une des fonctions sociales les plus importantes du théisme est d'expliquer les inégalités de puissances et de privilèges qui existent dans la société. Cette fonction essentielle de la théologie, sous le signe du théisme métaphysique, consistait aux yeux par exemple des nouveaux théologiens de la libération, à justifier l'ordre social existant et à maintenir tel ordre institutionnel particulier [14].

À l'époque moderne, un certain discours sur Dieu comme justification des inégalités sociales s'est effondré. Pour beaucoup d'hommes, ni la soumission à la volonté paternelle de Dieu, ni même l'espérance médiatisée par la présence du Christ, ni l'attente d'un eschaton réalisé par Dieu ne sont capables d'alléger la douleur humaine. L'histoire et l'action de l'homme dans l'histoire sont devenues les instruments essentiels grâce auxquels l'homme doit chercher à intégrer la souffrance et le mal.

Nous sommes donc invités à tenir un discours sur Dieu après Marx, c'est-à-dire un discours qui échappe à la critique marxiste de la religion comme idéologie. Il est incontestable qu'une certaine théologie traditionnelle a pu servir de caution idéologique par rapport à tel ou tel état de la société. Et aujourd'hui, certaines théologies récentes (sous l'influence de l'existentialisme, du personnalisme, de la méthode transcendantale) ont trop traité la dimension sociale du christianisme comme un aspect accidentel. C'est le propre justement des nouvelles théologies politiques ou des théologies de la libération de prendre au sérieux l'efficacité historique du christianisme et de proposer l'image d'un Dieu Seigneur de l'histoire qui ne concurrence pas l'action transformatrice de l'homme [15]. Le discours sur Dieu ne peut pas servir

14. Comme introduction à la problématique propre des théologies de la libération, nous recommandons vivement la lecture du numéro spécial de la revue *Concilium: Praxis de libération et foi chrétienne,* n° 96 (1974).

15. C'est, me semble-t-il, méconnaître la portée ecclésiologique de l'option préférentielle pour les pauvres dans les Églises du Tiers-Monde que de ne voir, comme H. de Lubac, dans les «théologies de la libération» *qu'un* nouvel avatar du *joachimisme*: cf. *La Postérité spirituelle de Joachim de Flore,* t. II, «De Saint-Simon à nos jours», Namur, Lethielleux, «Culture et vérité», 1981.

à sacraliser ou à maintenir une vision déterministe et fataliste de l'histoire qui entraînerait une acceptation théorique et pratique de ses déficiences et de ses contradictions.

II. À LA RECHERCHE
DU NOM PROPRE DE DIEU

Que ce soit au nom de la crise de la métaphysique comprise comme onto-théologie ou au nom de la contestation de la fonction sociale que le Dieu du théisme a trop longtemps exercée en Occident, nous avons essayé jusqu'ici de prendre la mesure de la crise du discours traditionnel sur Dieu.

Mais si on se contentait de substituer un « Jésus-centrisme » au théisme de l'ancienne théologie, il faut bien voir qu'on aboutirait vite à une impasse en ce qui concerne l'avenir du christianisme. On en est de plus en plus conscient aujourd'hui. Le *oui* à Jésus et le *non* à Dieu qui devient à la mode chez certains chrétiens compromet l'universalité du christianisme. Il rend encore plus difficile le dialogue avec les grandes religions non chrétiennes et il décourage tous les agnostiques qui sont à la recherche de Dieu. Contrairement à ce qui s'écrit parfois, ce n'est pas Dieu lui-même qui fait difficulté à beaucoup d'hommes-croyants aujourd'hui, c'est le caractère scandaleusement historique du christianisme, le fait que Dieu ait lié son sort à celui d'un juif du Ier siècle. On doit refuser le Dieu-idole de la pensée conceptuelle. Mais substituer Jésus à Dieu, c'est faire de Jésus lui-même une idole.

Il faut plutôt être fidèle au mouvement même du Nouveau Testament où nous constatons qu'il est impossible de connaître Jésus en dehors de sa relation au Père, de même qu'il est impossible de connaître Dieu en dehors de Jésus. Une des fonctions essentielles du ministère de Jésus a été justement de libérer les hommes des fausses images de Dieu pour leur réapprendre le vrai nom de Dieu [16]. Le Christ n'est pas seulement le modèle de

16. « J'ai le sentiment qu'un "Jésus-centrisme" exclusif néglige ce travail essentiel de reconquérir le nom de Dieu fabriqué sur les dieux fabriqués par nos besoins. Ce "Jésus-centrisme" a ainsi le tort de se couper des autres dieux possibles. Il devient alors lui aussi une spécialisation hermétique. Car si Jésus n'a pas rapport avec Dieu, pourquoi lui

l'existence humaine. Il n'est pas seulement celui qui définit un nouveau type d'existence avec les autres : il est le Révélateur de Dieu. La vie de Jésus fut en même temps et inséparablement une « orthopraxis », c'est-à-dire une praxis menée conformément au Royaume de Dieu et une « célébration » de la souveraineté de Dieu [17]. Jésus nous libère d'une image oppressive de Dieu, mais c'est justement pour nous révéler le vrai sens de la paternité et de la souveraineté de Dieu. Et c'est parce que Jésus s'identifie à la cause de Dieu, qui est aussi la cause de l'homme, qu'il est rejeté par les hommes. C'est dans son agonie que Jésus nous livre son secret : son union privilégiée avec Dieu. Et en retour, c'est dans la Résurrection que se manifeste l'engagement permanent de Dieu envers Jésus. Ainsi, c'est le mystère de la Croix et de la Résurrection qui révèle la relation privilégiée du Père et du Fils. La question du Dieu de Jésus comme mystère trinitaire se trouve donc déjà posée.

Depuis la crise du théisme métaphysique, la théologie chrétienne du mystère de Dieu se trouve donc affrontée à une tâche nouvelle. Elle est invitée à respecter plus sérieusement l'originalité du Dieu de Jésus. Il s'agirait d'élaborer ce que l'on peut appeler un « théisme christique ». On ne peut se contenter en effet de répéter matériellement le donné biblique sans une certaine reprise spéculative. Si nous voulons nommer Dieu de telle sorte qu'il résonne dans notre culture, la théologie, aujourd'hui comme hier, ne peut renoncer à articuler les exigences de la foi

adjoindre ce nom à la fois propre et universel : Christ ? » (A. DUMAS, *Dieu, pourquoi, comment ?* cité *supra*, p. 16). Et dans le même sens, ces lignes de G. MOREL : « Mais à quel chrétien ce qui est le cœur du christianisme, le Dieu trinitaire, dit-il réellement quelque chose ? Or, on ne peut oublier que pour le Christ la vie n'a eu de sens que par un rapport constant, intense, au Père et que pour cette raison il ne s'est donné lui-même que comme ''passage'' » (« L'enjeu de la crise religieuse », *Rech. Sc. Rel.,* n° 63 [1975], p. 32).

17. Relevons cette formulation parfaitement équilibrée de E. SCHIL-LEBEECKX : « Le Dieu de Jésus est vraiment Dieu, il ne s'identifie pas avec une fonction d'humanisation ou de libération humaine, mais, en définitive, il n'en est pas moins un Dieu qui prend souci de l'homme. C'est pourquoi la vie entière de Jésus fut une ''célébration'' de la souveraineté de Dieu, et en même temps, une *orthopraxis* c'est-à-dire une praxis menée conformément *(orthôs)* au royaume de Dieu » (« Le ''Dieu de Jésus'' et le ''Jésus de Dieu'' », *Concilium,* n° 93 [1974], p. 103).

et de la raison. Autrefois, c'est le Dieu de la Bible qui faisait difficulté pour le théologien spéculatif. Aujourd'hui, c'est le discours rationnel de la théologie naturelle qui fait difficulté. Il faudrait maintenir la visée propre de la théologie spéculative, mais en ayant recours à d'autres ressources conceptuelles.

Je propose simplement deux voies de recherche qui peuvent nous aider à penser le nom propre du Dieu de Jésus.

A. Le Christ comme universel concret

Au point de vue de la raison théologique, il s'agirait d'instaurer un mouvement de pensée qui s'approprie la vérité révélée à partir de son lieu propre au lieu de chercher à rendre compte du nom caché de Dieu à partir d'un fondement préalable, que ce soit Dieu conçu comme Être absolu ou que ce soit l'homme dans son autocompréhension. Il s'agirait de ne plus partir de l'homme rationnel avec sa volonté de représentation en face de Dieu, mais de l'homme défini comme accueil, comme ouverture. Alors, Dieu lui-même devrait plutôt être pensé comme Événement et Avènement, comme Appel toujours nouveau, comme Exigence inconditionnée [18].

De même qu'il y a un lieu propre où se révèle la vérité de l'être, de même il y a un lieu propre où la vérité originaire de Dieu se laisse approprier. Ce lieu, c'est le Christ dans sa proximité au Père. Ainsi, au-delà de la réduction cosmologique et de la réduction anthropologique du christianisme, la seule voie est une «théologie théologique» qui parte de la confession «Dieu est amour» révélée dans l'événement Jésus-Christ. Dans le Verbe incarné, la vérité a ouvert le chemin qui conduit vers elle: «Je suis le chemin, la vérité et la vie [19].»

Dans notre désir de nommer Dieu aujourd'hui, nous sommes exposés à un double danger. Ou bien, on en reste à une conception métaphysique d'un Dieu au-delà du monde, en dehors de la réalité, et ce Dieu est étranger à ce que vivent les hommes. Ou bien, dans le désir de mieux rejoindre l'homme, on n'ose plus

18. Pour un développement de ce que nous ne faisons que suggérer ici, nous renvoyons à nouveau à notre étude, «Le problème théologique de l'objectivité de Dieu», *op. cit.,* p. 255 s.

19. Cf. H. Urs von Balthasar, *L'Amour seul est digne de foi,* «Foi vivante», Paris, Aubier, 1966.

parler de Dieu, on ne garde du christianisme que sa dimension éthique de service des hommes. Et si on parle encore de Dieu, ce n'est qu'un discours anthropologique, c'est-à-dire un discours indirect sur l'homme.

En fait, seul un *réalisme christologique* nous permet de conjurer à la fois le danger de la pensée métaphysique, c'est-à-dire d'un Dieu en dehors de la réalité et la tentation de l'anthropocentrisme moderne, c'est-à-dire la dissolution de Dieu dans la réalité du monde devenu majeur [20].

En face de la critique athée d'un Dieu au-delà du monde et de la critique de la religion comme aliénation de l'homme, il faut chercher à concilier la réalité de Dieu et la réalité de l'homme en essayant de penser le Christ comme *universel concret*. Si on va jusqu'au bout du réalisme de l'Incarnation comme devenir-homme de Dieu et comme devenir-Dieu de l'homme, on devrait alors pouvoir comprendre comment la réalité de Dieu se découvre comme la réalité de l'homme et inversement. Depuis que Dieu s'est fait homme en Jésus-Christ, Dieu et la réalité sont mystérieusement conjoints – sans être identifiés – dans l'être du Christ. Répondre à Dieu sans répondre du réel, c'est cela qui serait l'aliénation, car il est impossible de répondre du réel dans sa profondeur sans répondre à Dieu.

Dieu nous a révélé son propre nom dans le Christ. Mais l'accomplissement de la révélation en Christ est une parole trop pleine pour pouvoir être conceptualisée de manière satisfaisante. À la différence des idoles conceptuelles du théisme, le Christ est l'*icône* du Dieu invisible, celui qui le rend présent dans le moment même où il respecte sa *distance*. On peut comprendre le Christ – icône de Dieu, comme la *trace concrète* de la différence entre le mystère irréductible de Dieu et sa présence parmi les hommes. Comme universel concret, le Christ est le lieu dans lequel s'articulent mystérieusement la différence entre Dieu voilé et Dieu dévoilé, entre la révélation comme sens universel et comme événement historique particulier, entre Dieu et l'homme.

On peut dire qu'un discours théologique n'évite de tomber

20. Il s'agit là de cette «théologie de la réalité» qu'A. Dumas a tenté d'esquisser à l'occasion de son commentaire de l'œuvre théologique de D. Bonhoeffer: *Une théologie de la réalité: Dietrich Bonhoeffer*, Genève, Labor et Fides, 1968.

dans l'idolâtrie que s'il n'efface pas la différence entre ce qui lui
est donné à penser dans la révélation et ce qui lui demeure toujours caché. Toute vérité révélée surgit en effet à partir d'un lieu
où ce qui se donne et ce qui se réserve demeurent indissociablement unis. On retrouve là le mouvement de la théologie négative et de son jeu d'affirmations et de négations au service du respect du Dieu caché.

B. Une transcendance qui réconcilie l'immutabilité de Dieu et le devenir

L'originalité du Dieu de la révélation judéo-chrétienne, c'est
de se révéler dans une histoire, dans la contingence, dans le
concret. Il faut chercher à penser le rapport entre le Logos éternel et l'événement particulier Jésus-Christ. Et cela demeurera
toujours le scandale pour la raison. Cette révélation historique
qui rend Dieu si proche de l'homme est aussi celle qui fait le
plus difficulté pour nos contemporains. Comment prétendre que
le christianisme comme religion historique a le monopole de la
vraie relation à l'Absolu ? Et surtout, comment faire dépendre le
salut de tous les hommes de cet événement particulier, contingent, qu'est Jésus-Christ [21] ?

Et pourtant, ce n'est pas en escamotant la particularité historique de Jésus-Christ que nous avons quelque chance d'assurer
son universalité. Il n'est pas une manifestation privilégiée de
l'Absolu dans l'histoire. Il est l'Absolu même devenu historique.
Il est impossible de déduire le devenir-homme de Dieu à partir
d'une idée *a priori* de Dieu comme Absolu. Il faut accueillir le
scandale de l'incarnation dans l'inconditionnalité de la foi. Si
nous disons à la suite d'Urs von Balthasar que Jésus est la
«figure» de Dieu comme Amour absolu, c'est en tant que l'événement Jésus qualifie intrinsèquement l'Être de Dieu et donc le
nom propre de Dieu comme Amour.

La pensée chrétienne a toujours eu beaucoup de mal à prendre au sérieux la positivité historique du mystère chrétien. Ainsi,
la théologie métaphysique, quand elle cherche à rendre compte
des mystères de la création et de l'incarnation, c'est-à-dire des

21. C'est ce type d'aporie que nous essayons d'affronter dans «La
contingence historique du christianisme comme scandale de la foi», *La
Vie spirituelle,* nov.-déc. 1973, pp. 791-799.

actes les plus libres de Dieu, est surtout soucieuse de sauvegarder la transcendance de Dieu identifié avec l'immutabilité de l'Être absolu. Elle insistera donc sur l'impassibilité de Dieu, qui comme Acte pur, n'est pas affecté par ces œuvres contingentes que sont la création et l'incarnation. On peut donc à juste titre se demander si, dans une telle perspective, on rend vraiment compte de l'incarnation comme mystère de la kénose de Dieu.

Le rationalisme de l'*Aufklärung* au XVIIIe siècle n'a fait qu'accuser cette incapacité de penser spéculativement la particularité historique de Jésus comme universel concret. Il suffit de songer à l'influence de Wolff en théologie. Or justement, la théologie qui cherche à penser spéculativement le Dieu de la Bible, le Dieu de Jésus, doit tenir compte de la *rupture* introduite par Hegel dans la pensée de l'historique [22].

Il est permis d'affirmer que Hegel aide les théologiens chrétiens à « supporter » spéculativement l'idée d'un Dieu incarné. Pour lui en effet l'universalité véritable n'existe que concrètement. L'universel doit s'incarner et c'est alors seulement qu'il est réellement. On connaît l'axiome célèbre : « Tout ce qui est rationnel est réel et tout ce qui est réel est rationnel. » Autrement dit, c'est quand le vrai rationnel est effectif qu'il est aussi pleinement rationnel.

Ainsi, depuis Hegel, nous savons mieux que le concret, l'historique, le positif, le contingent ne sont pas nécessairement rebelles à l'intelligibilité et à l'universalité. Il est justement le philosophe de la réconciliation. En tant que théologiens chrétiens, nous devrions donc être capables de penser le nom propre du Dieu historique sans être trop impressionnés par le « fossé horrible » entre l'universel et l'historique dont parlait Lessing. Sans nous réfugier dans une pure théologie biblique, nous aurions une alternative par rapport à une théologie naturelle qui

---

22. Cf. A. GESCHÉ, « Le Dieu de la Bible et la théologie spéculative », *Ephem. theol. lov.*, no 51 (mai 1975), pp. 5-34, surtout pp. 26 s. On connaît la question de Karl Barth : « Pourquoi Hegel n'est-il pas devenu pour le monde protestant ce qu'a été Thomas d'Aquin pour le monde catholique ? » C'est à ce type de question que W. PANNENBERG essaie d'apporter une réponse dans son importante étude : « La signification du christianisme dans la philosophie de Hegel », *Archives de philosophie*, no 33 (oct.-déc. 1970), pp. 775-786.

s'avère incapable de valoriser l'universel concret, c'est-à-dire d'articuler l'historicité et l'intelligibilité, la contingence et la rationalité. Le fait chrétien donne à penser. Il ne réclame pas un pur sacrifice de l'intelligence, parce qu'il est lui-même spéculatif. La religion la plus historique est aussi la plus pénétrée de rationalité.

Un théologien comme Karl Rahner s'est justement efforcé de repenser le mystère de l'incarnation en échappant à la logique de l'identité de la philosophie aristotélo-thomiste. La transcendance du Dieu de Jésus se manifeste en ce qu'il dépasse l'opposition que dans une métaphysique de l'être nous posons entre l'immutabilité et le devenir. C'est le propre de Dieu, pourrait-on dire, de devenir autre tout en restant Dieu. C'est le privilège de Dieu seul de constituer lui-même ce qui le différencie de lui-même[23]. À propos de l'Incarnation, il ne faut pas craindre de parler du «devenir-homme» de Dieu. Et cela, du même coup, nous éclaire sur le mystère de la création de l'homme. La création de l'homme n'a de sens que comme possibilité pour Dieu d'exister dans un autre que lui-même. En ce sens, il est juste de comprendre à la suite de Rahner l'anthropologie comme une «christologie déficiente».

Le dessein de Dieu, qui est déjà à l'œuvre dans la création, c'est de mettre d'autres lui-même en relation avec lui et de les associer aux échanges du Père et du Fils dans l'Esprit. La création prépare et rend possible l'incarnation comme possibilité pour Dieu d'exister dans un autre différent de lui. Si on renonce

---

23. On reconnaît ici l'effort spéculatif audacieux de K. RAHNER dans sa réinterprétation de la définition de Chalcédoine. Cf. «Problèmes actuels de christologie» dans Écrits théologiques, T.I., Paris, D.D.B., 1959, surtout pp. 148-161. «Ainsi Dieu demeure "en soi", "immuable", lorsqu'il vient vraiment lui-même dans ce qu'il constitue comme étant à la fois uni à lui et différent de lui», ibid., p. 157; et en note, il ajoute: «(L'ontologie) doit concéder que Dieu, demeurant immuable en soi, peut exister dans un autre et que ces deux affirmations sont vraiment et réellement le fait du même Dieu en tant que tel.» De son côté, E. Jüngel voit dans la question du rapport entre Dieu et le périssable (die Vergänglichkeit) l'aporie fondamentale de la pensée de Dieu dans la modernité. Et c'est en allant jusqu'au bout d'une réflexion sur l'humanité du Dieu crucifié qu'il cherche une solution. Cf. Dieu mystère du monde, Paris, Cerf, «Cogitatio Fidei», n°s 116 et 117 (1983).

à l'impasse du théisme métaphysique, c'est-à-dire si on ne fait plus un effort désespéré pour concilier les actes libres du Dieu créateur et sauveur avec l'Éternelle présence de l'Acte pur, il est permis de dire que l'Amour conduit Dieu à s'anéantir, et cela dès la création. Selon l'expression audacieuse de Rahner, «Dieu se communique à sa création de telle sorte... qu'il s'anéantit et qu'il devient créature [24]». Il ne faut plus mettre de coupure entre création et incarnation. L'incarnation du propre Verbe de Dieu dans une réalité distincte de sa propre essence est l'acte suprême de la création divine, et cela correspond déjà à une «expropriation» de Dieu.

Même en faisant appel aux ressources de la philosophie moderne, nous ne nous écartons pas du programme théologique de la grande tradition chrétienne, celle des Pères de l'Église, quand ils nous disent que l'économie est le seul lieu de la théologie, c'est-à-dire de la connaissance et de la nomination de Dieu. La question n'est pas : « Peut-on connaître Dieu en Jésus-Christ ? » comme si nous avions déjà une idée préalable de Dieu. Mais plutôt : «Quel est le Dieu que nous connaissons en Jésus-Christ ?» Le mot même de Dieu ne peut être compris qu'à partir de la particularité de l'histoire de Jésus : le Dieu de Jésus, c'est le Dieu d'Israël. Et c'est en tant que Jésus est cet homme particulier, mort et ressuscité, qu'il a une unité privilégiée avec le Dieu d'Israël qu'il appelle son Père [25]. Unité telle qu'il est plus que la manifestation privilégiée de Dieu parmi les hommes. Il est le Fils de Dieu consubstantiel au Père, au sens que précisera plus tard l'Église du Concile de Chalcédoine.

C'est en contemplant la relation humaine de Jésus au Dieu d'Israël que nous sommes sur le chemin de découvrir le mystère de la filiation divine et que nous pouvons nous situer en vérité devant Dieu et l'invoquer par son nom, c'est-à-dire nous reconnaître «fils» et lui dire «Père». C'est en tant que Jésus est cet homme qui a identifié sa volonté avec celle de Dieu et qu'il s'est fait obéissant jusqu'à la mort qu'il est le Fils de Dieu. C'est en tant que Fils qu'il est Dieu lui-même. Nous sommes alors intro-

24. K. RAHNER, *Mission et Grâce*, T.I., Paris, Mame, 1962, p. 76.
25. C'est un point sur lequel insiste tout particulièrement W. PANNENBERG dans sa christologie, *Esquisse d'une christologie*, Paris, Cerf, «Cogitatio Fidei» n° 62 (1971).

duits jusqu'à l'intime du mystère de Dieu comme mystère de paternité et de filiation.

III. DIEU COMME BONNE NOUVELLE
POUR L'HOMME D'AUJOURD'HUI

J'ai essayé d'épeler le nom propre du Dieu de Jésus. Mais, comme nous ne pouvons pas le définir mais seulement le nommer, nous avons besoin de recourir à plusieurs noms pour l'invoquer. Au-delà du faux dilemme entre Jésus et Dieu, nous avons insisté sur sa transcendance. Mais à condition de préciser qu'il s'agit de la transcendance de l'amour et non de celle de l'Être absolu. C'est dire qu'Il est essentiellement mystère de communication en lui-même. Il dépasse l'antinomie de la personne isolée et de l'amour supra-personnel. C'est pourquoi nous l'invoquons selon la symbolique du Père, du Fils et de l'Esprit [26]. Le mystère de la Trinité n'est pas à confondre avec un trithéisme. C'est la manière dont nous confessons le mystère supra-personnel de Dieu, conformément à notre pratique de la relation au Dieu unique.

Mais il ne suffit pas de répéter la confession officielle de la foi de l'Église. Il faut nommer Dieu de telle sorte qu'il advienne comme une *Bonne Nouvelle* dans la conscience des hommes. La nomination de Dieu obéit à une dialectique complexe. D'une part, si nous ne nommons plus Dieu, nous n'assurons plus sa présence parmi les hommes. D'autre part, si nous versons dans un dogmatisme impénitent, nous ne respectons plus sa distance et sa présence peut devenir insupportable. Dieu doit être aussi reconnu comme l'Autre, l'Absent, celui qui manque, la faille, la trace [27]...

---

26. Cf. C. DUQUOC, « La figure trinitaire du Dieu de Jésus », *Lumière et Vie,* n° 128, pp. 73 s et *Dieu différent,* Paris, Cerf, 1977.

27. Nous sommes prêts à reprendre à notre compte ce diagnostic cruel de G. MOREL : ... « Chacun se demandera si la réaction actuelle d'athéisme ou d'agnosticisme n'a pas pour motivation au moins partielle un certain écœurement devant le positivisme religieux. L'accumulation des représentations en ce domaine n'est pas d'ailleurs sans rapport avec le même phénomène dans la sphère économique : ici et là s'affirme le même besoin d'avoir à tout prix sous la main, de tenir des

Nommer Dieu comme une Bonne Nouvelle pour les hommes, c'est-à-dire non pas comme un Dieu justicier et répressif, mais comme un Dieu amour et libérateur, telle est la responsabilité historique des trois grandes religions monothéistes en ce dernier quart du XXᵉ siècle.

Il convient de parler de *monothéisme* et pas seulement de *théisme*. Nous n'avons pas en effet à affronter seulement l'athéisme. Comme c'était déjà le cas pour le monothéisme biblique, nous avons à nous réclamer d'un seul Dieu contre un polythéisme de fait. Nous avons à confesser un Dieu unique contre les idoles d'aujourd'hui, contre ce qui est vécu comme un absolu, que ce soit l'argent, le pouvoir, l'État, la liberté individuelle... Nous l'avons vu : Jésus lui-même peut devenir une idole, un fétiche !

Je voudrais évoquer en terminant deux noms divins qui me semblent en particulière consonance avec l'attente de l'homme d'aujourd'hui. Nous avons besoin d'invoquer Dieu comme l'*anti-destin* et comme celui qui est *solidaire*. Il est à la fois *Celui qui vient* et *Celui qui est avec nous*.

A. Dieu l'anti-destin

Invoquer Dieu comme anti-destin, c'est souligner toute l'originalité du Dieu biblique par rapport aux dieux païens. Alors que les dieux païens imposaient à l'homme le fardeau d'une fatalité insurmontable, la révélation du Dieu biblique coïncide avec la Bonne Nouvelle d'une libération de ces fausses fatalités.

Il faudrait appeler Dieu, l'attendre, comme celui qui défatalise l'histoire en général et qui défatalise notre histoire personnelle. Comme nous y invite le marxisme, il faut refuser les prétendues fatalités de l'histoire au nom du pouvoir créateur de la liberté

assurances, de mettre "en dépôt". Et pour en revenir à la théologie, on fera remarquer la contradiction existant chez le même individu qui, d'une part, en référence au discours philosophique (du reste classique), confesse qu'on ne sait à peu près rien de Dieu et, d'autre part, compense cette merveilleuse pauvreté par une inflation de concepts, déjà auparavant coupés en quatre, sinon d'imageries. Dieu est peut-être complexe, mais il n'est certainement pas aussi compliqué. Le Dieu chrétien a terriblement et mal vieilli en Occident» («Les vertus de la nuit», dans «*L'Église :* l'épreuve du vide», *Autrement* 2 [1975], p. 82).

humaine. Or un certain Dieu du théisme semble faire le jeu des déterminismes les plus statiques du monde. Et la croyance en un Dieu provident qui a tout prévu à l'avance semble contradictoire avec l'idée de nouveauté au plan de l'histoire. L'histoire, alors, n'est plus que le déroulement d'un scénario écrit d'avance.

Mais en fait, si nous avons le sens du Dieu biblique et du Dieu de Jésus, on peut maintenir que l'histoire n'échappe pas à Dieu, sans faire de Dieu un super-agent qui concurrencerait l'action humaine. Il ne faut pas concevoir la création comme quelque chose de tout fait. C'est le champ des possibilités de l'homme comme co-créateur au nom de Dieu et c'est cela le sens de l'histoire humaine. Le dessein créateur de Dieu, c'est que l'homme et toute la création réussissent. Or l'homme est l'agent nécessaire de cette réussite. Il faut même dire que c'est la liberté humaine qui est le lieu de l'action divine dans le monde. C'est pourquoi la responsabilité humaine est si grande.

La théologie traditionnelle a conçu les rapports de Dieu et de l'histoire selon le schéma grec d'une manifestation de l'éternel présent dans des événements successifs qui se répètent. La nature ou l'histoire changeante sont la manifestation de Dieu comme éternel présent. Mais cela ne convient plus si on parle vraiment du Dieu de Jésus-Christ et non de l'Être absolu de la pensée philosophique.

Selon l'originalité de l'histoire au sens biblique, la véritable dialectique n'est pas celle du présent et de l'éternel, mais celle du présent et de l'avenir [28]. Et Dieu ne se définit pas comme l'éternel présent, comme le lieu des idées ou des valeurs dont le monde et l'histoire ne seraient que des manifestations passagères. Il se définit comme le Dieu de l'avenir, le Dieu de la promesse. C'est le nom même révélé à Moïse : « Je serai qui je serai » et non « je serai comme j'ai toujours été ».

Il est donc juste d'aller jusqu'à dire qu'il y a en Dieu plus de nouveauté que d'immutabilité déjà définie une fois pour toutes. Si la véritable catégorie de l'histoire n'est pas le passé mais l'avenir, alors l'histoire est une histoire ouverte, une histoire tournée

---

28. On sait combien J. MOLTMANN dans sa *Théologie de l'espérance*, a souligné, de façon presque trop systématique, cette opposition entre l'histoire au sens biblique et l'histoire au sens grec : *Théologie de l'espérance*, Paris, Cerf-Mame, « Cogitatio Fidei » n° 50 (1970).

vers un Dieu en avant, qui surgit de l'avenir [29]. Il ne suffit pas de parler de Dieu en termes d'avenir imprévisible. Il faut même parler de l'avenir de Dieu lui-même. Si en effet nous prenons au sérieux l'événement Jésus-Christ comme avènement de Dieu dans l'histoire humaine, alors il faut dire que l'avenir de Dieu et l'avenir de l'homme sont inséparables. Tant que le devenir de l'humanité n'est pas achevé, on peut dire que l'avenir de Dieu demeure ouvert.

Il me semble en tout cas que nommer Dieu pour l'homme moderne soit une manière d'échapper à la dure loi de la répétition du même, à l'oppression d'un destin inéluctable dont la mort humaine n'est que le signifiant le plus tragique. C'est pourquoi notre Dieu est le Dieu de l'espérance, le Dieu de la promesse, le Dieu toujours nouveau qui se donne à connaître dans des événements imprévisibles. La preuve par excellence que Dieu est bien un Dieu libérateur, c'est la Résurrection de Jésus. Et l'énergie de la Résurrection comme anti-destin, comme victoire sur la mort et sur toutes les formes de négativité, est au travail dans l'histoire. La foi en Dieu coïncide avec la nécessité de poser une altérité ou une « extériorité » par rapport à l'intolérable clôture de l'immanence historique. C'est pourquoi, nous ne pouvons nous contenter d'aucune religion de la totalité, que ce soit celle de l'homme, du progrès, de l'avenir, pas plus que d'un panthéisme. Et c'est cette « extériorité » qui fonde notre responsabilité infinie à l'égard d'autrui dont le visage est l'épiphanie de Dieu (cf. E. Levinas).

Dieu est donc celui qui défatalise l'histoire. Il est un autre nom de la liberté et de la grâce dans notre vie. Nous sommes tous sous la loi, nous sommes tous soumis à des lois économiques et sociales, nous sommes tous nécessairement des hommes pour la mort. Toute la question est de savoir si l'homme se définit seulement par ce qui est du « disponible » pour lui ou bien s'il se définit aussi par une ouverture mystérieuse qui est irréductible aux structures sociales, économiques, politiques qui le déterminent nécessairement. Le mot d'ordre de l'humanisme athée fut : « Il faut supprimer Dieu pour que l'homme soit. » Peut-être commençons-nous à vérifier l'urgence d'un nouvel humanisme qui redécouvrirait cette vérité très ancienne : « Il

---

29. Cf. W. Pannenberg, « Der Gott der Hoffnung » dans *Grundfragen systematischer Theologie*, Göttingen, 1967, pp. 387-398.

faut que vive Dieu pour que l'homme soit.» «Dis-moi quel est ton Dieu, et je te dirai quel est ton homme.» Ou encore, comme le dit Moltmann : «C'est Dieu qui est la critique de l'homme [30].»

B. Un Dieu solidaire

Le Dieu qui vient, le Dieu «anti-destin» est aussi le Dieu avec nous, le Dieu solidaire. Et il faudrait montrer que le Dieu de Jésus est le Dieu solidaire parce qu'il est le Dieu crucifié.

Nous rencontrons là l'objection fondamentale contre l'existence même de Dieu : le pouvoir du mal sous toutes ses formes dans la condition humaine. Le procès intenté à Dieu par Job ne cesse pas dans notre histoire contemporaine. Je cite volontiers cette remarque glanée dans un article déjà ancien : «Devant la scandaleuse souffrance de l'innocent, qu'il s'appelle Job, qu'il meure au Calvaire ou à Auschwitz, le simple théisme devient définitivement dérisoire [31].» Et Moltmann, dans son livre *Le Dieu crucifié,* écrit : «En son fond, la question de l'histoire du monde est la question de la justice. Et cette question débouche sur la transcendance. La question de savoir s'il y a ou non un Dieu est une question spéculative en face du cri de ceux qui sont assassinés et de ceux qui sont passés dans la chambre à gaz [32].» Ou encore, «la question de l'existence de Dieu en soi est une babiole en face de la question de sa justice dans le monde [33].»

C'est en face de cette question lancinante du mal que nous ressentons le plus vivement l'impasse de toutes les théodicées. On ne répond pas à l'injustifiable en reprenant simplement la confession de Dieu comme tout-puissant, sage et bon...

Nous sommes plutôt invités à réinterpréter la toute-puissance de Dieu à partir de l'ultime manifestation du nom de Dieu dans la Croix du Christ. Et ici l'audacieuse tentative de Bonhoeffer mérite de retenir notre attention. Il renverse le schéma de Feuer-

---

30. Cf. J. MOLTMANN, *L'homme. Essai d'anthropologie chrétienne,* Paris, Cerf-Mame, 1974, p. 123.

31. P. WATTE, «Job à Auschwitz», dans *Rev. theol. de Louvain* n° 4 (1973), p. 189, cité par A. GESCHÉ, «Retrouver Dieu», dans *La Foi et le temps* n° 6 (mars-avril 1976), p. 139.

32. J. MOLTMANN, *Le Dieu crucifié,* Paris, Cerf, «Cogitatio Fidei» n° 80 (1974), p. 199.

33. J. MOLTMANN, *op. cit.,* p. 252.

bach selon lequel l'homme se vide de lui-même dans un absolu illusoire qu'est Dieu en montrant que dans la révélation biblique, Dieu ne s'enrichit pas aux dépens de l'homme. L'homme n'est pas éreinté par la foi biblique ; bien plutôt, Dieu meurt pour que l'homme vive. C'est la religion en général qui renvoie l'homme à la toute-puissance de Dieu. La Bible, elle, renvoie l'homme à la faiblesse et à la souffrance de Dieu.

Il faut aller jusqu'à parler à la suite du P. Varillon de l'*humilité de Dieu* [34] devant sa création, comme si Dieu était impuissant devant le déchaînement des forces du mal. Dieu ne nie pas le mal, mais il s'en charge librement, il s'en rend solidaire dans le Christ pour l'abolir. Dieu est l'anti-mal qui ne laisse pas au mal le dernier mot. Mais il veut avoir besoin des hommes. Comme le dit Nabert, « la vie de Dieu nous est confiée ». Cette humilité de Dieu est la marque même de son amour. Elle n'est donc pas contradictoire avec sa toute-puissance. Elle est plutôt la manifestation privilégiée de sa gloire, aurait dit Luther. Nous sommes alors invités à participer à la suite du Christ et avec lui au propre combat de Dieu contre le pouvoir du mal. Les dieux païens sont des « puissances » ; le Dieu de Jésus est faible et souffrant. Dans ce nom blasphématoire de « Dieu crucifié », ce qui nous est manifesté, avant toute théologie de la rédemption, c'est la solidarité de Dieu avec l'injustifiable par excellence, à savoir l'innocent qui souffre.

Il convenait d'achever cette réflexion sur le nom propre de Dieu en évoquant le langage de la Croix *(Logos staurou)* dont parle saint Paul dans la première aux Corinthiens, 1,18. Le langage de la Croix qui est folie pour les hommes est en fait puissance et sagesse de Dieu [35]. La note distinctive d'une théologie chrétienne des noms divins vient de la manière dont elle prend en compte le langage de la Croix. Il y a une « mise à mort » du langage sur Dieu qui vient du contraste douloureux entre l'absence de Dieu et la présence du mal dans le monde. Il faut « pratiquer » Dieu plutôt que discourir sur lui. Mais justement

34. F. Varillon, *L'Humilité de Dieu,* Paris, Centurion, 1974.
35. « Le Logos de la Croix est bien un logos, un dit ; mais ce dit déconcerte à ce point nos pensées qu'il ne peut être que folie ; et c'est en tant que folie qu'il est puissance de Dieu. » Telle est, semble-t-il, la teneur la plus probable de la proposition paulinienne. Cf. S. Breton, *Le Verbe et la Croix,* Paris, Desclée, 1981, p. 103.

celui qui vit silencieusement le service des hommes comme une forme privilégiée de notre culte rendu à Dieu saura l'invoquer avec les noms qui lui conviennent. La mort du Christ, au moment où elle condamne tout *discours charnel* sur un Dieu trop familier, nous rend l'usage d'une parole *selon l'Esprit* sur le Dieu unique qui est à la fois le Dieu trois fois saint et le Dieu proche.

CHAPITRE VIII

« PÈRE » COMME NOM PROPRE DE DIEU

L'opposition fameuse entre le Dieu des philosophes et le Dieu d'Abraham, d'Isaac et de Jacob est devenue presque triviale. Le procès de l'hellénisation du christianisme en date pas d'aujourd'hui. Mais depuis que Heidegger a dénoncé la contamination réciproque du concept d'être et du concept de Dieu dans le discours onto-théologique, la théologie chrétienne se trouve affrontée à une situation nouvelle.

Je veux dire que nous ne pouvons pas nous contenter de perpétuer le débat sur le conflit entre la théologie naturelle et la théologie dialectique. En philosophie comme en théologie, le paysage a changé. Il faut bien voir que la crise de la métaphysique n'a pas nécessairement conduit au positivisme logique. Un auteur comme E. Levinas, par exemple, propose une alternative à la domination exclusive du *logos* grec en cherchant un «espace de transcendance» dans la relation éthique à autrui. Et la crise de la théologie métaphysique n'a pas abouti nécessairement à un fondamentalisme biblique. En fonction de la crise du théisme, la théologie contemporaine est caractérisée par une «concentration christologique». Mais elle ne renonce pas pour autant à penser l'être de Dieu. Elle cherche plutôt à le penser à nouveaux frais en manifestant le lien indissociable entre la théologie trinitaire et la croix de Jésus.

La théologie traditionnelle s'est donné pour tâche d'harmoniser le Dieu des philosophes et le Dieu de la Bible. C'était trop souvent au risque de compromettre l'originalité du Dieu qui se révèle en Jésus-Christ. Mais à l'inverse, il est vrai qu'on ne peut dissocier complètement le Dieu de la raison et le Dieu de la foi comme a cherché à le faire la théologie dialectique dans la ligne de Pascal et de Kierkegaard. Le Dieu qui se révèle dans l'histoire est aussi le fondement de tout l'être créé. Ce n'est pas un *autre* Dieu que celui atteint par la raison, même s'il s'agit d'un Dieu *différent*. Certains comme Hans Küng proposent de pratiquer une *Aufhebung* du Dieu des philosophes dans le Dieu de la Bible [1]. Mais comment faut-il l'entendre ? Quoi qu'il en soit du sérieux de la négation dans cette assomption dialectique, n'est-ce pas encore consentir à une « réconciliation » pleine d'ambiguïtés ?

Je préfère la voie résolue d'E. Jüngel qui estime que le renoncement au Dieu des philosophes ne nous dispense nullement du devoir de penser l'être même de Dieu [2]. C'est même la tâche historique de la théologie d'élaborer l'idée chrétienne de Dieu d'une manière encore plus rigoureuse que ne l'a fait la philosophie avec son idée de Dieu. Ainsi, prendre acte de l'écroulement de la connaissance métaphysique de Dieu ne nous conduit nullement à remplacer le *penser* de Dieu par un croire, et finalement par un *agir*. Il s'agit de *penser* ce que nous croyons à partir de la révélation, Pour parvenir à un véritable concept chrétien de Dieu, il faudrait en particulier voir dans quelle mesure il est possible de penser tout à la fois Dieu et le *transitoire-périssable (die Vergänglichkeit)* [3]. C'est précisément ce dont est incapable la pensée métaphysique qui ne peut avoir une connaissance *positive* de ce qui passe et meurt.

C'est dans ce contexte culturel et théologique qu'il faut comprendre le sens de ce nouveau chapitre sur le Dieu-Père. Il faudrait s'expliquer longuement pour traiter avec le sérieux qui convient le problème de l'application du nom de « Père » au Dieu des chrétiens dans sa différence avec le Dieu des philosophes. Après un bref rappel de la révélation biblique du Dieu-

---

1. H. Küng, *Dieu existe-t-il? (Existiert Gott?)*, Paris, Seuil, 1981, p. 770.

2. «*Abschied vom "Gott des Philosophen" ist also alles andere als Abschied von der Pflicht, Gott zu denken*»: E. Jüngel, *Gott als Geheimnis der Welt*, Tübingen, 1977, p. 269 ; trad. franç. *Dieu mystère du monde*, Paris, Cerf, «Cogitatio Fidei» nos 116-117, 1983, I, p. 310.

3. Cf. E. Jüngel, *op. cit.*, p. 270.

Père, je me contenterai de suggérer deux pistes de recherche. Il s'agira à chaque fois de montrer que le nom de «Père» est le plus propre à manifester la *nouveauté* du Dieu de Jésus, non seulement par rapport au Dieu des Grecs, mais aussi par rapport au Dieu des Juifs. N'est-ce pas l'intention avouée de Paul quand il oppose aux *raisons* cherchées par les Grecs et aux *signes* demandés par les Juifs le *langage de la Croix* comme l'ultime parole où Dieu se fait connaître?

I. LA RÉVÉLATION BIBLIQUE DU DIEU-PÈRE

1. Il convient tout d'abord de noter qu'il serait abusif de chercher dans le nom de «Père» le trait caractéristique du Dieu d'Israël dans sa différence avec le Dieu-Principe de la pensée grecque (qu'il s'agisse du Bien de Platon, du Premier Moteur d'Aristote ou de l'Un de Plotin). Le Dieu d'Israël est bien le Dieu personnel par excellence, le Dieu vivant, à la fois tout autre et tout proche. Mais ce qui est frappant, c'est l'hésitation de la pensée biblique à désigner Dieu comme Père, alors même que cette désignation est courante et même banale dans l'ancien Orient.

À la différence des mythes païens sur la généalogie des dieux, la paternité de Dieu au sens biblique est entièrement dissociée de l'idée d'engendrement (cf. le sens tout à fait spécifique du verbe *bara* pour désigner l'acte créateur). Dieu est désigné comme Père en relation avec un acte d'*élection,* qui est lui-même indissociable de son intervention historique en faveur de son peuple. Dieu est le père d'Israël. Il n'est pas le père des hommes. «La nouveauté radicale, c'est que l'élection d'Israël comme premier-né s'est manifestée dans un acte historique: la sortie d'Égypte. Que la paternité de Dieu soit ainsi mise en relation avec une action historique, voilà qui modifie profondément la notion de père [4].» Dans les récits contenus dans la théologie des traditions historiques (cf. von Rad), le Dieu d'Israël est plus un héros libérateur, un actant, qu'un Père. Cette réserve des Hébreux à l'endroit de la figure du père et leur conception absolument transsexuelle de la paternité divine nous invitent donc à

4. J. JEREMIAS, *Abba, Jésus et son Père,* trad. franç., Paris, Seuil, 1972, p. 11.

ne pas charger ce symbole de traits uniquement masculins, conformément à certaines requêtes actuelles qui réagissent à bon droit contre des représentations trop exclusivement masculines ou même paternalistes de Dieu.

Selon l'intuition de Paul Ricœur, il faut atteindre le « degré zéro » de la figure du père pour oser enfin invoquer Dieu comme « Père » [5]. C'est le mouvement qui s'amorce chez les prophètes (Osée, Jérémie, le 3e Isaïe). Mais alors, le Dieu-Père n'est plus seulement l'ancêtre, la figure de l'origine. Il est le père d'une nouvelle création, d'une nouvelle Alliance. Encore, est-ce par une sorte de langage indirect que Dieu est *invoqué* comme père : « J'avais pensé : tu m'appelleras "mon père" et tu ne te sépareras pas de moi » (Jr 3,19). Dieu est le père qui pardonne les infidélités de son peuple Israël. Et pour éviter d'identifier la figure du père avec celle d'un géniteur ou d'un dominateur, elle est complétée chez Osée par cette autre figure de la parenté qu'est celle d'*époux*.

2. Le Nouveau Testament ne cesse de mettre le mot de « Père » sur les lèvres de Jésus (soixante-dix fois...). Il n'y a pas lieu de refaire ici cette étude [6]. Le point qui mérite d'être relevé, c'est le lien entre l'insistance de Jésus sur la paternité de Dieu et la prédication sur le Royaume qui vient (cf. les demandes du *Notre Père*). Jésus n'annonce pas un autre Dieu que celui de l'Alliance. Mais à la différence de Jean-Baptiste, il étend la paternité miséricordieuse de Dieu aux méchants et aux impies. Dieu est le Père des égarés (cf. la parabole du Fils prodigue). Il y a une évolution par rapport au Dieu d'Israël dans la mesure où Dieu est le Dieu de la grâce avant d'être le Dieu de la loi. L'appartenance au peuple élu ne garantit pas le salut : c'est l'appartenance au Royaume qui vient. Et comme il faut y entrer à la manière d'un enfant, le nom privilégié par lequel on devra

5. Cf. P. Ricœur, « La Paternité : du fantasme au symbole », dans *Le Conflit des interprétations. Essais d'herméneutique,* Paris, Seuil, 1969, p. 476.

6. En dehors des études classiques de J. Jeremias et de W. Marchel (*Dieu Père dans le Nouveau Testament,* Paris, Cerf, 1966), je renvoie tout spécialement aux pages d'E. Schillebeeckx sur l'expérience du Dieu-Père par Jésus : *Jesus : Die Geschichte von einem Lebenden,* Bâle-Vienne, 1975, pp. 227-240 (cf. l'abondante bibliographie sur le sujet p. 227).

invoquer Dieu sera désormais celui de Père. C'est par ailleurs en fonction de la proximité eschatologique du Royaume qui vient qu'il faut interpréter tous les textes de l'Évangile qui nous parlent de la providence paternelle de Dieu qui fait lever son soleil et qui fait pleuvoir sur les bons et sur les méchants, qui a souci des oiseaux du ciel et des fleurs des champs. Cela suffit déjà à nous manifester la distance entre une conception métaphysique du Dieu provident et la révélation judéo-chrétienne du Dieu-Père. Selon la remarque de W. Pannenberg, on ne peut opposer le langage sapientiel de Jésus et son langage eschatologique. «C'est la proximité eschatologique du Règne de Dieu qui découvre la proximité de Dieu par rapport à l'homme et à toutes les créatures en général, révélant ainsi la destinée "naturelle" de l'existence humaine [7].»

3. Le mouvement qui va de la désignation à l'invocation, que nous avons déjà observé chez les prophètes, trouve son achèvement dans la propre prière de Jésus : *Abba*. Comme l'a montré Jeremias, cette expression araméenne absolument insolite dans toute la littérature juive parallèle n'exprime pas seulement l'obéissance filiale de Jésus dans son rapport à Dieu : elle est «l'expression d'un rapport unique avec Dieu [8]». Cette communion unique entre Jésus et son Père est attestée par le fameux *logion* de Mt 11,27 («Et personne ne connaît le Fils sinon le Père, ni personne ne connaît le Père sinon le Fils») dont nous n'avons pas raison de suspecter l'authenticité. Si on tient compte par ailleurs de la distinction très nette pratiquée par Jésus entre «mon Père» et «votre Père» réservé aux disciples (Mt 5,45 ; 6,1 ; 7,11 ; Lc 12,32), on est en droit d'affirmer qu'en Jésus, Dieu s'est révélé comme *Père d'un Fils unique*. Nous sommes alors en présence d'une étape radicalement nouvelle dans la révélation du nom de Dieu comme Père. Les hommes sont fils dans la mesure où ils participent à la relation unique de Jésus à son Père. La révélation aux hommes de la paternité de Dieu est indissociable de la révélation de la filiation unique de Jésus. Il y a paternité parce qu'il y a filiation. Et il y a filiation parce qu'il y a, par le don de l'Esprit, communion avec le Fils

---

7. W. PANNENBERG, *Esquisse d'une christologie*, trad. franç., Paris, Cerf, 1971, «Cogitatio Fidei» n° 62, p. 293.

8. A. VERGOTE, *Interprétation du langage religieux*, Paris, Seuil, 1974, p. 125.

unique : « Voici la preuve que vous êtes réellement enfants de Dieu : Dieu a envoyé dans nos cœurs l'Esprit de son Fils qui crie : Abba, Père » (Ga 4,6).

II. DE L'ATTRIBUTION À L'INVOCATION

Nous avons déjà pu déceler dans la Bible un mouvement qui va de la désignation de Dieu comme Père à son invocation. De façon similaire, on peut constater une conquête du nom propre de Dieu sur son attribution générale. C'est toute la distance entre l'appellation générale « *El* » que la Septante traduit le plus souvent par θεός et la nomination indicible de Dieu comme *JHWH*. Forts de ces indices, nous pouvons réfléchir sur tout ce qui sépare le discours philosophique sur Dieu du langage religieux. La pensée métaphysique peut *attribuer* un certain nombre de noms à Dieu. Seule la révélation par Dieu lui-même de son nom propre nous permet de l'invoquer comme tel.

Le nom propre ne désigne pas telle ou telle propriété, mais la personne dans ce qu'elle a d'irréductible. A vrai dire, le nom ne signifie rien, mais il permet de m'identifier comme « je » et il me permet d'être *reconnu* dans ce que j'ai d'unique par les autres. En d'autres termes, il n'y a pas de nom propre en dehors d'un échange dialogal.

Comme nous l'avons vu, le nom divin de Père n'appartient pas de manière exclusive au judéo-christianisme à la différence du tétragramme qui est le privilège unique d'Israël. Il s'agit d'une représentation humaine de Dieu (qui relève de ce que Hegel appelle la « foi naïve »). Mais à partir du moment où nous croyons que Dieu s'est révélé lui-même comme Père, il instaure l'homme comme son interlocuteur qui a le pouvoir de désigner sous ce nom le « Tu » indicible de Dieu. En invoquant Dieu comme « Père », nous ne signifions pas telle ou telle qualité en Dieu, mais nous exprimons symboliquement la reconnaissance réciproque entre l'homme et Dieu. Il faut même aller jusqu'à dire avec A. Vergote que le nom de Père appliqué à Dieu est autre chose qu'un *symbole*. Le symbole exprime toujours une surdétermination de sens, dans la mesure où un second sens est visé sur la base d'un premier. « Or le nom paternel de Dieu, quelque inépuisable qu'en soit le sens, n'appartient pas au registre des concepts surdéterminés. En appelant Dieu Père, au sens fort du terme, l'homme exprime un sens précis qui ne renvoie plus à un sens second. C'est que le terme ne relève pas de la pensée signifiante, mais de la parole reconnaissante [9].»

Le statut tout à fait propre du nom de Père nous confirme qu'il appartient au langage *originaire* sur Dieu dans sa différence avec le langage spéculatif de l'attribution, qu'il soit philosophique ou théologique, celui-là même qui commande des énoncés tels que : Dieu est simple, parfait, bon, immuable, infini, tout-puissant, etc. Il y a là toute la différence entre le langage religieux qui est celui de l'invocation et le langage philosophique qui est celui de l'attribution, qui procède par composition intellectuelle et où Dieu est en position de sujet d'un certain nombre de prédicats.

La réflexion sur le nom de Père pose donc avec acuité tout le problème de la corrélation entre les noms personnels du Dieu biblique et les attributs de Dieu identifié avec l'Être absolu ou le Principe. «Peut-être faut-il aussi brutalement que possible poser que l'Être et Dieu font deux, et que l'idolâtrie menace les plus grands (Heidegger, mais aussi saint Thomas) dès qu'ils en frôlent l'assimilation [10].» Il est d'ailleurs remarquable de ne point trouver le nom de Père parmi les noms qu'étudient les traités classiques des noms divins. Parler d'*attributs* à propos de Dieu comporte toujours le risque de parler d'une propriété qu'il aurait en commun avec d'autres essences. (K. Barth préfère parler de *perfections* qui soulignent mieux la singularité même de l'être de Dieu [11].) C'est pourquoi d'ailleurs, Denys l'Aréopagite ne manque pas de corriger l'inadéquation des noms divins en portant la négation à l'absolu. Il déclare finalement Dieu *innommable* pour sauvegarder la suressentialité de Dieu qui défie tous nos concepts.

Quoi qu'il en soit du correctif apporté par la *via negationis,* le mouvement de pensée inauguré par le Pseudo-Denys à l'intérieur de la théologie chrétienne relève de la puissance du savoir humain dans sa volonté de disposer du divin dans un concept de Dieu comme Étant suprême. Quand ce dernier prendra la figure

---

9. J. JEREMIAS, *op. cit.,* p. 69.

10. J.-L. MARION, *L'Idole et la distance,* Paris, Grasset, 1977, pp. 270-271.

11. K. BARTH, *Dogmatique,* trad. franç., II, 1, 2, Genève, Labor et Fides, 1957, p. 69.

du *Causa sui,* on peut se demander si le savoir humain n'a pas achevé l'idolâtrie de Dieu. Et la substitution du savoir transcendantal au savoir métaphysique ne modifie pas radicalement l'hybris de la connaissance humaine dans sa volonté de disposer du divin. C'est toujours le «cogito» qui est au principe de la nomination de Dieu. Or, à l'autonomination de Dieu comme Père répond d'abord l'*écoute* de l'homme, le consentement à un nom sans aucune autofondation de sens préalable. Il est donc sérieusement permis de se demander si le théisme philosophique peut prétendre aboutir à autre chose qu'à un divin anonyme. K. Rahner lui-même ne pense pas que le savoir métaphysique puisse rencontrer le Dieu personnel de la foi. Si une théologie est possible, une théologie qui va jusqu'à une certaine objectivation de Dieu, c'est toujours sur la base de la communion révélatrice que Dieu fait de son nom.

En tout cas, une théologie chrétienne qui prend au sérieux l'autonomination de Dieu comme Père est invitée à chercher – au-delà de toutes les idoles conceptuelles du divin – ce qui se donne à penser dans le *Dieu divin* de la révélation. C'est à la fois la chance et la tâche de notre situation historique de prendre la mesure de ce qui distingue le Dieu-Père révélé en Jésus-Christ du Dieu de l'onto-théologie. Nous avons déjà cité plus haut le mot de Heidegger à propos de ce Dieu-là : «Ce Dieu, l'homme ne peut ni le prier ni lui sacrifier. Il ne peut devant la *Causa sui,* ni tomber à genoux plein de crainte, ni jouer des instruments, chanter et danser [12].»

III. LE DIEU-PÈRE OU LA «VIE DIFFÉRENCIÉE» DE DIEU

Nous pouvons conclure de ce qui précède que la paternité n'est pas un concept philosophique. Elle est de l'ordre de l'avènement et de la reconnaissance. On ne peut spéculer sur le contenu de la paternité divine hors de l'acte d'énonciation par lequel Dieu déclare sa propre identité.

Je voudrais maintenant poursuivre ma réflexion sur l'origina-

12. M. HEIDEGGER, *Identität und Differenz,* Pfullingen, 1957, p. 70 (trad. franç. par André Préau. Questions I, Paris, 1968, p. 306), cf. *supra,* p. 77, n. 9.

lité du Dieu-Père dans sa différence avec le Dieu du théisme philosophique en montrant comment l'écoute de ce qui advient dans la figure révélée du Père nous aide à démystifier les illusions du projet spéculatif sur Dieu comme du désir imaginaire de l'Absolu. Nous sommes là en présence de deux registres différents. Mais la psychanalyse nous apprend combien notre vœu d'une plénitude de sens s'enracine dans notre passion la plus archaïque de l'origine. Il s'agira simplement ici de suggérer comment le dogme trinitaire nous renvoie à un Dieu *différent* de la pensée métaphysique et comment il fonde la vérité du rapport de filiation entre l'homme et Dieu.

Un Dieu différent

« Dieu différent » : c'est le titre d'un beau livre de C. Duquoc. Celui-ci écrit : « La symbolique trinitaire exprime que la Réalité de Dieu intègre des différences, évoquées par les images du Père, du Fils et de l'Esprit, et traditionnellement interprétées en termes de "personnes" [13]. » Le Dieu du savoir onto-théologique est le Dieu de l'identité, de la coïncidence avec soi-même, de la perfection qui n'est affectée par aucune altérité, de l'autosuffisance et de la contemplation de soi. La vie du Dieu qui se révèle en Jésus-Christ est une *vie différenciée*. Il est Père, Fils et Esprit, c'est-à-dire qu'il surmonte non seulement la contemplation narcissique de soi, mais il dépasse aussi l'écueil du face à face extatique. C'est le rôle de l'Esprit de signifier et de réaliser la communion différenciée de Dieu et son ouverture à ce qui n'est pas divin. Non seulement Dieu est différent en lui-même, mais il suscite des différences. On voit donc tout ce qui sépare la logique d'un savoir sur Dieu sous le signe de l'identité et une théologie chrétienne sous le signe de la différence. Dans le premier cas, Dieu risque de n'être que la doublure de l'homme et l'athéisme est une issue logique. Dans le second cas, Dieu peut devenir l'ouverture libératrice de l'homme.

Une théologie trinitaire sous le signe de la différence nous invite donc à conjurer les dangers de la pensée métaphysique quand elle se contente de représenter Dieu comme l'*inverse* de l'homme. On connaît cette logique de l'Absolu qui correspond d'ailleurs au système de projection par lequel l'homme cherche

13. C. Duquoc, *Dieu différent*, Paris, Cerf, 1977, p. 119.

à échapper à sa finitude. Dieu est l'idéal de la perfection alors que l'homme se définit par le manque ; Dieu est éternel alors que l'homme est soumis au temps ; Dieu est immuable alors que l'homme est changeant ; Dieu est inaltérable alors que l'homme est affecté par la souffrance, etc. Ainsi, la différence entre Dieu et l'homme est pensée uniquement en termes d'opposition. Et une christologie centrée uniquement sur l'Union hypostatique demeure encore prisonnière de cette opposition, si elle ne se demande pas en quoi le Christ comme révélateur du Père remet en cause nos représentations *a priori* sur Dieu et sur l'homme.

Aller jusqu'au bout de ce qui est impliqué par la symbolique trinitaire, c'est cesser d'en rester à un rapport de *concurrence* entre l'homme et Dieu. C'est justement en face du Dieu-Père que s'instaure la vérité du rapport religieux de l'homme à Dieu qui comporte à la fois similitude et différence.

La similitude dans la différence

On l'a vu plus haut, le Dieu-Père de la révélation biblique n'est pas l'ancêtre qui entretient l'éternelle nostalgie de l'homme. Il est le Dieu de la promesse qui tourne l'homme vers un avenir inédit. L'avènement du Dieu-Père dans l'événement d'une Parole où il se dit en première personne rompt le cercle imaginaire d'un retour à l'origine. Selon la formule d'A. Vergote, il ne faut pas confondre « la conquête de l'originaire avec la reconquête de l'origine [14] ». Le Dieu du théisme philosophique, pour autant qu'il s'identifie avec la plénitude de l'être et du sens, correspond au Dieu phantasmatique du désir absolu de l'homme. La foi au Dieu-Père coïncide avec un acte de reconnaissance mutuelle. Mais le prix de cette reconnaissance, c'est la mise à mort du phantasme paternel de Dieu et de notre désir mégalomanique d'être comme Dieu.

Selon le programme de Paul Ricœur, il s'agit de passer « du phantasme au symbole du Père ». Et la résolution de la crise œdipienne est pleine d'enseignement pour l'apprentissage de notre relation de filiation à l'égard de Dieu.

Si la psychanalyse exerce son soupçon à l'égard de l'image

---

14. On trouve cette formule dans l'importante étude d'A. VERGOTE, « Passion de l'origine et quête de l'originaire » reprise dans *Interprétation du langage religieux, op. cit.,* cf. p. 44.

paternelle de Dieu, c'est parce que ce dernier peut devenir le lieu idéal de la projection du désir archaïque de l'homme. Le croyant attend tout de Dieu : l'immortalité, l'innocence, l'accomplissement de tous ses désirs dans l'ordre du savoir et de l'amour. Or «l'analyse freudienne du complexe d'Œdipe nous apprend que le fils prête au père une vie qui n'est point celle qu'il reçoit effectivement de lui, mais celle qu'il voudrait pouvoir s'attribuer à lui-même [15]». D'où le désir de meurtre du père ou bien la soumission jusqu'à la mort à la volonté du père, qui sont des moyens symétriques de s'emparer des privilèges réservés au père. La seule issue est de renoncer à la toute-puissance infantile du désir, c'est-à-dire en fait de renoncer à une identification *mortelle* au père pour une reconnaissance mutuelle. «Se reconnaître exister par un autre, accepter une parole comme constitutive et une loi comme structurante, c'est ne plus vivre sous l'impérialisme du phantasme, mais dans l'ordre symbolique structuré par la parole et la loi [16].»

L'économie du désir manifestée par la crise œdipienne va se retrouver dans notre relation à Dieu. Là aussi, l'épreuve décisive sera le passage du «phantasme paternel» de Dieu à la réalité du Dieu-Père reconnu dans sa différence. Il y a là toute la différence entre une identification imaginaire à Dieu et une identification qui accepte le jeu de la différence et de la similitude. En invoquant Dieu comme Père, je reconnais que je reçois mon existence d'un autre, mais en même temps, je m'identifie comme fils et comme homme appelé à travailler avec d'autres en vue du Royaume. Notre «divinisation» n'est donc pas contradictoire avec notre humanisation. Devenir fils, c'est apprendre à respecter l'altérité de celui que nous nommons «notre Père». C'est donc aller jusqu'au bout d'une conception non utilitariste de Dieu et être renvoyé à notre responsabilité historique du sein même de l'autonomie que nous confère notre identité filiale.

Ainsi, la révélation du Dieu-Père subvertit ce qui pourrait n'être qu'un rapport de concurrence entre l'homme et Dieu. Au rapport «maître-esclave», il faut substituer la relation «paternité-filiation». La seule attitude qui réponde à la Parole du Père, c'est celle du fils adoptif qui vit sa similitude dans

15. J.-M. POHIER, *Au nom du Père. Recherches théologiques et psychanalytiques,* Paris, Cerf, «Cogitatio Fidei» n° 66, 1972, p. 105.
16. C. DUQUOC, *op. cit.,* p. 102.

l'acceptation de sa différence. L'homme accepte de ne pas être Dieu, mais il reçoit de Dieu d'être semblable à lui. Il faut renoncer au vieux rêve que le démon suggère toujours à l'homme : « Vous serez comme des dieux » (projet d'une identification imaginaire à Dieu). Désormais, l'homme est appelé à accomplir la parole de Jésus : « Soyez parfaits comme votre Père céleste est parfait » (réalité d'une communion dans l'Esprit qui n'abolit pas les différences).

CONCLUSION

Les trop brèves remarques qui précèdent avaient seulement pour but de montrer en quoi la figure révélée de Dieu comme « Père » nous conduit à une révolution dans nos représentations spontanées sur Dieu et sur le rapport de l'homme à Dieu. Il ne suffisait pas d'exorciser les idoles conceptuelles de la pensée métaphysique. Il fallait aussi montrer en quoi le Dieu *différent* révélé par la symbolique trinitaire échappe à la critique freudienne du « phantasme paternel » de Dieu.

Cependant, tout n'est pas dit quand on a rappelé que la condition filiale instaurée en Jésus-Christ nous garantit contre la projection d'un père idéalisé qui ne peut être qu'un concurrent et un rival de l'homme. Il faudrait encore méditer sur *la condition de Jésus comme Fils,* lui qui sur la croix a fait jusqu'au bout l'expérience de ce que veut dire être fils. Je suggérais en commençant que seule une théologie de la Croix est en mesure de penser l'*être* du Dieu de Jésus dans sa différence avec le Dieu des philosophes et des savants. J'y reviens d'un mot en conclusion.

La folie du Logos de la Croix (1 Co 1,18) est l'ultime parole sur le Père de Jésus. Au moment même où Jésus renonce à la présence d'un Père idéalisé en faisant l'expérience de son silence et de son absence, c'est Dieu lui-même qui manifeste sa solidarité avec la souffrance et la mort de l'homme. Il donne la preuve de sa différence radicale avec le Dieu tout-puissant et apathique de la tradition philosophique. En mourant comme « l'Abandonné de Dieu » (J. Moltmann), Jésus est « conduit à son propre accomplissement » de Fils (He 5,7-9). Mais la parole de Jésus à Philippe : « Qui m'a vu a vu le Père » (Jn 14,9) reçoit alors sa portée décisive. Alors même que le Fils souffre d'être abandonné par le Père, le Père souffre d'abandonner son Fils bien-aimé par amour des hommes [17]. Dieu renonce à ses prérogatives pour s'effacer dans l'humanité du crucifié. On a pu à juste titre interpréter la parole ultime de la croix «comme un renoncement de Dieu à lui-même» (W. Kasper).

La théologie trinitaire nous renvoie à un Dieu *différent* du Dieu simple de l'onto-théologie. Mais il faut aller jusqu'au bout d'une théologie de la Croix, si on veut faire éclater la *nouveauté* du Dieu-Père de Jésus tant par rapport au Dieu de la raison qu'au Dieu d'Israël, alors même qu'il n'est pas un *autre* Dieu.

Ainsi, au-delà du théisme et de l'athéisme, nous sommes acculés à prendre au sérieux la *Theologia crucis* (c'est tout le sens de E. Jüngel, dans *Dieu mystère du monde*). L'athéisme qui caractérise notre modernité nous fait un devoir d'élaborer un nouveau concept chrétien de Dieu. L'athéisme en tant que négation du théisme est un moment critique de la théologie chrétienne. Une théologie de la Croix n'est pas seulement l'exigence de notre situation historique d'incroyance. Elle seule est capable d'affronter la question redoutable de la justice de Dieu dans le monde. Et c'est justement le mérite de Hegel, et à sa suite de Bonhoeffer, d'avoir proposé une interprétation *théologique* de l'athéisme, en manifestant l'origine *christologique* du discours moderne sur «la mort de Dieu».

17. Cf. J. MOLTMANN, *Le Dieu crucifié,* trad. franç., Paris, Cerf, «Cogitatio Fidei» n° 80, 1974, p. 280 : «Le Père livre son Fils à la croix pour devenir le Père livré, donné», et plus loin : «En abandonnant le Fils, le Père s'abandonne aussi lui-même. En livrant le Fils, le Père se livre aussi, cependant pas de la même manière.»

CHAPITRE IX

ÉCLATEMENT DE L'HISTOIRE ET SEIGNEURIE DU CHRIST

En quel sens peut-on parler d'une unique histoire à partir de Jésus comme Christ et comme Seigneur? Une telle question nous renvoie à cette autre question: peut-on parler d'une intelligibilité propre de l'histoire profane ou faut-il dire qu'elle est comme telle sans signification et qu'elle n'a de sens qu'en fonction de l'histoire du Salut? Le sujet relève de la théologie de l'histoire. Mais qui peut prétendre écrire une théologie de l'histoire aujourd'hui?

Nous commencerons par caractériser le contexte socio-historique dans lequel s'inscrit une réflexion chrétienne sur l'histoire. Nous nous efforcerons ensuite de proposer quelques éléments de réflexion sur le rapport entre l'unicité du Christ et l'unicité de l'histoire.

I. LE CONTEXTE ACTUEL
D'UNE RÉFLEXION CHRÉTIENNE SUR L'HISTOIRE

Il y a deux traits qui frappent immédiatement: d'une part, nous constatons une crise de confiance dans le sens de l'histoire; d'autre part, l'Église a une conscience toujours plus vive de sa responsabilité historique à l'égard du monde et de l'avenir de l'homme.

Une crise de confiance dans le sens de l'histoire

1. Les hommes de notre temps ont le sentiment de vivre sous le signe d'une histoire tragique, d'une histoire déchirée, éclatée... Et *le scepticisme actuel à l'égard des philosophies de l'histoire* nous en fournit une preuve irrécusable.

À la suite de Hegel, les philosophes se sont efforcés de manifester la rationalité propre au mouvement historique. L'histoire a un sens : elle est la médiation du devenir de l'homme comme homme et donc de sa reconnaissance par autrui. C'est par la médiation de l'histoire que l'homme atteint son essence. Ce sens transcende les agirs multiples des hommes comme le mouvement même de l'histoire dépasse toutes les actions particulières. Et dans la perspective du matérialisme historique, c'est par le travail de l'homme que l'on passe de la « pré-histoire » à l'histoire. Mais après l'absurdité des deux guerres mondiales, après l'expérience des divers totalitarismes, la pensée occidentale est devenue plus critique à l'égard des reconstructions rationnelles de l'histoire. Toute philosophie de l'histoire qui prétendrait déchiffrer un sens global de l'histoire semble vouée à l'échec [1]. C'est pourquoi on préfère se réfugier dans une pure analytique de l'historicité du *Dasein,* c'est-à-dire du temps qui mesure la liberté humaine (cf. R. Bultmann). Contre Hegel, nous pensons que l'histoire n'est pas le lieu automatique du déploiement nécessaire de la vérité. Et contre des penseurs comme Pannenberg, nous pensons que l'histoire n'est pas le lieu d'une anticipation non problématique de la totalité. Une analyse objective de l'histoire universelle conduit plutôt à constater la présence récurrente d'une anomie et d'une dispersion, d'un désordre et d'un éclatement.

---

1. « Peut-on parler d'un "développement" sans préciser ce qu'est l'invariant "ce qui" se développe (et qui ne saurait être simple) et mettre en rapport une origine qui échappe et une fin qui n'est pas donnée, puisque nous sommes dans une histoire qui continue ? Jusqu'à quel point et à quel niveau peut-on postuler une humanité unique qui se construit dans le temps à travers des phases successives et progressives ? » Telles sont les questions que pose A. Vanel au projet d'une *histoire universelle* tendant à l'interprétation de la totalité de l'« histoire vécue »; cf. « L'impact des méthodes historiques en théologie du XVIᵉ au XXᵉ siècle » dans *Le Déplacement de la théologie,* Paris, Beauchesne, 1977, p. 36.

2. En deuxième lieu, il faut bien admettre que *le marxisme lui-même participe à la crise générale des idéologies*. Certes, il est encore omniprésent comme instrument d'analyse pour dénoncer les tares du *statu quo* de nos sociétés libérales. Mais le grand événement de la dernière décennie, au moins dans l'intelligentzia française, c'est la crise du marxisme comme idéologie – à cause de l'échec de sa prétention à réaliser historiquement l'idéal communiste. Quoi qu'il en soit du projet avorté d'un Euro-communisme qui se réclame d'un modèle démocratique par opposition au modèle stalinien, il semble que, par une sorte de destin fatal, toute révolution inspirée par le marxisme aboutisse au totalitarisme et aux goulags... Il faut dire aussi que les prétentions de l'humanisme – qu'il s'agisse de l'humanisme marxiste ou de l'humanisme bourgeois – ont été démenties par le destin tragique de l'homme depuis un quart de siècle. On parlera plutôt de nihilisme que d'humanisme athée [2].

3. Enfin, il faut évoquer la *crise de l'idéologie du progrès.* Depuis le début du XVIIIe siècle, l'idéologie du progrès est venue combler le vide laissé par le repli de l'idéologie chrétienne. On mettait toute sa foi dans l'évolution de la science et de la technique pour résoudre peu à peu tous les problèmes et difficultés de l'homme.

L'Église a commencé par renâcler vis-à-vis de l'idéologie du progrès, mais peu à peu les théologiens ont cherché à réinterpréter le christianisme en fonction de l'idée de progrès. On peut citer par exemple *la théologie de Teilhard de Chardin* qui tend à faire coïncider l'idéologie du progrès avec la récapitulation de toutes choses dans le Christ. Il faut citer aussi *les théologies de la sécularisation* qui fonctionnent comme des idéologies, c'est-à-dire qu'elles cherchent à justifier bibliquement la sécularisation du monde, la vocation démiurgique de l'homme sur la création et l'idée que la transformation du monde par l'homme travaille secrètement à l'avènement du Royaume de Dieu. On retrouve encore cette confiance dans le progrès illimité de l'homme dans certains documents du Concile comme *Gaudium et Spes*.

2. Voir à cet égard le numéro spécial de *Concilium* paru sous le titre *La Crise de l'humanisme,* n° 86 (1973); cf. aussi Cl. GEFFRÉ, «La crise de l'humanisme et l'actualité d'une anthropologie chrétienne», dans *Humanisme et foi chrétienne* (Mélanges de l'Institut catholique de Paris), Paris, Beauchesne, 1976, pp. 473-482.

Ce qui se cache derrière les idéologies du progrès et de la sécularisation, c'est *la foi en l'homme*. Or, cette foi en l'homme est ébranlée et Prométhée qui se portait bien ne se porte plus aussi bien. On croyait aux vertus illimitées de la raison, c'est-à-dire au bonheur et à la fraternité fondée sur la raison ; on croyait à la puissance illimitée de la science et de la technique ; la menace atomique et les incertitudes sur les conséquences des manipulations génétiques font peser une sourde angoisse sur l'avenir de l'espèce humaine. On croyait maîtriser la nature : on l'a polluée et on ne cherche plus qu'à la retrouver et à la respecter (cf. l'écologie).

En un mot, l'homme qui n'est plus défini que par l'efficacité, la rentabilité, le progrès quantitatif ne satisfait plus. Et des millions d'hommes – surtout parmi les jeunes – ont perdu leurs raisons de vivre.

La conscience toujours plus vive de la responsabilité historique de l'Église vis-à-vis de l'avenir de l'homme

Cette nouvelle conscience est liée aux incertitudes qui pèsent sur l'avenir de l'homme et à la situation dramatique d'un monde où le fossé entre les pays pauvres de l'hémisphère Sud et les pays riches de l'hémisphère Nord ne cesse de se creuser.

Mais cette nouvelle conscience est aussi indissociable du tournant historique que représente Vatican II en ce qui concerne l'attitude de l'Église à l'égard de *la Déclaration des droits de l'homme*. Après plus d'un siècle de malentendus tragiques, dus en partie au contexte « laïciste » de l'explicitation des droits de l'homme au XIXe siècle, l'Église catholique est devenue en ce dernier quart du XXe siècle le meilleur champion des droits de l'homme. Il ne faut pas seulement écrire : « *Du Syllabus au dialogue* » [3]. Il faut dire : *de l'anathème au ralliement* et à la promotion des droits de l'homme. Les droits de l'homme (y compris le droit à la liberté religieuse) ne sont pas seulement tolérés par l'Église. Selon le mot de Paul VI, ils sont devenus une exigence de l'Évangile (Synode de 1974) (cf. *infra,* chap. XIII).

Affirmer que la défense et la promotion des droits de l'homme sont une exigence de l'Évangile, c'est admettre par là même qu'il

---

3. Nous faisons référence à l'ouvrage de J.-F. Six, *Du Syllabus au dialogue,* Paris, Seuil, 1970.

est impossible de dissocier l'évangélisation et la promotion humaine à l'intérieur de l'unique mission de l'Église (cf. l'Exhortation apostolique de Paul VI: *Evangelii Nuntiandi*).

Un déplacement des théologies de l'histoire

Ce nouveau contexte sociohistorique a entraîné une révision des théologies trop optimistes du travail, des réalités terrestres et de l'histoire. Je noterai seulement une plus grande distance à l'égard de la synthèse teilhardienne, un rééquilibrage des théologies politiques et des théologies de la libération, une critique de la théologie des signes du temps.

1. L'optimisme évolutionniste de Teilhard

Nous sommes tous teilhardiens en ce qui concerne sa volonté de réconcilier l'Église et le monde et son insistance sur l'unité de l'histoire, l'histoire du salut et l'histoire qu'écrivent les hommes. Mais nous sommes aussi tous *post-teilhardiens* en ce sens que nous avons une conscience beaucoup plus aiguë du tragique de l'histoire et des conflits de toute société humaine. Le mal n'est pas seulement le « sang de l'évolution » ou la « rançon du progrès » comme conséquence de l'inachèvement du monde.

La très grande limite de Teilhard, c'est d'en rester à une vision non dialectique de l'histoire, c'est-à-dire qu'il ne pose pas de rupture tragique entre la matière et l'esprit. Le mal est récupéré comme un moyen en vue d'une fin. On peut dire avec J.-B. Metz qu'il confond la *téléologie* et l'*eschatologie,* c'est-à-dire qu'il tend à expliquer l'histoire à partir de la nature et qu'il croit à une réconciliation parfaite de l'homme avec la nature [4]. Or, le substrat de l'histoire humaine n'est pas la Nature considérée comme un simple développement ou comme une sorte de processus anonyme. L'histoire de l'homme, c'est l'histoire de sa liberté et de sa passion.

Une philosophie de l'histoire qui ne prend pas en compte la souffrance des hommes donne une interprétation non dialectique de l'histoire, une interprétation abstraite de l'histoire pola-

---

4. « La souffrance pose la contradiction entre la nature et l'histoire, entre la téléologie et l'eschatologie », cf. J.-B. METZ, *La Foi dans l'histoire et dans la société* (trad. franç.), Paris, Cerf, « Cogitatio Fidei » 1979, p. 127.

risée par une conception mythique de l'émancipation de l'homme où les conflits et catastrophes de la liberté ne sont pas pris en compte. L'histoire tend à s'identifier à l'histoire des vainqueurs c'est-à-dire à une espèce de darwinisme inspiré du principe de sélection.

Or, l'histoire concrète de l'homme nous renvoie à l'Altérité d'un *Dieu libérateur* qui fait justice à tous, aux vivants et aux morts, et non à un *Dieu évoluteur* (Christ Oméga).

2. Le rééquilibrage des théologies politiques et des théologies de la libération

Il faut d'abord rappeler que les théologies de la sécularisation et les théologies politiques ont fait l'objet de la vive critique des théologiens de la libération. Ils reprochent aux théologies européennes de pécher par conformisme à l'égard des sociétés néolibérales, d'en rester à une conception individualiste de la liberté comme émancipation et de faire ainsi le jeu d'une certaine privatisation du christianisme [5]. On aboutit finalement à une justification théologique du monde moderne comme monde profane et on fournit une caution idéologique à un type de société sous le signe de la rationalité technique, de la croissance à tout prix et du travail déshumanisant.

Mais il faut mentionner également le rééquilibrage de la théologie politique par Metz lui-même (cf. *La Foi dans l'histoire et dans la société*) et par Moltmann (cf. *Le Dieu crucifié*).

Voici quelques-uns des dangers inhérents à la théologie politique, conçue comme une théologie optimiste de l'histoire, tels que nous pouvons les résumer à partir de J.-B. Metz lui-même [6].

a. Elle cautionne une vision finaliste de l'histoire, c'est-à-dire d'une humanité progressant sans arrêt sur le chemin de la réconciliation avec la nature, c'est-à-dire qu'elle confond la téléologie et l'eschatologie.

b. Elle justifie trop vite un sens de l'histoire comme histoire

---

5. Voir en particulier les contributions de E. DUSSEL et de J.-L. SECUNDO dans le numéro spécial de *Concilium, Praxis de libération et foi chrétienne. Le témoignage des théologiens latino-américains*, n° 96 (1974).

6. Nous nous référons surtout à l'article «La mémoire de la souffrance, facteur de l'avenir», *Concilium*, n° 76 (1972), pp. 9-25 et au chap. VI de *La Foi dans l'histoire et dans la société, op. cit.*

des gagnants, des vainqueurs, des arrivés et ne fait aucune place à la mémoire de la souffrance des hommes. Autrement dit, elle risque d'accréditer chrétiennement le thème marxiste selon lequel le « mal-être » de la condition humaine doit finalement être résorbable grâce à un certain nombre de causalités historiques d'ordre socio-économique.

c. Sans confondre le Royaume avec la libération politique, la théologie politique, dans son souci de réagir contre la privatisation du christianisme, laisse trop dans l'ombre le fait que la réalisation du Royaume passe par la libre réponse des personnes à l'appel de Dieu. En d'autres termes, l'histoire comme mouvement d'humanisation n'est pas le sacrement automatique de la venue du Royaume de Dieu. La libération sociale et politique peut seulement créer des conditions, un espace pour la liberté.

d. Du point de vue de l'intégrité du message chrétien, les théologies politiques ont beaucoup de mal à justifier théologiquement le fait que la Résurrection passe par le chemin de la Passion. On assiste alors à cette crise d'identité des théologies chrétiennes soulignée par Moltmann. Dans la mesure où le message chrétien est entièrement adapté aux idéologies séculières, soit celle de l'émancipation de l'homme au sens de l'Aufklärung, soit celle de la liberté révolutionnaire au sens marxiste, il devient insignifiant. Il tombe au rang « de paraphrase religieuse superflue des processus modernes du monde » (Metz).

Metz va corriger les dangers de la théologie politique centrée sur l'avenir à construire par l'importance qu'il accorde à la notion de *mémoire,* mémoire de la souffrance et mémoire de la passion du Christ. Il ne peut y avoir de vision de l'histoire qui gomme la mémoire de la souffrance de l'humanité. Et c'est la mémoire *dangereuse* de la Passion du Christ qui permet à l'Église d'exercer son rôle critique vis-à-vis de la société [7].

La mémoire de la Passion du Christ inspire une vision de l'histoire où on prend au sérieux le divorce entre l'homme et la

7. « La mémoire des souffrances de Jésus doit pouvoir retentir, au milieu de ce qui est considéré comme "acceptable" par notre société, comme une évocation à la fois dangereuse et libératrice, et les dogmes de la christologie doivent s'affirmer comme des formules qui rappellent à la mémoire des choses bien gênantes », cf. J.-B. METZ, art. cité p. 18 ; cf. aussi le chap. v de *La Foi dans l'histoire et dans la société :* « Le souvenir dangereux de la liberté de Jésus-Christ ».

nature et où l'on fait place à l'histoire des souffrances humaines. L'histoire des souffrances de l'homme n'est pas comme dans une perspective marxiste un chapitre de la préhistoire de la liberté. Elle est et demeure un élément intrinsèque de l'histoire de la liberté. Il faut même dire qu'une des dynamiques essentielles de l'histoire, c'est la mémoire de la souffrance – à la fois comme conscience négative d'une liberté à venir et comme stimulant d'un combat à livrer pour vaincre la souffrance. Finalement, c'est le Dieu de la Passion de Jésus qui est le sujet de l'histoire universelle.

La mémoire de la Passion du Christ est une mémoire *subversive* et *dangereuse* en ce qu'elle interpelle la puissance sociale et politique des riches et des détenteurs du pouvoir. Il ne suffit pas de parler de la «réserve eschatologique» comme fondement de la fonction critique de l'Église à l'égard de la société. Il faut la fonder sur *la mémoire de la Passion du Christ* qui conteste tous les systèmes totalitaires et toutes les idéologies qui préconisent une émancipation linéaire, unidimensionnelle de l'homme. Elle interdit le nivellement de la dimension sociale et politique de la souffrance. Elle nous contraint à prendre en compte dans une société planifiée les hommes sans puissance et sans voix. De plus, la mémoire chrétienne de la Passion a un caractère anticipatoire. Elle est la préfiguration d'un avenir qui sera celui des souffrants, des gens sans espoir, des opprimés et des inutiles de ce monde.

L'identité chrétienne ne peut se comprendre que comme un acte d'identification au Christ crucifié. «Pour un chrétien, il n'y a pas d'alternative entre évangélisation et humanisation. Il n'y a pas d'alternative entre conversion intérieure et changement des relations et des conditions de vie [8].»

3. Un jugement plus critique sur la théologie des «signes des temps»

Depuis Vatican II, on parle volontiers des «signes des temps» pour désigner des phénomènes qui, au plan humain, sociologique, culturel, caractérisent les besoins et les aspirations d'une époque; et on dira que la mission de l'Église est de discerner les

---

8. J. MOLTMANN, *Le Dieu crucifié* (trad. franç.), Paris, Cerf, «Cogitatio Fidei» n° 80, 1974, p. 30.

signes des temps. Ces événements seront vus comme une *praeparatio evangelica* par rapport au Royaume, des «pierres d'attente» par rapport à l'accomplissement ultime de l'histoire qui sera «Dieu tout en tous»[9].

Aujourd'hui, on se gardera d'un optimisme un peu naïf et on soulignera que l'histoire humaine demeure profondément ambiguë. Et il faut éviter de retomber dans une vision tout à fait anthropomorphique de l'action de Dieu dans l'histoire comme si Dieu était plus engagé dans certains événements.

On fera remarquer en particulier que, dans la tradition biblique, l'expression «signes des temps» est ambiguë[10]. Il y a, d'une part, la tradition de l'exode où les «signes et les prodiges» sont les présages positifs du salut qui libère les hommes et rachète le monde. Il y a, d'autre part, la tradition apocalyptique où «les signes de la fin» sont les présages négatifs de la terrible fin du monde. La moderne «théologie des signes des temps» a tendance à interpréter les signes des temps dans un sens exclusivement positif.

Le vrai signe des temps, c'est le Christ lui-même. Or, justement, sa venue qui coïncide avec l'avènement du Royaume est un facteur de division, de conflit, de crise. Il en va de même pour l'annonce de l'Évangile par l'Église aujourd'hui.

Par ailleurs, avant d'y voir une Parole de Dieu, il faut interpréter les «signes des temps» au plan humain, sociologique, culturel. Nous avons par exemple une autre lecture que Teilhard de phénomènes comme l'urbanisation, la socialisation, la planétarisation, le progrès technique. Et, de toute façon, même si on constate de réels progrès au niveau de la conscience humaine ou de l'humanisation de l'homme, il faut encore montrer le lien entre ces divers phénomènes et l'avènement du Royaume de Dieu. Même si ce n'est pas le dernier mot sur le sens de l'histoire que les hommes font, on peut poser comme

---

9. M.-D. CHENU, «Les signes des temps. Réflexion théologique» dans *L'Église dans le monde de ce temps,* t. II, Paris, Cerf, 1967, pp. 205-222 ; cf. aussi «Les signes des temps» in *Nouv. Rev. théol.,* n° 87 (1965), pp. 29-39 et «Introduction : signes des temps» in *Concilium,* n° 25 (1967), pp. 125-132.

10. Voir à cet égard les justes remarques de J. MOLTMANN dans *L'Église dans la force de l'Esprit* (trad. franç.), Paris, Cerf, «Cogitatio Fidei» n° 102 (1980), pp. 59-74.

règle théologique sûre que les divers événements de l'histoire ne sont des «préparations» du Royaume que s'ils favorisent l'ouverture des libertés humaines à la liberté divine. Finalement, tout ce qui se vit dans le domaine des rapports humains, de l'économie, de la politique, de la science et de la culture ne trouve son sens ultime qu'en fonction du rapport fondamental entre l'homme et Dieu [11].

II. UNICITÉ DU CHRIST ET UNITÉ DE L'HISTOIRE

Après avoir restitué le paysage historique et théologique dans lequel nous nous trouvons, on peut risquer quelques propositions sur l'unité de l'histoire.

On comprend en tout cas pourquoi il est téméraire d'élaborer une théologie de l'histoire qui dirait d'emblée le *sens théologique* de l'histoire humaine prise comme un tout, comme histoire universelle. On peut tout au plus s'interroger sur le rapport entre l'histoire humaine avec ses fins propres et le salut compris comme accomplissement et récapitulation de toute la création. Il s'agira alors plutôt d'une théologie de la *responsabilité historique* des chrétiens que d'une théologie de l'histoire proprement dite. Et à cet égard, une telle théologie de l'histoire est inséparable d'une théologie de la mission, une «herméneutique de l'envoi» (cf. *infra,* chap. XIV).

Il faut chercher sa voie entre *deux excès*. Il y a d'une part les tenants de la discontinuité absolue: on a pu les appeler les «eschatologistes»; il y a d'autre part, les tenants de la continuité, on a pu les appeler les «incarnationnistes».

1. La première tendance est celle d'hommes comme K. Barth, R. Bultmann [12], K. Löwith [13] et surtout, à l'époque contempo-

---

11. Sans accepter que ce soit le dernier mot sur le sens *théologique* de l'histoire profane, je m'inspire ici des réflexions de P. Valadier qui réagit sainement contre l'usage un peu facile qui est fait de l'expression «Signes des temps», cf. «Signes des temps, signes de Dieu», in *Études,* août-sept. 1971, pp. 261-279.

12. Cf. surtout: *Histoire et Eschatologie,* Neuchâtel, Delachaux et Niestlé, 1959.

13. Cf. K. LÖWITH, *De Hegel à Nietzsche,* (Trad. franç.), Paris, Gallimard, 1969.

raine, H. Urs von Balthasar [14]. Ils instaurent une discontinuité absolue entre le devenir de l'histoire et l'avènement du Royaume, entre l'histoire profane et l'histoire du salut. Il n'existe pas de commune mesure entre le déroulement de l'histoire et le Royaume qui vient de Dieu. Sans doute, l'histoire répond à un dessein providentiel de Dieu et elle a donc un sens, mais ce n'est pas à nous de déchiffrer ce sens.

Il faut même aller plus loin : pour Balthasar (et Bouyer [15] avant lui) le rapport de l'histoire au Royaume est *négatif.* Loin d'être le lieu de la manifestation de Dieu, l'histoire est soumise à la volonté de puissance de l'homme. Ainsi, parler d'un progrès de l'histoire qui par elle-même préparerait mystérieusement le Royaume de Dieu, c'est faire bon marché des affirmations de la révélation sur le monde qui est soumis à la logique du mal. Et c'est faire bon marché de la Croix comme jugement porté sur ce monde.

Ce qui est difficilement acceptable chez Balthasar, c'est cette coupure beaucoup trop raide entre l'histoire profane et l'histoire du salut qui aboutit à une *sécularisation* toujours plus grande de l'histoire et à une *spiritualisation* de l'histoire du salut qui n'est plus que l'histoire de l'Esprit de Dieu dans les cœurs, indépendante des fluctuations de l'histoire. L'histoire n'est plus que le « cadre extérieur » où se joue le drame du salut, sans que la figure même de l'histoire ait quelque rapport avec l'*Eschaton.* Et par une sorte de « volupté apocalyptique », il semble bien que pour Balthasar, le progrès dans la charité soit inversement proportionnel des progrès humains dans l'ordre de l'immanence historique.

Pour parler comme Moltmann dans sa *Théologie de l'espérance,* il faut dire que Balthasar ne comprend pas l'histoire *historiquement.* Il reste prisonnier d'une perspective platonicienne selon laquelle l'histoire est une succession d'épiphanies changeantes et variables de l'éternel présent.

2. L'autre tendance relève de ce que j'ai désigné comme un « optimisme évolutionniste », qui est représenté par certains dis-

---

14. Cf. surtout *De l'intégration. Aspects d'une théologie de l'Histoire,* Paris, DDB, 1970.

15. Cf. L. Bouyer, « Christianisme et Eschatologie », in *Vie intellectuelle,* oct. 1948, pp. 6-38 et « Où en est la théologie du corps mystique ? », in *Rev. Sc. Rel.,* n° 22, 1948, pp. 313-333.

ciples de Teilhard et par certaines théologies politiques. Elle insiste sur la continuité entre le progrès immanent à l'histoire et l'avènement du Royaume, entre la promotion humaine et le salut chrétien. Disons que selon cette tendance, le rapport entre le salut eschatologique et la construction de l'avenir dans le temps historique est déterminé de façon univoque comme suivant une ligne unique. C'est ce que j'ai appelé plus haut une interprétation *téléologique* et non eschatologique de l'histoire et une confusion entre l'évolution du monde naturel et l'histoire des libertés [16].

La seule interprétation adéquate du sens de l'histoire, c'est *l'interprétation eschatologique :* elle maintient l'histoire ouverte sur un avenir et l'histoire devient l'instrument efficace des promesses de Dieu.

En d'autres termes, le rapport entre le Royaume de Dieu et l'histoire ne peut s'énoncer ni sous la forme d'un *monisme,* ni sous la forme d'un *dualisme.* Il n'y a pas de *solution* théologique pour exprimer de façon satisfaisante ce rapport. Il faut accepter de rester en suspens selon le *logion* même rapporté par Luc : « La venue du Royaume ne se laisse pas observer, on ne saurait dire : Le voici ! Le voilà ! Car, sachez-le, le Royaume de Dieu est parmi vous » Lc 17,20.

Mais en même temps, il faut réfléchir théologiquement sur l'achèvement eschatologique en tenant compte de deux certitudes qui ne peuvent se concilier que de façon dialectique : d'une part, l'histoire concrète est, d'une certaine façon, le lieu où le monde est transformé à tel point qu'il touche au mystère même de Dieu ; d'autre part, le Règne de Dieu « dirige » l'histoire et dépasse de façon absolue toutes les possibilités d'un accomplissement terrestre [17].

C'est pourquoi, il me semble plus adéquat de faire une *théologie de la praxis chrétienne* ou de *l'envoi de l'Église* qu'une

16. « Il n'existe pas de médiation téléologique et finaliste entre la nature et l'homme » affirme J.-B. Metz contre Teilhard, *op. cit.,* p. 127.

17. À cet égard, je me retrouve bien dans cette heureuse formulation d'E. Brauns : « La théologie de l'histoire ne vise pas à *justifier* le devenir humain, mais à le mettre à distance, face à l'éternité de Dieu : il devient émergence positive et contingente, émergence d'un monde par rapport à l'altérité de Dieu créateur », qui conclut sa récente étude : « Projet et conditions d'une théologie de l'histoire », *Rech. Sc. Rel.,* n° 70 (1982), pp. 321-342.

théologie de l'histoire proprement dite. L'histoire humaine demeure essentiellement *ambiguë*. La fonction d'une théologie de l'histoire n'est pas de spéculer sur le sens que l'histoire aurait en elle-même, mais de lui imprimer un sens en fonction de l'avenir eschatologique que seule la foi connaît. Il ne s'agit pas seulement d'interpréter l'histoire, mais de la *transformer*.

Dans les propositions qui suivent, je m'inspire à la fois de Moltmann (surtout dans sa *Théologie de l'espérance*) et de certains théologiens de la libération (G. Gutierez, L. Boff, J.-L. Secundo), ainsi que de certains documents des théologiens du Tiers-Monde [18].

A. L'histoire que font les hommes reçoit son sens ultime de l'humanisation de Dieu en Jésus-Christ

Le Nouveau Testament ne nous propose aucune indication sur le délai de la fin du monde et aucune grille de lecture de la succession des événements. Mais avec la venue du Christ, l'histoire est entrée dans sa phase ultime et décisive. Elle est désormais sous la Seigneurie du Christ. Elle ne peut plus se prétendre autonome.

Faut-il en conclure à une dichotomie insurmontable entre histoire du salut et histoire profane? Peut-on affirmer par exemple que tout l'effort de l'histoire profane pour tendre à une plus grande humanisation de l'homme et à une plus grande justice dans le monde correspond seulement à une sécularisation de l'espérance chrétienne?

Ne faut-il pas plutôt montrer en quoi la sécularisation, ou mieux, la « mondanisation » est une conséquence de la prédication de l'Évangile qui enseigne à considérer le monde et l'histoire non pas comme une puissance numineuse et comme un destin aveugle, mais comme une *tâche,* comme le lieu de notre responsabilité : la prédication de l'Évangile serait l'anti-destin de l'histoire.

1. En devenant homme, Dieu s'est compromis définitivement avec l'histoire des hommes. L'action de Dieu sur l'histoire n'est

18. Je me réfère en particulier aux Documents publiés à l'issue des Congrès de l'Association œcuménique des théologiens du Tiers-Monde : Dar es-Salam (1976), Accra (1977), Colombo (1979) et São-Paulo (1980).

pas de l'ordre du coup de force miraculeux. Dieu s'insère dans l'histoire pour conduire toutes choses à son achèvement. Mais il ne s'agit pas d'un achèvement historique. La mort est vaincue, mais en espérance – non dans l'histoire. Cela signifie que le Nouveau Testament assume le point de vue des sages. Il n'existe pas d'eschatologie historique. C'est la raison pour laquelle le Nouveau Testament fait sienne la tradition apocalyptique (cf. Käsemann).

Cependant, le fait de refuser une eschatologie historique, c'est-à-dire une libération et une réconciliation totale de l'homme et de la nature dans l'histoire elle-même n'aboutit pas à rendre vaines les promesses de l'Ancien Testament portant sur l'histoire. Dans l'Ancien Testament, l'histoire du salut est fondée sur un événement de salut temporel : la sortie d'Égypte ou encore le retour de l'Exil. Et si l'on constate une évolution vers un salut du cœur, le salut garde une connotation *temporelle*. Or, l'Ancien Testament n'est pas aboli par le Nouveau. Les auteurs du Nouveau Testament ont assumé la réalité temporelle, terrestre, politique de l'Ancien Testament. Le salut au sens du Nouveau Testament est inséparablement *adoption filiale* et *réussite de la création.* S'il est vrai que le salut concerne l'être personnel de l'homme pour sa destinée éternelle, il continue d'intéresser *le tout* de l'homme en son destin collectif dans l'histoire [19]. Si on les coupe de leur arrière-fond vétéro-testamentaire, les Béatitudes risquent de devenir évasion platonicienne ou opium social. Et si on comprend bien la portée du discours sur le jugement eschatologique (Mt 25), on constate qu'il donne pour tâche historique aux disciples de Jésus la réconciliation annoncée par les prophètes.

Ainsi, le Nouveau Testament crée un espace libre. Il libère le monde des dieux et d'une intervention miraculeuse de Dieu. Il ne récuse pas la dimension dramatique de l'histoire, mais cette

19. « Le salut (σωτηρία) doit aussi être compris, au sens de l'Ancien Testament, comme le *shalom :* ce qui ne veut pas dire salut de l'âme, délivrance individuelle hors d'un monde mauvais, consolation seulement pour une conscience éprouvée, mais de plus réalisation d'une espérance eschatologique de *justice,* d'*humanisation* de l'homme, de *socialisation* de l'humanité, de *paix* dans toute la création. » Cf. J. MOLTMANN, *Théologie de l'espérance* (trad. franç.), Paris, Cerf, « Cogitatio Fidei » n° 50, p. 354.

dimension dramatique n'exclut pas la possibilité de réaliser une certaine réconciliation au niveau de l'histoire.

2. Cette idée d'une certaine réalisation historique des promesses prophétiques a son fondement dans le *mystère de l'Incarnation.* Il y a une humanisation de Dieu en Jésus-Christ et le travail de l'Esprit de Dieu dans l'histoire consiste à faire apparaître tout ce que signifie pour l'humanité la décision par laquelle Dieu s'est lié à elle. Autrement dit, il incombe à l'humanité de devenir elle-même, c'est-à-dire de réaliser ses possibilités.

Le Christ nous renvoie ainsi à la face historique de Dieu, et celle-ci n'est rien d'autre que l'homme. L'identification radicale que Jésus fait de lui-même avec tout homme et que deux titres bibliques sanctionnent, *Nouvel Adam* et *Fils de l'homme,* n'a pas encore explicité tous ses effets. Il faut donc prendre au sérieux la compromission de Dieu avec l'histoire. Le « Fils de l'homme » de Daniel venait du ciel et il avait un visage humain d'emprunt. Le Christ viendra aussi du ciel à la fin des temps. Mais historiquement, il vient comme le serviteur qui est homme parmi les hommes, qui s'identifie même aux plus pauvres et aux plus démunis. L'alliance de Dieu avec l'homme est si radicale que le devenir de l'humanité importe à son mystère d'homme, car s'identifiant à tous, le développement des possibilités de l'homme concerne son propre développement.

Les promesses eschatologiques des prophètes de l'Ancien Testament, en tant qu'elles annonçaient une réconciliation au plan même de l'histoire, sont annoncées de façon originale. Il s'agit d'une libération relative puisque la mort n'est pas vaincue au plan de l'histoire. Mais le sens de l'action humaine dans l'histoire, c'est de déployer les possibilités humaines et de faire converger l'histoire vers son point d'attirance : l'unité radicale qui fut celle de l'humanité à l'origine, reprise à un plan supérieur dans le Christ.

Ainsi, toutes les possibilités de l'histoire sont remises entre les mains de l'homme qui est celui par lequel la tâche historique voulue par Dieu s'accomplit. La vraie religion désormais ne consiste pas seulement à faire des cultes et des sacrifices, mais à faire régner une justice concrète.

L'humanisation de Dieu fait de l'homme *la médiation réelle de la relation à l'Absolu.* Le « surnaturel » n'est pas à entendre au sens d'une entité séparée. Il se définit par une relation : le rapport de l'homme au Dieu vivant. Donner à manger à ceux qui ont faim, transformer les structures d'une société injuste, construire la paix sont des actes à contenu humain. Mais en fait, ils ont une signification «transcendante» parce que objectivement en eux, se lit la portée historique de l'humanisation de Dieu.

L'humanisation de Dieu a posé dans le monde la portée objectivement «surnaturelle» ou ultime de la tâche humaine. On pourrait dire qu'il n'y a désormais d'histoire que profane, mais depuis l'Incarnation, nous savons que cette histoire est la médiation et la vérification du rapport à l'Absolu. Tout l'ordre cultuel et sacramentel tombe dans l'insignifiance dès lors que l'histoire n'est plus pensée comme tâche à accomplir [20].

B. L'Église est le sacrement de la présence de l'Esprit de Dieu à toute la création et à toute l'histoire humaine

L'Église comme sacrement du salut, comme signe du rassemblement en Jésus-Christ de tous les hommes est autre chose que l'humanité. Mais en fait, elle est le signe explicite d'un mystère plus vaste : celui de *la présence gratuite de Dieu à toute la création et à toute l'histoire*. Le monde et l'Église sont des expressions complémentaires d'un même mystère : l'instauration ou la récapitulation de tout l'homme et de tout le créé dans le Christ [21]. C'est dire que malgré l'ambiguïté des motivations de la liberté humaine, le monde de la création tend par ses énergies propres et même sans le savoir à accomplir le dessein éternel de Dieu.

Il y a une «tentation de chrétienté» plus subtile que la forme historique que nous connaissons, à savoir la volonté d'identifier l'Église d'ici-bas avec la communauté eschatologique des élus au ciel. Elle consiste à penser que les seuls rapports possibles entre

20. Selon nous, le fondement radical de la *positivité* de l'histoire humaine est à chercher dans le mystère de l'Incarnation, mais comme l'a bien montré P. Gisel, cela présuppose une théologie de la création conçue comme *rupture originaire,* en vertu de laquelle l'histoire est pensée, non comme la positivité d'un réel déjà là, mais comme la positivité d'un réel *advenir.* Cf. P. GISEL, *La Création,* Genève, Labor et Fides, 1980.

21. Nous nous inspirons ici directement de l'article ancien mais décisif d'E. SCHILLEBEECKX, *L'Église et l'humanité, Concilium,* n° 1 (1965), pp. 57-78.

l'histoire humaine et le Royaume de Dieu passent nécessairement par l'Église comme institution visible.

Nous sommes invités à dépasser un *ecclésiocentrisme* étroit. Nous ne pouvons pas identifier les Églises dont parlent les hommes et l'Église que Dieu voit. L'Église terrestre est la figure concrète de l'expérience que les hommes font, même sans le savoir, de l'histoire du Christ. Et par rapport à l'histoire plus vaste de l'Esprit, l'Église n'est qu'un chemin et un passage au Royaume de Dieu.

Il faut dépasser aussi une conception trop étroite et trop *linéaire* de l'histoire du salut. Tous les hommes reçoivent du Créateur la même vocation fondamentale et l'humanité tout entière est engagée dans une histoire collective dont Dieu fait une histoire de salut. Le Christ est le Verbe éclairant tout homme venant en ce monde. Cela signifie que nous ne pouvons pas en rester à une conception purement chronologique de l'histoire du salut. Ce qui est premier dans l'Histoire sainte, ce n'est ni Abraham, ni Moïse, ni même Adam. Dans l'ordre ontologique, ce qui est premier, c'est le Christ comme «Nouvel Adam». C'est lui qui donne sens à l'histoire religieuse préchrétienne de l'humanité comme à son histoire postchrétienne.

Ce que l'on dit du Christ Verbe incarné, il faut le dire aussi de l'Esprit du Christ ressuscité. Il y a une histoire de l'Esprit qui déborde le cadre de l'histoire d'Israël et de l'histoire de l'Église, et qui déborde aussi le cadre des grandes religions du monde [22].

Au moins dans l'ordre des représentations, nous sommes prisonniers d'une conception linéaire de l'histoire du salut dont le Christ serait l'aboutissement en vue d'un nouveau départ. Et le judéo-christianisme d'une certaine théologie occidentale risquerait de nous faire croire que la religion chrétienne est un simple élargissement de la religion juive. Il serait souhaitable de retrouver la conception *ontologique* et non historiciste de l'histoire, celle des Pères grecs qui parlent d'une économie du Mystère de Dieu dans le Christ et dans l'Esprit. C'est le «mystère caché en Dieu de toute éternité» qui provoque l'admiration de saint Paul. Et parce qu'il n'y a plus de descendance d'Abraham selon la

22. Cf. J. MOLTMANN, *L'Église dans la force de l'Esprit, op. cit.,* p. 56. Voir aussi : K. RAHNER, «Remarques sur le concept de révélation», dans K. RAHNER-J. RATZINGER, *Révélation et tradition,* Paris, DDB, 1972, pp. 15-36, surtout pp. 24-25.

chair, Paul peut dire aux Athéniens : « Le Dieu que vous adorez, c'est celui-là même que je vous annonce. »

En fonction de cet élargissement, nous pouvons au moins retenir deux conséquences :

1. L'Église comme réalité historique n'a pas le monopole des signes du Royaume : la grâce est offerte à tous les hommes selon des voies connues de Dieu seul. Dieu est plus grand que les signes historiques par lesquels il a manifesté sa présence.

2. Le salut de tout l'homme individuel et collectif, c'est-à-dire la réussite de la première création, ne se réalise pas seulement par le ministère de l'Église – sa prédication, ses moyens de grâce –, mais par le travail de tout homme chrétien ou non visant à une guérison de l'homme, à une libération de l'homme, à une promotion de l'homme. Le mouvement de l'histoire profane, quand il est conforme au dessein de Dieu, tend par ses énergies propres vers une libération progressive de l'homme, une domination plus grande de la nature, un certain rassemblement de tous les hommes en une seule famille humaine. Ce mouvement propre à l'histoire ne peut pas être étranger à la mission de l'Église et sans signification par rapport à l'accomplissement eschatologique de l'histoire.

Ainsi, l'histoire de l'Esprit est l'horizon englobant de l'histoire tout court. Sous l'action de l'Esprit, l'histoire passe dans l'eschatologie et l'eschatologie dans l'histoire. Si l'on désigne l'Esprit comme la « puissance de l'avenir », il faut dire que l'avenir espéré comme *victoire sur la mort* devient historique non seulement par les moyens de grâce de l'Église, mais par les énergies propres de l'histoire. Chaque fois qu'il y a victoire sur toutes les formes de la mort, il y a actualisation des énergies du Christ ressuscité dans le temps de l'histoire [23].

---

23. « L'attente chrétienne ne porte sur personne d'autre que le Christ qui est venu, mais elle attend quelque chose de nouveau qui n'est pas encore arrivé jusqu'à présent : elle attend l'accomplissement en toutes choses de la justice de Dieu promise, l'accomplissement de la résurrection des morts promise dans sa Résurrection, et l'accomplissement de la Seigneurie du Crucifié sur toutes choses, promise dans son élévation en gloire. » Cf. J. MOLTMANN, *Théologie de l'espérance, op. cit.,* p. 245.

C. Il y a une «convergence» entre la libération des hommes et des peuples dans l'histoire et l'avènement du Royaume

Même si le mot «convergence» est impropre, il signifie qu'il y a un lien mystérieux entre le mouvement de l'histoire dans la mesure où il est au service de la dignité de l'homme comme image de Dieu et puis la communion bienheureuse des hommes en Dieu, qui est un don gratuit donné d'en haut de par la puissance recréatrice du Christ ressuscité. Ordre de la création et ordre du salut ne sont pas deux réalités juxtaposées. Ils sont également soumis à la Seigneurie du Christ. Le salut, c'est la réussite définitive de la première création (cf. le thème de la récapitulation dans Éphésiens) [24]. L'Église comme sacrement du salut, nous l'avons vu, est le signe visible d'un mystère plus vaste que la seule communauté des rachetés, à savoir la présence gratuite de Dieu à toute la création. Elle actualise la bénédiction sur la création du Dieu de l'Alliance noachique et de l'Alliance abrahamique.

Ainsi, comme je le disais déjà au début de cette seconde partie, il faut tenir à la fois que l'histoire tout court n'est pas le sacrement automatique du Royaume de Dieu et que le devenir historique du monde n'est pas seulement le cadre ou la «matière occasionnelle» (Chenu) de la vie individuelle et collective de la grâce. Il tend par ses énergies propres, pour autant qu'il est au service de la promotion de l'homme, à l'accomplissement du dessein de Dieu sur la création. Les progrès authentiques de la conscience humaine collective, dans l'ordre de l'humanisation, des rapports pacifiques entre les hommes, de la lutte pour les droits des opprimés peuvent constituer des «pierres d'attente», une sorte de *praeparatio evangelica* par rapport à la réalité dernière sur l'homme. Comme le soulignent les théologiens du Tiers-Monde réunis à São Paulo (1980), «la réalisation du Royaume comme dessein ultime de Dieu pour sa création s'expérimente dans les processus historiques de libération humaine». Travailler à la transformation du monde et à la promotion de l'homme, ce n'est pas encore construire le Royaume de Dieu. Mais refuser de collaborer à ce projet humain, alors

24. Cf. J.-P. Jossua, «L'enjeu de la recherche théologique actuelle sur le salut», *R.S.P.T.*, nº 54 (1970), pp. 24-45.

qu'il est conforme aux exigences inéluctables de la vie humaine individuelle et collective, c'est sûrement aller à contre-courant du dessein de Dieu [25].

CONCLUSION

Ubi Christus, ibi Ecclesia. J'ajoute en terminant que la véritable Église ne se trouve pas seulement là où la communauté est rassemblée par l'écoute de la Parole de Dieu et le mémorial du Corps du Seigneur. Elle est aussi présente dans la fraternité avec *les plus petits* dans la mesure où ils sont une présence privilégiée du Christ. On ne doit pas isoler l'un de l'autre les deux avertissements du Seigneur : « Qui vous écoute m'écoute » et « qui les visite me visite ».

C'est tout le sens du jugement eschatologique dans Mt 25 : « Dans la mesure où vous ne l'avez pas fait à l'un de ces plus petits, à moi non plus vous ne l'avez pas fait. » La présence cachée du juge du monde dans les plus petits de nos frères est un jugement qui met à l'épreuve l'authenticité de l'Église et de sa mission.

Au terme de cette réflexion sur l'unité de l'histoire en fonction de la Seigneurie du Christ, j'aimerais dire qu'il faut savoir tenir ensemble dialectiquement sans contradiction la *responsabilité historique* du christianisme et sa *gratuité absolue.*

Dans une situation de crise mondiale, l'Église prend une conscience plus vive de sa responsabilité vis-à-vis de la figure de l'homme dans l'histoire. Mais comme le souligne souvent J.-B. Metz, l'originalité de l'effectivité chrétienne vient de ce qu'au moment même où il survalorise et radicalise le combat pour la justice, le christianisme le relativise. L'Église en effet doit demeurer témoin d'une espérance au-delà de l'histoire. Le christianisme comme mystère du salut dépasse toujours son utilité sociale pour l'homme. C'est pourquoi, tout en donnant son fondement radical au messianisme de l'histoire, le message chrétien doit continuer d'être annoncé sous le signe de la gratuité. Le « faire mémoire de Jésus-Christ » gardera toujours une dimension doxologique qui a sa justification en elle-même.

25. Cf. la formule vigoureuse de C. Duquoc : « Affirmer l'homme, ce n'est pas affirmer nécessairement Dieu ; nier l'homme, c'est par contre nier Dieu », in *L'Église et le monde, Équipes Enseignantes,* 1er trim. 1964-1965, p. 81.

TROISIÈME PARTIE

LA PRATIQUE DES CHRÉTIENS RÉINTERPRÈTE LE CHRISTIANISME

CHAPITRE X

LE TÉMOIGNAGE DE LA FOI
DANS UNE CULTURE
NON CHRÉTIENNE

Dès qu'on énonce le couple «foi-culture», on pense tout de suite à une relation conflictuelle. Et pourtant, la culture dite occidentale est impensable en dehors de ses racines judéo-chrétiennes. Quand on parle de l'Occident, il faut toujours faire référence à deux pôles : *Rome* et la nouvelle Rome, *Byzance*. Et de fait, c'est au IVᵉ et au Vᵉ siècle que le mot même d'*Occident* entre dans les textes. Constantinople n'était-elle pas inséparablement romaine et grecque, juive et chrétienne?

Il est permis de dire que la culture occidentale est née de la synthèse entre le *gréco-romain* et le *judéo-chrétien*. Nous ne pouvons pas nous dire «occidentaux» en dehors de ces deux héritages. Il y a, d'une part, ce que Renan appelait le miracle grec. Et puis, il y a le monothéisme des prophètes d'Israël. La prétention à l'universel de l'Occident a son fondement dans le *logos* grec, le langage formel de la philosophie et des mathématiques. Mais le sens d'un temps irréversible, d'une histoire qui va vers un terme, nous vient de l'héritage judéo-chrétien. La *science* et le *sens de l'histoire*, tels sont les deux traits qui commanderont le destin de l'Occident.

Mais de même qu'il est impossible de parler d'un unique modèle culturel, il faut écarter l'idée d'une fixité de la culture. Si on accepte de définir la culture comme l'ensemble des connaissances et des comportements techniques, sociaux, rituels qui caractérisent une société humaine déterminée, alors il faut comparer les cultures à des vivants qui croissent et qui changent. Qui dit culture dit nécessairement technique, art et langage. Or, comment parler de la culture occidentale en général, sans parler de ses crises de croissance, de ses tournants, de ses modernités successives ?

Si nous soupçonnons un conflit entre la foi chrétienne et la culture, c'est bien en tant que nous considérons la culture occidentale sous le choc de la modernité. Nous commencerons par dire la nature d'une *foi critique* sous le choc de la modernité. Nous évoquerons ensuite la rencontre du christianisme et des cultures façonnées par les grandes religions non chrétiennes. Nous nous demanderons alors quelles sont les conditions d'un témoignage prophétique dans une culture non chrétienne.

I. UNE FOI PASSÉE
PAR L'ÉPREUVE CRITIQUE

La foi sera toujours un arrachement par rapport à nos évidences sensibles et, comme adhésion à la Parole de Dieu dont témoignent les Écritures, elle ne change pas selon les époques. Mais la foi – en tant qu'elle s'enracine dans une subjectivité humaine – a une histoire. Comme disait P. Ricœur : l'objet de la foi ne change pas... Mais le « croyable disponible » de l'homme change. Le recul historique que nous prenons à l'égard de certaines représentations du monde nous oblige à opérer un discernement entre ce qui appartient à la révélation elle-même et ce qui relève du véhicule culturel d'une époque.

La foi en Dieu est devenue aujourd'hui problématique. Elle doit surmonter *l'épreuve critique* qui provient du soupçon exercé à l'endroit du discours chrétien traditionnel. On ne peut pas se contenter d'une foi naïve qui n'a pas pris la mesure soit de la critique marxiste de la religion comme idéologie, soit de la critique nietzchéenne du christianisme comme maladie de l'homme sous le signe du ressentiment, soit de la critique freudienne des illusions de la conscience. Il faut donc plutôt parler d'une *naïveté seconde* pour la foi qui a traversé l'épreuve critique.

Il n'est pas utile de refaire ici – après tant d'autres – un exposé détaillé des difficultés de croire. Je voudrais seulement repérer quelques-uns des facteurs les plus décisifs qui remettent en ques-

tion le langage traditionnel sur Dieu et je le ferai en essayant de
dépasser le seul point de vue de la culture occidentale.

A. Les difficultés de croire inhérentes à notre situation historique

Le changement de notre image du monde

Le langage de la foi de l'époque classique de la théologie (celle
du Moyen Âge) était étroitement lié à une représentation du
monde comme monde des natures, monde stable et hiérarchisé
selon l'échelle des degrés d'être. Ce degré d'être particulier qu'est
l'homme s'intégrait parfaitement comme une partie dans cet
univers hiérarchisé.

Aujourd'hui, le monde se définit comme *histoire*, comme
devenir, comme champ illimité de l'action humaine. Il renvoie
à la liberté créatrice de l'homme et non à un principe transcendant, cause première explicatrice du monde. Le monde a perdu
son enchantement. Il s'agit d'un monde hominisé qui ne renvoie
plus à Dieu. Cette substitution de l'*histoire* à la nature est d'une
importance fondamentale et conditionne nécessairement notre
image de Dieu (cf. *supra*, chap. VII).

Nous vivons l'aboutissement de ce qui commence en Europe
avec l'*Aufklärung*, comme processus d'émancipation de
l'homme. Depuis le XVIIIᵉ siècle, ce que l'on sait ne s'accorde
plus avec ce que l'on croit. L'homme devient la mesure de
l'homme et le monde désacralisé ne renvoie plus à Dieu mais au
pouvoir de l'homme. L'image moderne de l'homme est celle
d'un être en perpétuelle création de lui-même et du monde.
Cette idée d'*autogenèse* de l'homme semble difficilement conciliable avec l'image d'un Dieu tout-puissant et provident. Tant
que l'homme n'était pas lui-même, tant qu'il aliénait sa propre
substance dans l'absolu, Dieu exerçait un certain nombre de
fonctions dans sa vie et dans le monde. Aujourd'hui, Dieu semble devenu inutile...

La sécularisation

On ne peut parler d'une crise de nos représentations religieuses sans évoquer le phénomène de sécularisation que connaît la
civilisation occidentale depuis près de deux siècles et qui s'étend
partout où celle-ci pénètre. Nous en traiterons plus longuement

au chapitre suivant. Qu'il nous suffise ici de dire que la sécularisation signifie que la religion se retire de tous les domaines où l'homme acquiert la connaissance et donc la maîtrise, dans les réalités et les problèmes terrestres et humains. Il en résulte que l'homme se demande à quoi peut servir Dieu tout en craignant que la religion ne s'oppose à son droit à l'autonomie.

Je sais bien que la sécularisation est un phénomène typiquement occidental. Mais quoi qu'il en soit de la vitalité des cultures et des religions en dehors de l'Occident, on peut parler d'une certaine universalité de la civilisation technique et d'un certain imaginaire collectif qui engendre une « way of life » sécularisée. Je sais aussi que l'on parle volontiers d'un « retour de Dieu » en Occident (Europe et États-Unis). Ce retour de Dieu peut fonctionner comme une réponse au désenchantement engendré par la crise des idéologies et comme un phénomène de contreculture face à une civilisation industrielle, sous le signe de la rentabilité, de l'anonymat et de la croissance à tout prix. Mais il ne faut pas que ce « retour de Dieu » nous fasse illusion sur la situation d'incroyance du monde contemporain. Au moins en ce qui concerne l'Occident – Europe et U.S.A. –, on assiste à un recul de la foi et de la pratique religieuse dans presque toutes les Églises chrétiennes.

Et même si on porte un jugement plus nuancé sur la prétendue irreligion de l'homme moderne, il n'est pas question de revenir en deçà de la critique infligée à l'illusion de la religion par tout le mouvement de la pensée moderne. Surtout dans la théologie protestante, on a sans doute abusé de l'opposition entre la *foi* et la *religion*. Mais il est vrai que la religion favorise l'évasion de l'homme vers un « ailleurs » que la vie réelle. Le Dieu de la foi biblique n'est pas là où l'homme s'invente des dieux – soit de la fertilité, soit de l'immortalité. Dieu n'est pas dans le prolongement des expériences ineffables que l'homme peut connaître. Il demande à être reconnu dans une *histoire*, dans des incarnations. C'est toujours la réponse à une initiative de Dieu, à un mouvement qui va de Dieu vers l'homme. La religion d'hier comme celle d'aujourd'hui exploite toujours cette machine à faire des dieux que constitue la mégalomanie du désir humain ou son goût pour l'ineffable.

La religion est la victoire du désir humain. La foi est vaincue par une rencontre, une présence, même quand cette présence heurte la spontanéité de l'homme. L'homme est rapidement religieux. Il est lent à croire.

Les états de conscience de l'humanité

Quand on parle de la crise de la foi ou du malaise des chrétiens, on est tenté de porter un jugement *moral* sur la situation. On gémit sur les malheurs des temps en invoquant le relâchement des mœurs, la dégradation des valeurs morales, le manque de générosité. Mais il faut bien voir que le malaise des chrétiens ne tient pas seulement au sentiment d'un décalage entre l'idéal chrétien et l'état des mœurs, mais à la prise de conscience d'un divorce entre la foi chrétienne et les *états de conscience* de l'humanité actuelle. Ce qui est finalement en question, c'est ce conflit entre l'autorité de la foi et l'autorité de la raison dans le débat sur l'homme que nous avons évoqué plus haut (cf. p. 24).

On comprend alors le discrédit d'un certain discours chrétien moralisant qui, en face de problèmes comme celui de la famine dans le monde, comme les divers conflits sociaux, comme la démographie galopante ou comme la conscience nouvelle de la sexualité humaine, se contente de faire appel à la prière ou à la générosité des individus. Il faut accepter les conséquences d'une sécularisation normale et inévitable, c'est-à-dire prendre au sérieux une approche rationnelle qui relève de l'économie, du droit international et de l'anthropologie en général.

J'ajoute qu'une foi critique et adulte doit affronter le défi formidable adressé au christianisme par la situation d'injustice du monde contemporain. J'ai déjà cité ce mot de J. Moltmann, « la question de l'existence de Dieu en soi est une babiole en face de la question de sa justice dans le monde [1] ». Pour des millions d'hommes, la question primordiale n'est pas d'abord la question de Dieu, mais *qui mange?* ou même *qui meurt?* « La proximité de l'Être n'est pas pour l'esclave la parenté la plus radicale : la proximité de son propre corps et de celui des autres vient d'abord », écrit Umberto Ecco [2].

Si on considère l'humanité dans son ensemble – selon les

---

1. J. MOLTMANN, *Le Dieu crucifié, op. cit.,* p. 252.
2. U. ECCO, *La Structure absente,* Paris, 1972, p. 384, cité par G. MOREL, «L'enjeu de la crise religieuse», *Rech. Sc. Rel.* nº 63 (1975), pp. 11-38.

grandes passions collectives que distinguait Kant, à savoir l'*avoir,* c'est-à-dire l'économique, le *pouvoir,* c'est-à-dire le politique, et le *valoir,* c'est-à-dire le culturel, la situation du monde contemporain pose des questions urgentes à l'Église. Il suffit d'évoquer l'explosion démographique, le pillage des ressources naturelles, l'écart croissant entre les pays pauvres et les pays riches, la dissémination de la force nucléaire C'est pourquoi, les divers théologiens du Tiers-Monde insistent sur les nécessaires implications sociales et politiques de la foi chrétienne. L'Évangile n'est pas neutre, et grâce à la radicalité évangélique d'un certain nombre de communautés de base dans les Églises du Tiers-Monde, on peut parler d'un nouveau printemps de l'Église en ce dernier quart du xxe siècle dans la mesure où elle prend une option décisive en faveur des pauvres.

Cette présence lancinante du mal et de l'injustice dans le monde nous invite à remettre en cause une conception naïve de la révélation biblique selon laquelle elle contiendrait toutes les réponses aux questions que l'homme peut se poser. Comme en témoigne le Livre de Job, la Bible n'est pas seulement l'histoire des réponses que Dieu apporte aux questions essentielles de l'homme. Elle est aussi et inséparablement l'histoire du questionnement de l'homme en procès avec Dieu. C'est pourquoi nous ne pouvons pas idolâtrer la lettre de l'Écriture. Elle est plutôt l'écho du silence mystérieux de Dieu. Dieu est bien celui qui donne sens à l'existence humaine. Mais ce n'est pas une lumière qui élimine toute obscurité [3].

Le relativisme religieux

Dans cet inventaire rapide des difficultés de croire, il faut encore mentionner, comme obstacle à la foi, une conscience beaucoup plus vive de la relativité du christianisme comme religion historique. Une meilleure connaissance des millénaires qui ont précédé le Christ et des autres grandes traditions religieuses de l'humanité nous amène nécessairement à remettre en cause la prétention du christianisme à être la seule religion vraie et universelle. Comment prétendre qu'il soit pour l'homme l'unique médiation de l'Absolu ? Ne faut-il pas admettre que toutes

3. Cf. J. Moingt, «L'écho du silence», *Rech. Sc. Rel.* n° 67 (1979), pp. 9-36.

les religions se valent comme voies vers Dieu ? Et un certain échec de la mission ne manifeste-t-il pas que la prétention à l'universel du christianisme n'est pas vérifiée historiquement ?

Cette conscience plus vive de *la particularité historique du christianisme* ne doit pas nous conduire au relativisme et au scepticisme. Elle nous invite plutôt à un discernement critique de l'originalité propre du christianisme dans sa différence avec les autres grandes religions – aussi bien les religions monothéistes comme le judaïsme et l'islam que les religions orientales comme l'hindouisme et le bouddhisme. Et seule une meilleure connaissance des richesses propres à chaque grande religion non chrétienne peut nous éviter de tomber dans un impérialisme chrétien naïf, comme si le christianisme historique avait le monopole de toutes les valeurs positives dans l'ordre éthique, religieux ou spirituel. Autre chose est d'accepter la particularité historique du christianisme, autre chose est de mettre en doute la médiation unique du Christ comme incarnation de Dieu dans l'histoire.

B. L'interprétation comme élément constitutif de toute foi critique

Nous avons essayé de discerner quelques éléments essentiels de la situation historique qui conditionne l'expérience contemporaine de la foi chrétienne. Si on s'interroge sur la conception de l'existence humaine vécue aujourd'hui, on peut dire qu'elle est caractérisée par *deux données centrales :* d'une part, l'attente indéracinable d'un avenir humainement vivable, d'autre part, l'angoisse devant cet avenir, car la situation d'injustice dans laquelle vit l'immense majorité des hommes constitue un scandale et une menace permanente pour l'avenir. C'est en fonction de cet horizon qu'il faut se livrer à une réinterprétation du christianisme et à une actualisation pour aujourd'hui du message chrétien.

Cela nous amène à comprendre qu'il n'y a pas de foi critique sans mise en œuvre d'une « opération herméneutique » qui part d'une analyse critique de notre monde d'expérience aujourd'hui, qui cherche à retrouver les structures constantes de l'expérience fondamentale dont témoignent le Nouveau Testament et la tradition chrétienne ultérieure et qui, enfin, établit une

« corrélation critique » entre la tradition de l'expérience chrétienne et nos expériences aujourd'hui [4].

Foi chrétienne et expérience interprétative [5]

Nous avons déjà souligné l'historicité fondamentale de la foi. Cela veut dire que la réflexion critique n'est pas une seconde étape, facultative et réservée à une élite, par rapport à la foi. Déjà dans le Nouveau Testament, la théologie est absolument contemporaine de la foi, c'est-à-dire que la foi se dit nécessairement dans une confrontation incessante avec une culture. On peut considérer tout le Nouveau Testament comme *un acte d'interprétation* [6] de l'événement Jésus-Christ par l'Église primitive. Et la distance qui nous sépare de lui – loin d'être un obstacle – est la condition même d'un nouvel acte d'interprétation pour nous aujourd'hui. C'est la clôture même du texte qui est la condition d'une reprise créatrice. On doit parler d'une analogie ou d'une homologie fondamentale entre les énoncés bibliques et leur milieu socioculturel et puis le discours de la foi à tenir aujourd'hui et notre situation culturelle.

Comprendre l'exigence herméneutique de tout acte de foi, c'est prendre au sérieux *l'historicité de la vérité* même quand il s'agit de la vérité révélée et c'est prendre au sérieux *l'historicité de l'homme* comme sujet interprétant dont tout acte de connaissance est inséparable d'une interprétation de soi et du monde. L'interprétation est l'exigence même de la foi, dans la mesure où l'objet de la foi n'est pas une vérité morte, mais une vérité vivante toujours transmise dans une médiation historique et qui a besoin d'être actualisée sans cesse.

La foi chrétienne vit nécessairement d'une origine, l'événement Jésus-Christ comme événement fondateur. Mais le Nouveau Testament, comme mise par écrit du témoignage rendu à cet événement, est déjà une interprétation. C'est un témoignage conditionné par toute l'épaisseur historique d'une communauté

4. Voir à ce sujet les principes méthodologiques énoncés par E. SCHILLEBEECKX dans *Expérience humaine et foi en Jésus-Christ,* Paris, Cerf, 1981, surtout pp. 29-64.

5. Nous résumons ici ce que nous avons déjà exposé dans la première partie (surtout les chap. I et III).

6. J'emprunte cette expression à P. GISEL dans *Vérité et histoire. La théologie dans la modernité, Ernst Käsemann*, Paris, Beauchesne, 1977.

croyante soumise à ses propres besoins de légitimation et d'identification. Le Nouveau Testament comme témoignage interprétatif ne livre son sens que lorsqu'il est ressaisi dans le mouvement d'une tradition historique.

Avoir aujourd'hui une foi critique et responsable, c'est produire une nouvelle interprétation du message chrétien en tenant compte de notre situation historique tout en s'inscrivant dans la même tradition qui a produit le texte originel. Il y a une analogie entre le Nouveau Testament et la fonction qu'il exerçait dans la primitive Église et puis la production d'un nouveau texte aujourd'hui et la fonction qu'il exerce dans l'Église et dans la société. Sous la garantie du don de l'Esprit et d'une foi vécue en communauté, la continuité n'est pas à chercher dans la *répétition* mécanique d'un même message doctrinal, mais dans l'*analogie* entre deux actes d'interprétation.

L'expérience chrétienne fondamentale

L'expérience fondamentale d'un salut offert par Dieu en Jésus-Christ a été colorée différemment dans les synoptiques, chez saint Paul et chez saint Jean en fonction des questionnements, des modes de représentation, de pensée et de langage qui étaient ceux du temps et du milieu socioculturel.

C'est *le Jésus vivant de l'histoire* qui constitue le début et représente la source, la norme et le critère de ce dont les premiers chrétiens ont fait l'expérience. La tâche d'une foi critique est de restituer cette expérience fondamentale en la dissociant des représentations qui appartiennent à un monde d'expérience maintenant révolu.

Il est possible de ramener cette expérience fondamentale à quelques éléments essentiels :

1. Jésus annonce un Dieu qui veut le salut de tous les hommes et de tout l'homme. Autrement dit, le Dieu de Jésus n'est pas un autre Dieu que le Dieu dont témoignent les diverses religions de l'humanité. Et par salut, il faut entendre non seulement le salut des vivants dans toutes leurs dimensions corporelle, spirituelle et sociale, mais aussi le salut des morts.

2. L'être humain de Jésus se définit par sa relation au Père. Mais Jésus n'a jamais dissocié son rapport existentiel au Dieu-Abba de sa praxis de guérison, de libération et de réconciliation à l'égard des pauvres et des petits d'Israël. C'est pourquoi,

annoncer la Bonne Nouvelle de l'Évangile, ce n'est pas seulement transmettre un message, mais rendre manifeste une expérience de libération.

3. Par son mystère de mort et de Résurrection, Jésus fait la preuve que l'histoire humaine ne peut trouver son accomplissement à l'intérieur du «système» terrestre de notre histoire. Mais la foi en la Résurrection, loin d'être une fuite dans l'au-delà, nous renvoie à notre vie présente dans le monde pour anticiper les effets libérateurs de la Résurrection contre toutes les formes de mort.

Les deux pôles d'une réinterprétation
créatrice du christianisme

Il n'y a pas de prédication vivante aujourd'hui sans une réinterprétation créatrice du christianisme. Il ne suffit pas, en effet, d'«adapter» une doctrine traditionnelle à la mentalité d'aujourd'hui. Toute recherche d'un nouveau langage de la foi implique nécessairement une réinterprétation du contenu dont ce langage est porteur. Cette tâche risquée de réinterprétation ne peut s'accomplir que par la mise en *corrélation réciproque* de l'expérience fondamentale du Nouveau Testament et de la foi traditionnelle de l'Église et de l'expérience humaine d'aujourd'hui. Je me contente ici d'énumérer quelques principes qui doivent guider ce travail critique :

a. Conformément à Vatican II, c'est l'Écriture qui doit être l'«âme» et même le «principe vital» de toute théologie. Cela veut dire qu'il faut soumettre les hypothèses théologiques – même les plus vénérables – aux conclusions irréfutables de l'exégèse historico-critique. Sans doute, ce n'est pas le Jésus restitué par la science historique qui est la source et la norme de la foi chrétienne : c'est le Jésus vivant de l'histoire confessé comme Christ par la première communauté chrétienne. Mais justement, la théologie dogmatique doit tenir compte du fait que la recherche historico-critique est en mesure aujourd'hui de nous manifester l'identité entre le Christ confessé dans la foi et l'homme Jésus de Nazareth.

b. Les définitions dogmatiques, doivent être réinterprétées à la lumière de notre lecture critique de l'Écriture sainte et en fonction de notre expérience humaine actuelle. Notre situation historique particulière est, en effet, un élément constitutif de notre compréhension du message chrétien. Sinon, on risque de défendre une orthodoxie purement «verbale» (cf. *supra*, chap. IV).

c. Dans la présentation du message chrétien, il faut tenir compte du principe mis en avant par Vatican II – à savoir la «hiérarchie des vérités». En cette fin du deuxième millénaire, l'Église a le devoir urgent d'actualiser le message chrétien dans d'autres cultures que la culture occidentale.

II. LA RENCONTRE DU CHRISTIANISME ET DE LA DIVERSITÉ DES CULTURES

Même si nous vivons la foi dans les pays de vieille chrétienté de l'Occident, nous sommes tous, à un titre ou à un autre, concernés par le problème de la rencontre du christianisme et d'une grande religion non chrétienne. Mais inséparablement, le problème posé est celui du choc de deux cultures.

Il n'y a pas, en effet, de rencontre entre deux grandes religions à l'état pur. C'est toujours aussi l'affrontement entre deux cultures. Il n'y a pas de message chrétien chimiquement pur qui ne soit déjà «traduit» dans une culture. Et quand les chrétiens sont minoritaires dans un pays donné, ils sont affrontés à des hommes pour lesquels l'appartenance à une culture est indissociable de l'appartenance à la religion dominante. Ce qu'il y a de commun à la «culture» et à la «religion», c'est la notion d'«héritage». Selon la métaphore de J. Ladrière, une culture est un «enracinement»[7]. C'est un lien invisible mais très étroit qui rattache un être humain à ses prédécesseurs, à ses contemporains et à ses successeurs. Appartenir à une culture, c'est s'enraciner dans une tradition particulière, c'est être invité à habiter le monde dans un certain langage.

Après quelques discernements sur le principe fondamental de l'inculturation du christianisme, nous serons amenés à réfléchir sur l'originalité du christianisme comme religion et sur sa véritable universalité. Nous pourrons alors formuler quelques-unes des exigences nouvelles du témoignage.

---

7. Cf. J. LADRIÈRE, *Les Enjeux de la rationalité. Le défi de la science et de la technologie aux cultures,* Paris, Aubier-Montaigne, 1977. Pour l'histoire du concept de culture, nous conseillons la brève étude de M. MESLIN, *Culture et modernité,* Rev. de l'Institut catholique de Paris, 1 (1982), pp. 75-90.

A. Le principe fondamental de l'inculturation [8]

Le synode des évêques de 1977 parlait d'une véritable
«incarnation de la foi» dans les cultures. «Le message chrétien
doit s'enraciner dans des cultures humaines, les assumer et les
transformer... La foi chrétienne doit s'incarner dans des cultures» *(Doc. catholique t.* 74 [1977] 1018)... C'est dans un
contexte d'évangélisation qu'on utilise en français le mot
d'*inculturation* de préférence à celui d'*acculturation* afin de souligner la nécessité pour la foi de germer et de croître au sein
même des cultures [9]. La foi est comparée à une semence exactement comme la Parole de Dieu dans les synoptiques. Et
l'expression «incarnation de la foi» nous renvoie évidemment
au mystère central du christianisme comme incarnation du
Verbe de Dieu. C'est dire assez que l'incarnation radicale du
message chrétien dans une culture ne compromet pas son intégrité, de même que le devenir-homme de Dieu sauvegarde la
transcendance de Dieu.

Quand on essaie de comprendre le problème de l'inculturation du christianisme dans une mentalité étrangère à l'intérieur
de laquelle se trouvent inextricablement mêlés des éléments
culturels et des éléments religieux, on doit la penser à la fois
selon un rapport de *rupture* et un rapport de *création.* Par
rupture, il faut comprendre que l'annonce de l'Évangile coïncide
avec l'irruption d'une nouveauté dans les modes de pensée, dans
l'imaginaire et la culture des hommes. Par *création,* on souligne
le fait que, malgré sa nouveauté, le kérygme chrétien n'a pu être
entendu qu'en devenant un fait de culture, c'est-à-dire en se
déposant dans des langages et dans des psychologies existants.

C'est en fonction de cette dialectique de *continuité et de rupture* qu'il faut chercher à penser le problème de l'inculturation.

---

8. Parmi les travaux les plus récents sur le problème de l'inculturation, nous recommandons surtout M. SALES, «Christianisme, culture et
cultures», in *Axes,* XIII/1-2, janv. 1981, pp. 3-40.

9. Sur cette question de vocabulaire, voir I. DE LA POTTERIE, in
Culture et foi. Publication de la Commission biblique, Turin, Di-ci,
1981, pp. 327-329. En ce qui concerne la confrontation de la Bible et
des cultures, on consultera aussi l'ouvrage récent de P. BEAUCHAMP, *Le
Récit, la lettre et le corps,* Paris, Cerf, «Cogitatio Fidei» n° 114 (1982).

L'Évangile doit demeurer une Bonne Nouvelle tout en devenant, jusqu'à un certain point, un fait de culture. Si l'évangélisation ne fait pas cet effort d'*inculturation,* il n'y a pas d'événement évangélique. Il n'y a plus que le «faux scandale» d'un véhicule culturel étranger ou dépassé. Mais à l'inverse, si le discours de la foi se coule complètement dans une culture particulière au point de perdre son identité propre, il n'y a pas non plus d'événement évangélique.

L'Évangile sera toujours un signe de contradiction. Mais quand le christianisme entre en conflit avec une culture existante ou avec une grande religion, toute la question est de savoir si c'est au nom de l'Évangile lui-même ou à cause de la culture privilégiée à laquelle il s'est trouvé historiquement associé.

Le processus d'évangélisation obéit à un *double mouvement.* Il y a à la fois inculturation du christianisme et christianisation de la culture. Ce phénomène de christianisation est un phénomène lent et complexe qui comporte une dialectique d'assimilation et de dissimilation. En fait, comme on le constate à propos de la rencontre du christianisme naissant et de l'hellénisme, il peut y avoir une première assimilation ingénue et syncrétiste qui entraîne bientôt un mouvement de rejet qui est suivi lui-même d'une seconde assimilation plus critique. Et comme nous l'avons déjà dit, surtout en Afrique et en Asie, le christianisme ne rencontre pas une culture à l'état pur, il est affronté à de grandes traditions religieuses. Là où il est annoncé, l'Évangile joue un rôle de «catalyseur critique [10]» à l'égard des valeurs éthiques, méditatives, ascétiques des autres traditions religieuses. Mais, en même temps, les chrétiens doivent être prêts à remettre en question leur manière de vivre le christianisme afin que celui-ci ne soit pas un facteur d'*estrangement* par rapport à la culture dominante du pays dans lequel ils se trouvent. Il ne s'agit pas d'annoncer ou de vivre un christianisme différent. Mais conformément à la catholicité de l'Église, il s'agit de favoriser les conditions d'apparition d'une *figure historique différente* du christianisme.

---

10. Nous empruntons cette expression à H. KÜNG, *Être chrétien,* (trad. franç.) Paris, Seuil, 1978, p. 116, l'idée est reprise par J. MOLTMANN dans *L'Église dans la force de l'Esprit, op. cit.,* pp. 210 s.

B. L'originalité du christianisme comme religion

La rencontre du christianisme et d'une grande religion nous invite à réfléchir sur l'originalité du christianisme. Et à cet égard, le rapport entre le christianisme à l'état naissant et le judaïsme a toujours une valeur exemplaire pour nous.

On sait que la Nouvelle Alliance inaugurée par le Christ n'a pas entraîné immédiatement un nouveau culte, un nouveau sacerdoce et de nouveaux temples. Et dans l'ordre éthique, le message du Christ est plutôt la radicalisation de ce qui était inscrit en germe dans la loi juive comme loi d'amour. La nouveauté radicale se résume dans l'événement Jésus-Christ lui-même avec ce qu'il entraîne d'inédit dans la relation à Dieu et aux autres. Cette nouveauté se traduit surtout par l'*esprit nouveau* avec lequel sont assumés un univers de pensée, une vision du monde et de l'homme, un style de vie, des catégories éthiques qui peuvent être anciennes.

C'est l'urgence de la mission auprès des Gentils qui a provoqué un discernement entre les éléments juifs contingents et le message évangélique lui-même. Les juifs devenus disciples du Christ trouvaient tout à fait normal de continuer à se faire circoncire et à ne pas manger certaines viandes. C'est tellement vrai qu'au début de la primitive Église la nouvelle religion instaurée par le Christ est simplement désignée comme la « Voie » *(odos)*. Il s'agit pour eux d'un prolongement de la *halakha* juive comme ensemble de règles d'ordre moral, social et religieux. Il faut tenir à la fois les deux paroles du Christ : « Je ne suis pas venu abroger mais accomplir » et : « On ne met pas de vin nouveau dans de vieilles outres » [11].

Cette coexistence de la religion juive et d'une pratique chrétienne à la suite du Christ nous invite à réfléchir sur l'originalité du christianisme comme religion. On serait tenté de dire que le Christ n'a pas fondé une nouvelle religion, si par religion on entend un système de représentations, un ensemble de rites, un catalogue de prescriptions éthiques, un programme de pratiques sociales. L'existence chrétienne ne se définit pas *a priori*. Elle

11. Voir à cet égard F. MUSSNER, *Traité sur les juifs,* (trad. franç.) Paris, Cerf, « Cogitatio Fidei » n° 109 (1981), chap. III.

existe partout où l'Esprit du Christ fait surgir un être nouveau
de l'homme individuel et collectif. La question d'un *spécifique*
chrétien est une question mal posée. Il n'y a pas d'«espèce»
chrétienne. Il y a seulement un «genre» chrétien difficilement
discernable [12]. Disons qu'il y a une manière chrétienne d'être un
homme, d'aimer, de souffrir, de travailler. Et il y a une manière
chrétienne d'être iraquien, indonésien, turc, africain ou chinois.

Et puisque le christianisme doit s'incarner dans des mentalités
où les éléments culturels et religieux se mêlent de façon indissociable, ce n'est pas assez dire de parler d'une double appartenance chrétienne et culturelle. Peut-on aller jusqu'à parler d'une
double appartenance *religieuse*? Je veux dire que la question
n'est pas seulement de savoir si on peut être intégralement chinois et chrétien, arabe et chrétien. La question serait: est-il possible d'être à la fois bouddhiste et chrétien, musulman et chrétien? La question n'est pas absurde. Elle nous renvoie, en tout
cas, à cette question plus radicale: qu'est-ce qui est le plus
important dans le christianisme? un ensemble de rites, de représentations, de pratiques qui sont les éléments structurants com-
muns à toutes les religions, ou bien la puissance imprévisible de
l'Évangile?

Ce n'est pas parce que, historiquement, les rapports entre le
christianisme et les autres religions ont été vécus en termes
d'exclusion, que cette situation est normative pour la fin du
second millénaire. Nous sommes déjà témoins en Asie de cas de
«bouddhisme chrétien» ou d'«hindouisme chrétien» qui sont
autre chose que des syncrétismes paresseux. Ce sont des créations originales de l'Esprit de Jésus. C'est là où nous vérifions
que le rapport entre le christianisme naissant et le judaïsme est
éclairant pour comprendre la rencontre entre le christianisme
contemporain et les grandes religions non chrétiennes [13].

Si j'évoque cette problématique risquée d'une double appartenance religieuse, c'est parce que je pense qu'il est trop simple,
trop triomphaliste aussi, de dire que le christianisme est un

12. Je m'inspire ici des propos stimulants de Y. LE GAL, *Questions
à la théologie chrétienne,* Paris, Cerf, 1975, p. 71.
13. Cf. notre étude in *Concilium*, «Pour une théologie à l'heure chi-
noise. Évangélisation et culture», n° 146 (1979), pp. 93-106. Cf. aussi
M. ZAGO, «L'évangélisation dans le climat religieux de l'Asie»,
Concilium, n° 34 (1978), pp. 93-106.

levain qui doit opérer une *Aufhebung* (destruction-assomption) de toutes les traditions religieuses. Sans doute, le christianisme exercera toujours un discernement critique et purificateur à l'égard des autres religions. Mais comme je l'ai dit, il faut se garder de l'illusion de croire que l'on peut établir une distinction bien nette entre des valeurs *culturelles* que l'on pourrait garder et des éléments *religieux* qu'il faudrait rejeter. L'Église est fidèle à sa vocation universelle, non par la destruction des autres religions, mais par une présence chrétienne qui sera le germe et la promesse de ces réalisations historiques nouvelles que seront un christianisme arabe, indien, chinois...

En d'autres termes, le christianisme est infidèle à sa condition exodale quand il absolutise une réalisation historique, c'est-à-dire une certaine production institutionnelle et doctrinale, comme un état définitif de l'Église du Christ. L'Évangile n'exerce pas une fonction critique seulement à l'égard des autres religions, mais à l'égard de la religion chrétienne elle-même. Concrètement, cela veut dire que, face au défi des autres cultures et des autres religions, l'Église ne peut être fidèle à sa catholicité qu'en acceptant une *conversion*, c'est-à-dire en acceptant une remise en cause de son mode d'expression occidental.

C. La particularité historique du christianisme et sa vocation à l'universel

À l'intérieur de l'Église, on a souvent été tenté de conclure au caractère absolu du christianisme comme religion historique à partir du caractère absolu de l'événement Jésus-Christ comme manifestation historique de l'absolu de Dieu. En vertu du caractère humano-divin du Christ, l'Église historique s'est pensée, au milieu des hommes, parmi d'autres religions ou sagesses, comme le groupe porteur de la vérité absolue et elle a agi selon cette persuasion.

Elle a donc organisé son action doctrinale, politique, sociale sous l'angle de ce qu'on peut appeler une « idéologie unitaire [14] » et cela s'est traduit par un certain triomphalisme de l'Église ou bien par une *unicité* conçue en termes d'exclusion ou d'inclusion. Nous sommes les dépositaires du « vrai » et ce « vrai »

14. J'emprunte cette expression à C. DUQUOC, *Dieu différent,* Paris, Cerf, 1977, p. 126.

s'oppose à tout le reste comme à l'erreur. Ou bien on est tenté de dire que la vérité chrétienne est englobante de toutes les valeurs d'humanité, de civilisation ou de religion, en dehors du christianisme.

Il serait relativement aisé de montrer que cette prétention à l'universel a coïncidé pour le christianisme avec son rapport à une civilisation privilégiée, dominante, la civilisation occidentale. Plus la religion chrétienne est pensée comme universelle, plus elle va se présenter avec tous les attributs du pouvoir et plus elle sera tentée de promouvoir une unité conçue en termes d'uniformité.

Or, je constate qu'aujourd'hui, grâce à une meilleure connaissance des autres mondes que le monde occidental, nous avons une conscience plus vive de la particularité historique du christianisme qui n'inclut pas toutes les valeurs qui se sont explicitées dans d'autres religions ou dans d'autres sagesses spirituelles. Nous avons aussi une conscience plus vive d'un certain échec de la mission universelle du christianisme et nous constatons que cette prétention à l'universel est plutôt contraire à la pratique historique de Jésus car, en se révélant en Jésus, Dieu n'absolutise pas une particularité : il signifie au contraire qu'aucune particularité historique n'est absolue.

Cette acceptation de la particularité historique du christianisme ne contredit ni notre foi en l'universalité de la médiation du Christ, ni notre foi en la mission universelle de l'Église.

C'est en tant qu'*Universel concret*, c'est-à-dire Dieu fait homme, que Jésus est universel. Nous croyons que le Christ n'est pas une manifestation parmi d'autres de l'Absolu qu'est Dieu. Il est Dieu lui-même devenu historique. Mais ce que nous disons du Christ comme médiation de Dieu, nous ne pouvons pas le dire du christianisme historique. Par ailleurs, la mission universelle de l'Église ne dépend pas du caractère absolu du christianisme comme religion historique[15]. Le christianisme n'a pas le monopole de l'action salutaire de Dieu : la grâce est offerte à tous les hommes selon des voies connues de Dieu seul. L'Église, comme réalité historique, n'a pas le monopole des signes du Royaume ; Dieu est plus grand que les signes historiques par lesquels il a manifesté sa présence.

15. Cf. A. GANOCZY, « Prétention à l'Absolu, justification ou obstacle pour l'évangélisation », in *Concilium*, n° 134 (1978), pp. 33-43.

Ces quelques discernements ont pour but de nous faire comprendre que la véritable universalité du christianisme n'est pas une universalité abstraite qui tend à imposer à toutes les Églises une uniformité formelle. Comme le disait Paul VI, « nous sommes pluralistes précisément parce que catholiques, c'est-à-dire universels ». La catholicité doit pouvoir inclure un pluralisme de confessions et de pratiques sans aboutir à l'éclatement ; « la foi n'est pas pluraliste », pour reprendre une autre formule de Paul VI. Mais si on prend au sérieux les conditions d'incarnation de l'Église dans une culture donnée, la même foi doit pouvoir engendrer des figures historiques différentes du christianisme.

III. LES CONDITIONS D'UN TÉMOIGNAGE PROPHÉTIQUE

Comme nous le verrons plus loin à propos du « christianisme comme voie » (chap. XII), le christianisme est, par essence, une religion prophétique et l'existence chrétienne est aussi, par essence, une existence prophétique : le christianisme est en « exode » permanent. Il y a donc une exigence interne du christianisme à dépasser les objectivations historiques qu'il peut se donner dans l'ordre du langage, dans l'ordre institutionnel ou dans celui des pratiques. Cela rejoint l'idée force de tout cet ouvrage à savoir la *fidélité créatrice* qu'implique tout témoignage chrétien dans la mesure même où celui-ci est rendu dans l'histoire.

Je cherche seulement à répondre à la question suivante : Quelles sont les conditions d'un témoignage prophétique dans l'Église ? Et pourquoi parler ici d'un témoignage prophétique ?

La difficulté de la communication de la foi peut tenir au décalage entre le langage du Nouveau Testament et le langage dominant de notre culture. On peut dire aussi que la difficulté de la communication de la foi vient du fait que, à la différence de ce qui se passait pour les contemporains du Christ ou des Apôtres, quand nous nous adressons à l'homme moderne, nous ne pouvons pas tabler sur un préalable religieux ou sur une attente messianique.

Mais on peut se demander si l'échec relatif de notre témoignage ne vient pas de ce que celui-ci n'est pas suffisamment un témoignage prophétique, c'est-à-dire une parole créatrice de quelque chose de neuf.

A. Le témoignage comme victoire de la foi

Le témoignage est nécessairement une victoire de notre foi, d'une foi passée par l'épreuve d'une contestation radicale, celle de la culture athée du monde moderne, ce que j'appelais un athéisme postchrétien. Nous vivons dans un monde qui a perdu sa naïveté.

La foi sera toujours de l'ordre de la spontanéité, mais la foi responsable, pour soi et pour les autres, a dû passer par l'épreuve de la critique pour connaître ce que j'appelais à la suite de Ricœur une «naïveté seconde». La foi, en effet, n'a plus, culturellement, le caractère d'évidence qu'elle pouvait avoir dans des siècles de chrétienté. On pourrait dire que la situation d'incroyance constitue une sorte de destin historique permis par Dieu et que cette situation historique d'absence de Dieu va conditionner nécessairement la foi des chrétiens et leur témoignage. Disons que l'absence de Dieu ou le silence de Dieu est ressenti aussi profondément par les chrétiens que par les non-croyants.

Nous comprenons qu'il ne s'agit pas de partir en croisade ou de lancer des imprécations contre les hommes sans Dieu, mais de partager, même comme croyants, un certain destin historique d'absence de Dieu [16].

Cela nous rend plus silencieux, plus modestes, moins triomphalistes, plus compréhensifs de la faiblesse des autres. Il y a une fraternité, dans la faiblesse, entre croyants et incroyants. Et cette fraternité dans la faiblesse n'est pas nécessairement une démission de la foi et du témoignage, c'est l'acceptation d'un destin historique. Là, on pourrait reprendre les intuitions de Bonhoeffer; il s'agit de vivre comme si Dieu n'existait pas, mais il s'agit – paradoxe pour le croyant – de vivre cela *devant Dieu* [17]. Le message de la foi est devenu normalement difficile: ce qui est étonnant aujourd'hui, ce n'est pas l'incroyance, c'est la non-incroyance.

16. Cf. G MOREL, «Les vertus de la nuit», in *Autrement,* nº 2 (1975), pp. 79-84.

17. Voir à cet égard notre article à paraître en mai 1983 dans *Concilium: Le destin de la foi chrétienne dans un monde d'indifférence.*

Pourtant, en même temps, le message chrétien garde toute son actualité. On se pose alors la question : «Comment communiquer la foi, comment témoigner de Jésus-Christ devant des hommes indifférents?» La situation n'est plus la même que celle de la première prédication chrétienne, s'il est vrai que nous ne pouvons plus tabler sur le même *a priori* religieux. Cependant, l'homme reste l'homme et il demeure épris de vérité, de justice, d'amour, de liberté et nous avons la certitude qu'il y a en lui une ouverture possible à l'égard de l'Évangile. Du point de vue de la situation mondiale, je dirais que l'Évangile – sans mauvaise apologétique – n'est jamais devenu plus actuel qu'aujourd'hui. Il restera toujours de l'ordre de la gratuité, mais nos sociétés modernes découvrent qu'il y a une vérité dans le message des béatitudes qui, si elle n'est pas honorée d'une manière ou d'une autre, conduit collectivement l'humanité à une forme de suicide.

B. Le témoignage comme acte prophétique

Notre témoignage ne peut pas simplement être une transmission de vérités, la seule transmission d'un savoir. Il doit être un événement prophétique, une *épiphanie* de Dieu parmi les hommes. Dans le climat de scepticisme dans lequel nous sommes, une certaine qualité de foi, chez un homme normal, compétent, intégré dans la société, est toujours un miracle qui étonne, une parole qui fait choc. À l'origine de tout témoignage, il y a une expérience. Avant d'accuser la culture ou l'irréligion de l'homme moderne, il faut se demander si notre témoignage procède de cette expérience. Si les Apôtres ont été des témoins incomparables, c'est parce qu'ils ont pu toucher, contempler... Si vingt siècles après, nous sommes souvent des témoins hésitants, c'est peut-être parce que nous n'avons pas rencontré la personne de Jésus-Christ, le visage de Dieu.

Nous avons le témoignage historique des Apôtres et les signes de la présence de Jésus dans l'Église et le monde, mais cela ne suffit pas : il faut qu'il y ait le témoignage *intérieur*, actuel, de l'Esprit Saint qui atteste au fond de notre cœur que le Christ est toujours vivant. C'est cela l'expérience de la foi chrétienne et du témoignage procédant de la foi. Autrement dit, la foi est témoignage extérieur, parce qu'elle est d'abord témoignage intérieur de l'Esprit en nous.

Si ce témoignage est un événement prophétique, il sera un

témoignage rendu à Jésus-Christ. Mais comme tout témoignage prophétique, il va consister aussi à discerner le point de vue de Dieu dans les événements du monde et dans la vie de ceux auxquels nous sommes envoyés. Cela est conforme à l'économie de la révélation. Notre mission est de manifester l'actualité et le pouvoir libérateur de la parole de Dieu dans un monde devenu irréligieux en devenant adulte.

C. Le témoignage doit être situé historiquement

Quand nous regardons la tradition prophétique, dans l'Ancien Testament, nous voyons que la parole prophétique est toujours située historiquement ; le prophétisme n'est jamais abstrait : il a toujours un enracinement historique [18]. On pourrait, dans le témoignage prophétique, distinguer trois pôles :

la mémoire de l'action de Dieu ;
le discernement de la situation présente ;
la production d'une parole neuve qui procède de la sensibilité historique aux besoins des hommes, du monde, de l'Église.

Le témoignage est donc toujours lié à la particularité des situations de l'Église dans le monde. Une parole qui veut être universelle risque d'être insignifiante. Il s'agit toujours d'une parole neuve, en fonction d'une situation nouvelle. Aujourd'hui, il ne peut y avoir de témoignage rendu à l'Évangile du Christ, sans qu'il y ait en même temps un certain discernement des nouveaux états de conscience de l'homme, des questions nouvelles posées par la démographie dans le monde et par la forme, qualitativement différente, de la violence humaine à l'âge atomique, par la tension Nord-Sud, la tension entre pays riches et pays pauvres. C'est cela le témoignage situé historiquement : relire l'Évangile et le faire parler en fonction de notre situation présente. Je pense que la tradition chrétienne doit toujours être porteuse d'avenir, sinon elle n'est plus une transmission dans l'Esprit. Elle risque d'être « une lettre qui tue » et non pas « un Esprit qui vivifie ».

18. Voir en particulier l'étude de P. BEAUCHAMP, « La prophétie d'hier », in *Lumière et Vie*, n° 115 (1973), pp. 14-24.

D. Le témoignage prophétique n'appartient pas aux seuls chrétiens

On pourrait le justifier théologiquement en montrant que les notes d'ecclésialité ne sont pas uniquement les notes d'appartenance visible à l'Église, comme rassemblement des croyants. Il y a tous ceux qui vivent de l'Esprit du Christ – sans le savoir – et qui sont en dehors des frontières de l'Église visible.

En d'autres termes, les chrétiens n'ont pas le monopole de l'esprit des béatitudes et même, ils n'ont pas le monopole de l'Esprit de Jésus. Il peut y avoir par exemple des témoignages, des gestes, des actions, des paroles qui procèdent d'un athéisme à portée éthique.

D'un tel témoignage qui n'est pas simplement verbal, mais le témoignage d'une existence, nous avons plusieurs exemples: qu'il s'agisse de tous ceux qui sont engagés dans Amnesty international ou du témoignage des dissidents dans les pays de l'Est, ou encore de ceux qui appartiennent à des mouvements comme « Médecins sans frontières » ou de ceux qui travaillent dans le Quart-Monde, etc.

Il y a deux témoignages prophétiques que nous devons donner: d'une part, redonner des raisons de vivre aux hommes des sociétés industrielles et postindustrielles qui sont désemparées et à la recherche de nouveaux messies, de nouveaux guides; d'autre part, mettre un terme au processus fatal qui élargit le fossé entre pays riches et pays pauvres. Ce témoignage n'appartient pas aux seuls chrétiens, parce que l'Esprit du Christ est toujours imprévisible.

E. Les critères d'authenticité du témoignage

1. Il y a d'abord *la référence à l'Évangile et à la pratique de Jésus*. Dans telle situation historique inédite, le témoignage chrétien est imprévisible et l'imitation du Christ n'est pas une reproduction mécanique. Mais il y a une certaine pratique de Jésus qui doit inspirer tout témoignage. Cette pratique de Jésus, ce sens chrétien, ne dissocie jamais le sens de Dieu et le sens de l'homme.

Il y a dans le témoignage chrétien, aujourd'hui, une urgence à retrouver l'essentiel: on parle depuis Vatican II, de la *hiérarchie des vérités.* L'essentiel, c'est le mystère de mort et de Résurrection du Christ et la pratique de Jésus en faveur des hommes. Or, cette pratique devient insignifiante si ce n'est pas une pratique en référence à Dieu son Père.

2. *On ne peut pas dissocier le témoignage comme énoncé, de l'acte d'énonciation,* de l'engagement du témoin parlant à la première personne et donc de la manière dont lui-même s'est converti avant de proposer un témoignage comme interpellation pour les autres.

Pour reprendre un mot de Kierkegaard, «il y a une réduplication du témoignage dans la vie du témoin [19]». Qu'est-ce que répupliquer? C'est être ce que l'on dit ou alors le témoignage est purement verbal. C'est la différence entre la parole du répétiteur et celle du témoin. Le témoignage chrétien est toujours un témoignage existentiel; comme disait aussi Kierkergaard «en christianisme, il faut parler d'imitateur et non pas de professeur».

J'ajouterai – cela est important au point de vue d'une théologie du témoignage – que Dieu lui-même est l'instance devant qui on témoigne. C'est un signe de la gratuité du don qui m'est fait et de la gratuité de mon témoignage auprès des autres. Je suis responsable devant Dieu et non pas uniquement devant les autres. Je suis jugé par Dieu et non pas d'abord par les autres. Parce que Dieu est grâce, il y a toujours une parole intérieure qui va révéler au cœur de l'auditeur le sens de mon énoncé, le sens de ma parole. Dieu est donc l'instance devant qui on témoigne. C'est en cela qu'il y a réduplication du témoignage comme transmission d'un certain contenu dans ma vie elle-même. À ce moment-là, c'est ma vie elle-même qui devient une parole vivante.

3. *La parole du témoin doit être l'amie de l'homme.* Le témoignage chrétien rendu à l'Évangile est toujours une parole exigeante, interpellante, une parole qui met l'homme en question, qui le juge, mais qui doit toujours être libératrice et non pas un fardeau supplémentaire. Autrement dit, les bons prophètes ne sont pas nécessairement les prophètes de malheur ou les prophètes accusateurs. Les bons prophètes sont ceux qui vont au-

---

19. Voir la reprise de cette idée par les auteurs de l'ouvrage collectif sur le témoignage: P. Jacquemont, J.-P. Jossua, B. Qelquejeu, *Le Temps de la patience,* Paris, Cerf, 1976, pp. 131-132.

devant de l'attente de celui qui recèle un certain nombre de possibilités qui ne lui ont pas encore été révélées : une parole créatrice de quelque chose de neuf.

La nouveauté, c'est la possibilité d'exister inséparablement comme homme et comme chrétien. Nous sommes un peu las des discussions sur le « plus chrétien ou sur le spécifique chrétien ». Il faut se souvenir ici de ce que K. Barth disait sur *l'originalité* du christianisme qui est mieux qu'une religion, une *religion de la grâce.* L'important, c'est l'esprit nouveau avec lequel je vais assumer un certain nombre de valeurs déjà existantes, que je sois français, américain, africain ou chinois.

4. *Le respect de la liberté d'autrui dans le témoignage :* ce serait là l'objet d'une réflexion sur le rapport entre la responsabilité, l'urgence du témoignage et la nécessité du dialogue.

Certains disent avec amertume qu'on est passé de la mission au *dialogue.* Je dirais plutôt que nous sommes passés d'un mauvais prosélytisme au dialogue. Le véritable témoignage n'exclut pas le dialogue. On peut évidemment poser le problème théorique : comment m'acquitter de ma responsabilité à l'égard de l'Évangile et en même temps respecter vraiment la liberté d'autrui ? Il semble que la loi du dialogue soit la mise en question réciproque des interlocuteurs dans la recherche tâtonnante de la vérité. Or, le fondement de mon témoignage, c'est la certitude d'avoir découvert en Jésus-Christ la vérité sur l'homme et sur l'histoire.

Gandhi disait : « Comment celui qui croit avoir la vérité peut-il être fraternel ? » N'est-ce pas en effet une prétention insoutenable d'imposer à l'autre ma vérité comme la seule vérité, alors que je sais très bien que moi-même j'adhère à cette vérité dans la liberté, c'est-à-dire que je l'ai choisie parmi d'autres. Elle ne s'impose donc pas avec l'objectivité et l'universalité d'une vérité évidente, scientifique ou philosophique.

Pour sortir de ce dilemme assez théorique, responsabilité et respect d'autrui, il faut réfléchir sur la nature même de la foi, sur le fait que la foi est toujours inséparablement un don gratuit de Dieu et un acte libre. Autrement dit, la foi n'est pas une possession définitive, une certitude acquise une fois pour toutes. Elle participe à l'insécurité qui caractérise ma liberté ; et par ailleurs, il faut souligner – surtout dans notre situation culturelle – le caractère obscur de la foi. Non seulement, nous n'avons pas de certitudes au sujet de notre propre foi, mais cette foi porte sur des vérités obscures dont nous n'avons pas l'évidence. Il y a une grande discontinuité entre les vérités que je partage avec d'autres au sens d'un certain nombre d'évidences et les vérités qui relèvent du monde de la foi.

On pourrait donc, de ce point de vue, parler à l'intérieur même du croyant d'une certaine *simultanéité existentielle de la foi et de l'incroyance* [20]. Le dialogue commence déjà en nous-mêmes et pas seulement avec l'autre, l'incroyant. C'est nous-mêmes qui sommes cet incroyant possible, ce n'est pas d'abord l'autre.

Ainsi dans tout témoignage, il y a, par nécessité, une certaine fraternité entre le croyant et l'incroyant et c'est la fraternité d'une recherche qui n'est jamais achevée. À ce moment, je ne suis pas simplement le propriétaire d'une réponse définitive mais aussi le témoin d'une interrogation, d'une vérité qui me dépasse, d'un appel.

Si, en témoignant, je me livre sérieusement aux exigences du dialogue, c'est moi-même, ma foi qui va être soumise à une purification radicale. Je vais peut-être ainsi découvrir que je n'ai pas droit aux vérités dont je témoigne, parce que je ne les vérifie pas dans ma vie. Tant que je n'ai pas été confronté à l'exigence de vérité de mon interlocuteur, je peux me faire illusion sur l'authenticité de mon témoignage. Inversement, en prenant conscience de mon propre illogisme, je peux éventuellement déceler, chez l'autre, une foi qui se cache sous ses refus d'accepter l'Évangile.

Ainsi, il peut y avoir chez l'autre, un refus paradoxal de la vérité qui est en contradiction avec la vérité de sa vie. De même que moi je suis renvoyé à mon illogisme, c'est-à-dire au fait que ma foi confessée ne coïncide pas avec ma foi vécue. Témoigner de l'Évangile, témoigner de la vérité du Christ, c'est toujours témoigner d'une vérité qui me dépasse et c'est dans l'acte du témoignage que je risque de venir à ma vérité comme le montre bien l'entretien de Jésus avec la Samaritaine.

Autrement dit, le dialogue entre deux hommes conduit au dialogue avec soi-même et c'est alors la vérité qui se célèbre, qui s'atteste, dans ce dialogue. Peut-être que la visée du témoignage, quand précisément il est un témoignage devant Dieu et un

---

20. Cf. J.-B. Metz, «L'incroyance comme problème théologique», *Concilium*, n° 6 (1965), pp. 63-81.

témoignage désintéressé, ce n'est pas tellement de vouloir faire de l'autre ce qu'il n'était pas jusqu'à présent – au sens d'une conversion –, c'est d'essayer de le faire venir à lui-même: c'est-à-dire être révélateur de sa propre vérité ou révélateur d'une possibilité d'existence encore enfouie.

Conclusion: Les deux grandes formes du témoignage dans l'Église

Quand on parle du témoignage chrétien, il n'est jamais individuel, c'est un témoignage rendu en Église. Il faut se demander ce que l'Esprit continue de dire aux Églises (cf. Ap. 2,7).

Au sein de l'Église d'aujourd'hui, il y a deux sortes de témoignages prophétiques: l'un de tendance plus socio-politique et l'autre de tendance plus mystique.

D'une part, il y a le témoignage prophétique des chrétiens d'Amérique latine et des pays de l'Est, qui sont prêts à défendre l'Évangile jusqu'au sacrifice de leur vie, prêts aussi à défendre les valeurs impliquées par l'Évangile, en particulier les droits fondamentaux de l'homme. C'est vrai qu'en cette fin du XXe siècle, l'Église du Christ est une Église prophétique dans la mesure où elle n'apparaît plus, dans beaucoup de pays pauvres, comme l'alliée des pouvoirs en place ou comme la complice d'un certain *statu quo.*

Il y a aussi d'autre part, toutes ces communautés charismatiques qui attestent la permanence et la puissance de l'Esprit. Elles rendent témoignage de la présence du Dieu vivant dans le monde.

Il est très regrettable que souvent, dans le christianisme contemporain, ces deux tendances soient exclusives l'une de l'autre. Je pense que c'est le sens du Dieu vivant qui garde le prophétisme politique de verser dans un messianisme purement temporel. Et par ailleurs, ce sont les fruits de la charité concrète et réaliste, les fruits de la charité pour les plus démunis de nos frères, qui attestent l'authenticité chrétienne des communautés dites charismatiques.

CHAPITRE XI

LA FONCTION IDÉOLOGIQUE
DE LA SÉCULARISATION

Se livrer à une herméneutique de la sécularisation, c'est interpréter un phénomène complexe qui caractérise le monde comme *moderne* depuis l'*Aufklärung,* c'est-à-dire depuis le mouvement d'émancipation de la société occidentale non seulement à l'égard de la tutelle de l'Église, mais à l'égard de toute forme religieuse.

Autant on trouve un large accord parmi les historiens de la culture et les sociologues de la religion dans la description du phénomène, autant son interprétation est difficile. Certains identifient purement et simplement *sécularisation* et *désacralisation.* D'autres estiment que la sécularisation désigne seulement le processus historique de récession du christianisme dans la société occidentale et peut très bien coexister avec la persistance du sacré dans le monde moderne. Ces divergences d'interprétation montrent bien que dès qu'il s'agit de « sécularisation », il est très difficile d'en rester au simple constat historique du phénomène : approche scientifique et intérêt idéologique se mêlent de façon inextricable. Je voudrais justement le vérifier à propos de la « théologie de la sécularisation ». Celle-ci est inséparablement une herméneutique de la sécularisation et une herméneutique du christianisme.

Les théologies sont toujours nées de la rencontre entre le message chrétien et un nouvel état de la culture. La « théologie de la sécularisation » est une tentative de réinterprétation du donné chrétien à la lumière de la « modernité » du monde et de l'homme désignée par le terme de « sécularisation ». La sécularisation est élevée à la dignité de critère herméneutique de la théologie chrétienne. Toute la question est de savoir si cette fameuse « sécularisation » n'est pas devenue un concept *théologique,* pour ne pas dire *idéologique,* forgé pour les besoins de l'Église affrontée à une situation historique nouvelle. Il est en tout cas remarquable de voir que ce sont les théologiens qui utilisent de manière privilégiée la « sécularisation » comme modèle sociologique d'interprétation de la réalité historique. Il est donc impossible de faire l'herméneutique de la sécularisation sans réfléchir à l'usage qu'en a fait la pensée chrétienne la plus récente. Cela doit nous aider à discerner le contenu idéologique du concept de sécularisation. Et c'est aussi un cas exemplaire pour vérifier la fonction idéologique de la théologie dans un contexte historique donné.

Je ne puis, après bien d'autres, rouvrir le débat sur les rapports entre théologie et idéologie [1]. Je me contente de distinguer une double fonction de la sécularisation. Tout d'abord, une fonction de justification et de légitimation. Il s'agit alors de voir comment la théologie de la sécularisation fournit une justification théorique tant du devenir séculier du monde et de l'homme que de la mutation en cours à l'intérieur du christianisme. Mais au-delà de cette fonction légitimante, qui peut être dénoncée comme réifiante, la sécularisation peut aussi avoir pour l'avenir du christianisme une fonction exploratoire et même utopique. Autrement dit, la démythisation de la sécularisation comme idéologie doit coïncider avec un déchiffrement de sa portée explicatrice par rapport à la transformation de la dimension religieuse de l'homme. Elle a, en particulier, le mérite de nous manifester l'inadéquation des catégories de « sacré » et de « profane » pour rendre compte à la fois de la situation « religieuse » de l'humanité contemporaine et du « religieux » spécifiquement chrétien.

1. Je renvoie seulement à l'ouvrage de S. BRETON, *Théorie des idéologies,* Paris, Desclée, 1976, et à celui de Ch. WACKENHEIM, *Christianisme sans idéologie,* Paris, Gallimard, 1974, ainsi qu'à l'étude de P. RICŒUR, « Herméneutique et critique des idéologies », dans l'ouvrage collectif, *Démythisation et idéologie,* Éd. Castelli, Paris, Aubier, 1973, pp. 25-61.

I. LE VOCABULAIRE DE LA SÉCULARISATION ET LA FONCTION DE L'IDÉOLOGIE

Avant de s'interroger sur la fonction idéologique de la sécularisation, il faut d'abord se mettre d'accord sur le mot même de « sécularisation » et sur ce qui caractérise la fonction de l'idéologie.

1. Selon une première approche, on désignera par « sécularisation » le phénomène par lequel les réalités de l'homme et du monde tendent à s'établir dans une autonomie toujours plus grande, en évacuant toute référence religieuse. Historiquement, le terme de « sécularisation » a eu longtemps une signification juridique et neutre. Il désignait l'opération juridique par laquelle s'effectuait un transfert de propriétés et d'usages de certains biens de l'Église à des instances d'État. Lorsque ces opérations se font sans le consentement de l'Église, dans un climat de polémique et de revendications – ce qui fut le cas au XIXᵉ siècle –, le mot de « sécularisation », comme celui d'ailleurs de « laïcisation », sert à désigner de manière plus générale le processus d'émancipation de la société moderne par rapport à la tutelle de l'Église. Les grands secteurs de la vie humaine échappent progressivement à l'institution ecclésiale : ils appartiennent à l'ordre du rationnel, du scientifique, du politique. Le trait sans doute le plus décisif de ce processus de sécularisation à l'époque moderne est l'extension de la rationalité à tous les secteurs de la réalité. C'est le « désenchantement » du monde au sens de M. Weber. La nature ne recèle plus de sacré : elle appartient au domaine de l'expliqué, de l'objectivable, du « disponible ». Et parallèlement à ce processus d'objectivation, s'affirme de plus en plus l'*autonomie* de l'homme comme dominateur de ce monde sans mystère.

On voit donc comment on passe tout naturellement d'un premier sens de « sécularisation » au sens de *laïcisation,* c'est-à-dire libération de l'emprise de l'Église, à un second sens, celui de *désacralisation* du monde et de l'homme. Enfin, il y a une troisième étape dans cette évolution sémantique du mot « sécularisation ». Il va désigner le processus d'émancipation de l'homme moderne comme processus d'*athéisme.* Toute dépendance religieuse à l'égard de Dieu est dénoncée comme une aliénation incompatible avec l'affirmation de la pleine autonomie de l'homme enfin rendu à lui-même. On pourrait dire – au moins dans la perspective des humanismes athées qui s'inspirent de Feuerbach – que les religions historiques cèdent la place à la religion séculière de l'homme.

Ces remarques préliminaires de vocabulaire suffisent à nous mettre en garde contre les confusions que le mot même de *sécularisation* peut favoriser en fonction des intérêts *idéologiques* de celui qui l'utilise. Une chose est d'affirmer l'autonomie du temporel face à la domination séculaire de l'Église ; autre chose est d'affirmer la complète désacralisation du monde *parce que* « moderne » ou la totale irréligion de l'homme contemporain parce que « majeur ».

Pour mieux discerner la fonction idéologique de la sécularisation, je distinguerai, à la suite de P. Berger, la sécularisation au sens *objectif* et la sécularisation au sens *subjectif*[2]. Par sécularisation au sens objectif, on entendra le processus de libération de la société à l'égard de l'autorité ecclésiastique ainsi que le retrait des motivations religieuses dans les diverses manifestations de la culture. La sécularisation est inséparablement un processus socio-structural et un phénomène de civilisation. Cette sécularisation au sens objectif est inséparable du *pluralisme :* la religion n'a plus le monopole comme système de légitimation sociale et comme système d'idéation. Mais cette sécularisation de la société et de la culture entraîne aussi une sécularisation au sens subjectif, c'est-à-dire une sécularisation de la conscience. Disons qu'il y a sécularisation au sens d'une transformation des structures de crédibilité de la religion. C'est une conséquence inévitable du pluralisme. Le « croyable disponible » de l'homme moderne a changé en ce sens que les contenus traditionnels de la croyance religieuse entrent en conflit avec les nouveaux états de la conscience liés à la modernité.

Cette crise de crédibilité est nécessairement liée à des processus sociaux qui sont repérables empiriquement. Mais elle n'en est pas le simple reflet : la sécularisation de l'homme religieux au plan subjectif a ses propres lois. Il faut parler d'une causalité réciproque entre le plan socio-structural de la sécularisation et le plan de la conscience. Au pluralisme des systèmes d'idéation

2. P. BERGER, *La Religion dans la conscience moderne,* Paris, Centurion, 1971, pp. 175, 203, 237 *et passim.*

qui prétendent rendre compte de la réalité, correspond le doute et le scepticisme de la conscience moderne. On peut diverger dans l'inventaire des causes historiques de la sécularisation. On peut interpréter différemment le phénomène, et c'est là qu'interviennent des motivations idéologiques puissantes. Mais ce qui est incontestable, c'est la situation tout à fait nouvelle créée pour l'homme moderne par la sécularisation. «Pour la première fois, probablement dans toute l'histoire, les légitimations religieuses du monde ont perdu leur crédibilité non seulement pour quelques intellectuels et d'autres individus marginaux, mais pour de larges couches de sociétés entières [3].»

2. S'il est vrai que, surtout dans la littérature chrétienne, la sécularisation n'est pas seulement un «modèle» de la sociologie de la connaissance, mais un *concept idéologique,* il faut commencer par rappeler comment on caractérise généralement la fonction de l'idéologie.

On a pu définir l'idéologie comme la «cristallisation théorique d'une forme de fausse conscience». C'est Marx, le premier, qui a dénoncé l'idéologie comme la fausse conscience qu'engendrent chez l'homme aliéné – et sans qu'il s'en rende compte – les contradictions socio-économiques de la société où il vit. Dans le cas de la société bourgeoise, la religion et la métaphysique sont les idéologies par excellence. Les hommes ont besoin de redoubler dans l'imaginaire les rapports réels qu'ils ont entre eux. Mais cette «vision du monde» n'est pas un simple reflet des structures socio-économiques. Elle a une fonction de justification et de légitimation d'un groupe (la classe dominante) à l'intérieur de la société. C'est le mérite de Marx d'avoir analysé l'inconscient social et d'avoir montré comment toute «vision du monde» risque de dégénérer en idéologie. L'idéologie se présente comme un système de représentations, d'idées, de valeurs ayant sa rigueur propre alors que son ressort effectif se trouve dans la volonté de satisfaire les intérêts d'un groupe donné. «Une idéologie est un complexe d'idées ou de représentations qui passe aux yeux du sujet pour une interprétation du monde ou de sa propre situation, qui lui représente la vérité absolue, mais sous la forme d'une illusion par quoi il se justifie, se dis-

3. P. Berger, *op. cit.,* p. 201.

simule, se dérobe d'une façon ou d'une autre, mais pour son propre avantage immédiat [4]. »

Parce que l'idéologie sert les intérêts de la classe dominante, elle tend à justifier le *statu quo* social pour maintenir les privilèges acquis. Elle est donc essentiellement conservatrice à la différence de l'*utopie* qui cherche toujours à transformer et à dépasser l'état donné d'une société (cf. la différence entre « idéologie » et « utopie » chez Mannheim). Malgré sa volonté de donner une image du monde totalisante et universelle, elle est donc partielle. Elle utilise la catégorie de totalité, mais elle n'en fait aucun usage dialectique pour saisir la réalité. Toute idéologie a donc tendance à être « réifiante » et « antihistorique » [5].

Selon le point de vue du marxisme orthodoxe, les idéologies, la religion en particulier, sont des explications substitutives des phénomènes qui ne sont pas encore compris par la science. Elles disparaîtront d'elles-mêmes quand on parviendra à une compréhension vraiment scientifique de la réalité. Mais un auteur comme L. Althuser récuse la théorie de la fin des idéologies. La société est une totalité complexe comportant trois structures ou instances, l'économique, le politique et l'idéologique, qui ont entre elles des relations réciproques et nécessaires. L'idéologie est une structure permanente qui ne sera pas éliminée par la science et qui exerce une fonction nécessaire dans toute société. Ce qui est possible, c'est de repérer scientifiquement le fonctionnement de l'idéologie. Mais on ne peut pas faire abstraction de l'idéologie pour comprendre les phénomènes économiques et politiques. Et, inversement, il serait trop simpliste de vouloir expliquer une superstructure comme la religion, uniquement à partir de l'état des forces productives.

Si nous envisageons maintenant le cas de la théologie, il faut à la fois refuser de réduire la théologie à une idéologie et tenir le plus grand compte de la critique marxiste des idéologies. La théologie comme effort de théorisation du donné chrétien n'a de sens que si elle demeure sous la mouvance de la foi. Or, la foi s'oppose justement à la prétention totalisante de l'idéologie. Elle est appel au dépassement d'une situation historique relative et

---

4. J. GABEL, art. « Idéologie » dans *Encyclopaedia Universalis,* vol. VIII, Paris, 1970, p. 719.

5. K. JASPERS, *Origine et sens de l'histoire,* cité par J. Gabel, art. cité, p. 719.

de la justification théorique d'un groupe humain particulier. Elle se définit comme une ouverture sur l'avenir, et tout en prenant au sérieux la souffrance et l'incertitude de l'homme, elle creuse son espérance.

Mais en même temps, une analyse de type marxiste nous aide à mieux discerner la fonction idéologique que peut exercer la théologie à un moment historique donné. La théologie dégénère en idéologie chaque fois qu'elle devient un système de justification et de légitimation sociale, et cherche à légitimer au nom de « la pure fidélité à l'Évangile » telle ou telle option sociale ou politique, alors qu'en fait elle défend les intérêts de la classe dominante, soit à l'intérieur de la société, soit à l'intérieur de l'Église elle-même. Le discours théologique a sa cohérence propre : il n'est pas le simple reflet des rapports sociaux existants et son sens ne s'épuise jamais dans sa signification sociale. Mais il n'est jamais non plus sans relation avec les sphères de l'économique et du politique. Qui peut nier qu'au cours de sa longue histoire, la théologie chrétienne n'a pas cherché à justifier l'injustice sociale régnante et à fournir aux hommes l'illusion d'une compensation pour l'injustice qu'ils subissaient ?

II. LA SÉCULARISATION
COMME PRODUIT HISTORIQUE
DE LA FOI CHRÉTIENNE

Après ces quelques élucidations sur le mot « sécularisation » et sur la fonction de l'idéologie, il s'agit de se demander si depuis une vingtaine d'années, à l'intérieur de la théologie chrétienne, la sécularisation ne fonctionne pas à la manière d'une idéologie. La *sécularisation* qui est d'abord un concept sociologique tend en effet chez certains théologiens à devenir un concept théologique.

Dans un premier temps, les Églises affrontées au phénomène massif de la sécularisation se sont réfugiées dans une attitude défensive et conservatrice. Du côté protestant, il faut citer une théologie comme celle de Karl Barth qui souligne les droits absolus de la Parole de Dieu, quelle que soit la mentalité séculière de l'homme moderne, et qui tend à accentuer la coupure entre Dieu et le monde. Du côté catholique, on peut évoquer la condamnation du modernisme et du laïcisme et les positions intransigeantes du magistère à l'égard de toutes les manifestations du phénomène de sécularisation jusqu'à la veille de Vatican II.

Mais assez vite, après la dernière guerre, on a vu naître, surtout à l'intérieur du protestantisme, des théologies qui cherchaient à réinterpréter le christianisme à la lumière de la sécularisation, comme processus historique. Il faut citer surtout F. Gogarten qui, le premier, a fait – pourrait-on dire – de la sécularisation un critère herméneutique de la foi chrétienne. Par la suite, des théologies de la sécularisation comme celle de H. Cox, doivent beaucoup aux intuitions maîtresses de D. Bonhoeffer sur le « monde majeur » et sur la « fin de la religion ». Nous nous trouvons donc en face de tout un mouvement de pensée théologique qui tend à identifier le mouvement moderne de « sécularisation » et le destin historique du christianisme. Il trouvera son aboutissement ultime dans les théologies radicales de la « mort de Dieu » comme celle de T.J.J. Altizer.

À l'intérieur de la théologie catholique, on ne trouve pas, au moins au début, de théologies qui méritent vraiment le nom de « théologies de la sécularisation ». Il s'agit de théologies qui, comme les « théologies des réalités terrestres », cherchent un dialogue entre le christianisme et le monde moderne et veulent donner une justification théologique aux tâches profanes de l'homme. Mais le mot même de « sécularisation » n'a pas la même fortune qu'à l'intérieur de la théologie protestante. Cependant, ces « théologies des réalités terrestres » exerceront une influence non négligeable sur la constitution pastorale *Gaudium et Spes* qui consacre en quelque sorte une nouvelle conception du dialogue de l'Église et du monde. Et tout récemment, ce sont des théologiens catholiques qui élaboreront des « théologies politiques » et des « théologies de la libération », qui témoignent d'une problématique beaucoup plus révolutionnaire que les théologies de la sécularisation.

Il n'est pas question de présenter ici dans le détail les diverses théories élaborées par les théologiens de la sécularisation [6]. Je

---

6. Je renvoie seulement ici aux ouvrages les plus marquants que j'utiliserai dans cette étude: F. GOGARTEN, *Destin et espoir du monde moderne,* Tournai, Casterman, 1970; D. BONHOEFFER, *Résistance et soumission,* Genève, Labor et Fides, 1963; H. COX, *La Cité séculière,* Tournai, Casterman, 1968; T.J.J. ALTIZER, *The Gospel of Christian*

voudrais seulement, en m'inspirant surtout de Gogarten et de Bonhoeffer, essayer de résumer les principaux arguments mis en avant pour donner une justification *théologique* de la sécularisation. Ce terme, qui cherche à décrire une situation historique, relève de la sociologie de la connaissance. Or, chez les théoriciens de la sécularisation, il devient un concept proprement théologique. On passe d'une situation *de fait* à une situation *de droit*. Alors que la sécularisation est d'abord le résultat d'un certain nombre de mutations d'ordre socio-économique, elle devient un produit *historique* de la foi chrétienne. Nous sommes en présence d'une relation réciproque entre foi et sécularisation. La sécularisation est le critère herméneutique à partir duquel on doit réinterpréter pour aujourd'hui le message chrétien. Mais à l'inverse, la sécularisation n'est plus un constat empirique : c'est un produit idéologique. La sécularisation moderne est pensée selon le modèle ancien du mouvement de désacralisation et de dédivinisation opéré par la foi biblique.

Dans un effort de clarté, je crois pouvoir discerner trois présupposés théologiques fondamentaux à toute la réflexion chrétienne contemporaine sur la sécularisation. Il y a d'abord l'originalité du Dieu de la foi par rapport au Dieu de la religion. La sécularisation est alors un concept théologique qui sert à désigner la *désacralisation*. Il y a ensuite la doctrine luthérienne de la justification. La sécularisation désigne alors l'*autonomie* de la raison. Enfin, il y a une certaine interprétation de la kénose de Dieu. Par « sécularisation », on entendra alors *le monde majeur*.

À la différence du Dieu cosmique des religions païennes, le Dieu d'Israël n'est pas celui qui répond trop bien aux besoins de l'homme. Il bénit la vie, mais il ne la sacralise pas. La révélation

Atheism, Philadelphia, The Westminster Press, 1966. Sur les théologies de la sécularisation, je recommande vivement l'étude de C. DUQUOC, *Ambiguïté des théologies de la sécularisation. Essai critique,* Gembloux, Duculot, 1972. On consultera aussi avec profit : L. NEWBIGIN, *Une religion pour un monde séculier,* Tournai-Paris, Casterman, 1969 ; R. MARLÉ, *La Singularité chrétienne,* Tournai-Paris, Casterman, 1970 ; également l'ouvrage collectif, *Les Deux Visages de la théologie de la sécularisation,* Tournai, Casterman, 1970 ; Collectif, *Herméneutique de la sécularisation* (Édit. E. Castelli), Paris, Aubier, 1976.

7. Cf. A. DUMAS, *Nommer Dieu,* Paris, Cerf, « Cogitatio Fidei » n° 100, 1980, pp. 88-89.

du Dieu créateur a justement été au point de départ d'une désacralisation radicale du monde antique qui était plein de dieux. Par ailleurs, le Dieu d'Israël n'est pas le Dieu de l'immortalité que l'homme s'invente devant l'absurdité de la mort. Le problème d'Israël n'est pas de franchir le gouffre terrifiant de la mort, mais de pouvoir continuer à célébrer le nom de Dieu quand on a quitté la terre des vivants. Enfin, le Dieu d'Israël n'est pas celui qui est chargé de maintenir l'harmonie du cosmos. Il a moins charge de porter l'univers que de le transformer. Il intervient dans l'histoire des hommes et cherche à habiter parmi eux. Ainsi, le Dieu d'Israël n'est ni le Dieu de la fécondité, ni le Dieu de l'immortalité, ni le Dieu de l'harmonie universelle, qui sont les lieux d'éclosion par excellence du divin dans l'histoire des religions [7].

L'originalité de la foi biblique par rapport à la religion sera justement de célébrer le nom de Dieu face à un monde rendu à lui-même au lieu de se confondre avec les besoins fabricateurs de l'homme pour compenser les manques de sa vie ou répondre aux grandes énigmes de l'univers. La religion a essentiellement pour fonction de maîtriser l'angoisse de la vie humaine devant l'insécurité du monde. L'originalité de la foi biblique pour des auteurs comme Barth et Bultmann tient à ce qu'elle s'attaque directement à la religion comprise comme la volonté dans l'homme de se rendre maître de Dieu pour apaiser son angoisse. La foi biblique – en même temps qu'elle désacralise le monde – rend l'homme à lui-même, à son autonomie et à son pouvoir de domination sur le monde. Il y a donc une convergence entre le dynamisme de la foi biblique et le processus moderne de sécularisation.

On peut dire que toute la théologie de la sécularisation se développe sur l'horizon théologique de la distinction radicale de la foi et de la religion telle qu'elle a été théorisée chez des auteurs comme K. Barth et R. Bultmann, la religion étant toujours identifiée avec la recherche de la sécurité, et donc avec une « œuvre » de l'homme pécheur, et la foi étant comprise comme risque, insécurité, remise totale de l'homme à la Parole de Dieu sans médiation humaine. La « fin de la religion », thème souvent orchestré par D. Bonhoeffer, est donc la réalisation historique de ce qui était contenu en germe dans le dynamisme de la foi biblique. Loin de se lamenter sur le processus inéluctable de sécularisation dans le monde moderne, il faut donc s'en réjouir comme d'une chance nouvelle pour l'avenir du christianisme. La sécularisation n'est pas simplement un fait inéluctable, elle est un *devoir*.

La foi n'est pas pervertie par la désacralisation. Bien plutôt celle-ci est une exigence de la foi. Toute l'histoire d'Israël peut être comprise comme une lutte du prophétisme contre les risques permanents de dégradation de la foi en religion et contre la tentation de sacraliser autre chose que le nom de Dieu. Par comparaison avec les religions païennes, on assiste dans l'Ancien Testament à une métamorphose des rapports du sacré et du profane. Dieu, justement, n'est pas le sacré, mais le « Saint » qui fait éclater l'opposition du sacré et du profane. Sous le régime de l'Ancienne Alliance, le sacré joue encore cependant un rôle médiateur entre l'homme et Dieu. Ce n'est qu'avec l'incarnation de Dieu en Jésus-Christ que l'on peut parler d'un dépassement radical de l'opposition du sacré et du profane. Ce qui définit justement la Nouvelle Alliance, c'est le fait que tout le sacré médiateur entre l'homme et Dieu se concentre dans la personne de Jésus-Christ.

Ainsi, pour des théologiens comme Gogarten et Bonhoeffer, le phénomène historique de la sécularisation comprise à la fois comme désacralisation du monde et autonomie de la raison humaine est l'aboutissement de ce qui se trouve en germe dans la révélation biblique, à savoir la dédivinisation du monde par Dieu. C'est là un événement considérable dans l'histoire religieuse de l'humanité. Il transforme radicalement la relation de l'homme au monde. Face à ce monde dédivinisé, l'homme est totalement libre de le dominer et de le transformer. Gogarten aime citer comme programme de cette liberté nouvelle la parole de saint Paul : « Tout est vôtre, que ce soit le monde ou la vie ou la mort, que ce soit le présent ou l'avenir » (1 Co 3,23). Il se trouve que cette vérité libératrice a été occultée dans le christianisme historique, tant que l'humanité vivait encore à l'âge de la religion. C'est donc la responsabilité de la pensée chrétienne à l'époque moderne, c'est-à-dire à l'âge de la fin de la religion, de donner une justification théologique de la sécularisation. Comme le remarque perfidement P. Berger, il est assez étrange (ou bien il faut parler d'une « ironie de l'histoire ») qu'historiquement le christianisme ait été son propre fossoyeur [8]. C'est

8. Cf. P. BERGER, *op. cit.,* p. 206.

pourtant le cas, s'il est vrai que la sécularisation est un produit de la foi, alors que nous constatons par ailleurs que la sécularisation a sapé la crédibilité du christianisme. Mais des théologiens de la sécularisation comme Gogarten répondraient qu'il faut distinguer la sécularisation *légitime,* c'est-à-dire la distinction radicale de Dieu et du monde, et la sécularisation *illégitime,* c'est-à-dire le fait pour l'homme de ne plus se comprendre comme créature de Dieu. Il faut alors parler de *sécularisme,* et il est prêt à admettre que la sécularisation contient en germe sa propre perversion.

Jusqu'ici j'ai insisté sur la révélation du Dieu Tout Autre et sur la distinction de la foi et de la religion comme présupposés théologiques de la théologie de la sécularisation. Il faut préciser maintenant que les théologiens de la sécularisation utilisent aussi la doctrine luthérienne de la justification de la foi sans les œuvres pour légitimer la reconnaissance du monde comme profane et l'autonomie de la raison par rapport à la foi. De même, la distinction luthérienne des deux Royaumes, le Royaume de Dieu et celui du monde, signifie que dans le Royaume du monde, Dieu a soumis toutes choses au pouvoir de la raison humaine. Luther était d'abord soucieux d'affirmer la liberté royale du chrétien qui est « un libre Seigneur de toutes choses et qui n'est soumis à personne ». Mais en fait, sans le savoir, il ouvrait la voie au monde moderne, c'est-à-dire à la reconnaissance de l'autonomie du monde et à la distinction de l'ordre temporel et de l'ordre spirituel. C'est précisément en tant que l'homme est, par la foi, libre à l'égard du monde, qu'il en est le Seigneur et le responsable.

Gogarten identifie le concept de « monde » à ceux de « loi » et d'« œuvre » au sens de saint Paul et tels qu'ils ont été interprétés dans la tradition réformée [9]. L'homme pécheur est celui qui se fie en lui-même ou dans des pratiques au sein du monde. En cela, il est encore l'homme de la loi. L'homme nouveau est celui qui comme personne libre face au monde ne se confie qu'en Dieu. Il semble ainsi que rien ne médiatise la rencontre personnelle de l'homme avec Dieu. La foi comme obéissance à l'invitation de Dieu et comme ouverture à l'avenir fonde la sécularité du monde et la libre responsabilité de l'homme à l'égard de l'his-

9. Cf. *Les Deux Visages de la théologie de la sécularisation, op. cit.,* p. 32.

toire. « La foi ne représente pas un système dogmatique et métaphysique qu'il faudrait appliquer dans le monde. Ce monde est profane puisque seul l'homme est créateur des valeurs qu'il entend y promouvoir. Il ne puise pas dans une réserve céleste les principes de ce monde. La foi, dépouillée d'une dimension métaphysique qu'elle reçut du monde grec, fonde par son ouverture à l'avenir le caractère séculier du monde [10]. »

La sécularisation est donc un autre nom pour désigner l'autonomie de la raison. Gogarten place une coupure radicale entre Dieu et l'homme, entre la foi et le monde, entre la révélation et l'histoire. Il se sépare cependant de K. Barth pour qui la Parole de Dieu ne nous atteint que dans l'Incarnation. Si le monde, comme monde dédivinisé et séculier, est lui-même un produit de la foi, le monde peut devenir le lieu où Dieu nous parle. Ce qui caractérise la modalité propre de la foi chrétienne aujourd'hui, c'est que la question de Dieu ne peut se poser que sur l'horizon de la sécularisation du monde et de toute l'existence humaine.

À partir du principe de la Réforme, on cherche à faire de la sécularisation une exigence de la foi elle-même. On rompt donc avec le christianisme historique dont pendant des siècles la mission a été comprise comme un effort pour « christianiser » le monde. Mais c'est pour mieux affirmer la pureté absolue de la foi. Toute tentative pour médiatiser la foi et le savoir (théologie classique), la foi et la civilisation (l'humanisme chrétien), la foi et l'histoire (théologie politique) aboutit à une confusion illégitime et revient à « séculariser la foi ». On peut dire que, paradoxalement, la théologie de la sécularisation qui procède de la Réforme est la source d'une théologie politique qui récuse toute idée de causalité entre les mouvements historiques de libération humaine et l'avènement du Royaume de Dieu. C'est pourquoi les théologiens de la libération verront dans l'influence des thèses luthériennes une des raisons du conservatisme politique des théologies politiques européennes, qu'elles soient catholiques ou protestantes [11].

10. C'est ainsi que C. DUQUOC retranscrit la pensée de Gogarten dans *Ambiguïté des théologies de la sécularisation*, p. 41.

11. Sur ce point on se reportera à J.-L. SECUNDO, « Capitalisme-Socialisme, une croix pour la théologie », dans *Concilium*, n° 96 (juin 1974), surtout pp. 104-105.

Une autre doctrine théologique, qui est invoquée pour fournir une justification de la «sécularisation», c'est celle de la kénose de Dieu en Jésus-Christ. La sécularisation désigne alors le «monde majeur» et l'«âge adulte» de l'homme. On retrouve cette intuition chez Bonhoeffer et elle a trouvé sa formulation la plus radicale dans la théologie de «la mort de Dieu» chez T.J.J. Altizer [12].

Le Dieu de la religion maintient l'homme dans un état infantile : il l'aliène. Pour Bonhoeffer, l'impuissance de l'homme religieux est l'exact corrélat de la toute-puissance de Dieu. Le Dieu de Jésus-Christ veut l'homme adulte. La sécularisation du monde est une conséquence du dessein de Dieu qui se laisse déloger du monde et clouer sur la croix pour que l'homme parvienne à l'âge adulte et soit – dans les positivités mêmes de sa vie – participant de la Seigneurie du Christ sur le monde. «Voilà la différence décisive d'avec toutes les autres religions. La religiosité de l'homme le renvoie dans sa misère à la puissance de Dieu dans le monde, Dieu est le *deus ex machina*. La Bible le renvoie à la souffrance et à la faiblesse de Dieu ; seul le Dieu souffrant peut aider. Dans ce sens on peut dire que l'évolution du monde vers l'âge adulte dont nous avons parlé, faisant table rase d'une fausse image de Dieu, libère le regard de l'homme pour le diriger vers le Dieu de la Bible qui acquiert sa puissance et sa place dans le monde par son impuissance [13].»

On pourrait caractériser l'entreprise de Bonhoeffer comme le renversement du renversement de la religion opéré par Feuerbach. Ce dernier dit : «Pour enrichir Dieu, l'homme doit s'appauvrir ; pour que Dieu soit tout, l'homme doit n'être rien.» Bonhoeffer va renverser le schéma en disant : Dieu s'appauvrit pour enrichir l'homme... Bonhoeffer réinterprète donc le mystère de la mort du Christ à la lumière de la sécularisation et voit une convergence entre la promotion de l'homme adulte libéré de l'aliénation religieuse et la révélation du Dieu faible et souffrant en Jésus-Christ. C'est quand l'homme a fait l'expérience de sa force et de son autonomie qu'il comprend que seul le Dieu faible et crucifié peut lui venir en aide. Il a fallu attendre le temps de la fin de la religion pour que les fonctions illusoires de

12. T.J. ALTIZER, *The Gospel of Christian Atheism*, Philadelphia, The Westminster Press, 1966.

13. D. BONHOEFFER, *Résistance et soumission, op. cit.*, p. 163. On

Dieu à l'égard de l'homme soient démystifiées et qu'il soit reconnu dans sa transcendance propre. Puisque enfin, à la différence de ce qui s'est passé durant des siècles, la foi n'est pas hypothéquée par la religion, toute la question est de parvenir à une «interprétation non religieuse des termes bibliques», de trouver un «discours séculier» sur Dieu, d'assurer une «annonce a-religieuse de l'Évangile».

Le programme d'un christianisme a-religieux de Bonhoeffer est plein d'intuitions très riches et demeure dans l'orbite d'une théologie chrétienne. Chez un auteur comme Altizer, la portée idéologique du concept de sécularisation est telle qu'on ne parle pas seulement de la faiblesse de Dieu, mais de la *mort* de Dieu. La Bonne Nouvelle de l'Évangile, c'est la proclamation de la mort du Dieu tout-puissant et jaloux de l'Ancien Testament. On aboutit à une Jésuologie pure et simple. La toute-puissance est identifiée avec le mal. Si Dieu est Amour, il doit cesser d'être Dieu. Il ne se rachète que par sa mort. Le christianisme historique n'a pas compris la portée de la mort de Jésus. Il a prolongé le pouvoir contraignant de la religion sur l'homme. L'âge de la sécularisation totale du monde et de l'homme inaugure enfin la vraie compréhension du mystère pascal. La mort du Dieu tout-puissant est la condition d'avènement de la vraie liberté et de l'autonomie de l'homme. Et c'est en cela que Dieu révèle son amour.

III. LA FONCTION IDÉOLOGIQUE
DE LA SÉCULARISATION

Nous avons vu rapidement quelques-uns des arguments théologiques invoqués par les théologiens de la sécularisation. Il faut montrer maintenant en quoi la théologie de la sécularisation fonctionne à la manière d'une idéologie et sert les intérêts de l'Église.

Elle cherche tout d'abord à justifier et à légitimer le retrait historique du christianisme à l'époque moderne. Comme toute idéologie, la théologie de la sécularisation néglige une enquête vraiment historique sur les causes de la sécularisation dans le monde moderne. À la limite, elle s'entête contre la réalité pour

consultera le commentaire proprement théologique que E. JÜNGEL donne de ces textes célèbres dans *Dieu mystère du monde,* trad. franç., «Cogitatio Fidei» nos 116-117, Paris, Cerf, 1983, I, pp. 86-96.

trouver à tout prix une convergence entre le processus moderne de sécularisation et le mouvement de désacralisation inauguré par la foi biblique. La sécularisation, qui est d'abord un concept sociologique pour désigner le phénomène en vertu duquel les structures de la société tendent à s'établir dans une autonomie toujours plus grande à l'égard de toute instance religieuse ou ecclésiale, tend à devenir un concept idéologique et donc a-historique.

La « sécularisation » est un phénomène de civilisation incontestable. Elle caractérise la société *moderne* dans sa différence avec une société *sacrale* encore sous la domination de l'Église. Mais comme pour justifier théologiquement le fait que l'Église ait perdu ses positions de puissance dans la société moderne, cet état de fait est absolutisé et devient un état de droit. Il est étrange en tout cas que le mot même de « sécularisation » soit devenu un mot privilégié du vocabulaire chrétien. Or, s'il est évident que les structures de la société, comme les sciences, les techniques, la culture, la philosophie, les idéologies politiques, sont devenues séculières en ce sens qu'elles n'ont aucune régulation religieuse, cela ne signifie pas nécessairement que le monde moderne soit complètement désacralisé. De nombreux observateurs témoignent au contraire de la persistance de la religion dans le monde contemporain et même d'un *retour du sacré*[14]. Les chrétiens qui se font les chantres de la sécularisation ne risquent-ils pas d'être en retard d'une révolution ? Et peut-être sont-ils mal placés pour déchiffrer les signes d'un retour du sacré parce qu'ils supposent inconsciemment que l'Église a encore le monopole du sacré. Ils croient donc volontiers que la crise des Églises et la crise de la pratique croyante coïncident nécessairement avec le caractère irréligieux de l'homme moderne, ce qui n'est pas du tout évident. Le fait que beaucoup de nos contemporains ne soient plus chrétiens ne signifie pas qu'ils soient devenus irréligieux et qu'ils soient incapables de faire une expérience du sacré.

---

14. Cf. l'ouvrage collectif, *Le Retour du sacré,* Paris, Beauchesne, 1977, avec mes propres conclusions, pp. 129-143. Je signale en outre deux ouvrages importants parus récemment dont j'ai pris connaissance après la rédaction de ce texte : J.-P. SIMONNEAU, *Sécularisation et religions politiques,* Paris, Mouton, 1982 et F.-A. ISAMBERT, *Le Sens du sacré. Fête et religion populaire,* Paris, Éd. de Minuit, 1982.

Pour parler de désacralisation, il faudrait commencer par s'entendre sur la notion de sacré. Le déclin d'une société sacrale encore inféodée à l'Église peut très bien coïncider avec un retour du sacré. Le sacré en effet est une figure historique de l'esprit. C'est pourquoi, plutôt que de parler de dépérissement du sacré, il faut parler des « métamorphoses du sacré » [15]. Le sacré ne s'identifie pas avec les objectivations religieuses auxquelles il a donné lieu dans les religions historiques. L'expérience du sacré est autre chose que l'expérience de Dieu. Il a pour objet une région d'être spécifique qui n'est pas identifiable à Dieu. C'est pourquoi le recul considérable du sacré comme sacré objectal ne contredit pas la permanence du sacré comme expérience subjective. Et cette expérience conduit à un réinvestissement du sacré dans d'autres objets, non plus de la nature, mais de la technique, éventuellement, ou dans de nouveaux rites, de nouveaux mythes, de nouvelles fêtes, de nouveaux dieux au sein même de nos sociétés sécularisées. Ce qui est vrai, c'est que le sacré moderne est toujours un sacré postchrétien. Et on peut penser que ce fameux « retour du sacré », dont beaucoup parlent aujourd'hui, témoigne du vide laissé dans la conscience moderne par le Dieu judéo-chrétien.

En second lieu, l'opposition de la foi et de la religion, qui a eu une telle fortune dans la pensée chrétienne contemporaine, qu'elle soit protestante ou catholique, a une portée stratégique indéniable. D'une part, dans un but apologétique, elle permet de mettre la foi à l'abri de la contestation radicale de la religion par l'athéisme moderne. D'autre part, elle fournit une justification idéologique de l'indifférence religieuse de l'homme moderne en affirmant que la religion n'est pas le présupposé nécessaire de la foi. Bien plus, la foi chrétienne n'a jamais tant de chances d'être vraiment elle-même qu'elle fait abstraction de tout préalable religieux. Enfin, très souvent, l'opposition de la foi et de la religion apporte une caution théologique à toute une littérature spi-

15. Je me permets de renvoyer à mon étude, « Le christianisme et les métamorphoses du sacré » dans *Le Sacré. Études et recherches.* Actes du colloque romain édités par E. Castelli, Paris, Aubier-Montaigne, 1974 ; voir aussi ma contribution au volume en hommage à Mgr van Kamp, « Sécularisation du christianisme et retour du sacré » dans *Savoir, faire, espérer. Les limites de la raison,* Bruxelles, 1976, t. II, pp. 739-754.

rituelle qui met en relief le contraste entre le « beau risque de la foi » et la « sécularisation petite-bourgeoise de la religion » [16].

Or, la thèse de la fin de la religion et de l'âge adulte a tout l'air d'une affirmation idéologique qui ne correspond pas à la situation complexe de l'humanité contemporaine. On peut se demander s'il ne s'agit pas d'une tentative quelque peu désespérée pour justifier l'échec de l'évangélisation chrétienne dans la plupart des pays de l'hémisphère Nord.

Contrairement en effet à ce qu'annonçaient les prophètes de la mort de Dieu, il semble que la religion reprenne l'avantage dans son dialogue avec la science, et cela, pour la première fois depuis Darwin. Cela tendrait à prouver que, contrairement à ce qu'affirmaient tous les théologiens de la sécularisation, le sacré, le mythique, le mystique, l'extatique n'ont pas été éliminés de la condition humaine. L'homme ne vit pas seulement de pain ou de connaissance scientifique. Et loin d'être l'expression de la misère de l'homme, comme le pensait Marx, ce *revival* religieux est un phénomène propre aux sociétés riches du monde occidental. Ce n'est pas non plus une protestation contre la misère, mais une protestation contre le non-sens des sociétés d'abondance, qui augmentent sans cesse leurs moyens alors qu'elles souffrent d'une absence croissante de fins. Ce réveil religieux, au moins aux États-Unis, est une forme de contre-culture. Il a donc une portée sociale et même politique. Mais il est intéressant de noter que pour beaucoup de jeunes aujourd'hui, le religieux n'est pas l'expression d'un manque mais bien plutôt d'une créativité, d'une joie, d'une solidarité avec les autres.

Il est certain que la critique de la religion est une exigence même de la foi chrétienne, si par religion on entend soit un projet d'autojustification, soit une évasion dans un ailleurs que la vie réelle. Mais dans la mesure où la religion n'est pas nécessairement l'expression de la recherche d'une fausse sécurité, mais plutôt l'expression du désir de l'homme et du dépassement de son désir dans la ligne même de ses expériences humaines les plus positives dans l'ordre de l'amour et de la créativité, nous sommes invités à dépasser une opposition un peu trop simpliste

16. Cf. R. BULTMANN, « Discours de Paul à l'Aréopage », trad. franç. in *Le Supplément,* nᵒ 114 (sept. 1975), pp. 303-313, avec un commentaire de C. GEFFRÉ, « L'homme moderne face au Dieu inconnu », *ibid.,* pp. 315-321.

entre la foi et la religion. Ainsi, le projet d'un christianisme a-religieux au sens de Bonhoeffer, alors même qu'il cherche à justifier théologiquement le processus moderne de sécularisation, risque de compromettre les présupposés anthropologiques de la foi chrétienne. La foi s'enracine nécessairement dans ce qu'on pourrait appeler le «sacré originel» de l'homme comme mystère d'ouverture et de communion. Quoi qu'il en soit des métamorphoses du sacré dans l'histoire, c'est l'homme qui demeure le lieu originaire du sacré. Un christianisme complètement sécularisé qui ne va pas au-devant du pressentiment obscur du sacré présent dans le cœur de tout homme risque justement de se dégrader en idéologie. Et il n'exerce plus de séduction auprès de tous nos contemporains en quête de sacré.

Enfin, il y a un trait paradoxal des théologies de la sécularisation. Elles se veulent progressistes : elles rompent avec une théologie qui cherchait à légitimer le rôle sacralisant de l'Église par rapport aux structures de la société. Or, en fait, comme toute idéologie, la théologie de la sécularisation fait secrètement le jeu des sociétés néo-libérales du monde occidental, qui sont sous le signe de la distinction typiquement bourgeoise entre le privé et le public [17].

Nous avons vu l'importance de la théorie luthérienne des deux Royaumes. La théologie de la sécularisation justifie théologiquement la marginalisation progressive de l'Église dans la société, la perte de son influence culturelle et politique, le dépérissement des institutions chrétiennes. La religion chrétienne risque alors de se limiter à la sphère du privé et n'exerce plus son action publique transformante sur les structures de la société. Ainsi, en même temps que la théologie de la sécularisation cautionne théologiquement un effacement de l'Église comme institution dans la société séculière contemporaine, elle tend à légitimer l'*éthos humaniste* des sociétés libérales. «C'est une construction théorique qui sert à maintenir dans son autonomie et son émancipation la conscience de notre société moderne, son orientation collective. Ainsi, son caractère d'adaptation se trouve-t-il en même temps associé à une société qui se fonde sur

17. C'est bien cette critique de la liberté comme liberté d'émancipation, au sens des sociétés néo-libérales, qui est sous-jacente à la nouvelle théologie politique de J.-B. METZ dans *La Foi dans l'Église et dans la société, op. cit.*

l'autorité privée de l'individu situé dans le système économique et dans le secteur des loisirs [18].» Au moment où la théologie de la sécularisation garantit un domaine intouchable, celui de la foi, elle fournit en fait, même involontairement, un alibi aux sociétés néo-capitalistes sous le signe de la croissance à tout prix, du rendement maximal, de la rationalité technique. La religion chrétienne a une fonction d'apaisement psychologique. Elle aide les individus à résoudre leurs angoisses, mais elle ne touche pas aux structures du système capitaliste. Même sans le savoir, elle s'en fait la complice.

Il ne faut donc pas s'étonner si, malgré son apparence progressiste, la théologie de la sécularisation se voit aujourd'hui contestée par les promoteurs de la «théologie de la révolution» ou de la «théologie de la libération». «La théologie de la sécularisation ne *répète* pas le modèle constantinien, elle ne l'adapte pas, mais elle ne l'abolit pas non plus. Elle correspond, certes, à l'entreprise de destruction *idéologique* et *pragmatique* des théologies et des comportements qui restent sous la mouvance de l'Église post-tridentine. Mais par manque d'autocritique et de critique des conditions de son émergence dans la société d'aujourd'hui, l'*éthos* thématisé par la théologie de la sécularisation ne fait que *redoubler* la mentalité propre au modèle constantinien [19].»

De leur côté, les théologiens latino-américains reprochent aux théologies européennes de la sécularisation, et même à la théologie politique de J.-B. Metz, d'être par essence antirévolutionnaires. En effet, sous l'influence de la doctrine luthérienne de la foi sans les œuvres, elles relativisent complètement tous les efforts de libération accomplis dans l'histoire par rapport à l'absolu eschatologique. Ce sont des théologies abstraites et neutralistes, tout au plus réformistes, qui sont incapables de justifer au nom de l'Évangile et de la préparation dès ici-bas du Royaume de Dieu définitif une option politique concrète.

18. *Les Deux Visages de la théologie de la sécularisation, op. cit.,* p. 146.

19. M. XHAUFFLAIRE, «La théologie après la théologie de la sécularisation» dans *Les Deux Visages de la théologie de la sécularisation, op. cit.,* pp. 89-90.

IV. LA SÉCULARISATION ET
L'AVENIR DU CHRISTIANISME

En faisant de la sécularisation un « produit » historique de la foi biblique, les théoriciens de la sécularisation méconnaissent l'originalité du processus moderne de sécularisation. Ils en parlent à un niveau abstrait et métaphysique et ils négligent ses formes concrètes, économiques, politiques et culturelles. Finalement, même sans le savoir, ils « produisent » l'idéologie dont l'Église a besoin pour justifier son devenir, c'est-à-dire sa marginalisation croissante. Et en même temps, ils cautionnent les sociétés libérales du monde occidental sous le signe de la rupture entre « public » et « privé ». Curieusement, alors qu'ils veulent insister sur sa fonction sociale et politique, ils passent à côté de la portée prophétique du christianisme, puisque celui-ci n'échappe pas à la fatalité historique de toutes les religions, à savoir d'être l'idéologie justificatrice de la société établie.

Mais je suggérais en commençant que l'idéologie de la sécularisation n'était pas nécessairement réifiante et a-historique. C'est vrai que par manque de sens dialectique, elle absolutise le présent et ne tient pas compte de la complexité de la réalité historique. Cependant, quand il s'agit de l'avenir du christianisme par rapport à la mutation religieuse du monde, il est permis de penser qu'elle a une fonction prospective et même prophétique. C'est ce que je voudrais évoquer en terminant.

Il ne suffit pas, en effet, de contester les thèses de la sécularisation du monde et de l'irréligion de l'homme moderne à cause de leur opportunisme. On peut retomber dans une aussi mauvaise apologétique en se rassurant trop vite à partir des signes, forcément ambigus, d'un retour du sacré. Ce *revival* religieux est surtout un phénomène de contre-culture et il n'est pas évident qu'il offre une chance pour l'avenir de la foi chrétienne. En d'autres termes, prendre le contre-pied des théologies de la sécularisation pour défendre la thèse d'un *unsecular man,* n'est-ce pas retomber dans une erreur symétrique [20] ? Il y a ceux qui par-

---

20. C'est le danger auquel n'échappe pas l'ouvrage de A.M. GREELEY, *Unsecular Man. The Persistence of Religion,* New York, Schocken Books, 1972.

lent d'une mutation radicale du monde, d'un passage de l'âge religieux à l'âge irréligieux et adulte de l'homme. Et puis, il y a ceux qui affirment que rien ne change ou plutôt que nous ne savons pas déchiffrer les signes qui attestent la persistance de la religion [21].

En face de ces affirmations symétriques qui dissimulent mal leur intérêt apologétique, il semble que l'on doive au moins maintenir deux ordres de certitudes. D'une part, il faut prendre vive conscience du destin historique fait à la question de Dieu. Je veux dire que, contrairement au «régime religieux» de l'humanité durant des millénaires, la question de Dieu ne va nullement de soi pour les hommes du dernier tiers du XXe siècle. Cette question est devenue totalement libre et il semble qu'elle ne soit pas posable par n'importe qui dans les conditions actuelles du monde. D'autre part, on ne peut plus revenir en deçà du soupçon que toute notre pensée moderne inflige à l'illusion religieuse. Nous savons mieux que la religion exploite toujours cette machine à faire des dieux que constitue la mégalomanie du désir humain ou son goût pour l'ineffable. C'est pourquoi on doit se demander sérieusement si nous avons intérêt à lier l'avenir de la foi chrétienne aux résurgences permanentes de l'instinct religieux.

C'est justement parce qu'il s'est passé quelque chose de nouveau dans l'histoire de l'humanité qu'il faut prendre au sérieux la portée exploratoire et même prophétique de la «sécularisation». Je dirai tout d'abord que ces thèses contrastées sur la sécularisation ou la resacralisation du monde manifestent l'inadéquation de l'opposition «sacré-profane» pour cerner l'originalité spécifique du «religieux-chrétien». Et ensuite, il faut déchiffrer sous l'idéologie de la sécularisation une vérité profondément chrétienne dont nous commençons tout juste à prendre conscience, à savoir la *mondanéité du monde* comme conséquence de la création et de l'incarnation.

On peut penser que c'est parce qu'on a trop identifié le «religieux» et le «sacré», conséquence d'un premier blocage entre le «divin» et le «sacré», que l'on a bien du mal à rendre compte de l'originalité propre de la religion chrétienne dans un monde séculier. Le redoublement du monde *profane* en monde

---

21. C'est le cas en France des livres à succès de Maurice Clavel et d'André Frossard.

séculier est symétrique d'une distinction trop rigide entre la foi et la religion [22]. Quoi qu'il en soit en effet de l'intérêt de cette distinction théologique, la foi chrétienne est bien une variante du phénomène religieux.

Parce qu'on identifie trop vite le « religieux » avec un « sacral archaïque », qui est contesté par le processus moderne de sécularisation, on aboutit aux conséquences extrêmes des théologies de la sécularisation, c'est-à-dire à une autodestruction du christianisme. Le discours sur Dieu n'est plus qu'un discours indirect sur l'homme, et le discours sur les réalités de l'au-delà n'est plus qu'une manière de comprendre les réalités d'ici-bas. L'opposition du sacré et du profane peut rendre compte adéquatement de l'économie des autres religions, mais elle laisse échapper quelque chose d'essentiel en ce qui concerne la nouveauté historique du christianisme. La vérité qui se cherche dans l'idéologie de la sécularisation, c'est justement le fait que depuis l'Incarnation de Dieu en Jésus-Christ, la catégorie de *profane* est impuissante à rendre compte de la *réalité* du monde dédivinisé, de même que la catégorie de *sacré* est impuissante à rendre compte de la réalité *théologale* de l'existence chrétienne.

Alors, ou bien on aboutit à une sécularisation du christianisme, de telle sorte qu'il est vidé de son propre mystère pour se réduire à une idéologie stimulante pour la construction d'un monde plus humain ; ou bien on rêve d'une resacralisation du monde ou d'une conception sacrale du christianisme qui ne tiennent pas compte de la mutation religieuse en cours. À cause de cette tension malsaine entre sacré et profane, faut-il s'étonner si, historiquement, le christianisme déçoit aussi bien des hommes qui sont en quête d'une authentique expérience du sacré que d'autres qui ont compris la portée « révolutionnaire » de l'Évangile pour une nouvelle existence de l'homme ?

Et j'en viens à la dernière remarque qu'appelle une réflexion sur la fonction *historique* de la sécularisation pour l'avenir du christianisme. Je crois que derrière ce concept théologique de sécularisation, malgré l'abus que l'on peut en faire pour justifier la perte d'influence de l'Église dans la société moderne, se cache

22. Pour une première approche de la portée de cette distinction chez Barth et Bonhoeffer, on peut consulter notre brève étude : « La critique de la religion chez Barth et Bonhoeffer », in *Parole et Mission,* nº 31 (oct. 1965), pp. 567-583.

une intuition très profonde sur la *structure* nouvelle du monde depuis l'Incarnation de Dieu en Jésus-Christ. Il est faux de faire de la sécularisation un *produit historique* de la foi des chrétiens. Mais il est vrai de dire que la *mondanéité du monde* est une conséquence de l'Incarnation. Et c'est précisément pour n'avoir pas été jusqu'au bout des conséquences d'un réalisme christologique, que la chrétienté n'a pas permis au monde d'être pleinement lui-même et qu'aujourd'hui la mauvaise conscience des chrétiens fait place à un optimisme démesuré quant aux chances nouvelles pour la foi de la sécularisation.

Selon la belle formule d'A. Dumas commentant la christologie de Bonhoeffer, il faut prendre au sérieux « la présence polyphonique du Christ au milieu du réel ». L'idée force qu'il ne faut pas cesser d'approfondir, c'est que l'acceptation du monde par Dieu implique une sécularité positive du monde. Plus le monde, l'histoire, l'homme sont eux-mêmes et plus Dieu est lui-même. Il ne suffit pas alors de parler du monde comme monde *profane* dans son opposition au monde *sacral* de l'Antiquité. Il ne suffit pas non plus de parler d'un monde *sécularisé* au sens de la sécularisation comme processus moderne d'autonomie du monde à l'égard de toute instance religieuse. Il faudrait pouvoir parler de la *nouvelle réalité* du monde structuré par le Christ. Ces quelques lignes de J.-B. Metz montrent bien l'intuition qui se cache sous le concept théologique de « sécularisation » auquel il préfère justement celui de « mondanéité du monde » : « La mondanéité du monde apparaît toujours comme non maîtrisée, non pénétrée par la foi, et dans ce sens, toujours païenne et profane. Sans doute, le monde est tout entier saisi par le Christ ; mais ce n'est pas en nous et dans notre situation historique de croyants, c'est en Dieu, et dans le "oui" qu'il a lui seul prononcé sur le monde, dans le mystère impénétrable de son amour, qu'est le vrai lieu de convergence entre la foi et le monde [23]. » En vertu du réalisme de l'Incarnation, nous devons apprendre à déchiffrer la réalité de Dieu au plus creux de la réalité du monde. Puisqu'en Jésus-Christ, l'unité de Dieu et de la réalité a été accomplie, nous devons être capables de conjurer à la fois le danger de la pensée métaphysique et religieuse, c'est-à-dire d'un Dieu en dehors de la réalité, et la tentation de la sécularisation moderne,

---

23. J.-B. METZ, *Pour une théologie du monde,* trad. franç., Paris, Cerf, « Cogitatio Fidei » n° 57, 1971, p. 54.

à savoir la dissolution de Dieu dans la réalité du monde devenu « majeur ».

Au terme de ces quelques réflexions, il est permis de conclure que la signification historique de la « sécularisation » ne s'épuise pas dans sa fonction idéologique au service des intérêts d'une Église en période de crise. Elle a aussi une fonction *utopique* par rapport à la métamorphose du « religieux » accomplie par le christianisme, mais dont il ne parvient jamais lui-même à être pleinement la figure historique [24].

24. Je préfère parler d'une métamorphose du sacré et du religieux là où R. Girard parle de la fin du sacré inaugurée par le christianisme comme religion non sacrificielle, cf. *Des choses cachées depuis la fondation du monde*, Paris, Grasset, 1978. Cela n'est possible que parce qu'il en reste à une conception beaucoup trop univoque du sacrifice et qu'il voit dans la violence sacrificielle le seul ressort du sacré. Comme l'atteste notre époque, nous constatons la persistance d'un *sacré postreligieux* qui ne se confond pas avec le sacré archaïque des religions et qui n'est pas épuisé par la religion de Jésus. Même au sein de notre monde occidental, on comprend de mieux en mieux que l'*athéisme* n'est pas la seule alternative au *christianisme;* il faut faire sa place à la possibilité toujours renaissante du *paganisme.* Cf. M. AUGÉ, *Le Génie du paganisme,* Paris, Gallimard, 1982.

CHAPITRE XII

LE CHRISTIANISME COMME VOIE

Le thème de la « Voie » nous renvoie tout naturellement au *Tao* chinois, c'est-à-dire au *Livre de la Voie et de la Vertu* de Lao-Tseu. Sans être en mesure de tenter une étude comparative entre le christianisme comme *Voie* et le *Tao*, je me permets cependant de livrer en commençant les réflexions spontanées que m'a inspirées la lecture du *Tao*. Je crois en effet qu'elles sont de nature à souligner d'emblée l'originalité et la complexité d'une réinterprétation du christianisme selon la métaphore de la « Voie ».

Selon une première approche, on peut comprendre le Tao comme une voie morale à suivre, un style de vie. On tenterait alors une comparaison avec le christianisme comme pratique droite, comme orthopraxie. Mais en fait, comme le montre bien le P. Claude Larre dans son récent commentaire, le mot *Tao* désigne une réalité mystérieuse dont les harmoniques sont multiples[1]. Il est aussi inadéquat que le mot *Dieu* pour désigner l'Absolu. Il signifie aussi bien *la Voie du Ciel* que *la Voie des saints*. Il évoque en fait la Réalité en deçà des apparences, au-delà du savoir et de l'expérience. Dans l'ordre de l'agir humain, la « Voie » relève à la fois de la mystique, de la sagesse et de l'ascèse. Ce qui me frappe, c'est qu'elle circonscrit un domaine intermédiaire entre celui de la vérité et celui de la loi. La « Voie » est de l'ordre de la *vie*. C'est pourquoi, si l'on voulait

---

1. LAO-TSEU, *Tao Te King, Le Livre de la voie et de la vertu,* trad. franç. de Claude Larre, «Christus», Paris, DDB, 1977.

tenter de trouver un équivalent chrétien au *Tao,* je crois qu'il faudrait parler du christianisme comme *Royaume de Dieu.*

C'est en référence à cette amplitude de sens du Tao chinois que je me propose de réfléchir sur l'usage privilégié de la métaphore de la «voie» dans les textes judéo-chrétiens. A première vue, il est incontestable que dans le Nouveau Testament (surtout dans les Actes), le mot «voie» (*ódos*) désigne la voie par excellence, la manière de vivre des disciples du Christ. C'est le cas par exemple quand il nous est dit en Ac 9,2 que Saul, «s'il trouvait là des *adeptes de la Voie,* hommes ou femmes, il les amènerait enchaînés à Jérusalem». C'était là un langage que pouvaient comprendre les premiers chrétiens d'origine juive qui étaient familiers de la *Halakha* juive comme ensemble de règles de comportement moral, social, religieux. On sait que le mot *Halakha* vient d'une racine qui veut dire «marcher»[2].

Cependant, ce serait appauvrir singulièrement le thème du *christianisme comme voie* que de comprendre simplement la *voie* comme «conduite de vie». Cette image de la voie (avec tous les mots qui lui sont associés, en particulier celui de «marche») est une clé qui nous ouvre à l'intelligence de ce qu'il y a de plus original dans le christianisme comme système religieux. C'est pourquoi, nous allons essayer de restituer cette amplitude du thème chrétien de la Voie. Je pense que ce serait aussi un bon moyen d'introduire à un dialogue fécond avec la pensée et la spiritualité chinoises.

Une première conclusion provisoire consisterait à dire que le thème de la *Voie* en christianisme évoque un domaine plus large que celui de la conduite morale. Mais en même temps, il est inadéquat pour exprimer toute la plénitude du mystère chrétien. En cela, il est plus circonscrit que le *Tao* chinois. Et pour la simple raison que le christianisme comme système religieux accorde une place essentielle à la notion de *Dieu personnel* et à l'idée de création.

---

2. Cf. C. PERROT, «Halakha juive et morale chrétienne: fonctionnement et référence» dans *Écriture et pratique chrétienne,* Paris, Cerf, «Lectio divina» n° 96, 1978, pp. 35-51.

I. LE CHRISTIANISME
COMME RELIGION DE L'EXODE [3]

L'Exode comme symbole clé de la religion d'Israël

Le vocabulaire de la *voie* comme celui de la *marche* joue un rôle essentiel pour décrire la vie religieuse et morale des Hébreux. Et c'est *l'Exode,* la sortie d'Égypte, qui est la figure la plus adéquate pour atteindre l'essence même de la religion d'Israël comme religion de salut, c'est-à-dire comme marche libératrice avec et à la suite de Dieu lui-même, que le guide du Peuple de Dieu soit Moïse ou Jésus.

Du point de vue de l'histoire comparée des religions, il est intéressant de noter que la religion d'Israël appartient au type des religions nomades par opposition aux religions mythiques et magiques des pays à civilisation agraire. Et corrélativement, à la différence des dieux agraires, le Dieu d'Israël sera un *guide* qui est lui-même en route et qui marche avec son peuple.

On sait les conséquences qu'un théologien comme J. Molt-mann en a tirées dans sa *théologie de l'espérance* (cf. en particulier le chapitre II : «Promesse et histoire»). Il montre comment la religion d'Israël est essentiellement une religion de la *Promesse* où la révélation de Dieu est étroitement liée au contenu de la promesse divine portant sur l'avenir et non à des «apparitions» de Dieu en des lieux sacrés comme c'est le cas dans les religions épiphaniques. Cela engage une tout autre conception de l'histoire que celle des religions mythiques qui sont des religions de l'Éternel Retour. Avec Israël, commence l'expérience proprement *historique* du temps, un temps qui n'est pas défini par la répétition du semblable mais par la tension vers un avenir encore en suspens. «Sous l'égide de la promesse, on ne saisit pas la réalité comme un cosmos divinement stabilisé, mais comme une *histoire* où il s'agit de progresser, de laisser la

---

3. Pour ce thème général de l'Exode, je renvoie volontiers à l'article «Exode» du *Vocabulaire de théologie biblique,* 2ᵉ éd., Paris, Cerf, 1970, col. 423-425 ; voir aussi : J. GUILLET, *Thèmes bibliques,* Paris, Aubier, 1954, chap. I «Thèmes de l'Exode» ; A.-M. BESNARD, *Par un long chemin vers toi. Le pèlerinage chrétien,* Paris, Cerf, «Foi vivante» nᵒ 184, 1978.

route derrière soi et de partir vers des horizons nouveaux encore inaperçus [4]. » Et ce qui est remarquable, c'est qu'Israël continuera d'interpréter ses autres expériences historiques, comme l'installation en Canaan, l'Exil, ses conflits avec les autres peuples, à la lumière de cette expérience religieuse décisive de *l'Exode* comme marche avec Dieu dans le désert.

Avant Moltmann, le philosophe E. Bloch avait été enthousiasmé par cette fermentation du présent sous la pression d'une promesse encore inaccomplie qu'il décelait tout au long de la littérature biblique. Pour lui aussi, la religion d'Israël est religion de l'Exode et de l'espérance. Mais selon l'herméneutique subversive qu'il met en œuvre dans *Atheismus im Christentum,* il s'agit d'un exode révolutionnaire : l'Exode des juifs devient l'Exode de Dieu lui-même, c'est-à-dire l'avènement de Dieu en l'homme dont Jésus, le Fils de l'homme, est la figure indépassable [5].

Au début de cette réflexion sur le christianisme comme voie, il est important de faire immédiatement référence à l'Exode. Toutes les religions en effet, toutes les sagesses, toutes les morales ont recours à la métaphore de la « voie » pour désigner la conduite de leurs disciples. On ne peut parler de la religion d'Israël ou du christianisme comme « voie » sans les interpréter à partir de l'événement décisif de l'Exode. C'est dépasser aussitôt une acception purement morale de la voie. La voie à suivre par les hommes est inséparable de la voie même du Seigneur comme guide et la voie comme expérience historique de l'Exode n'a de sens que comme préfiguration eschatologique de la marche de tous les hommes à la poursuite du Royaume de Dieu. Depuis qu'à l'appel de Dieu, Abraham s'est mis en route (Gn 12,1-5), sans savoir où il allait (He 11,8), c'est l'immense aventure du peuple des croyants marchant « à la trace de Dieu » qui est commencée. Comme le dit magnifiquement l'auteur de l'épître aux Hébreux : « Dans la foi, ils moururent tous, sans avoir obtenu la réalisation des promesses, mais après les avoir vues et saluées de loin et après s'être reconnus pour étrangers et voyageurs sur la terre. Car ceux qui parlent ainsi montrent clairement qu'ils sont à la recherche d'une patrie... » (He 11,13-14.) Mais en fait, ils ne sont pas seulement en quête d'une patrie. Ils sont à la recherche

4. J. MOLTMANN, *Théologie de l'espérance,* trad. franç., Paris, Cerf, « Cogitatio Fidei » nº 50, 1970, p. 109.

5. Cf. *supra,* chap. V.

de *Quelqu'un,* le visage même du Seigneur. Quand Abraham quitte Ur en Chaldée, c'est parce qu'il a rendez-vous ailleurs avec le Dieu dont il a reconnu l'appel. Quand Moïse quitte l'Égypte, c'est pour que Dieu entre en dialogue avec son peuple dans le désert. Quand Esdras quitte Babylone, c'est parce qu'il ne supporte plus de ne pouvoir contempler la face de son Dieu dans le temple à Jérusalem.

La loi comme chemin de l'homme

Quand on étudie le vocabulaire de la voie dans l'Ancien Testament, on constate que le mot hébreu *derek* désigne aussi bien la voie même de Dieu ou du Seigneur que la voie de l'homme. Est-il permis de tenter là un rapprochement avec le *Tao* qui signifie à la fois la « voie du ciel » et la « voie des saints » ?

Concrètement, la « voie du Seigneur » évoque la manière dont Dieu s'est mis lui-même en marche à la tête de son Peuple pour le libérer de la captivité de l'Égypte ou de l'Exil à Babylone. Les textes bibliques sur le thème de la « marche » abondent [6]. Qu'il suffise de citer le psaume 68,8 : « O Dieu, quand tu sortis à la face de ton peuple, quand tu foulas le désert, la terre trembla... » ; de même le psaume 99,7 : « Dans la colonne de nuée, il parlait avec eux... » Cette colonne de nuée qui guide les Hébreux dans le désert sera identifiée à la Sagesse même de Dieu dans le Livre de le Sagesse : « Aux saints, elle remit le salaire de leurs peines, elle les guida par un chemin merveilleux, elle devint pour eux un abri pendant le jour et une lumière d'astres pendant la nuit » (Sg 10,17).

Mais plus généralement, le mot « voie » sert à désigner les voies mystérieuses du Seigneur, c'est-à-dire sa propre manière de se conduire pour sauver les hommes. Ainsi, même après être parvenu à la Terre promise, Israël doit continuer à marcher dans les « voies du Seigneur ». Cela devient possible puisque justement Dieu a révélé ses voies à Moïse. « Yahvé qui fait œuvre de justice et fait droit à tous les opprimés révéla ses desseins (ses voies) à Moïse, aux enfants d'Israël ses hauts faits. » Ainsi, la loi

---

6. On trouvera de nombreuses références dans S. Lyonnet, « Per un incontro tra Cristianesimo e Cina : Il Cristianesimo presentato come "Via" (Tao) o come "modo di vita" », Firenze, Pro manuscripto, avril 1978.

devient la voie obligée de l'homme parce qu'elle est d'abord la voie de Dieu, c'est-à-dire l'expression du propre comportement de Dieu. On rencontre déjà ici le thème de l'*imitation de Dieu*. La Loi comporte bien des préceptes extérieurs. Mais ils ne sont pas arbitraires : ils sont au service de l'identification de l'agir de l'homme à l'agir de Dieu. Obéir à la Loi, c'est agir comme Dieu, c'est-à-dire finalement aimer comme Dieu aime. C'est cela le sens de la « circoncision du cœur » (cf. Dt 10,16). Il faudrait citer ici tout le grand texte de Dt 10,12-19 : « Et maintenant Israël, que te demande Yahvé ton Dieu, sinon de craindre Yahvé ton Dieu, de suivre toutes ses voies, de l'aimer, de servir Yahvé ton Dieu de tout ton cœur, de toute ton âme... »

En définitive, l'homme de l'Ancienne Alliance est libre de choisir entre deux voies. D'un côté, il y a le chemin de la vie (Pr 2,19) : c'est le chemin droit et parfait conforme à la loi de Dieu. Il consiste à pratiquer la justice (Pr 8,20) ; à être fidèle à la vérité (Ps 119,30), à rechercher la paix (Is 59,8). Et puis, il y a le chemin tortueux, celui que suivent les insensés et les pécheurs. Il conduit à la perdition (Ps 1,6) et à la mort (Pr 12,28). On retrouvera cette dualité de voies dans l'Évangile : d'une part, le chemin étroit qui conduit à la vie ; d'autre part, la voie large qui conduit à la mort (Mt 7,13 s.) [7].

Le christianisme comme nouvel Exode

Il est clair que pour les auteurs du Nouveau Testament, toute l'œuvre rédemptrice du Christ est considérée comme l'accomplissement du mystère de salut préfiguré par l'Exode. C'est la réalisation de ce nouvel Exode annoncé par le second Isaïe après l'Exil à Babylone. Et quand Jean-Baptiste est identifié à la voix de celui qui crie : « Dans le désert préparez les chemins du Seigneur » (Mt 3,3), c'est en référence explicite aux prophéties d'Isaïe. De même que Moïse était le guide de son peuple durant la marche dans le désert, de même Jésus est le nouveau Moïse qui appelle les hommes à le suivre sur le chemin de la croix qui conduit jusqu'au ciel.

On n'en finirait pas de recenser l'usage constant dans le Nou-

7. Pour compléter les références de ce paragraphe, on se reportera à l'article « Chemin » du *Vocabulaire de théologie biblique, op. cit.,* col. 159-162.

veau Testament des images de la *route,* de la *montée,* de la *marche* pour cerner le cœur même du mystère chrétien. Vivre en disciple du Christ, c'est faire avec lui et en lui sa Pâque et son Exode de cette terre au Royaume des cieux. Depuis qu'Abraham monta à Moriyya pour sacrifier Isaac (Gn 22), on peut dire que dans la religion d'Israël comme dans le christianisme, l'idée de marche, en particulier celle de montée, est associée à l'idée de sacrifice. C'est le sens de notre mot moderne de *pèlerinage.* Quand Moïse cherche à libérer son peuple de la captivité d'Égypte, il présente cette fuite comme un pèlerinage et il dit à Pharaon : « Accorde-nous d'aller à trois jours de marche dans le désert pour sacrifier à Yahvé notre Dieu » (Ex 5,3).

La vie de Jésus doit être aussi considérée comme une route, un pèlerinage qui part de Dieu et qui retourne à Dieu. Mais ce retour à Dieu coïncide avec sa Pâque, avec la montée à Jérusalem où il consommera son sacrifice sur la croix. On sait combien l'annonce, à trois reprises, de sa montée à Jérusalem est impressionnante dans les synoptiques. « Ils étaient en route, montant à Jérusalem, et Jésus marchait devant eux, et ils étaient dans la stupeur et ceux qui suivaient étaient effrayés » (Mc 10,32). Le chemin qui mène à la gloire passe nécessairement par la croix. Mais à la différence des sacrifices de l'Ancienne Alliance, nous avons accès désormais par le sang de Jésus au vrai sanctuaire. « Ayant donc, frères, l'assurance voulue pour l'accès au sanctuaire par le sang de Jésus, par cette *voie* qu'il a inaugurée pour nous, récente et vivante, à travers le voile, c'est-à-dire sa chair... » (He 10,19.)

On ne sera donc pas surpris si pour les premiers auditeurs de la parole apostolique, la nouvelle religion inaugurée par le Christ est tout simplement désignée comme la *voie* (*odos*). C'est le cas dans le texte des Actes cité plus haut où le terme « voie » ne désigne pas tant les chrétiens eux-mêmes que la conduite de la communauté des croyants : Ac 9,2 (cf. la note de la 2ᵉ édition de la Bible de Jérusalem). Il faudrait citer aussi Ac 19,9 où l'on nous dit à propos de la dispute de Paul avec les juifs de la synagogue d'Éphèse que « certains, cependant, endurcis et incrédules, déniaient la *voie* devant l'assistance ».

Au terme de ce premier survol du thème de l'Exode, nous avons donc acquis la certitude que la métaphore de la voie n'est pas une métaphore parmi d'autres. Elle est un symbole clé qui nous ouvre l'intelligence du christianisme comme mystère pascal. On retiendra surtout ici l'idée révolutionnaire du temps introduite par le judéo-christianisme. À la différence de l'homme du monde antique soumis à la loi du destin, c'est-à-dire la répétition du Même, les membres du nouveau peuple de Dieu anticipent dans les sentiers de l'histoire le Royaume de Dieu qui n'est pas encore manifesté en plénitude. Il s'agit donc d'une communauté en exode qui exerce une fonction d'antidestin à l'égard de toute la famille humaine soumise à la dure loi du temps qui passe et qui va à la mort.

II. LE CHRIST COMME VOIE
ET L'IMITATION DU CHRIST

Le Christ n'est pas seulement celui qui monte à Jérusalem pour y faire son passage de ce monde vers le Père (Jn 13,1), il est lui-même le Chemin, la Voie, le Pèlerinage. Les Hébreux marchaient dans la loi du Seigneur (Ps 119,1) pour aller vers la vie. Désormais, les disciples doivent marcher dans le Christ (Col 2,6) pour accomplir eux-mêmes leur exode définitif vers le Père. La loi est donc devenue une personne vivante. On devine les conséquences d'une telle nouveauté si l'on veut apprécier l'originalité de la morale chrétienne. Il s'agirait au fond de voir en quoi la *Halakha* juive est transformée par la référence à la personne de Jésus. C'est tout le thème de l'imitation du Christ.

La marche à la suite du Christ

C'est surtout saint Paul qui fait un usage tout à fait privilégié du verbe *peripatein,* marcher, pour exprimer la conduite du chrétien à la suite du Christ. C'est une marche dans l'Esprit qui est la loi nouvelle du chrétien. (Cf. Ga 5,16 : «Marchez sous l'impulsion de l'Esprit» et 2 Co 12,18 : «N'avons-nous pas marché dans le même Esprit?») Comme le dit C. Perrot dans son étude sur la *Halakha* juive et la morale chrétienne: «Désormais, le croyant n'est plus renvoyé à la loi, mais à la communauté de l'Esprit et à lui-même en tant qu'inspiré par le même Esprit, car l'Esprit est maintenant au principe de la conduite morale[8].» Il y a bien encore des «commandements du Sei-

---

8. C. PERROT, art. cité, p. 48.

gneur». Saint Paul fait encore appel à l'autorité de l'Écriture, la loi et les prophètes, il fait référence à telle ou telle parole du Seigneur. Mais dans la *Halakha* chrétienne, le disciple est renvoyé à sa propre conscience en solidarité avec une communauté qui vit de l'Esprit du Seigneur. La norme du comportement moral, ce n'est plus la loi ou telle ou telle parole de l'Écriture, mais le comportement même du Seigneur. On connaît l'apparente suffisance de Paul qui en a scandalisé certains : « Soyez mes imitateurs comme je le suis moi-même du Christ » (1 Co 11,1).

On est donc en présence d'une morale ouverte, dynamique, où chacun se trouve dans l'obligation de produire un discours moral toujours neuf à partir de son imitation du Christ. Finalement, pour le chrétien, la « voie par excellence » (1 Co 12,31) bien supérieure aux charismes, c'est la voie de la charité (cf. Rm 14,15 : « Marchez dans l'amour »). Or justement, la loi d'amour ne prescrit rien de déterminé. A la question : « que dois-je faire ? », la réponse du chrétien n'est pas dictée à l'avance. C'est à lui d'inventer sa propre voie en cherchant quelle est la volonté de Dieu face à des situations toujours nouvelles et à discerner ce que le service du prochain réclame concrètement *hic et nunc*.

De l'imitation à la filiation

Si on a compris cette nécessaire *intériorisation* de la loi du Christ (Ga 6,2) comme « loi de l'Esprit » (Rm 8,2), comme « loi de la foi » (Rm 3,27) et comme loi d'amour, on ne risque pas alors de comprendre l'imitation du Christ comme la plate reproduction d'un modèle passé.

À cet égard, l'éthique paulinienne nous met à l'abri de tout légalisme et de tout moralisme. C'est pourquoi je disais en commençant qu'on ne peut exploiter le thème du « christianisme comme voie » dans une direction étroitement morale. Luther avait parfaitement saisi les ambiguïtés et les dangers du thème de l'imitation du Christ pour le christianisme comme « religion de la grâce ». Il voulait qu'il soit toujours subordonné à la justification par la foi seule. On peut citer cette belle formule : « L'imitation ne fait pas des fils, mais la filiation fait des imitateurs [9]. » Depuis, les théologiens de la Réforme sont toujours res-

9. In Ep. ad Galatas, éd. de 1519, W.A. II, p. 518, cité par

tés réservés à l'égard de l'idée d'imitation. Et les théologiens allemands distinguent volontiers les deux verbes : *nachahmen* et
nachfolgen. Le premier doit être compris dans le sens d'une imitation purement morale. Le second évoque la communauté de
destin, le partage intime entre le Seigneur et ses disciples. Dans
son livre, *Le Prix de la Grâce*, D. Bonhoeffer se plaît à souligner
que la *Nachfolge* est « le contraire exact de tout légalisme » car
elle n'est rien d'autre que l'attachement à Jésus-Christ seul,
c'est-à-dire précisément « la rupture totale de toute programma-
tique, de toute abstraction, de tout légalisme [10] ».

Le Christ est donc plus qu'une figure exemplaire. Il est une
figure originaire ou fondatrice. Disons qu'il faut relayer le thème
de l'*imitation* par ceux de *participation* et de *généalogie*. « La
ressemblance entre le Christ et le chrétien n'est pas celle toute
extérieure de la copie au modèle, mais celle toute intérieure du
principe à l'effet [11]. » L'idée d'imitation peut suffire dans la perspective d'une morale des héros. En christianisme, l'imitation ne
peut être qu'une conséquence de la *filiation*. Pour le chrétien,
suivre la voie du Christ, c'est mener sa vie d'enfant de Dieu
selon l'Esprit du Christ. En d'autres termes, le Christ est mieux
qu'un modèle extérieur. Il est une loi agissante qui réalise en
nous ce qui nous attire en lui. Disons encore que le Christ n'est
pas seulement un maître de sagesse et nous ne sommes pas seulement des disciples. Le Christ est le Fils bien-aimé du Père et
nous sommes fils avec lui, cohéritiers.

Contre toute illusion d'une reproduction maniaque de tel fait
ou geste de la vie de Jésus, il faut retrouver l'audace de la
mémoire du Christ au sens paulinien [12]. Paul refuse d'en appeler
à la mémoire du Christ selon la chair, à la manière judéo-chrétienne. On peut s'étonner par exemple que Paul n'évoque aucun

F. REFOULÉ, « Jésus comme référence de l'agir des chrétiens » dans
Écriture et pratique chrétienne, Paris, Cerf, 1978, p. 201.

10. D. BONHOEFFER, *Le Prix de la Grâce*, Neuchâtel, 1967, pp. 25-
26, cité par F. REFOULÉ, art. cité, p. 203.

11. F. REFOULÉ, *ibid.*, p. 222.

12. Cf. C. PERROT, « L'anamnèse néo-testamentaire » in *Rev. de
l'Institut catholique de Paris*, n° 2, avril-juin 1982, pp. 21-37. Pour une
reprise moderne, à la fois poétique et rigoureuse, du thème traditionnel
de la Voie en spiritualité chrétienne, nous recommandons vivement
l'ouvrage suggestif de M. BELLET, *La Voie*, Paris, Seuil, 1982.

épisode de la « vie de Jésus » ou qu'il ne se réfère pas à telle ou telle parole précise du Seigneur à l'exception de la mention du divorce (1 Co 7,10). Mais Paul est logique avec le principe qu'il a nettement énoncé une fois comme ceci : « Ainsi, désormais, ne connaissons-nous plus personne à la manière humaine, selon la chair. Si nous avons connu selon la chair le Christ, maintenant nous ne le connaissons plus ainsi » (2 Co 5,16). Qu'est-ce à dire, sinon qu'il ne s'agit pas de s'attacher de manière nostalgique au Jésus passé d'avant Pâques ? En d'autres termes, la véritable mémoire du Christ n'est pas une reproduction de ce qui est advenu en Jésus de Nazareth. C'est une création nouvelle de l'Esprit du Christ ressuscité, toujours vivant dans son Église. Comprendre l'imitation du Christ au sens de saint Paul, c'est concevoir une suite de Jésus telle que les chrétiens trouvent la réponse juste que leur inspire l'Esprit de Jésus en fonction de situations historiques nouvelles. Suivre Jésus, c'est le revêtir (cf. Rm 13) avec toutes les conséquences et tous les risques que cela comporte. Le thème de l'imitation nous confirme d'ailleurs qu'une christologie authentique ne relève pas uniquement d'un savoir théorique, mais se nourrit de la suite pratique de Jésus [13].

Nous pouvons conclure en tout cas au sujet de l'imitation du Christ au sens paulinien que *suivre Jésus,* ce n'est pas reproduire de façon volontariste et onéreuse un modèle encore extérieur, c'est s'abandonner à la vie de fils que le Christ veut mener en chacun de nous. Mais ce serait se méprendre sur la nature de l'imitation du Christ que de comprendre la disponibilité à l'impulsion de l'Esprit comme une absence d'initiative. Si imiter le Christ, ce n'est pas copier mécaniquement un modèle passé, mais se rendre contemporain du Christ toujours vivant, la *voie* chrétienne conduit à une créativité imprévisible dans l'ordre de la pratique chrétienne. Qu'il s'agisse de la parole de l'Écriture ou de la vie même du Christ, elles ne peuvent être actualisées aujourd'hui qu'au prix d'une interprétation créatrice.

Nous sommes toujours précédés par l'exemple du Christ qui demeure la référence originaire de toute pratique chrétienne, mais la transmission de cet exemple est toujours historique, c'est-à-dire en relation à la pratique concrète des hommes à tel moment de l'histoire. Le chrétien n'est donc pas condamné à

13. Cf. J.-B. METZ, *Un temps pour les ordres religieux* (trad. franç.), Paris, Cerf, « Problèmes de vie religieuse », 1981, pp. 32-33.

l'idéal impossible de reproduire ce que le Christ a fait. Il est bien plutôt remis à sa propre conscience illuminée par l'Esprit pour inventer ce que le Christ ferait aujourd'hui.

La suite de Jésus comme vocation à la liberté

En insistant sur la dimension *théologale* de l'imitation du Christ, j'ai surtout voulu dénoncer les pièges d'une contemporanéité avec un modèle passé qui nous dispense d'une reprise créatrice en première personne au nom de l'Esprit de Jésus. Nous ne connaissons plus le Christ *selon la chair,* c'est-à-dire, si l'on peut dire, de manière passéiste.

En terminant ces quelques réflexions sur la suite de Jésus, il faudrait encore montrer que la *suite de Jésus* est une aventure risquée, celle-là même de ma liberté d'enfant de Dieu. La fascination d'un modèle inimitable est une opération mortifère : elle conduit à l'aliénation et à la paralysie dans la conscience désespérante de n'être qu'une copie maladroite.

Paradoxalement, je dirai que notre vraie liberté coïncide avec la mise à mort de notre désir de ressemblance imaginaire avec le Christ. Il en va de l'image fascinante du Christ à imiter, comme de la projection de l'image paternelle par la toute-puissance du désir de l'enfant. Or nous le savons bien, ce n'est qu'en renonçant à une identification mortelle au père pour une reconnaissance mutuelle que le petit d'homme devient à son tour un sujet.

Le thème de l'imitation du Christ, si sublime soit-il, est plein d'embûches. Il nous conduit à bien distinguer une identification imaginaire au Christ et un processus d'identification qui accepte le jeu de la différence et de la similitude. Comme dans tout amour qui tend à l'identification la plus absolue, c'est-à-dire, sans le savoir, à une fusion mortelle, le seul moyen de respecter l'altérité de l'autre et d'être reconnu soi-même dans son identité irremplaçable, c'est d'accepter la fonction instituante du *langage.* Le langage n'est pas seulement un instrument de communication, c'est le moyen de prendre conscience de sa limite, d'être un « je » pour un autre, d'exister en fonction du désir et de la reconnaissance d'un autre. Se crisper sur l'identification à autrui par une sorte de mimétisme maniaque est un moyen détourné de refuser ses limites ; c'est s'enfermer dans son moi imaginaire et ne pas accéder à sa vérité de sujet dépendant de la reconnaissance d'autrui.

Concrètement, cela veut dire qu'il n'y a pas de *suite de Jésus* sans écoute de sa parole qui est reçue comme un don et un appel, et sans participation à la voie de Jésus qui est un chemin vers le Père.

La parole de Jésus est une parole de filiation. En lui et par lui, j'invoque Dieu comme Père et je suis reconnu comme fils. Mais je n'ai jamais fini de devenir fils. Devenir fils, c'est apprendre à respecter l'altérité de celui que nous nommons «Notre Père» et c'est vivre sa similitude avec Dieu dans l'acceptation de sa différence. C'est donc, tout en acceptant une dépendance, prendre conscience de mon identité filiale et être renvoyé à ma responsabilité historique irremplaçable. La suite de Jésus coïncide toujours avec l'appel à une vocation propre dans l'Église. Mais cette vocation a toujours une structure à la fois *mystique* et *politique* au sens le plus large [14]. Mystique, parce que je n'ai jamais fini d'approfondir mon «devenir fils» en Jésus-Christ; politique, parce qu'il n'y a jamais de suite de Jésus en dehors d'un contexte historique et social donné où j'ai à prolonger le combat du Christ contre toutes les formes de mort.

Tout le problème est de ne réduire la suite de Jésus ni à une pure intériorité ni à un accomplissement purement éthique. Pour ce faire, il faut tendre à reproduire dans sa vie la voie de Jésus comme «chemin vers le Père». On doit comprendre en effet toute la vie de Jésus comme un grand mouvement de retour vers le Père. C'est exactement ce qu'évoque l'auteur de l'épître aux Hébreux en prêtant à Jésus la parole du psaume 39 :

«De sacrifice et d'offrande tu n'as pas voulu,
Mais tu m'as façonné un corps.
Holocaustes et sacrifices pour le péché
Ne t'ont pas plu.
Alors j'ai dit:
Me voici, car c'est bien de moi
Qu'il est écrit dans le rouleau du livre:
Je suis venu, ô Dieu, pour faire ta volonté»

(He 10,5-7).

---

14. La suite de Jésus a en effet fondamentalement une composante socio-politique: elle est simultanément mystique et politique... Nous pourrions dire sans hésiter que la théologie de la suite de Jésus est une théologie politique. Cf. J.-B. METZ, *op. cit.,* p. 34.

Comme homme, Jésus se définit par son obéissance à la volonté du Père. Et la preuve suprême de son obéissance de Fils, c'est l'acceptation de la mort. Sa mort n'est pas seulement la conséquence de son combat pour la justice en solidarité avec les plus démunis des hommes. L'offrande de sa vie exprime son mouvement de retour vers le Père. C'est parce qu'Il n'existe que par le Père et pour le Père, qu'Il donne en échange sa propre vie comme contre-don. Dans un échange d'amour, le contre-don qui va jusqu'au don de la vie est la réponse à un amour gratuit qui nous précède. L'acceptation de sa mort est donc tout autre chose qu'une obéissance héroïque à un commandement du Père. Elle est l'expression parfaite de son amour et de son abandon filial au Père. « Il n'y a pas de plus grand amour que de donner sa vie pour ceux qu'on aime. » Et paradoxalement, l'acceptation de la mort, c'est-à-dire de ce qu'il y a de plus inhumain, est le dernier mot de la liberté.

III. LE CHRISTIANISME COMME ORTHOPRAXIE

Parler du christianisme comme *voie,* c'est, semble-t-il, privilégier le christianisme comme pratique droite et non comme message doctrinal, comme contenu dogmatique, comme savoir. Il y a un mot qui fait fortune depuis quelque temps pour désigner cette dimension, c'est celui d'*orthopraxie.* Il a l'avantage de souligner qu'il n'y a pas d'orthodoxie chrétienne qui ne débouche sur une pratique. Mais il comporte aussi le risque de chercher trop vite un rapprochement possible avec d'autres religions en mettant entre parenthèses le contenu de la foi chrétienne. Je voudrais rappeler successivement que, d'une part, en christianisme, il est impossible d'opposer foi et orthopraxie, mais que, d'autre part, le mot *orthopraxie* désigne bien un trait tout à fait propre à la religion chrétienne, à savoir *la pratique évangélique,* ce que cherche justement à évoquer la métaphore de la *voie.*

Le sens de « faire la vérité »

On a cherché récemment à justifier un primat de l'orthopraxie sur l'orthodoxie à partir de la formule johannique : « Faire la vérité » (Jn 3,21). On voudrait par là fournir un fondement biblique à une conception pragmatiste de la vérité selon laquelle n'est vrai que ce qui est opératoire ou vérifié par l'action. Selon une exégèse courante, mais assez banale, on comprend la formule de saint Jean comme s'il s'agissait de la pratique morale inspirée par la foi. Comme l'a montré le P. de la Potterie dans une étude remarquable, le « faire la vérité » johannique ne désigne pas l'action morale du croyant comme conséquence de la foi, mais *la genèse même de la foi*[15]. Sinon, on ne comprendrait pas la seconde partie du verset de saint Jean : « Celui qui fait la vérité vient à la lumière. » Qu'est-ce que venir à la lumière sinon accéder à la foi ? Pour saint Jean, le « faire » ne désigne pas les œuvres dans leur distinction avec la foi comme dans la perspective de saint Paul, mais l'œuvre même de la foi. Il suffit de faire le rapprochement avec un autre texte parallèle : 6,28-29. Les juifs demandent : « Que devons-nous *faire* pour travailler aux œuvres de Dieu ? » Et Jésus de répondre : « L'œuvre de Dieu c'est que vous *croyiez* en celui qu'il a envoyé. »

Ainsi, loin de se réclamer de saint Jean pour opposer la confession de foi et la praxis, il faut dire que la praxis par excellence pour lui, c'est l'œuvre de la foi elle-même. Faire la vérité, c'est venir progressivement à la foi. On voit donc bien que l'expression « le christianisme comme voie » peut s'entendre non seulement d'un ensemble de préceptes à suivre, mais du chemin même de la foi. Il est très intéressant à cet égard de noter chez saint Jean une équivalence entre « marcher » et « croire ». Qu'est-ce que croire, sinon « marcher dans la lumière » (cf. Jn 12,35-36) et « marcher dans la vérité » (2 Jn 4 et 3 Jn 3-4) ? La voie par excellence pour saint Jean comme pour saint Paul, c'est bien la voie de l'amour, mais c'est toujours un amour illuminé par la foi (cf. la formule si riche de Ga 5,6 : « La foi agissant par l'amour »).

Le christianisme se définit d'abord par la pratique évangélique

Après avoir dénoncé une fausse interprétation du « faire la vérité » johannique, on est d'autant plus libre pour affirmer que derrière le mot « orthopraxie » se cache une vérité très profonde concernant l'essence du christianisme. C'est vrai que, par rap-

---

15. I. DE LA POTTERIE, « "Faire la vérité" : devise de l'orthopraxie ou invitation à la foi ? » dans *Le Supplément,* n° 118 (sept. 1976), pp. 283-293.

port au contexte religieux ambiant du monde gréco-romain, le christianisme n'a pas triomphé comme religion de la vérité (*alétheia*) ou religion à mystère, mais comme religion de l'amour (*agapé*). Il est sûr qu'on ne peut pas opposer pratique de la foi et pratique de la charité. Mais il est incontestable que le christianisme se définit d'abord par une certaine pratique, la *pratique évangélique,* avant de se définir par un certain savoir, par l'adhésion à un corpus de vérités.

Comprendre le christianisme comme *voie* ou comme *orthopraxie,* c'est, à la lumière d'une conception dialectique des rapports entre théorie et praxis, réaliser que l'agir chrétien n'est pas la simple conséquence ou le champ d'application d'une vérité doctrinale déjà toute constituée. C'est la pratique chrétienne elle-même qui est non seulement révélatrice mais créatrice de significations nouvelles quant au contenu du message chrétien. Nous l'avons déjà dit à propos du problème herméneutique, agir selon l'Esprit du Christ, c'est non seulement proposer de nouvelles interprétations de l'événement Jésus-Christ, mais produire de nouvelles figures historiques du christianisme selon les lieux et les temps. Une telle conception de la pratique chrétienne est inséparable d'une notion de la vérité qui ne s'identifie ni avec une plénitude d'être à l'origine, ni avec une figure historique. La vérité est plutôt sous le signe d'un devenir. Elle est un *advenir* permanent. C'est le sens même de la vérité biblique comme réalité d'ordre eschatologique [16].

Nous avons vu plus haut qu'il était impossible d'opposer chez saint Jean pratique de la foi et pratique de l'amour. La foi est elle-même une œuvre... Mais justement, la foi est un long cheminement progressif qui comprend bien des étapes avant de parvenir à l'état adulte, «à la taille du Christ dans sa plénitude» (Ep 4,13). Et il y a un instinct de la vérité, une foi d'avant la foi explicite qui nous permet de comprendre pourquoi la pratique évangélique n'est pas le monopole exclusif de ceux qui sont membres de l'Église et qui professent une foi explicite à Jésus-Christ.

On peut être déjà sans le savoir disciple de Jésus dans un autre système religieux que le christianisme comme religion historique. C'est pourquoi il est si difficile de définir le spécifique chrétien par une orthodoxie doctrinale ou même par une ortho-

16. Cf. *supra,* chap. III.

praxie au sens où il n'y aurait qu'une seule voie chrétienne droite. Il est impossible de définir la vie évangélique *a priori*. La nouveauté du comportement chrétien ne se manifeste pas nécessairement par son contenu. Elle est plutôt une modalité particulière de l'agir humain en général. Plus qu'une «espèce» chrétienne, il y a une certaine manière de suivre Jésus, de pratiquer les Béatitudes. Et la réponse chrétienne est aussi imprévisible que l'Esprit de Jésus qui n'appartient pas aux seuls chrétiens. Nous ne devons donc pas être surpris si nous recevons souvent des leçons d'Évangile soit des athées, soit de ceux qui appartiennent à d'autres religions que le christianisme. «Heureux ceux qui ont cru sans avoir vu», disait Jésus. Heureux ceux qui ont vécu de l'Évangile sans l'avoir su», pouvons-nous dire aujourd'hui. Réjouissons-nous si beaucoup d'hommes peuvent suivre la voie du Christ, exercer la *sequela Christi,* avant d'adhérer au contenu dogmatique de la foi chrétienne et même avant de reconnaître explicitement Jésus comme Seigneur. Ainsi, parler du christianisme comme *voie,* c'est suggérer que le christianisme est plus qu'une religion particulière définie par des dogmes, un culte, des critères d'appartenance : il est le bien de tout homme qui marche vers la lumière.

CONCLUSION

Pour donner une conclusion à ces trop brèves remarques sur le christianisme comme *voie,* rappelons le mot si profond de Kierkegaard quand il nous dit que nous ne pouvons jamais prétendre *être* chrétiens mais que nous avons toujours à le *devenir.* La métaphore de la *voie* comme les comparaisons néo-testamentaires de la graine, du germe, du levain cherchent à évoquer la réalité essentiellement *dynamique* du Royaume de Dieu. N'y a-t-il pas d'ailleurs là un rapprochement possible avec le vocabulaire vitaliste et organiciste du *Tao?* Comme le Royaume de Dieu, le *Tao* est au point de départ une semence presque invisible (cf. chap. 67 : «Tous déclarent ma Voie grande, mais de piètre apparence... »).

Il faut parler à la fois du *devenir* de l'existence chrétienne individuelle et du *devenir* de l'Église comme Peuple de Dieu. Nous sommes toujours en marche vers une Plénitude qui n'a pas encore été manifestée : celle du Royaume de Dieu. En fonction de cette dimension eschatologique, toute étape sur la route à la suite du Christ ne peut être qu'une étape provisoire qui doit être dépassée. C'est vrai aussi de l'Église du Christ comme figure historique. Il y a un *advenir* permanent de la plénitude de l'Évangile comme réalité eschatologique. C'est pourquoi les objectivations de cette plénitude dans l'ordre de la vérité comme dans l'ordre de l'amour sont des réalisations toujours inadéquates qui suscitent de nouvelles interprétations et même de nouvelles créations en relation avec la pratique historique des hommes. En tant qu'événement historique, l'événement Jésus-Christ est définitivement passé. Mais le Christ est toujours vivant. Il continue à exercer sa Seigneurie sur toute l'histoire et il y a, en vertu du don permanent de son Esprit, une actualisation toujours nouvelle de ce qui a été manifesté en lui durant son existence historique. Sans référence à l'événement fondateur qu'est Jésus-Christ, le christianisme devient insignifiant. Mais sans créativité, le christianisme n'est plus une *voie* ouverte sur un avenir imprévisible. Il est déjà infidèle à son existence exodale.

Suivre l'indication de la métaphore de la *voie* à propos du christianisme, c'est comprendre que l'héritage reçu est révélateur d'un avenir à faire. Est-il outrecuidant d'affirmer que si elle est fidèle à elle-même, la religion chrétienne ne peut être que la religion de l'avenir ?

CHAPITRE XIII

POUR UNE INTERPRÉTATION CHRÉTIENNE DES DROITS DE L'HOMME

On peut affirmer sans réticence que l'Église catholique est devenue en ce dernier quart du XXe siècle le meilleur champion des droits de l'homme. C'est surtout vrai depuis le pontificat de Jean-Paul II qui, dans ses encycliques et dans ses innombrables interventions lors de nombreux voyages, a fait de la défense de l'homme et de ses droits un thème majeur de son enseignement. Mais le tournant décisif dans l'évolution de la pensée de l'Église fut pris par Jean XXIII et le deuxième Concile du Vatican. Qu'il suffise d'évoquer l'événement que constitua l'encyclique *Pacem in terris* qui s'ouvre par une véritable charte des droits et devoirs de l'homme ou bien encore la fameuse *Déclaration sur la liberté religieuse* de Vatican II qui reconnaît solennellement à tout homme le droit de choisir librement sa religion.

Quel chemin parcouru depuis le *Syllabus* de Pie IX qui condamnait sans appel la proposition suivante : « Tout homme est libre d'embrasser et de professer la religion que la lumière de la raison l'aura amené à juger être la vraie religion » (*Syllabus*, 1864, n° 15, Dz 2915) ! Au XIXe siècle, les papes n'ont cessé de jeter l'*anathème* contre les libertés modernes. Celles-ci furent une conquête onéreuse de la conscience laïque non seulement contre l'Ancien Régime, mais contre l'Église.

C'est trop peu d'écrire en reprenant le titre d'un ouvrage de J.-F. Six : *Du Syllabus au dialogue.* Il faut dire : *De l'anathème au ralliement et à la promotion* des droits de l'homme. Les droits de l'homme ne sont plus seulement tolérés par l'Église. Ils sont devenus une exigence de l'Évangile selon l'affirmation explicite de Paul VI en 1974 : « La promotion des droits de l'homme est une requête de l'Évangile et elle doit occuper une place centrale dans le ministère de l'Église. »

L'histoire de ce retournement a déjà souvent été écrite. Je voudrais plutôt m'interroger sur la signification *théologique* de ce changement. Mais je sais bien que s'il y a un domaine où l'on ne peut pas juger dans l'abstrait au nom de principes théologiques, c'est bien celui des droits de l'homme. On peut s'étonner et même crier au scandale devant la lenteur de la prise de conscience par l'Église des implications de son propre message. Mais sans vouloir excuser l'Église, on ne saurait oublier les contextes socio-historiques effroyablement complexes dans lesquels la doctrine des droits de l'homme a pris consistance.

Nous commencerons par donner quelques points de repère décisifs en ce qui concerne l'histoire ambiguë des droits de l'homme telle qu'en témoignent la pratique et la théorie de l'Église catholique. Nous nous interrogerons ensuite sur les rapports entre la Charte des droits de l'homme et le contenu de la révélation biblique. Ce sera l'occasion de se demander si les trois grandes religions monothéistes n'ont pas une responsabilité historique urgente à l'égard de la défense et de la promotion des droits de l'homme.

I. UNE HISTOIRE AMBIGUË

Le message de Jésus est essentiellement un message de libération pour l'homme. Par son enseignement et par toute sa vie, Jésus n'a cessé de revendiquer la dignité absolue de l'homme même pécheur devant Dieu et l'égalité de tous les hommes entre eux. Selon la formule célèbre de saint Paul, « il n'y a plus ni juif, ni grec ; il n'y a plus ni esclave, ni homme libre ; il n'y a plus l'homme et la femme ; car tous, vous n'êtes qu'un en Jésus-Christ » (Ga 3,28). S'il est vrai qu'on doive chercher le fondement théologique des droits de l'homme dans le thème biblique de « l'homme image de Dieu » (Gn 1,26), alors il faut dire que la prédication de Jésus radicalise cet enseignement. Ce qui est au centre de la prédication de Jésus, c'est la proximité du Royaume de Dieu, c'est-à-dire le salut total et final de l'homme. « Or cela signifie que Dieu fait prévaloir son règne, son "droit divin" dans le monde, en prenant parti pour l'homme, en prenant en main lui-même la cause perdue de l'homme, pour libérer, sauver l'homme [1]. » Jésus est le libérateur messianique qui prend la défense, au nom des droits de Dieu, de tous les faibles, les opprimés et les pauvres. On sait d'ailleurs à partir des récits évangéliques que l'engagement décidé de Jésus en faveur des petits, des marginaux, des hors-la-loi, des publicains et des pécheurs provoqua le scandale des justes. C'est même cette attitude subversive qui fut l'occasion de son procès et de sa mort sur la croix.

Mais comment ce message de libération et de défense des droits de tout homme fut-il vécu concrètement tout au long de vingt siècles de christianisme ?

On se trouve en présence de deux courants qui ont coexisté dans l'Église jusqu'à nos jours. Je veux dire que l'on pourra toujours citer l'exemple de chrétiens, de groupes ou de mouvements qui n'ont cessé de prendre au sérieux l'enseignement de Jésus sur la dignité sacrée de tout homme. Mais tout aussi bien, il serait encore plus facile d'énumérer les nombreuses perversions de l'enseignement primitif du christianisme dont témoignent la pratique et même la théologie de l'Église. Il y a là un profond mystère qui ne relève pas seulement de la faiblesse et du péché des hommes ou de simples causes conjoncturelles. Il faut plutôt parler d'évolution *structurelle*. Comment l'Église qui devrait être normalement la patrie de la liberté est-elle devenue l'ennemie de la liberté ? De manière très schématique, il est permis de distinguer trois périodes.

A. L'alliance de l'Église et de l'État

Durant les trois premiers siècles de l'Église, on ne doit pas sous-estimer l'influence du message chrétien de libération par rapport à la conception des droits de l'homme du monde antique. Et l'Église fut souvent en conflit avec les prétentions du pouvoir impérial dans sa défense de la dignité de tout homme – fût-il esclave – et de l'égalité entre tous les hommes. Même si la notion de liberté religieuse comme droit inviolable de la personne n'était pas encore explicitée, on peut dire que, dans les

---

1. J. BLANK, « Le droit de Dieu veut la vie de l'homme. Le problème des droits de l'homme dans le Nouveau Testament », *Concilium*, n° 144 (1979), pp. 50-51.

premiers siècles de l'Église, des milliers de chrétiens sont morts pour défendre leur liberté religieuse.

Avec l'alliance, au début du IVe siècle, entre Constantin et l'Église, commence un nouveau destin historique du christianisme. C'est le début d'un véritable césaro-papisme et de ce qu'on a appelé la « chrétienté », même si le mot avec son sens sociologique n'apparaît qu'au IXe siècle. L'édit de Milan (313) qui promulguait la liberté des cultes resta en fait lettre morte et le christianisme promu « religion d'État » passa sous le contrôle des césars chrétiens. Il y eut collusion entre l'Église et l'État et, quand la politique des empereurs favorisait l'unité et l'expansion de l'Église, les évêques trouvaient tout naturel d'user du bras séculier contre les hérétiques et les schismatiques.

Voici le jugement modéré d'un historien : « À l'époque patristique, la liberté religieuse s'est donc particularisée au bénéfice de l'Église catholique. L'unité religieuse, que les empereurs regardaient comme indispensable au maintien de l'unité politique, les évêques la revendiquaient comme une exigence essentielle de la foi chrétienne et ils n'hésitaient pas, pour la maintenir, à solliciter le concours de l'État [2]. » Même saint Augustin, le grand théologien, justifia le recours à la force pour réduire les donatistes obstinés. C'est à cette occasion qu'il interpréta le *compelle intrare* de la parabole des noces (Lc 14,24) pour justifier l'usage de la contrainte extérieure au service de l'unique vérité salutaire. Puisque la vérité révélée en Jésus-Christ est nécessaire au salut de tout homme, tous les moyens sont bons pour maintenir les hommes dans cette vérité ou les contraindre à y adhérer. On voit poindre ici cette idéologie de la *vérité obligatoire* qui aura de si funestes conséquences dans toute l'histoire ultérieure du christianisme. Tant que la cause de l'Église coïncidera avec l'intérêt des rois très chrétiens, le fameux axiome « Hors de l'Église, pas de salut » pourra servir de caution idéologique afin de justifier la mort de millions d'hommes.

Par rapport à l'époque patristique, le Moyen Âge apparaît comme encore plus intolérant. Certes, on tolère une certaine liberté de conscience dans le cas des juifs et des infidèles, c'est-à-dire les musulmans. Mais l'intolérance à l'égard des hérétiques et des schismatiques est absolue. A partir du XIe siècle, alors

2. J. LECLER, *Les Premiers Défenseurs de la liberté religieuse*, t. I, Paris, Cerf, 1969, p. 18.

qu'Augustin l'avait toujours écartée, la peine de mort devient pratique courante contre ceux qui sont infidèles aux promesses de leur baptême. Au XIIIe siècle, le pape Grégoire IX, en accord avec l'empereur Frédéric II, institue la sainte Inquisition et le supplice du feu se régularise contre les hérétiques obstinés et contre les relaps. La théologie de l'époque s'emploiera à justifier les procédés de l'Inquisition. On lit par exemple ceci chez Thomas d'Aquin : «(les hérétiques et les apostats) doivent être contraints même physiquement à honorer leurs promesses et à tenir ce qu'ils ont accepté une fois pour toutes» (*Somme théologique,* II[a] II[ae], q. 10, a. 8).

Mais pour être tout à fait juste, il faut préciser que Thomas d'Aquin respecte tout à fait la liberté d'embrasser la foi au Christ alors qu'il la refuse à celui qui prétend la quitter. «Embrasser la foi est affaire de volonté, mais demeurer dans la foi reçue est affaire de nécessité» (II[a] II[ae], q. 10, a. 8 ad 3). Et il ne faut pas seulement entendre par là la nécessité morale. On justifie l'usage de la violence physique contre l'hérétique. Autrement dit, on refuse le bénéfice de la bonne foi à l'hérétique ; l'hérétique est toujours coupable et s'il ne se repent pas, il doit disparaître par la mort pour éviter qu'il ne gangrène tout le corps ecclésial.

Une telle intolérance a de quoi nous scandaliser, nous chrétiens du XXe siècle. Elle est en contradiction avec le message chrétien primitif. Mais il faut la resituer dans le contexte politique et sociologique de la chrétienté médiévale. Elle est l'ultime conséquence de la collusion entre la société civile et la société religieuse. Face à la menace de l'islam, il s'agit de maintenir par tous les moyens l'ordre social de la chrétienté. L'hérésie est un mal contagieux qui risque d'infecter tout le corps qui est indissociablement social et ecclésial. Le droit des personnes est donc sacrifié à la santé de tout le corps social.

Cette situation d'absence de liberté religieuse va se prolonger jusqu'à l'aube des temps modernes et la Réforme ne fera qu'exacerber l'idéologie de la « religion d'État » avec toute l'intolérance qui en découle. L'unité de la religion est devenue pour les rois et les princes un facteur décisif d'unité politique. On tolère les juifs et les infidèles, mais tous les moyens sont bons pour retrancher les membres dissidents qui compromettent l'unité du corps ecclésial. On peut parler avant la lettre d'une certaine reconnaissance de la «liberté de conscience», puisqu'on est libre d'adhérer à la foi chrétienne. Mais il n'y a pas encore de liberté religieuse puisque l'obstination dans le schisme ou l'hérésie est passible de mort.

B. L'anathème porté contre le libéralisme

La Révolution française et la Déclaration des droits de l'homme et du citoyen du 26 août 1789 inaugurent une nouvelle période dans l'histoire des rapports entre l'Église catholique et les droits de l'homme.

La déclaration reconnaît les droits naturels, inaliénables et sacrés de l'homme. Ces droits sont la liberté, la propriété, la sûreté et la résistance à l'oppression. L'article 10 précise : « Nul ne doit être inquiété pour ses opinions, même religieuses, pourvu que leur manifestation ne trouble pas l'ordre public établi par la loi. » Et l'article 11 reconnaît « la libre communication des pensées et des opinions comme un des droits les plus précieux de l'homme ».

Quel sera le langage de l'Église face à cette première déclaration des droits de l'homme qui semble tout à fait cohérente avec la vraie dignité de la personne humaine telle que la défendait déjà le message chrétien primitif ? Par un tragique malentendu historique, le langage des papes au XVIIIe siècle et au XIXe siècle sera celui de l'anathème [3].

Dans le bref *Quod Aliquantum,* Paul IV prononce l'anathème contre la Constitution civile du clergé qui avait été votée le 12 juillet 1790, mais il condamne aussi les rédacteurs de la déclaration de 1789. Il considère que l'« effet » de la constitution civile « est d'anéantir la religion catholique et avec elle l'obéissance due aux rois. C'est dans cette vue qu'on établit, comme un droit de l'homme en société, cette liberté absolue qui non seulement assure le droit de n'être point inquiété sur ses opinions religieuses, mais qui accorde cette licence de penser, de dire, d'écrire et même de faire imprimer, en matière de religion, tout ce que peut suggérer l'imagination la plus déréglée ; droit monstrueux qui paraît cependant à l'Assemblée résulter de l'égalité et de la liberté naturelles à tous les hommes. »

---

3. Voir à ce sujet : B. PLONGERON, « Pourquoi l'anathème catholique aux XVIIIe-XIXe siècles ? », *Projet,* no 5 (1981), pp. 52-66.

Comme le remarque B. Plongeron, on découvre dans ce texte les deux postulats qui sont sous-jacents à l'argumentation du magistère catholique jusqu'à Vatican II. Premièrement, l'exercice du droit fondamental à la liberté est considéré comme une « liberté effrénée ». Deuxièmement, le combat des chrétiens pour la liberté n'est légitime que lorsqu'il s'agit de défendre la liberté religieuse au sens catholique [4]. « Autrement dit, commente C. Wackenheim, le droit à la liberté religieuse se fonde sur la nature de l'homme *telle que l'interprète le magistère ecclésiastique*. C'est ainsi qu'un droit inaliénable de la personne est censé conduire à l'obligation d'adhérer à l'Église catholique [5] ! »

Tout au long du XIXᵉ siècle, les papes ne cesseront de fulminer contre le libéralisme qui est dénoncé comme l'idéologie funeste des temps modernes [6]. Dans l'encyclique *Mirari vos* (1832), Grégoire XVI va jusqu'à désigner comme un « délire » la revendication de la liberté de conscience et il qualifie d'« exécrable » celle de la liberté de la presse. On retrouve les mêmes excès dans l'encyclique *Quanta cura* (1864) de Pie IX. Et à peine un siècle avant Vatican II, on trouve parmi les erreurs condamnables dénoncées par le Syllabus la proposition suivante, que je citais au début de cet exposé : « Tout homme est libre d'embrasser et de professer la religion que la lumière de la raison l'aura amené à juger être la vraie religion » (*Syllabus*, 1864, n° 15, Dz 2915).

Il est donc incontestable que la reconnaissance des droits fondamentaux de la personne humaine fut une conquête progressive de la conscience moderne comme conscience laïque contre l'enseignement le plus explicite du magistère catholique. Sans doute, il nous est difficile aujourd'hui d'imaginer à quel point les habitudes de pensée et les pesanteurs historiques poussaient tout naturellement l'Église à une condamnation du libéralisme. Le

4. Cf. B. Plongeron, *ibid.*, p. 56.
5. C. Wackenheim, « La signification théologique des droits de l'homme », *Concilium*, n° 144 (1979), p. 71.
6. Voir en particulier R. Aubert, « L'enseignement du magistère ecclésiastique au XIXᵉ siècle » dans *Tolérance et communauté humaine,* Tournai-Paris, 1952, pp. 75-103. Pour une brève esquisse historique du phénomène moderne de la liberté religieuse, on peut lire E. Poulat, « Liberté religieuse et développement historique des libertés » dans *La Liberté religieuse dans le judaïsme, le christianisme et l'islam,* « Cogitatio Fidei » n° 110, Paris, Cerf, 1981, pp. 17-34.

libéralisme en effet était tout autre chose qu'une doctrine innocente. C'était en fait une idéologie athée qui conduisait à une exaltation de l'individu et à un rejet de toute autorité y compris celle de Dieu. C'est ce libéralisme-là que condamne Léon XIII dans ses grandes encycliques *Immortale Dei* (1965) et *Rerum Novarum* (1891).

Mais malgré son ambiguïté, la papauté du xixe siècle ne sut pas discerner la part de vérité contenue dans le libéralisme. «Il lui aurait fallu pour cela pouvoir regarder la réalité sociale et humaine sous un autre angle, changer de perspective, prendre son point de départ non plus à partir des "droits" de Dieu mais de la personne humaine, bref, en un mot, opérer une révolution copernicienne [7].» L'Église a manqué de discernement prophétique et elle est malheureusement apparue pour tous les hommes épris de liberté comme ennemie de la liberté. Mais il est permis de considérer cette erreur historique de l'Église comme une conséquence fatale d'une déviation théologique qui commence au ixe siècle, à savoir l'idéologie de la chrétienté et le mythe de la vérité obligatoire. D'une part, la confusion de l'ordre ecclésial et de l'ordre socio-politique fait qu'on justifie l'usage de la violence au service de l'orthodoxie et de l'unité. D'autre part, la certitude pour l'Église de posséder l'unique vérité l'a conduite à sacrifier les droits des personnes aux droits exclusifs de la vérité.

C. Le ralliement de l'Église catholique à la cause des droits de l'homme

Nous l'avons déjà dit, il faut attendre le deuxième concile du Vatican pour parler d'un ralliement officiel de l'Église catholique à la cause des droits de l'homme. On lit cette affirmation solennelle dans la Constitution pastorale *Gaudium et Spes* : «En vertu de l'Évangile qui lui a été confié, l'Église proclame les droits de l'homme ; elle reconnaît et tient en grande estime le dynamisme de notre temps qui, partout, donne un nouvel élan à ces droits.» Et la Déclaration *Dignitatis humanae* sur la liberté religieuse représente la révision décisive d'une théorie

7. Cf. F. Refoulé, «L'Église et les libertés», *Le Supplément*, no 25 (1978), p. 253. Sur l'évolution du magistère romain concernant la question des droits de l'homme, on trouvera une vaste documentation dans G. Thils, *Droits de l'homme et perspectives chrétiennes,* Publication de la Faculté de théologie de Louvain, 1981.

pernicieuse des droits exclusifs de la vérité qui a servi à justifier des siècles d'intolérance. Il ne s'agit plus seulement de *tolérance négative* comme dans la théologie politico-religieuse de la *thèse* et de l'*hypothèse* forgée au XIXe siècle quand il faut bien accepter que le catholicisme ne soit plus la religion dominante dans beaucoup d'États modernes. Il faut parler de tolérance *positive*.

La reconnaissance de la liberté religieuse par Vatican II « ne vise pas uniquement à assurer aux chrétiens la possibilité de se prononcer en l'absence de toute contrainte extérieure pour telle ou telle confession chrétienne ; elle ne vise même pas non plus un droit exclusif de choisir entre les diverses religions du monde, mais veut donner à tous de se prononcer », en dehors de contraintes extérieures, « pour une religion ou pour l'incroyance » [8]. Finalement, la déclaration sur la liberté religieuse consacre officiellement l'article 18 de la Déclaration universelle des droits de l'homme adoptée par l'Assemblée générale des Nations unies du 10 décembre 1948 : « Toute personne a droit à la liberté de pensée, de conscience et de religion ; ce droit implique la liberté de changer de religion ou de conviction ainsi que la liberté de manifester sa religion ou sa conviction seul ou en commun, tant en public qu'en privé, par l'enseignement, les pratiques, le culte et l'accomplissement des rites. »

Déjà avant *Dignitatis humanae,* c'est à Jean XXIII que revint l'honneur de ratifier la Charte des droits de l'homme de 1948 dans sa grande encyclique *Pacem in terris* qui fut comme son testament spirituel. Avant lui, Pie XI et surtout Pie XII avaient amorcé le grand tournant de l'Église catholique au XXe siècle en faveur des droits de l'homme. Non seulement l'Église ne prononce plus l'anathème sur les droits de l'homme, mais elle estime qu'une de ses fonctions essentielles dans le monde moderne est de travailler à la défense et à la promotion des droits de l'homme. Ce qui est nouveau chez Jean XXIII par rapport à ses prédécesseurs, c'est qu'il s'adresse directement, au-delà des chrétiens, à tous les hommes. « Bien que notre pensée fût guidée par la lumière de la Révélation, en rédigeant ce document, nous avons voulu que celui-ci s'inspire avant tout des exi-

---

8. Ces lignes sont de Mgr J. WILLEBRANDS. Elles sont citées par L. DE VAUCELLES, « La déclaration de Vatican II sur la liberté religieuse », dans *La Liberté religieuse dans le judaïsme, le christianisme et l'islam,* Paris, Cerf, « Cogitatio Fidei » n° 10 (1981), p. 130.

gences de la nature humaine et *s'adresse à tous les hommes.*»

Après Jean XXIII, Paul VI et Jean-Paul II sont devenus les champions de la cause des droits de l'homme et ils ont manifesté à plusieurs reprises leur volonté de travailler en étroite collaboration avec l'organisation des Nations unies comme l'attestent leurs deux discours devant cette instance internationale [9].

On peut épiloguer sans fin sur les raisons d'un tel revirement dans l'attitude de l'Église. Il y a une cause historique immédiate. L'Église a fini par prendre acte de l'évolution des démocraties occidentales et elle a compris que la défense de la liberté n'était pas nécessairement synonyme d'athéisme et d'anticléricalisme. Mais surtout l'Église a pris conscience de sa propre intolérance au contact d'idéologies totalitaires comme le nazisme et le stalinisme. Comment le catholicisme pouvait-il revendiquer la liberté religieuse face à des régimes totalitaires, alors que lui-même refusait une telle liberté aux citoyens des États où il était encore la religion dominante? Face aux idéologies totalitaires, elle ne pouvait opposer que la dignité inviolable de la personne humaine. Mais on peut discerner aussi une cause théologique. L'Église a accepté de se laisser enseigner par les états de conscience de l'humanité. Je veux dire qu'elle a appris à interpréter la révélation dont elle a le dépôt à partir de l'histoire du monde et de l'évolution des cultures.

II. LA CHARTE DES DROITS DE L'HOMME ET LA RÉVÉLATION BIBLIQUE

L'affirmation des droits de l'homme est donc une conquête progressive de la conscience humaine. Par un malentendu tragique, non seulement l'Église officielle n'a pas favorisé cette prise de conscience, mais elle a tout fait pour retarder cette évolution irréversible au moins aussi longtemps qu'elle jouissait dans certains États du privilège de religion dominante. Mais aujourd'hui, la page est tournée. Plutôt que de se lamenter sur les erreurs du passé, plutôt aussi que de se complaire dans l'histoire douloureuse de nos intolérances réciproques, entre les trois

---

9. On consultera utilement F. REFOULÉ, «Les efforts de l'autorité suprême de l'Église en faveur des droits de l'homme», *Concilium*, n° 144 (1979), pp. 101-108.

grandes religions monothéistes, il est préférable de s'interroger sur notre *responsabilité historique* en tant que témoins pour le monde de la foi au Dieu unique. Dans cette deuxième partie, je voudrais insister sur la convergence entre la doctrine des droits de l'homme et l'enseignement de la révélation biblique. Je voudrais par ailleurs réfléchir sur la contribution propre des Églises chrétiennes à la cause des droits de l'homme dans un monde déchiré où ces droits sont régulièrement bafoués.

A. Le fondement théologique des droits de l'homme

Nous l'avons dit, on trouve dans le magistère récent de l'Église une approbation explicite de la Charte des droits de l'homme en 1948. C'est le cas en particulier de Jean XXIII dans l'encyclique *Pacem in terris.* Celui-ci a l'ambition de s'adresser à tous les hommes, c'est pourquoi il parle au nom des exigences de la nature humaine et du droit naturel. Mais il sait bien qu'il s'agit là d'un fondement trop ambigu. Cette conscience commune de la dignité de la personne humaine à laquelle se réfère la Charte des droits de l'homme a besoin elle-même d'un fondement plus radical, sinon elle risque de rester suspendue en l'air ou d'être interprétée faussement par tel ou tel État moderne. Autrement dit, c'est une mauvaise neutralité de la part des religions monothéistes de taire le fondement théologique des droits de l'homme sous prétexte de s'adresser à tous les hommes, quelles que soient leurs convictions religieuses ou philosophiques. C'est au contraire la responsabilité commune des croyants d'élaborer un concept *œcuménique* des droits de l'homme.

Même si la doctrine des droits de l'homme a été explicitée en Occident, on doit tendre vers un concept universel des droits de l'homme qui relève du droit international. C'est le sens des deux pactes internationaux relatifs aux droits économiques, sociaux, culturels et aux droits civils et politiques qui ont été adoptés en 1966 par l'Assemblée des Nations unies. On a cherché à déterminer les éléments fondamentaux qui constituent la figure fondamentale des droits de l'homme. Ces trois éléments sont: la liberté, l'égalité, la participation [10]. Cela rappelle la triade de la

10. Je m'inspire ici directement des idées de W. HUBER, «Les droits de l'homme. Un concept et son histoire», *Concilium*, n° 144 (1979), p. 21.

Révolution française. Mais la fraternité apparaît plutôt comme une *valeur* fondamentale. Elle ne caractérise pas la position juridique de la personne dans une société. On choisit donc le concept de *participation* qui présuppose la *sécurité* et la *propriété* comme droits fondamentaux pour pouvoir participer à la vie sociale et aux biens de la société. Ainsi, chaque droit particulier de l'homme doit être interprété à partir de ces trois éléments fondamentaux pris ensemble selon leurs rapports respectifs. On sait combien cela est important dans la conjoncture politique actuelle, puisque dans les démocraties occidentales on risque d'en rester à une conception purement individualiste du droit à la liberté alors qu'à l'Est, on insiste sur les droits de l'homme comme droits sociaux.

En tout cas, si la figure fondamentale des droits de l'homme se ramène à ces trois éléments, *liberté, égalité, participation,* alors il est aisé de montrer la convergence entre la doctrine des droits de l'homme et la vision biblique et chrétienne de l'homme.

Le fondement radical de la dignité inviolable de la personne humaine est posé dans la révélation biblique sur la création de l'homme «à l'image de Dieu» (Gn 1,26). Cela veut dire concrètement qu'il est impossible de porter atteinte aux droits de l'homme sans s'attaquer à Dieu même, sans commettre un véritable blasphème. C'est parce que l'homme est l'image de Dieu que la vie de l'homme revêt un prix sacré. Dans le récit de la Genèse, l'interdiction de verser le sang est fondée explicitement sur ce rapport à Dieu: «Qui verse le sang de l'homme, par l'homme aura son sang versé, car à l'image de Dieu l'homme a été fait» (Gn 9,6).

Cette création de l'homme à l'image de Dieu fonde l'égalité de tous les hommes entre eux. Il faut donc parler d'un lien nécessaire entre le monothéisme et la doctrine des droits de l'homme. Et dans l'Ancien Testament, le droit de Dieu est au service du droit de l'homme. On ne saurait trop souligner ici l'importance du thème de «la justice de Dieu» dans la Bible. Mépriser les pauvres, les opprimés, les affligés, les veuves et les orphelins, c'est porter atteinte au droit de Dieu. Dieu n'est pas seulement la source de tout droit, il est celui qui prend le parti des plus démunis contre les puissants.

La prédication du Royaume de Dieu par Jésus ne fera que conduire jusqu'à ses ultimes conséquences cette promesse mes-

sianique de libération pour tous les hommes, libération définitive dans un au-delà de la mort où Dieu fera justice à tous, mais
libération dès cette terre dans le sens de l'égalité et de la fraternité entre tous les hommes. Et l'affirmation du Royaume de
Dieu coïncide avec le refus de toute absolutisation d'un pouvoir
humain, qu'il s'agisse du pouvoir politique, d'un leader charismatique, d'une race privilégiée, d'un peuple particulier ou d'une
classe sociale.

Selon le message chrétien, la dignité inviolable de l'homme et
l'égalité de tous les hommes entre eux ne se fondent pas seulement sur la ressemblance de l'homme avec Dieu au titre de sa
création mais sur la filiation divine acquise en Jésus-Christ et
sur le salut comme promesse de vie divine par-delà la vie
terrestre.

Alors que dans l'encyclique *Pacem in terris*, Jean XXIII, dans
le désir de s'adresser à tous les hommes de bonne volonté, argu-
mentait à partir d'une philosophie du droit naturel, les papes
Paul VI et Jean-Paul II rattachent la cause des droits de
l'homme aux exigences mêmes de l'Évangile.

La défense et la promotion des droits de l'homme ne sont pas
seulement une exigence éthique fondée sur la nature humaine
comprise de façon intemporelle, elles sont une partie intégrante
de la Bonne Nouvelle du salut dans sa référence au Royaume de
Dieu qui vient.

Au-delà des querelles entre catholiques et protestants sur la
question du droit naturel, il y a aujourd'hui un large accord
œcuménique pour chercher à fonder la dignité inaliénable de
l'homme à l'intérieur de l'Église comme à l'extérieur sur la doctrine paulinienne de la *justification*. Par son péché, l'homme a
perdu son droit devant Dieu et il n'a aucun moyen, même par
l'accomplissement de la loi mosaïque, de se justifier devant
Dieu. Mais justement, par le mystère de mort et de résurrection
de son Fils Jésus-Christ, l'homme pécheur reçoit gratuitement la
justice de Dieu comme son droit. Et par son comportement à
l'égard des « impies », c'est-à-dire des exclus de la société religieuse, Jésus manifeste que tout homme – même pécheur –
garde sa dignité devant Dieu. Il ne cesse pas d'être une créature
aimée de Dieu.

B. La foi monothéiste et les droits de l'homme

On l'a vu plus haut, la déclaration des droits de l'homme s'est explicitée dans le contexte du libéralisme et de l'idéal humaniste des XVIIIᵉ et XIXᵉ siècles. Elle était une revendication d'autonomie contre toute forme d'autorité, fût-ce celle de Dieu. Il n'est pas excessif de parler d'une « idéologie » des droits de l'homme inséparable en Occident des idéologies du progrès et de la sécularisation. Et ce qui était sous-jacent à ces diverses idéologies, c'est *la foi en l'homme*. Or, l'événement de ce dernier quart du XXᵉ siècle, c'est que cette foi en l'homme se trouve ébranlée. Disons que nous sommes en train de sortir d'une certaine période de l'histoire dominée par la figure de Prométhée et que nous sommes à la recherche d'autres figures mythiques à partir desquelles interpréter le destin de l'homme (cf. *supra*, chap. IX).

Grâce au pouvoir démiurgique de la science et des techniques, on croyait parvenir au faîte de la réussite humaine. On est plus averti aujourd'hui des conséquences dramatiques d'un épuisement des ressources naturelles, des risques permanents d'un conflit nucléaire et des dangers des manipulations génétiques qui peuvent compromettre l'avenir de l'espèce humaine. Alors qu'on projetait de bâtir une société de plus en plus rationalisée et planifiée, on commence à observer les premiers symptômes d'un rejet de la société industrielle. On se félicitait d'avoir rendu l'homme à lui-même en le désaliénant de toute foi en un Dieu créateur. Or, cet homme créateur et manipulateur se sent plutôt angoissé par la *facticité* du monde moderne : il est à la recherche de ses racines.

C'est dans ce contexte général qu'au moins dans les sociétés riches du premier monde on assiste à ce qu'on appelle le « retour de Dieu ». Il s'agit là d'un phénomène complexe difficile à analyser. On peut se demander en effet si ce n'est pas l'effet d'un réflexe de peur devant cette apocalypse que pourrait constituer un conflit nucléaire. Mais quoi qu'il en soit, il est extrêmement significatif de noter qu'aujourd'hui la défense des droits de l'homme n'est plus liée au mouvement athée d'émancipation de l'homme de l'époque des Lumières. Ainsi, nous ne sommes déjà plus dans un contexte culturel où Dieu apparaît nécessairement comme le rival de l'homme. Je reprendrai volontiers à mon compte ce diagnostic lucide de Jacques Julliard : « Le fait majeur de la décennie, c'est la faillite des religions temporelles... qui refusent Dieu mais divinisent la politique, lui confèrent une valeur messianique et drainent à son profit l'espérance humaine... Par contre, les religions à transcendance avouée se portent bien... Nous assistons à un retournement de situation extraordinaire... scandale majeur pour l'orgueilleuse pensée marxiste, digne et légitime héritière de la philosophie des Lumières... Aujourd'hui, c'est au nom de la philosophie qu'on opprime et au nom de la foi qu'on se révolte[11].»

Ainsi, on assisterait à une surprenante inversion de ce qui était devenu un slogan de l'humanisme athée moderne depuis Feuerbach, à savoir l'incompatibilité entre Dieu et l'existence de la liberté humaine. Alors qu'autrefois la foi en Dieu semblait rendre impossible toute révolte humaine, aujourd'hui, c'est elle qui l'encouragerait. Il est incontestable que, dans les trois religions monothéistes, c'est la foi en Dieu qui invite à la résistance et au combat pour la défense des droits de l'homme. Au moment du succès de l'idéologie du progrès, on a cru que la négation de Dieu était la condition de la construction du monde et de la lutte contre les fatalités de l'histoire. Aujourd'hui, il semblerait que Dieu doive de nouveau venir au secours d'une humanité qui commence à douter de ses capacités démiurgiques. Ainsi, la croyance en Dieu ne fait pas nécessairement le jeu des forces conservatrices dans le monde. Elle peut être au contraire au service des forces de libération et être le meilleur garant de la défense et de la promotion des droits de l'homme.

En terminant, je voudrais insister sur la responsabilité historique des croyants alors que les droits de l'homme sont quotidiennement violés par des États qui ont pourtant adopté la Déclaration universelle des droits de l'homme de 1948 et les accords d'Helsinki du 1er août 1975. Je me contenterai de signaler deux tâches qui me semblent particulièrement urgentes.

1. La liberté est indivisible

Les Églises chrétiennes sont passées de l'anathème au ralliement et même à l'engagement au service de la promotion des droits de l'homme. Mais il ne suffit pas de réclamer des États modernes, en particulier des États communistes, le respect des droits de l'homme et tout spécialement du droit à la liberté reli-

---

11. J. JULLIARD, «Marcher sur les deux jambes» dans *Le Nouvel Observateur* du 30 déc. 1978.

gieuse si l'Église viole ces droits quand il s'agit de ses propres fidèles. Plus généralement, comment une religion peut-elle revendiquer pour elle-même de la part des États une liberté qu'elle n'accorde pas à ses propres fidèles ? Il y va de la crédibilité même de cette religion.

J'ai dit combien l'Église catholique à l'époque moderne avait bénéficié de cette explicitation progressive des exigences concrètes de la dignité des personnes qui s'est faite non seulement en dehors d'elle mais malgré elle. Dans sa déclaration de Vatican II sur la liberté religieuse, l'Église aurait été bien inspirée d'en prendre acte et de reconnaître son erreur historique, elle qui pendant trop de siècles a toléré l'esclavage et même la torture. Pour cela, il aurait fallu renoncer au principe sacro-saint de la continuité et de la non-contradiction des déclarations du magistère. L'idée d'un développement dogmatique toujours homogène est tout à fait apologétique. Et aujourd'hui même, alors que Jean-Paul II ne cesse de lutter dans de nombreux discours, à temps et à contretemps, pour la défense des droits de l'homme, l'Église catholique n'a pas tiré toutes les conséquences de la Déclaration des droits de l'homme en ce qui concerne les droits du chrétien à l'intérieur de l'Église. Les théologiens dissidents, par exemple, ne sont sans doute plus soumis à la *question*. Mais quand leurs écrits font l'objet d'un procès, la procédure en usage au sein de la Congrégation de la foi contredit sur plus d'un point la Déclaration universelle des droits de l'homme de 1948 et la Convention européenne des droits de l'homme de 1959 qui réclament en particulier la publicité des débats judiciaires.

La liberté est indivisible. Une religion ne peut prétendre réclamer la liberté religieuse face à des États modernes totalitaires alors qu'elle fait encore preuve d'une intolérance d'un autre âge à l'endroit de ses propres fidèles. Et pour s'en tenir à la religion chrétienne, que penser de ces régimes qui se disent chrétiens et qui luttent contre le communisme athée, mais qui en même temps n'hésitent pas à mettre en prison des chrétiens dont le seul crime est de lutter pour la justice et pour l'égalité entre tous les hommes ?

2. *La responsabilité historique des trois religions monothéistes*

On risque toujours en Occident d'en rester à une problématique des droits de l'homme envisagés du seul point de vue de la liberté individuelle. N'est-ce pas par exemple, surtout face au totalitarisme soviétique, le risque des Églises chrétiennes de ce qu'on appelle le *Premier-Monde* d'apporter une caution religieuse à l'ordre économique capitaliste qui favorise un déséquilibre croissant entre le Nord et le Sud ?

Or, aucune religion qui prétend lutter pour la promotion des droits de l'homme ne peut rester sourde au cri universel des pauvres. Pour une population d'environ quatre milliards d'hommes, on estime qu'il y a actuellement dans le monde au moins huit cents millions d'hommes qui souffrent de malnutrition. Les Églises du Premier-Monde commencent heureusement à entendre l'interpellation des Églises du Tiers-Monde [12]. Les Églises d'Occident doivent être aussi prêtes à se laisser interpeller par l'islam pour autant que celui-ci épouse la cause de tous les opprimés des pays dits en voie de développement. Je dirai volontiers qu'une des responsabilités historiques des religions monothéistes, c'est de travailler à ne pas dissocier les droits *individuels* de l'homme de ses droits *sociaux* et de contribuer à l'instauration d'un nouvel ordre économique mondial.

Nous l'avons vu, les Nations unies ont eu le mérite de compléter la Déclaration universelle des droits de l'homme de 1948 par le Pacte international sur les droits économiques, sociaux et culturels du 16 décembre 1966. C'était un pas important en vue de prendre au sérieux les composantes sociales des droits de l'homme. Mais nous ne le savons que trop, dans la situation structurelle d'injustice du monde actuel, il ne suffit pas de proclamer des droits *formels* comme le droit des peuples à l'autodétermination, le droit au travail, le droit de former des syndicats, le droit de grève, le droit à la sécurité sociale, le droit à un niveau de vie convenable, le droit à l'éducation, etc. Au-delà de l'aide caritative à laquelle participent généreusement les Églises du Premier-Monde, il faut agir sur les mécanismes économiques et politiques qui ont pour conséquence la violation des droits de l'homme pour des millions d'hommes. On peut estimer à bon droit que les chances d'influence des religions sur l'ordre économique international sont très faibles. Mais tout doit commencer par un travail de *conscientisation*. Et à cet égard, les grandes reli-

---

12. Cf. N. Greinacher, « La responsabilité des Églises dans le bloc occidental pour la réalisation des droits de l'homme », *Concilium*, n° 144 (1979), pp. 133-141.

gions monothéistes ont une responsabilité urgente. Elles peuvent éveiller la mauvaise conscience des dirigeants politiques, qu'il s'agisse de ceux qui exercent le pouvoir dans les pays riches ou du pouvoir néo-colonial de nombreux pays pauvres. C'est la vocation même des religions qui se réclament du Dieu libérateur qui a créé l'homme à son image de se faire les porte-parole de tous les peuples opprimés et d'être la voix de ceux qui sont sans voix.

Au terme de cette étude sur l'évolution de l'Église catholique quant à la question des droits de l'homme, j'aimerais parler d'un *apprentissage œcuménique* des implications concrètes des droits de l'homme entre les trois grandes religions du Livre. Plutôt que de nous complaire dans l'histoire de nos intolérances réciproques, nous devrions apprendre à déchiffrer ensemble les signes du temps et accepter de nous laisser enseigner par l'Esprit qui nous parle à partir de l'histoire du monde et de l'évolution des sociétés. Nous devons certes respecter les modalités différentes d'interprétation des droits de l'homme en fonction de nos traditions religieuses propres. Mais nous avons l'obligation de tendre à la réalisation effective de cette figure fondamentale et universelle des droits de l'homme qui intègre toujours les éléments essentiels de *liberté,* d'*égalité* et de *participation* et dont la foi au Dieu unique est le meilleur garant. Les grandes mutations du monde moderne nous ont déjà provoqués à une réflexion incessante sur la *foi* et la *tradition*, sur la *foi* et la *science*. Mais en cette fin du XXe siècle, le combat de tous les hommes de bonne volonté pour la promotion des droits de l'homme nous invite à réfléchir sur le lien essentiel entre la *foi* monothéiste et la *justice*.

CHAPITRE XIV

LA RÉINTERPRÉTATION
DE LA MISSION DE L'ÉGLISE

Comme il arrive souvent dans l'histoire de l'Église, la vie sous l'action de l'Esprit de Dieu est en avance sur la pensée. Alors que l'on parle à juste titre d'un «nouvel âge de la mission», nous ne disposons pas encore d'une théologie de la mission qui soit parfaitement homogène avec la pratique missionnaire de l'Église telle qu'on peut l'observer déjà sur le terrain. Mais justement, cette pratique est un lieu théologique dont la pensée chrétienne doit tenir le plus grand compte dans son effort pour renouveler l'intelligence de la mission à partir de l'Écriture et des documents les plus récents du magistère (surtout le décret *Ad Gentes* de Vatican II et l'exhortation apostolique *Evangelii Nuntiandi** de Paul VI).

Renouveler la théologie de la Mission exigerait que l'on commence par s'interroger sur les bases christologiques et ecclésiologiques de l'ancienne théologie de la mission. Il conviendrait aussi de soumettre à un examen critique la théologie de la Rédemption et la théologie de l'histoire qui étaient sous-jacentes aux usages les plus constants de l'activité missionnaire. À défaut de tenter d'esquisser cette synthèse théologique renouvelée, nous nous contenterons dans les pages qui suivent, de proposer quelques-unes des réflexions que nous inspirent les orientations, les

---

* Dans la suite du texte: A.G. = *Ad Gentes,* E.N. = *Evangelii Nuntiandi,* M.E. = *Mission and Evangelism* (Document préparatoire à l'Assemblée œcuménique de Vancouver de juillet 1983).

plus caractéristiques de la pratique missionnaire de l'Église d'aujourd'hui.

I. LE VOCABULAIRE DE LA MISSION ET DE L'ÉVANGÉLISATION

1. Le mot *mission* désigne l'*envoi* de l'Église au monde. Le mot *évangélisation* dit l'*annonce* (par la parole et par l'exemple) de la Bonne Nouvelle aux nations. Si l'on s'en tient au sens strict des mots, on pourrait dire que le mot *mission* a un sens plus large que celui d'*évangélisation* : au-delà de la tâche fondamentale d'évangélisation, la mission de l'Église désigne toute son activité pastorale et sacramentelle ainsi que les diverses formes de son service de l'homme dans le sens de l'Évangile.

2. Le mot *mission* est théologiquement très riche. Il renvoie non seulement aux *missions* visibles du Fils et de l'Esprit, mais à la vie intime du Dieu vivant. Comme l'a souligné le décret *Ad Gentes*, la vocation missionnaire de l'Église ne se fonde pas seulement sur un mandat positif du Christ mais sur l'envoi initial du Père. L'Église est donc missionnaire par son origine et par sa nature mêmes. Il faut ressaisir la mission de l'Église à l'intérieur d'un mouvement dynamique plus large, celui de l'amour du Père pour le monde [1].

3. L'usage du mot *mission* pour désigner l'activité évangélisatrice de l'Église remonte seulement au XVIIe siècle. Il tend alors à désigner cette activité missionnaire particulière réservée à un corps de « spécialistes », prêtres ou religieux, envoyés dans des terres lointaines païennes. Cela coïncide avec la création de la Congrégation *De propaganda Fide* (1622) [2]. Le privilège de l'évangélisation des terres nouvellement découvertes ou à découvrir devient le monopole exclusif du Siège romain.

4. Le deuxième Concile du Vatican est le témoin de la grande mutation qui s'est opérée dans la conscience missionnaire de

---

1. Cf. Y. CONGAR, Principes doctrinaux (nos 2 à 9) in *L'Activité missionnaire de l'Église* (décret « Ad Gentes », texte et commentaires), Paris, Cerf, 1967, pp. 185-194.
2. Au sujet de l'institution de la Propagande, on pourra consulter B. JACQUELINE, dans l'article « Mission », *Dictionnaire de spiritualité,* col. 1383-1390, Paris, Beauchesne, 1979.

l'Église depuis la fin de la Seconde Guerre mondiale[3]. D'une part, c'est toute l'Église qui est concernée par la mission. En 1965, le décret *Ad Gentes* déclare que tous les évêques et, avec eux, toutes les Églises locales sont «collégialement» responsables de l'évangélisation du monde (et d'ailleurs en 1967, la Congrégation *De propaganda Fide* devient la Congrégation *pour l'évangélisation des peuples*). D'autre part, l'Église est *en état de mission* partout, c'est-à-dire aussi bien dans des pays de chrétienté que dans des pays dits «de mission». L'«espace de mission» se définit donc moins par un territoire que par le «monde» auquel l'Église est envoyée et qui, comme monde païen, se retrouve aussi bien dans une nation, dans un milieu social et culturel qu'au cœur de tout homme.

Ainsi, à cause de la connotation territoriale du mot *mission* et de son lien historique avec le processus de colonisation, c'est le mot *évangélisation* qui tend à prévaloir dans les documents les plus récents de l'Église. C'est le cas en particulier dans l'exhortation *Evangelii Nuntiandi*. Mais alors, il ne désigne pas seulement l'annonce de la Bonne Nouvelle, il englobe toutes les tâches missionnaires de l'Église que l'on peut inclure dans le *service de l'Évangile.*

5. On trouve dans le Nouveau Testament une théologie très riche du *témoignage*, mais on ne trouve pas à proprement parler une «théologie de la mission» au sens moderne du mot[4]. Le témoignage est une exigence interne du dynamisme de la foi. «J'ai cru, c'est pourquoi j'ai parlé» 2 Co 4,13. Le témoignage consiste d'abord dans l'annonce «kérygmatique», la proclamation directe et publique du dessein de Dieu de tout sauver en Jésus. Mais dans les Actes des Apôtres en particulier, on trouve une autre forme d'évangélisation que la prédication: celle du *témoignage de vie.* Il semble que la conversion des non-chrétiens résulte tout autant de la qualité de vie des chrétiens que de leur prédication (cf. Ac 5, 12-16; cf. M.E. 3). Et dans la 1re épître de Pierre, l'axe du témoignage est moins celui du kérygme que celui des bonnes œuvres, ou mieux, de cette belle conduite

---

3. Sur la portée de cette mutation, on aura intérêt à lire les utiles réflexions de A.-M. HENRY, dans l'article «Mission», in *Catholicisme,* fascic. 39, Paris, Letouzey, 1980, col. 328-331.

4. Voir sur ce point, P. JACQUEMONT, J.P. JOSSUA, B. QUELQUEJEU, *Le Temps de la patience,* le chapitre IV: «Proclamation ou témoignage?»

(agatopoiein) qui est mise en rapport avec le jour de la venue du Seigneur : «Ayez une belle conduite au milieu des païens afin... qu'ils soient éclairés par vos bonnes œuvres et glorifient Dieu au jour de sa venue» (1 Pi 2,12).

Ainsi, même s'il faut les distinguer, on ne doit jamais opposer *prédication* et *témoignage de la vie.* Et selon l'usage le plus courant, le «témoignage chrétien» tend à désigner aussi bien l'annonce explicite de l'Évangile que les bonnes œuvres faites au nom de l'Évangile [5].

II. LA MISSION COMME VOCATION
DE TOUTE L'ÉGLISE

1. «L'Église tout entière est missionnaire ; l'œuvre d'évangélisation est un devoir fondamental du Peuple de Dieu» (A.G. 3, cité par E.N. 59). Dans la perspective de *Lumen Gentium*, on insistera sur la définition de l'Église, non pas comme *Societas perfecta*, mais comme peuple de Dieu, comme communauté exodale en tension vers le Royaume. Elle est donc dans une relation essentielle avec le monde et la situation historique du monde conditionne profondément la conscience que l'Église a de sa mission. Si l'on cherche à caractériser la situation du monde contemporain, il faut certainement évoquer le processus de sécularisation qui accompagne la civilisation technique au moment même où celle-ci tend à devenir mondiale, l'écart croissant entre les pays riches de l'hémisphère Nord et les pays pauvres de l'hémisphère Sud, les menaces qui pèsent sur l'avenir de l'humanité du fait de la dissémination nucléaire.

2. La mise en relief de la collégialité épiscopale à Vatican II a permis une meilleure articulation de l'Église universelle et des Églises particulières. Par ailleurs, en même temps que prenait

---

5. Cette extension du mot «témoignage» est bien soulignée par le Document œcuménique préparatoire à l'Assemblée œcuménique de Vancouver (1983). Il demande de ne pas dissocier l'Évangile *spirituel* et l'Évangile *matériel* (cf. n° 33). Ce texte préparé par la «Commission of World Mission and Evangelism» (C.W.M.E.) du Conseil mondial des Églises est publié sous le titre : «Mission and Evangelism. An Ecumenical Affirmation» dans *Intern. Rev. of Mission,* 71, n° 284 (oct. 1982), pp. 427-451.

fin l'ère coloniale, chaque Église particulière a pris une conscience plus vive de sa responsabilité propre. Ce n'est plus Rome
qui envoie et qui gouverne toutes les missions, c'est le collège
des évêques uni à Rome ou c'est chaque évêque (d'Afrique,
d'Asie ou d'ailleurs) sur son propre territoire. Même les pays
d'évangélisation récente ont une vocation missionnaire et peuvent envoyer des missionnaires à d'autres Églises, comme on
l'observe actuellement en Afrique et en Asie. Une Église n'est
pas pleinement missionnaire si elle ne conçoit sa mission qu'à
l'intérieur d'elle-même : elle doit aussi s'ouvrir à une mission
vers l'extérieur, *ad gentes*. Le temps est donc déjà venu où il ne
convient plus de parler d'Églises-mères (celles d'Europe et
d'Amérique) et d'Églises-filles (les jeunes Églises des territoires
dits « de mission »). Toutes les Églises sont des Églises-sœurs qui
ont en commun la responsabilité de l'évangélisation du monde.

3. Dans la situation présente du monde, il est impossible de
dissocier à l'intérieur de la mission de l'Église l'évangélisation et
toutes les tâches au service de la libération et de la promotion
de l'homme [6]. Répondre à l'appel du Dieu qui aime tous les
hommes ne peut consister seulement à faire entrer à l'intérieur
de l'Église visible le maximum d'hommes et de peuples. L'Église
en effet ne doit pas seulement être considérée comme le peuple
de ceux qui ont été rassemblés par la parole en Jésus-Christ,
mais comme le sacrement de la présence de Dieu à toute
l'humanité. On pourrait résumer la mission de l'Église en disant
qu'elle consiste essentiellement à *incarner l'Évangile dans le
temps* (P. Chenu). Cela signifie qu'en deçà et au-delà de
l'annonce explicite de Jésus-Christ, il s'agit de travailler à la
transformation de l'homme dans le sens de l'Évangile. En un
mot, l'Église n'existe pas pour elle-même, mais elle est au service de tous les hommes en vue du Royaume de Dieu.

4. Toutes les Églises, conscientes de leur catholicité, sont
ensemble responsables de la mission universelle de l'Église. Et à
l'intérieur de chaque Église locale, ce sont tous les chrétiens qui
sont appelés à évangéliser par leurs paroles et par leurs actes. En

---

6. Citons cette formule sans équivoque du document, *Mission and
Evangelism* : «Churches are learning afresh through the poor of the
earth to overcome the old dichotomies between evangelism and social
action: The "spiritual Gospel" and "material Gospel" were in Jesus
one Gospel», art. cité p. 441, n° 33.

union avec leur évêque, les prêtres sont responsables à un titre spécial du ministère de l'Évangélisation confié par Jésus-Christ à son Église. Mais avec ou sans ministère spécial, tous les laïcs sont responsables de l'évangélisation sans qu'on puisse jamais réduire leur action à des tâches purement temporelles. Il est vrai cependant que, en vertu même de leur engagement dans le monde, ils ont le devoir plus spécial non seulement de rendre témoignage à Jésus-Christ par toute leur vie, mais aussi d'incarner l'Évangile dans les structures modernes de la société et dans les nouveaux espaces du monde moderne (E.N. 70). Partout dans l'Église aujourd'hui, on prend conscience que l'évangélisation est liée de façon privilégiée au témoignage d'une communauté chrétienne. Il faut saluer comme un signe des temps la naissance et la renaissance de l'Église à partir des communautés ecclésiales de base, surtout en Afrique et en Amérique latine [7]. Cela nous invite théologiquement à dépasser un certain ecclésiocentrisme et un christomonisme pour souligner davantage la dimension pneumatique de l'Église [8].

5. Face aux défis du monde moderne, la division des chrétiens est un obstacle permanent à l'œuvre d'évangélisation confiée à l'Église par le Christ. Selon la parole même du Christ, c'est en effet le signe de l'unité entre tous les chrétiens qui est le moyen le plus efficace de l'évangélisation : « Que tous soient un comme toi, Père, tu es en moi et que je suis en toi, qu'ils soient en nous eux aussi, afin que le monde croie que tu m'as envoyé » (Jn 17,21). L'unité comme exigence toute spéciale de la mission de l'Église dans le monde est constamment rappelée aussi bien par l'Église catholique que par le Conseil œcuménique des Églises. La 3e Assemblée générale du Synode des évêques ainsi que Paul VI dans *Evangelii Nuntiandi* (77) insistent pour que « l'on collabore plus résolument avec nos frères chrétiens auxquels nous ne sommes pas encore unis par une communion parfaite, en nous fondant sur le baptême et sur le patrimoine de foi qui nous est commun, de façon à pouvoir dès maintenant, dans le même travail d'évangélisation, témoigner ensemble et plus lar-

---

7. Pour une première approche toujours valable voir le numéro spécial de *Concilium*, n° 104 (1975).

8. Citons parmi beaucoup d'autres travaux l'étude de W. KASPER, « Esprit-Christ-Église » in *L'Expérience de l'Esprit* (Mélanges Schillebeeckx), Paris, Beauchesne, 1976, pp. 47-69.

gement du Christ dans le monde». Et c'est le but même du
Conseil mondial des Églises de promouvoir cette unité visible:
«The present ecumenical movement came into being out of the
conviction of the churches that the division of Christians is a
scandal and impediment to the witness of the Church. There is
a growing awareness among the churches today of the inextricable relationship between Christian unity and missionary calling,
between ecumenism and evangelization. "Evangelization is the
test of our ecumenical vocation" [9].»

Il faut ajouter que la cause de l'unité des chrétiens est d'autant
plus urgente que les progrès de l'indigénisation du christianisme
peuvent parfois favoriser la multiplication des Églises évangéliques ou des Églises nationales dans les peuples d'Afrique ou
d'Asie qui ont récemment conquis leur indépendance nationale.

III. L'INCULTURATION COMME EXIGENCE DE L'ÉVANGÉLISATION

1. Incarnation et inculturation

En cette fin du XXe siècle, l'avenir du christianisme se jouera
de plus en plus dans d'autres continents que l'Europe. Cet avenir dépendra donc de l'aptitude de l'Église à évangéliser et vivi-
fier les cultures non occidentales au lieu de les ignorer ou de leur
imposer le moule uniforme d'un christianisme trop exclusivement conditionné par la culture méditerranéenne. Il faut donc
parler d'une véritable «incarnation de la foi» dans les cultures,
comme le rappelait le Synode des évêques de 1977.

On peut comprendre l'inculturation du christianisme comme
une conséquence de l'incarnation du Verbe de Dieu dans
l'humanité de Jésus (cf. *supra*, chap. X). Mais il s'agit seulement
d'une *analogie*. L'intérêt de l'analogie est d'insister sur le fait
que l'Évangile doit assumer les diverses cultures sans compromettre son identité. Mais la principale limite de la comparaison
vient de ce qu'il est difficile de dire ce que nous mettons sous le
mot «christianisme». Est-ce le message chrétien originaire? Est-
ce le christianisme historique tel qu'il a pris forme dans l'Église
orientale et dans l'Église latine? Dès l'origine, le christianisme a

9. *Mission and Evangelism,* art. cité, p. 428, no 1.

dû assumer la particularité d'une culture donnée. C'est pourquoi la rencontre aujourd'hui comme hier du christianisme et des cultures est toujours aussi le choc de deux cultures. Toute la question est de savoir si l'« étrangeté » du message chrétien provient du paradoxe évangélique lui-même ou du véhicule culturel privilégié auquel il s'est trouvé historiquement associé.

2. Inculturation et adaptation

Le mouvement d'inculturation du christianisme dans de nouvelles cultures conduit nécessairement à un *discernement critique* à l'intérieur de l'Église entre les éléments substantiels de la pratique et du message chrétiens et les formes contingentes que le christianisme a revêtues à tel ou tel moment de son histoire. En cette fin du XXe siècle, pour la première fois, le christianisme occidental n'est plus le modèle historique dominant de la pensée et de la vie chrétiennes. En fonction d'autres cultures, d'autres anthropologies, d'autres mentalités, d'autres traditions spirituelles, l'Église doit reconnaître la légitimité d'un pluralisme théologique, liturgique et éthique. Loin de compromettre l'unanimité dans la foi au sein de la même Église de Jésus-Christ, ce pluralisme est une exigence de la catholicité de l'Église.

L'inculturation comme exigence d'incarnation dans une culture est autre chose qu'une *adaptation* superficielle à tels ou tels éléments archaïques d'une culture donnée [10]. Dans certains pays d'Afrique ou d'Asie qui sont en pleine mutation, l'effort d'indigénisation de l'Église peut favoriser la survivance de formes culturelles dépassées et l'irresponsabilité sociale et politique des chrétiens. L'émergence d'un christianisme africain, japonais ou chinois ne peut être l'œuvre de missionnaires *étrangers,* mais la *création* – dans l'Esprit du Christ – par les Églises locales elles-mêmes de figures historiques différentes du même christianisme.

Le mouvement d'inculturation du christianisme coïncide nécessairement avec une certaine « christianisation de telle ou telle culture existante ». Mais l'expression est ambiguë : elle évoque trop certains modèles criticables de « chrétienté » ou

---

10. Voir à cet égard les pages vigoureuses J.-M. Ela dans J.-M. ELA, R. LUNEAU, *Le Temps des héritiers,* Paris, Karthala, 1981, chap. V: «On n'hérite pas de l'avenir, on le crée», pp. 229-253.

d'«humanisme chrétien». Il vaut mieux parler de la fonction critique et purificatrice de l'Évangile à l'égard des éléments païens et antihumains d'une culture. Normalement, l'Évangile doit assumer toutes les valeurs positives d'une culture donnée, surtout si l'on est attentif au fait qu'en Afrique ou en Asie les valeurs culturelles sont indissociables des valeurs d'une grande tradition religieuse.

L'inculturation du christianisme est une tâche tâtonnante – et progressive qui ne peut être réservée aux seuls spécialistes, théologiens, moralistes, historiens. Elle s'accomplit dans le quotidien de l'existence au sein d'une communauté chrétienne. C'est dans les multiples échanges de la vie familiale et de la vie sociale que les chrétiens font la preuve qu'il est possible de concilier leur identité chrétienne et leur identité ethnique, culturelle, linguistique et nationale.

3. Le dialogue inter-religieux

Dans sa tâche missionnaire, l'Église d'aujourd'hui ne doit pas seulement affronter le défi des cultures non occidentales, mais le défi des grandes religions non chrétiennes. Ce qui caractérise un nouvel âge de la mission depuis Vatican II, c'est à la fois une nouvelle vision des possibilités de salut en dehors de l'Église et une nouvelle intelligence théologique de la permanence des grandes religions non chrétiennes à l'intérieur du dessein providentiel de Dieu. Après une *théologie du salut des païens* par l'appartenance à l'Église visible comme seul moyen de salut, les théologiens catholiques ont donc élaboré une *théologie de l'accomplissement* selon laquelle le Christ est à l'œuvre dans toutes les religions comme la consommation finale de toute la quête humaine de salut [11].

Dans un tel contexte, ce qui finalise l'activité missionnaire de l'Église, c'est moins la volonté de convertir l'«autre» que d'annoncer en paroles et en actes que le Royaume de Dieu est advenu en Jésus-Christ. Dans la mission auprès des hommes appartenant à d'autres religions, il faudra donc respecter les exigences d'un vrai *dialogue*. Mais il ne faudrait pas en conclure que les exigences du dialogue diminuent l'urgence du

---

11. Cf. I. PUTHIADAM, «La foi chrétienne et la vie dans un monde de pluralisme religieux», *Concilium,* n° 155 (1980), pp. 131-145.

témoignage rendu à Jésus-Christ comme raison de notre espérance et comme source de notre service des hommes. On peut renoncer au mot « mission » pour autant qu'il évoque trop une certaine forme de prosélytisme, mais on ne peut substituer purement et simplement le mot « dialogue » au mot « témoignage ». Dans ces diverses tâches d'évangélisation au service de la libération intégrale de l'homme, l'Église rend toujours témoignage à Jésus-Christ comme vie du monde.

Ce dialogue n'est pas seulement une exigence du respect de la liberté d'autrui dans un âge de l'histoire qui a fait l'apprentissage de la tolérance, c'est une exigence du respect des voies mystérieuses de Dieu dans le cœur des hommes. Depuis le commencement de l'histoire, aucun homme n'est privé du secours de la grâce. En dehors de l'Église visible, l'Esprit de Dieu est aussi à l'œuvre dans le cœur des hommes qui cherchent un salut dans la fidélité à leurs propres traditions religieuses. Nous devons donc respecter le destin spirituel de chaque être humain qui peut correspondre à sa vocation éternelle devant Dieu.

La condition de tout vrai dialogue, c'est en même temps la fidélité à sa vérité propre et l'ouverture à l'interpellation de l'autre. Le dialogue authentique est toujours une aventure risquée qui ne pose pas de condition au départ. Il peut alors conduire à une « célébration de la vérité » qui dépasse le point de vue partiel de chaque interlocuteur. C'est dans l'expérience du dialogue que je peux découvrir que je ne vérifie pas dans ma vie la vérité dont je me réclame, alors même que l'autre peut être amené à faire la vérité dans sa vie. Le prosélytisme consiste toujours à vouloir à tout prix contraindre l'autre à épouser ma propre conviction sans respecter sa vocation propre. Quand il s'agit du dialogue concernant telle religion comme unique voie de salut pour l'homme, nous sommes toujours les « intendants » d'une vérité qui nous dépasse.

Dans le contexte actuel du dialogue inter-religieux, toutes les grandes religions du monde, en partie sous l'influence historique de la prétention universaliste du christianisme, se veulent des « absolus » qui incluent tout ce qu'il y a de bien, de vrai, et de noble dans les autres religions. D'où la tentation du « syncrétisme » qui n'est pas un danger illusoire pour le christianisme lui-même. Le christianisme est bien plutôt invité à manifester sa vocation universelle, c'est-à-dire sa catholicité, en acceptant pleinement sa particularité historique dans la fidélité

au «scandale» du devenir-homme de Dieu en Jésus de Nazareth. Nous devons dépasser le triomphalisme d'un certain uni-
versalisme chrétien qui prétendait, sinon inclure toutes les
valeurs explicitées dans les autres religions, tout au moins les
conduire à leur perfection. Nous ne pouvons pas confondre en
effet l'universalité de Jésus-Christ comme seul Médiateur entre
Dieu et les hommes et l'universalité de la religion chrétienne
comme phénomène historique. Les grandes religions non chrétiennes interpellent l'Église du Christ et l'invitent à manifester
toujours mieux son identité propre et l'originalité du salut dont
elle est la promesse. C'est justement en tant qu'il est Jésus de
Nazareth que le Christ est le Seigneur du monde, et c'est en tant
qu'il est un message particulier sur Dieu et sur l'homme que
l'Évangile est une Bonne Nouvelle pour tous les hommes [12].

Nous devons donc rendre témoignage à l'universalité du salut
en Jésus-Christ auprès de ceux qui appartiennent à d'autres religions que le christianisme. Mais en même temps nous devons
respecter les cheminements particuliers qui relèvent du destin de
chaque être humain, qui peut être, là où il se trouve, sollicité
par la grâce et l'Esprit de Dieu. Le respect des personnes est une
des exigences de l'amour évangélique. Selon l'enseignement
même de Vatican II sur la liberté religieuse, «l'homme est tenu
à se soumettre à la vérité telle qu'elle lui apparaît en conscience
et, par conséquent, ne saurait être contraint d'agir contre sa
conscience» (Dignit. hum. 3).

Il est certain que le mot «mission» est grevé d'une certaine
résonance triomphaliste et que l'on tend à lui substituer celui de
«dialogue», comme si une théologie plus optimiste des médiations du salut en dehors de l'Église nous conduisait à relâcher
l'urgence de la mission. Mais c'est demeurer prisonnier d'une
conception étroite, légaliste, ecclésiocentriste de la mission [13].
Les textes de Vatican II affirment à la fois les possibilités de salut
offertes aux hommes qui ignorent l'Évangile (cf. en particulier
Lumen Gentium n° 16) et la nécessité de la mission pour
l'Église. «Bien que Dieu puisse, par des voies qu'il connaît,
amener des hommes qui, sans faute de leur part, ignorent

12. C. Duquoc, «Le christianisme et la prétention à l'universalité»,
Concilium, n° 155 (1980), pp. 75-85.

13. Cl. Geffré, «Évangélisation ou dialogue?» in *Parole et Mission,*
n° 45 (1969), pp. 225-235.

l'Évangile, à la foi sans laquelle il est impossible de lui plaire (He 11,6), cela reste néanmoins pour l'Église une obligation (cf. 1 Co 9,16) – et aussi un droit sacré – d'évangéliser : dès lors l'activité missionnaire, aujourd'hui comme toujours, conserve intégralement sa vigueur et sa nécessité » (*Ad Gentes,* n° 7).

Il est donc sûrement insuffisant de dire que la mission *ad gentes* se limite au discernement des valeurs implicitement chrétiennes contenues dans telle religion ou telle culture et donc au respect et à l'approfondissement de ces valeurs. Le témoignage (par la parole et par les actes) rendu à l'Évangile doit normalement conduire à une interrogation et éventuellement à une conversion. Mais cette conversion coïncide avec une *création* nouvelle qui transvalue sans les détruire les richesses intrinsèques de chaque tradition culturelle et religieuse. Nous devons apprendre à *articuler* le nom chrétien au pluriel.

Les grandes religions non chrétiennes connaissent souvent une nouvelle vitalité. Cela nous invite à réfléchir à la fois à la place des diverses religions dans l'*unique* histoire du salut et à l'originalité du christianisme comme religion. À cet égard, le rapport entre le christianisme naissant et le judaïsme est toujours éclairant pour nous. On sait que la Nouvelle Alliance inaugurée par le Christ n'a pas entraîné immédiatement un nouveau culte, un nouveau sacerdoce et de nouveaux temples. Et dans l'ordre éthique, le message du Christ est plutôt la radicalisation de ce qui était inscrit en germe dans la loi juive comme loi d'amour. La nouveauté radicale se résume dans l'événement Jésus-Christ lui-même avec ce qu'il entraîne d'inédit dans la relation à Dieu et aux autres. C'est l'urgence de la mission auprès des Gentils qui a provoqué un discernement critique entre certains éléments du judaïsme et le message du Christ lui-même. Comme nous l'avons dit plus haut (cf. chap. x), il est permis de penser que Jésus n'a pas eu conscience de fonder une nouvelle « religion » à proprement parler. C'est dire en tout cas que l'existence chrétienne ne se définit pas *a priori*. Elle existe partout où l'Esprit du Christ fait surgir un être nouveau de l'homme individuel et collectif.

4. *L'Église comme sacrement du salut*

La coexistence du christianisme et des religions non chrétiennes nous invite à dépasser un ecclésiocentrisme étroit comme si la mission n'avait pas d'autre sens que de grossir le nombre de ceux qui sont affiliés à l'Église visible. Nous ne pouvons pas identifier les Églises dont parlent les hommes et l'Église que Dieu voit. Tous les hommes reçoivent du Créateur la même vocation fondamentale et l'humanité tout entière est engagée dans une histoire collective dont Dieu fait une histoire du salut. Le Christ est le Verbe éclairant tout homme venant en ce monde. Cela signifie que nous ne pouvons pas en rester à une conception trop chronologique de l'histoire du salut. Dans l'ordre ontologique, ce qui est premier, c'est le Christ comme « Nouvel Adam ». C'est lui qui donne sens à l'histoire religieuse préchrétienne de l'humanité comme à son histoire postchrétienne (cf. *supra* chap. x).

Ce que l'on dit du Christ Verbe incarné, il faut le dire aussi de l'Esprit du Christ ressuscité. Il y a une histoire de l'Esprit qui déborde le cadre de l'histoire d'Israël et de l'histoire de l'Église, et qui déborde aussi le cadre des grandes religions du monde. Au moins dans l'ordre des représentations, nous sommes prisonniers d'une conception linéaire de l'histoire du salut dont le Christ serait l'aboutissement en vue d'un nouveau départ. Et le judéo-christianisme d'une certaine théologie occidentale risquerait de nous faire croire que la religion chrétienne est un simple élargissement de la religion juive. Il serait souhaitable de retrouver la conception ontologique et non historiciste de l'histoire du salut qui parle d'une Économie du Mystère de Dieu dans le Christ et dans l'Esprit. C'est « le mystère caché en Dieu de toute éternité » qui provoque l'admiration de saint Paul. Et parce qu'il n'y a plus de descendance d'Abraham selon la chair, Paul peut dire aux Athéniens : « le Dieu que vous adorez, c'est celui-là même que je vous annonce ». Et c'est au moment même où Jésus affirme à la Samaritaine que « le salut vient des juifs » qu'il prophétise le culte « en esprit et en vérité », c'est-à-dire l'avènement de l'Esprit qui rend caduque toute espèce de culte étroitement confessionnel aussi bien à Jérusalem que sur le mont Garizim.

Cette conception de l'histoire du salut est cohérente avec une ecclésiologie qui, dans la ligne de Vatican II, insiste sur l'Église comme *Sacrement du Salut* pour les nations [14]. L'appartenance visible à l'Église du Christ garantie par la confession d'un même

14. Cf. les justes remarques de A.-M. HENRY, art. cité, col. 346-347.

credo et la communion au corps eucharistique du Seigneur peut être le sacrement d'une appartenance invisible au Christ qui déborde les frontières de l'Église visible et qui peut coïncider avec l'appartenance à de grandes religions non chrétiennes ou même à des idéologies séculières. La mission de l'Église qui prolonge la mission du Christ est universelle : elle concerne tout homme créé à l'image de Dieu. La conscience plus vive aujourd'hui de la particularité historique du christianisme ne diminue en rien la mission universelle de l'Église. Mais nous comprenons mieux théologiquement que la mission universelle de l'Église ne dépend pas du caractère absolu du christianisme comme religion historique [15]. L'Église, comme réalité historique, n'a pas le monopole des signes du Royaume : la grâce est offerte à tous les hommes selon des voies connues de Dieu seul. Dieu est plus grand que les signes historiques par lesquels il a manifesté sa présence.

IV. L'ÉVANGÉLISATION DES PAUVRES COMME CRITÈRE DE L'AUTHENTICITÉ DE LA MISSION DE L'ÉGLISE

1. Toute la mission de l'Église a pour but de « hâter l'avènement du Royaume de Dieu ». Or, un des signes de cet avènement, c'est que la Bonne Nouvelle est annoncée aux pauvres. Jésus a annoncé l'Évangile du Royaume aux pauvres et il a appelé les captifs à la liberté du Dieu qui vient [16]. Luc résume sa mission par les paroles tirées de Is 61,1-2 : « L'esprit du Seigneur est sur moi, parce qu'il m'a consacré par l'onction. Il m'a envoyé porter la Bonne Nouvelle aux pauvres, annoncer aux captifs la délivrance et aux aveugles le retour à la vue, rendre la liberté aux opprimés, proclamer une année de grâce du Sei-

15. Cf. l'article déjà cité d'A. GANOCZY « Prétention à l'Absolu, justification ou obstacle pour l'Évangélisation ? » *Concilium,* n° 134 (1978), pp. 33-43.

16. Sur ce thème biblique de la pauvreté on consultera surtout : A. GELIN, *Les pauvres que Dieu aime,* Paris, Cerf, « Foi vivante », 1967, et J.-M.R. TILLARD, *Le Salut mystère de pauvreté,* Paris, Cerf, 1968 ; cf. aussi A. BÖCKMANN, « L'Église et les pauvres, Les impulsions du Nouveau Testament », *Concilium,* n° 124 (1977), pp. 53-63.

gneur. » Et en utilisant Is 35,5 s et Is 61,1 s, Matthieu met dans la bouche de Jésus cette réponse aux envoyés du Baptiste : « Les aveugles voient et les boiteux marchent, les lépreux sont guéris et les sourds entendent, les morts ressuscitent et la Bonne Nouvelle est annoncée aux pauvres ; et heureux celui pour qui je ne serai pas une occasion de chute » (Mt 11,5 s).

Déjà dans l'Ancien Testament, le droit de Dieu est au service du droit de l'homme. Mépriser les pauvres, les opprimés, les affligés, les veuves et les orphelins, c'est porter atteinte au droit de Dieu. Dieu n'est pas seulement la source de tout droit, il est celui qui prend le parti des plus démunis contre les puissants. La prédication du Royaume de Dieu par Jésus ne fera que conduire jusqu'à ses ultimes conséquences cette promesse messianique de libération, libération définitive dans un au-delà de la mort où Dieu fera justice à tous, mais libération dès cette terre dans le sens de l'égalité et de la fraternité entre tous les hommes. Jésus est donc le libérateur messianique qui prend la défense, au nom des droits de Dieu, de tous les faibles, les opprimés et les pauvres[17]. D'ailleurs, il ressort des récits évangéliques que l'engagement décidé de Jésus en faveur des petits, des marginaux, des hors-la-loi, des publicains et des pécheurs provoqua le scandale des justes. C'est même cette attitude subversive qui fut l'occasion immédiate de son procès et de sa mort sur la croix.

2. Aujourd'hui, alors qu'elle est délivrée de l'hypothèque longuement entretenue par le lien historique entre l'essor missionnaire et l'expansion coloniale, l'Église du Christ est à nouveau *témoin de l'espérance des pauvres*. Certains ont pu parler d'un nouveau printemps de l'Église dans la mesure où elle fait preuve d'une « option préférentielle pour les pauvres »[18]. Comment pourrait-il en être autrement alors que les Églises chrétiennes ont enfin pris conscience que la défense et la promotion des

17. Sur Jésus comme le héraut des droits de Dieu, cf. J. BLANK, « Le droit de Dieu veut la vie de l'homme. Le problème des droits de l'homme dans le Nouveau Testament », *Concilium,* nᵒ 144 (1979), pp. 45-55.

18. Cette priorité en faveur des pauvres est rigoureusement soulignée dans le document œcuménique : *Mission and Evangelism :* « The proclamation of the Gospel among the poor is a sign of the messianic kingdom and a priority criterion by which to judge the validity of our missionary engagement today », art. cité p. 441, nᵒ 32.

droits de l'homme sont une partie intégrante de leur mission. Aucune religion qui prétend lutter pour les droits de l'homme ne peut rester sourde au cri universel des pauvres dans notre monde contemporain déchiré par le fossé croissant entre les pays riches et les pays pauvres.

Colonisés autrefois par des «pays chrétiens», les pays du Tiers-Monde sont engagés dans une reconquête patiente de leur indépendance, de leur identité, de leur dignité. Les Églises locales de ces pays ne peuvent donc pas prêcher la Bonne Nouvelle du Royaume qui vient, sans prendre la cause des plus démunis des hommes contre l'injustice des puissances internationales d'argent ou des pouvoirs néo-coloniaux. Il s'agit bien plutôt de manifester grâce au témoignage des communautés chrétiennes que le Royaume de Dieu s'anticipe déjà et se concrétise dans la libération historique des hommes. C'est pourquoi, comme nous l'avons déjà noté, cela n'a pas grand sens, quand il s'agit de l'évangélisation des masses pauvres, de vouloir maintenir à tout prix les vieilles dichotomies entre «évangélisation» et «action sociale». En Amérique latine, tout particulièrement, l'évangélisation des masses se fait dans la perspective d'une *option préférentielle* pour les pauvres. L'évangélisation s'accomplit à partir des communautés ecclésiales de base. Il ne suffit pas de parler d'une mission auprès des pauvres. Il faut parler d'une «mission des pauvres pour les pauvres». Ce sont les pauvres qui annoncent et manifestent la présence du Royaume de Dieu par leur solidarité, leur amour mutuel, leur prière confiante, leur espérance dans l'épreuve. On peut donc parler d'une Église qui naît ou renaît à partir des pauvres, comme ce fut le cas pour la primitive Église. La conférence de Puebla a pu parler du «potentiel évangélisateur des pauvres» (n° 1147) [19].

19. On lit dans le Document final du congrès des théologiens du Tiers-Monde à São Paulo (1980) ces déclarations très fortes: «En Amérique latine, l'évangélisation menée par les pauvres trouve un espace privilégié dans une expérience concrète: les communautés ecclésiales de base. La finalité de l'évangélisation n'est pas la formation de petites élites ou de groupes privilégiés dans l'Église. Les communautés chrétiennes se renouvellent par le mouvement qui les conduit à aller chercher les plus exploités parmi les plus pauvres. L'évangélisation des masses se fait dans la perspective d'une option préférentielle pour les pauvres» (cf. *Foi et développement* n° 76, avril 1980, n. 43-44). On consultera aussi

3. L'évangélisation des pauvres par les pauvres est un « signe des temps » pour l'Église universelle. Actuellement, les Églises du Tiers-Monde interpellent les Églises du Premier-Monde. Ce n'est pas seulement un appel à la générosité des chrétiens des pays riches pour leurs frères les plus démunis. C'est une invitation à la conversion de toute l'Église qui doit toujours faire « mémoire » de l'identification de Jésus avec les faibles, les pauvres, les sans-voix de ce monde. Les pauvres sont les interlocuteurs privilégiés de Dieu et ils adressent une Parole de Dieu à toutes les Églises. Ils leur rappellent que la proclamation du Royaume de Dieu coïncide avec le refus de toute absolutisation d'un pouvoir humain, qu'il s'agisse du pouvoir politique, d'une race privilégiée, d'un peuple particulier ou d'une classe sociale. Ils invitent donc les Églises à refuser toute compromission avec le pouvoir politique ou les puissances d'argent pout être totalement libres d'accomplir leur mission. C'est en particulier la tâche propre des Églises du Premier-Monde d'interpeller la conscience des dirigeants politiques et de les inciter à agir sur les mécanismes économiques et politiques qui ont pour conséquence la violation des droits de l'homme pour des millions d'hommes.

4. L'Église est envoyée en mission auprès de tous les hommes et pas seulement auprès de ceux qui sont des pauvres au sens économique. Le concept de *pauvreté* dans l'Évangile désigne un état de *dépendance* : ainsi il va de la pauvreté économique, sociale et physique jusqu'à la pauvreté psychique, morale et religieuse. Il semble qu'on doive éviter deux excès : ou bien limiter la « pauvreté » à son sens religieux, c'est-à-dire un état de dépendance et d'ouverture à l'égard de Dieu, ou bien comprendre la « pauvreté » uniquement dans un sens économique et physique. La pauvreté désigne l'esclavage et la déshumanisation de l'homme dans toutes ses dimensions [20]. Les hommes des « sociétés d'abondance » qui expérimentent la mort de Dieu et qui souffrent d'une sorte d'hébétude spirituelle, par suite d'un environnement sous le signe du profit, du sexe, de la drogue et

---

le livre récent de G. GUTIERREZ, *La fuerza historica de los pobres*, Salamanca, Sigueme, 1982.

20. Cf. J. MOLTMANN, *L'Église dans la force de l'Esprit*, Paris, Cerf, « Cogitatio Fidei » n° 102, p. 110.

de l'alcool, sont *aussi* des pauvres qui attendent la parole libératrice de l'Évangile. C'est tellement vrai que les Églises du Tiers-Monde (surtout en Amérique latine) sont en train de prendre conscience de leur responsabilité missionnaire à l'égard des hommes sans Dieu des pays d'ancienne chrétienté (cf. la réunion, en février 1981 à Lima, d'évêques, de prêtres, de religieux de huit pays latino-américains pour réfléchir sur la responsabilité missionnaire actuelle de l'Amérique latine).

5. Il est donc vrai que la parole libératrice de l'Évangile doit être adressée à tous les hommes, riches ou pauvres, qui sont sous l'esclavage du péché et d'une déshumanisation quelconque. Mais cela ne remet pas en cause la priorité de la mission de l'Église auprès des pauvres, c'est-à-dire des opprimés, des plus démunis et des sans-voix. Ceux qui critiquent l'expression même d'«option préférentielle pour les pauvres» ne doivent pas oublier qu'elle n'a pas seulement un fondement conjoncturel, la situation d'injustice du monde contemporain, mais un fondement ecclésiologique [21]. *Ubi Christus, ibi Ecclesia :* comme nous l'avons déjà évoqué dans un chapitre précédent (IX), la véritable Église ne se trouve pas seulement là où la communauté est rassemblée par l'écoute de la Parole de Dieu et le mémorial du Corps du Seigneur ; elle est aussi présente dans la fraternité avec *les plus petits* dans la mesure où ils sont une présence privilégiée du Christ. On ne doit pas séparer l'une de l'autre les deux déclarations du Seigneur : «Qui vous écoute *m*'écoute» et «qui les visite *me* visite». On ne doit donc pas opposer la fraternité avec le Christ par la parole et les sacrements et la fraternité avec lui par la présence aux plus pauvres. L'Église en état de mission est présente là où le Christ l'attend mystérieusement dans les humiliés, les malades et les prisonniers. C'est tout le sens du jugement eschatologique de Matthieu 25,31-46 : «Dans la mesure où vous ne l'avez pas fait à l'un de ces plus petits, à moi non plus vous ne l'avez pas fait.» La présence cachée du juge du monde dans les plus petits de nos frères est un critère qui juge l'authenticité

---

21. Ce fondement ecclésiologique de la pauvreté est fortement souligné par J. MOLTMANN : «La question n'est pas de savoir comment des personnes ou des événements antérieurs à l'Église se rapportent à l'Église, mais comment l'Église se rapporte à la présence du Christ en ceux qui sont "dehors", affamés, altérés, malades, nus et prisonniers», *ibid.,* p. 172.

de notre engagement missionnaire et la qualité évangélique de nos communautés.

Plus que jamais, l'Église doit apparaître comme le sacrement *universel* du salut acquis en Jésus-Christ au-delà de la diversité des races, des cultures et des civilisations. À l'encontre d'une universalité encore abstraite, l'Église doit faire la preuve de cette fraternité concrète avec tous les hommes. Il est permis de dire que l'Église devient universelle dans la mesure où elle assume les causes universelles de la communauté humaine planétaire et dans la mesure où, aujourd'hui, elle lutte pour les droits de l'homme et se met au service des plus pauvres.

V. LA PROMOTION DES DROITS DE L'HOMME COMME REQUÊTE DE L'ÉVANGILE

1. J'emprunte ce titre à Paul VI qui, dans son message en union avec les Pères du Synode de 1974, déclare explicitement : «Elle (l'Église) croit... très fermement que la promotion des droits de l'homme est une requête de l'Évangile et qu'elle doit occuper une place centrale dans son ministère» (*Doc. cathol.*, n° 1664, 1974, p. 965). Et dans leur déclaration finale, les Pères du Synode affirment : «Poussés par la charité du Christ et éclairés par la lumière de l'Évangile, nous avons confiance que l'Église, en travaillant plus fidèlement à l'évangélisation, annonce le salut total de l'homme ou son entière libération et, dès maintenant, commence à le réaliser» (*Doc. cathol.*, n° 1664 1974, p. 964). Comme il a été souligné plus haut, ces textes nous invitent à ne pas en rester à une opposition entre évangélisation et action sociale au service de l'homme. Il est légitime de dire que dans les documents récents de l'Église, le mot «évangélisation» tend à embrasser toute l'activité de l'Église envoyée au monde depuis l'action caritative et sociale jusqu'à la proclamation de l'Évangile au sein de l'assemblée eucharistique. Et même s'il est clair qu'on ne saurait confondre le salut eschatologique de l'homme avec sa libération historique, il est très remarquable que les Pères du Synode sur l'évangélisation de 1974 insistent sur «les relations mutuelles existant entre l'évangélisation et le salut intégral ou la libération complète des hommes et des peuples».

2. La théologie de la mission est étroitement dépendante d'une théologie du salut. Quelle était la conception du salut sous-jacente à une activité missionnaire qui, au XVIe siècle, consistait essentiellement à «délivrer les âmes de la damnation éternelle» ou encore «à agréger à l'Église catholique le maximum de nouveaux baptisés» (cf. l'œuvre de la Sainte Enfance)? La théologie de la mission est également commandée par une théologie de l'histoire. Faut-il identifier l'histoire du salut et l'histoire profane ou au moins montrer leur convergence? Depuis plus de trente ans, on dispose d'essais théologiques divers qui vont de l'«optimisme évolutionniste» jusqu'au «pessimisme apocalyptique» (cf. *supra*, ch. IX). On trouvera une bonne évaluation critique de ces diverses tendances dans la Déclaration sur la promotion humaine et le salut chrétien de la Commission théologique internationale (*Doc. cathol.*, n° 1726, 1977, pp. 761-768).

Ce n'est pas le lieu ici, dans ce bref chapitre, de montrer, avec toute l'ampleur désirable, combien une meilleure intelligence du salut chrétien et de l'histoire du salut est en train de renouveler la théologie de la mission. Qu'il suffise d'indiquer en écho à *Evangelii Nuntiandi* et à *Mission and Evangelism* combien la conception actuelle de la mission est conditionnée par la conscience nouvelle que prend l'Église de sa *responsabilité historique* vis-à-vis de la structure de nos sociétés et de l'avenir de l'homme. Cette nouvelle conscience est indissociable du tournant historique que représente Vatican II en ce qui concerne l'attitude de l'Église à l'égard de la Déclaration des droits de l'homme. Après plus d'un siècle de malentendus, dus en partie au contexte «laïciste» de l'explicitation des droits de l'homme au XIXe siècle, l'Église catholique est devenue en ce dernier quart du XXe siècle le meilleur champion des droits de l'homme. Les droits de l'homme (y compris le droit à la liberté religieuse) ne sont pas seulement tolérés par l'Église. Ils sont devenus une «exigence de l'Évangile», selon le mot de Paul VI (cf. *supra*, chap. XIII).

3. Affirmer que la défense et la promotion des droits de l'homme sont une exigence de l'Évangile, c'est admettre par là-même qu'il est impossible de dissocier l'*évangélisation* et la *promotion humaine* à l'intérieur de l'unique mission de l'Église. Paul VI découvre entre les deux des liens profonds et il distingue

des liens d'ordre anthropologique, d'ordre théologique et d'ordre évangélique. «Liens d'ordre anthropologique, parce que l'homme à évangéliser n'est pas un être abstrait, mais qu'il est sujet aux questions sociales et économiques. Liens d'ordre théologique, puisqu'on ne peut pas dissocier le plan de la création du plan de la rédemption qui, lui, atteint les situations bien concrètes de l'injustice à combattre et de la justice à restaurer. Liens de cet ordre éminemment évangélique qui est celui de la charité : comment, en effet, proclamer le commandement nouveau sans promouvoir dans la justice et la paix la véritable, l'authentique croissance de l'homme ?» (E.N. n° 31).

Il est permis de développer quelque peu en méditant sur les rapports de l'Église et du monde. Il faut procéder en trois temps :

a. *Le monde est plus que le cadre de la construction du Royaume de Dieu : il a un sens immanent en lui-même.*

Il faut garder au mot «monde» toute la richesse de sens qu'il revêt chez saint Jean. Il peut désigner le monde du péché qui refuse d'accueillir le Verbe. Mais il désigne aussi à la fois la première création dans ce qu'elle a de bon comme don de Dieu et l'humanité elle-même en tant qu'elle est appelée à la réconciliation avec Dieu. Quand on parle des rapports de l'Église et du monde, on comprend «monde» en ce troisième sens : le monde historique appelé à la réconciliation avec Dieu. En tant qu'historique, le monde comme monde demeure ambigu : il porte toujours en lui la tentation de se suffire à lui-même. Mais alors qu'autrefois le mot «monde», dans le langage de la spiritualité chrétienne, désignait surtout une réalité négative, aujourd'hui, l'Église a conscience que le mot «monde» peut désigner le *projet humain collectif* (cf. l'explicitation progressive des droits fondamentaux de la personne humaine) qui est différent du projet eschatologique dont l'Église est le témoin, mais qui est un projet légitime ne coïncidant pas nécessairement avec un projet d'autosuffisance.

b. *La construction du monde ne débouche pas directement sur le Royaume de Dieu*

Autre chose en effet est la libération et la promotion de l'homme au niveau de l'histoire et la communion des hommes avec Dieu dans un avenir transhistorique. Il faut exclure tout rapport de cause à effet entre les luttes historiques pour la libération de l'homme et le salut eschatologique. Même si l'histoire profane et l'histoire du salut sont inséparables, l'histoire tout court n'est pas le sacrement efficace de l'avènement du Royaume de Dieu. «La grâce est grâce, et l'histoire n'est pas source de salut [22].» «Le Règne de Dieu» dirige «l'histoire et dépasse de façon absolue toutes les possibilités d'un accomplissement terrestre» (Commission internationale de théologie). Et c'est bien pourquoi l'évangélisation comme annonce explicite du salut acquis en Jésus-Christ n'a rien perdu de son urgence.

c. *Il y a un lien mystérieux entre les processus historiques de libération humaine et la réalisation du Royaume*

J'ai déjà cité plus haut (chap. IX) cette formule des théologiens du Tiers-Monde réunis à São Paulo: «La réalisation du Royaume comme dessein ultime pour sa création s'expérimente dans les processus historiques de libération humaine» (n° 33). Cela nous renvoie à l'idée d'un rapport mystérieux entre l'achèvement de la création par l'homme et la réalisation du Royaume de Dieu sans que ce rapport trouve son expression visible sur le plan de l'Église comme institution. Même si le mot de «convergence» est trop fort, nous pouvons parler d'une certaine continuité entre la construction d'un monde plus humain conforme au dessein de Dieu et l'avènement du Royaume de Dieu.

Si nous prenons au sérieux la Seigneurie du Christ, il est permis de dire que chaque fois que l'homme travaille à la guérison de la première création et à la libération de l'homme, il actualise en quelque manière les énergies de la Résurrection de Jésus comme victoire sur la mort et sur toutes les forces de néant. L'Église comme sacrement du salut est donc «pour les nations» le signe visible d'un mystère plus vaste que la seule communauté des rachetés, à savoir la présence gratuite de Dieu à toute la création et la promesse d'une libération définitive pour tout homme.

En tout cas, si on est attentif à cette unité de l'Église et du monde dans le dessein total de Dieu sur l'homme, on vérifie combien il est artificiel de vouloir à tout prix délimiter, à l'intérieur de l'unique mission de l'Église, des frontières entre des tâches dites «spirituelles» de pure évangélisation et des tâches dites «temporelles» de service des hommes. Pour reprendre la

---

22. Cf. M.-D. CHENU, «Les signes des temps», *Nouv. Rev. Theol.*, janvier 1965, p. 36.

formule déjà citée de M.-D. Chenu, il s'agit d'« incarner l'Évangile dans le temps ». Et cette incarnation ne se fait pas seulement par le témoignage explicite rendu à Jésus-Christ, mais par toute transformation de l'homme et de la société dans le sens de l'Évangile.

CONCLUSION

Au terme de ces quelques réflexions sur les traits les plus caractéristiques de la mission chrétienne, il convient d'insister sur l'urgence de la mission de l'Église en cette fin du second millénaire.

Justement parce qu'elle est le témoin du Dieu vivant et libérateur, l'Église prend conscience de sa responsabilité historique à l'égard de l'avenir de l'homme et elle est toujours prête à travailler avec tous les hommes de bonne volonté à l'édification d'un monde moins inhumain où les droits inaliénables de tout homme à la liberté, à la dignité et au travail soient reconnus. La mission de l'Église est de l'ordre du *témoignage* : elle ne se limite pas au rassemblement historique et visible du plus grand nombre possible d'hommes, comme si tout homme était appelé dans le temps de l'histoire à faire partie de l'Église visible. C'est parce que l'Église est témoin d'une espérance au-delà du monde, qu'elle est témoin ici-bas de l'espérance des pauvres.

Ainsi, le témoignage dans le sens de l'Évangile est toujours possible, alors même que dans nos sociétés sécularisées et pluralistes de l'Occident ou dans tous les pays où une autre grande religion est la religion dominante, les temps ne sont pas toujours mûrs pour une parole claire et explicite sur Jésus-Christ. Il reste le témoignage de la vie de chaque chrétien et le témoignage des communautés chrétiennes. Mais cette « incarnation de l'Évangile dans le temps » à partir de nos choix, de nos luttes, de nos solidarités, de nos dévouements, ne diminue en rien l'urgence de l'évangélisation au sens d'un témoignage explicite rendu à Jésus-Christ. Ou bien alors, quoi qu'il en soit des possibilités de salut offertes à tous les hommes de bonne volonté, ce serait faire bon marché du pouvoir libérateur de la personne et de la parole de Jésus dès cette terre.

L'Église du Christ ne doit pas seulement être témoin des exigences de justice inscrites dans l'Évangile. Elle doit être aussi le témoin du Royaume qui vient et qui coïncidera avec le salut intégral de l'homme. Nos contemporains en effet n'ont pas seulement faim de justice, de pain et d'amour. Ils ont cruellement besoin de sens. Auprès de tous les hommes qui sont en quête de raisons de vivre, les responsables de la mission de l'Église doivent dévoiler le nom de leur espérance, et c'est Jésus-Christ.

SILENCE ET PROMESSES
DE LA THÉOLOGIE FRANÇAISE

Au terme de ces quelques essais d'herméneutique théologique, je voudrais en guise de conclusion resituer ma propre recherche dans le cadre de l'évolution actuelle de la théologie française. Ce sera l'occasion pour moi d'exprimer ma dette envers de nombreux auteurs auxquels je dois tant. Mais ce sera aussi le moyen de manifester l'enjeu propre d'un certain *style* de la théologie française au service d'une meilleure intelligence de la foi pour aujourd'hui.

Il est certes difficile de porter un jugement sur la situation de la théologie en France. Et je suis sans doute moi-même trop engagé dans les tâches quotidiennes de la théologie – soit comme enseignant, soit comme directeur d'une collection de théologie dans une maison d'édition – pour avoir le recul nécessaire.

En tout cas, dès que l'on sort de France et que l'on participe à des réunions internationales, on recueille une opinion largement partagée : depuis la fin du Concile de Vatican II, la théologie française n'a plus la même audience internationale qu'auparavant. Certains n'hésitent pas à déplorer le silence ou le désert de la théologie française. Je me souviens toujours de cette lettre ouverte adressée au Père Congar par Hans Küng en 1970 : « Entre la Seconde Guerre mondiale et Vatican II, c'est surtout la théologie française qui n'a cessé d'élever la voix pour un renouveau de l'Église et de la théologie. Pourquoi, depuis le Concile, un si profond silence [1] ?... » Et je n'oublie pas que, lors-

_____

1. *La Croix,* 7 août 1970, citée par Y. CONGAR, « Regards sur la

que la revue internationale *Concilium* fut créée en 1965, la seule section confiée à des Français (il s'agissait du P. Duquoc et de moi-même) fut celle de spiritualité. Comme éditeur, je dois d'ailleurs constater combien nos ouvrages de dogmatique ou d'exégèse sont peu traduits à l'étranger – en particulier en Allemagne et aux États-Unis – alors qu'il y a toujours une demande importante d'ouvrages de spiritualité française.

Cependant, ce premier jugement négatif demande à être nuancé. Certains observateurs plus attentifs, qui ne mesurent pas la valeur d'une théologie au nombre de ses best-sellers, sont prêts à reconnaître la richesse des courants théologiques français, parfois souterrains et discrets, qui laissent espérer un nouveau printemps [2].

Dans une première partie, je voudrais m'efforcer de rendre compte de ce double phénomène, à la fois la vitalité de la théologie française d'hier et son apparente stérilité d'aujourd'hui. Ensuite, dans une seconde partie, je voudrais introduire aux orientations actuelles les plus prometteuses de la théologie française.

I. LA THÉOLOGIE FRANÇAISE HIER ET AUJOURD'HUI

A. La vitalité de la théologie française avant le Concile

Ceux qui écriront l'histoire du deuxième Concile du Vatican diront sans doute combien celui-ci doit aux théologiens de langue française. À bien des égards, le Concile fut un point d'arrivée, c'est-à-dire la consécration de tout un renouveau théologique qui commença après la Deuxième Guerre mondiale et dont les théologiens français furent les meilleurs artisans.

Mais le «succès» de la théologie française s'inscrit dans un contexte plus large, celui de l'effervescence du catholicisme français dans l'immédiat après-guerre. Et alors que la France républicaine héritait d'une longue tradition anticléricale inséparable

théologie française d'aujourd'hui», dans *Savoir, faire, espérer : les limites de la raison,* Bruxelles, Facultés Univ. St-Louis, 1976, t. II, p. 697.

2. On peut se reporter par exemple au jugement nuancé de F. REFOULÉ, «Orientations nouvelles de la théologie en France», *Le Supplément,* n° 105 (mai 1973), pp. 119-147.

de la sacro-sainte séparation de l'Église et de l'État, ce réveil religieux est dû, pour une bonne part, à des laïcs.

a. Il faut d'abord saluer comme une nouveauté en France une certaine réconciliation de la religion et de la culture grâce à des très grands écrivains comme Péguy, Bernanos, Claudel, Mauriac. De même, sur le plan philosophique, on ne peut oublier l'influence d'auteurs comme Jacques Maritain et Étienne Gilson, qui débordait largement le cadre relativement étroit des néo-thomistes. Enfin, pour beaucoup d'intellectuels appartenant au monde scientifique, le nom de Teilhard de Chardin fut le symbole d'une réconciliation de la science et de la foi et d'une attitude positive de l'Église à l'égard du monde moderne et du progrès.

b. En deuxième lieu, on ne comprend rien à la théologie française d'avant le Concile si on sous-estime l'importance d'une nouvelle militance chrétienne en plein monde, encouragée par des mouvements d'Action catholique comme la J.O.C., la J.A.C., la J.E.C. La prise de conscience de la fin d'une Église de chrétienté coïncidait avec un élan missionnaire magnifique surtout à l'égard du monde ouvrier. Le petit livre des abbés Godin et Daniel, *France, pays de mission,* fut le symbole de cette ère nouvelle. La création de la Mission de France par le cardinal Suhard et l'expérience des prêtres-ouvriers sont les événements marquants d'une ère nouvelle où l'Église n'est plus repliée sur elle-même, mais cherche le dialogue avec le monde de l'incroyance et de la sécularisation. C'est aussi l'époque où un laïc chrétien comme Emmanuel Mounier se faisait – avec son équipe de la revue *Esprit* – le théoricien et le prophète pour l'ensemble de l'Église de ce que le Père Chenu appelait la «fin de l'ère constantinienne».

c. Enfin, ce contexte plus large de la théologie française serait incomplet si on passait sous silence ces grandes figures de la spiritualité qu'on peut désigner comme une «spiritualité missionnaire» que sont Thérèse de Lisieux et Charles de Foucauld. Leur «esprit» a suscité des milliers de vocations missionnaires et a mis la France au premier rang des missions extérieures catholiques.

Ce cadre plus vaste étant posé, il faut chercher maintenant à caractériser ce qui a fait l'originalité et le renom de la théologie française de l'après-guerre. Il me semble que l'on peut retenir trois traits essentiels: le retour aux sources, l'intérêt pour la recherche ecclésiologique et une orientation pastorale et œcuménique. Ces orientations se retrouveront dans les grands textes doctrinaux de Vatican II.

Le retour aux sources

La théologie de l'après-guerre a été marquée par le *ressourcement*. On cherchait à rompre avec une théologie scolaire, celle de la Contre-Réforme, pour retrouver un certain nombre de richesses traditionnelles qui étaient tombées dans l'oubli. On ne dira jamais assez l'importance du renouveau biblique, patristique, liturgique entre 1946 et 1962. Durant cette période, les traductions de la Bible se sont multipliées : qu'il suffise de citer la traduction de la Bible de Jérusalem aux Éditions du Cerf ! De même, on sait l'influence pour le mouvement liturgique d'une revue comme *La Maison-Dieu* ou d'une collection comme « Lex orandi » dont un des livres les plus célèbres fut le *Mystère pascal* de Louis Bouyer. Dans le domaine du renouveau patristique, on doit faire une mention spéciale de la fameuse collection « Sources chrétiennes » (lancée aux Éditions du Cerf en 1942) et qui mettait à la disposition d'un large public les trésors de la tradition patristique. De son côté, la collection « Unam Sanctam », animée par le Père Congar, permettait de redécouvrir les richesses d'une ecclésiologie qui ne soit pas uniquement celle de l'École romaine et qui témoigne d'une large ouverture œcuménique.

C'est précisément ce retour aux sources qui fut l'occasion d'un conflit entre les théologiens français les plus réputés et l'autorité romaine sous le pontificat de Pie XII. Ce qu'on a appelé alors la « théologie nouvelle » était le fait des deux écoles de théologie les plus marquantes de l'après-guerre : celle des Pères jésuites de Fourvière et celle des Pères dominicains du Saulchoir. On leur reprochait, finalement, d'introduire le raisonnement historique en dogmatique et d'aboutir au relativisme historique non seulement des systèmes théologiques mais des formules dogmatiques elles-mêmes. Un élève du Père de Lubac, le Père Bouillard, dans son livre *Conversion et grâce* (1942), posait la question de la relativité historique du thomisme comme théologie. A l'encontre des grands commentateurs, le Père Chenu réinterprétait saint Thomas à l'intérieur d'une histoire globale restituée dans ses médiations économiques, sociales, idéologiques et il réhabilitait la théologie symbolique face à une théologie scolastique abstraite.

De son côté, le Père de Lubac exhumait l'exégèse symbolique des Pères et du Moyen Age et mettait en valeur le caractère profondément sacramentel de l'Église. Et le Père Congar, grâce à un travail historique acharné, prenait ses distances à l'égard de l'ecclésiologie hiérarchique de la Contre-Réforme pour retrouver une tradition plus ancienne nourrie de l'Écriture, des Pères et de saint Thomas.

Paradoxalement, ce sont les mêmes hommes qui furent en conflit avec Rome parce qu'ils faisaient appel d'une tradition plus récente à une tradition plus ancienne qui furent aussi les meilleurs artisans de l'œuvre doctrinale de Vatican II. C'est cette théologie-là, plus sensible à l'économie du salut qu'à l'étude abstraite de l'en-soi des mystères, qui a trouvé son aboutissement dans les deux grandes constitutions dogmatiques de Vatican II, *Lumen Gentium* et *Dei Verbum.* On a pu écrire que ce dernier texte, en particulier, marquait la fin de la Contre-Réforme. C'était la fin d'une théologie scolaire purement analytique et déductive. Le Concile consacrait un nouveau mode de « théologiser » qui se cherchait depuis plus de trente ans, en France surtout, et qui voulait prendre au sérieux toutes les conséquences d'une conception de la révélation chrétienne comprise comme histoire du salut et non comme catalogue de propositions révélées [3].

L'intérêt pour l'ecclésiologie

C'est surtout dans le domaine de l'ecclésiologie que la théologie française a acquis une réputation internationale. Je viens déjà de le mentionner à propos du retour aux sources. Cet intérêt ecclésiologique était inséparable de la vitalité du catholicisme français et des problèmes posés par la naissance d'un laïcat responsable, la remise en question de certaines formes du ministère sacerdotal, le dialogue œcuménique. À la différence de théologiens allemands aussi bien protestants que catholiques, les théologiens français d'avant le Concile n'ont pas développé de

---

3. C'est ce qui ressort du commentaire que le Père DE LUBAC a consacré au préambule et au chapitre I de la Constitution *Dei Verbum: La Révélation divine,* Paris, Cerf, 1968, t. I, pp. 159-302.

théologie fondamentale ou dogmatique systématique. On ne trouve pas en France l'équivalent des Barth, Bultmann, Rahner ou, aujourd'hui, Ebeling, Moltmann, Pannenberg, Jüngel. Ce sont plutôt des philosophes comme La Berthonnière et Blondel qui ont posé des questions de théologie fondamentale.

Avec *Lumen Gentium,* on passait d'une ecclésiologie de type sociétaire qui privilégie trop uniquement la structure hiérarchique de l'Église à une conception plus sacramentelle de l'Église comme *communio,* comme Peuple de Dieu tout entier sacerdotal, comme devenir historique du Peuple de Dieu sous l'action de l'Esprit Saint. Le texte du Concile a suscité en France et en Belgique de très nombreux commentaires. Aujourd'hui, une plus grande attention à la tradition orientale nous inclinerait à déceler un manque de pneumatologie: l'ecclésiologie de Vatican II est encore trop christo-moniste. Mais on ne dira jamais assez combien cette fin de la théologie baroque posttridentine doit à l'influence d'hommes comme le Père de Lubac *(Corpus mysticum),* le Père Congar *(Vraie et Fausse Réforme. La théologie du laïcat...)* et à Mgr Philipps de Louvain.

L'orientation pastorale

Il y avait parmi les théologiens français d'authentiques chercheurs de réputation internationale. Mais ils n'étaient jamais coupés de la base et des problèmes pastoraux les plus immédiats de l'Église de France. À cet égard, il ne faut jamais oublier le statut particulier des théologiens français qui ne sont pas comme leurs collègues allemands ou hollandais des professeurs d'université payés par l'État. Cela donne à leur théologie une orientation plus pastorale et moins académique.

Ce sont les mêmes qui, comme les Pères Chenu et Congar, étaient les représentants de la théologie universitaire qui furent très engagés à la base dans certains mouvements d'Action catholique ou dans de nouvelles initiatives d'ordre apostolique comme, par exemple, l'expérience des prêtres-ouvriers.

Il faut rappeler aussi que la théologie française d'avant le Concile était profondément conditionnée par le dialogue avec l'athéisme. Les théologiens français n'étaient pas uniquement des hommes de cabinet cherchant à perfectionner un système théologique à l'usage purement interne de l'Église. Ils étaient en dialogue avec des représentants de la pensée incroyante, marxistes ou existentialistes (pensons à Garaudy, Sartre et Camus), et avec des laïcs qui étaient plongés dans le monde de l'incroyance. L'Église sortait du ghetto et découvrait qu'elle avait beaucoup à recevoir d'autres mondes spirituels que le sien, fussent-ils athées. À cet égard, on ne saurait sous-estimer l'influence considérable de Teilhard de Chardin sur la théologie française. La reconnaissance du monde dans son autonomie, un certain optimisme à l'égard des valeurs d'une culture séculière, un jugement plus nuancé sur la portée morale de certaines formes de l'athéisme moderne trouvèrent d'ailleurs leur écho dans le fameux Schéma XIII, la constitution *Gaudium et Spes* du Concile.

B. L'apparente stérilité de la théologie française d'après le Concile

Avec d'autres en Belgique et en Allemagne, les théologiens français furent donc les pionniers du renouveau biblique, liturgique, ecclésiologique et œcuménique. Ce travail théologique intense trouva sa consécration à Vatican II. Il est incontestable que l'œuvre dogmatique du Concile fut surtout ecclésiologique. Elle fut à la fois le point d'arrivée et le point de départ de recherches ecclésiologiques fondamentales concernant la collégialité, les Églises locales, les ministères, la place des laïcs dans l'Église, l'unité des chrétiens...

Mais il est permis de penser que c'est le succès même de la théologie française d'avant le Concile qui explique son éclipse actuelle. Cette théologie avant tout ecclésiologique, actualisée aux sources de la tradition s'est développée à l'intérieur de la foi et au service de l'institution-Église. Elle répondait à l'attente d'une Église menacée de dysfonctionnement à l'intérieur d'elle-même. Or l'après-Concile inaugure un tout autre climat. La théologie d'après le Concile ne pouvait pas se contenter d'être un commentaire des textes de Vatican II. Alors que les textes conciliaires étaient novateurs au nom de la continuité et de l'unanimité dans l'Église, c'est l'évidence des *ruptures* qui va s'imposer après le Concile. Il ne va pas de soi, en effet, de passer d'une « hiérarchologie » à une Église Peuple de Dieu découvrant une liberté nouvelle.

Depuis plus de vingt ans, la théologie chrétienne est donc affrontée à des tâches urgentes qui n'ont pas été directement abordées par le Concile : la rencontre du christianisme et de la culture moderne, la possibilité du langage sur Dieu, le sens de l'existence chrétienne dans un monde sécularisé, le renouvellement du langage de la foi et des rites chrétiens en fonction des cultures non occidentales, le rapport entre les mouvements historiques de libération et le salut eschatologique.

Ce n'est pas diminuer leur mérite de reconnaître que les théologiens français qui ont tellement fait pour la grandeur de Vatican II étaient encore, à bien des égards, philosophiquement et culturellement, des hommes du XIXe siècle. Ils ont développé une théologie conforme aux intuitions maîtresses de Vatican II et portant surtout sur des questions intra-ecclésiales. Ils ont été presque entièrement pris par ce travail institutionnel de très longue haleine. Et ils se sentent beaucoup plus démunis quand il s'agit de confronter la foi avec la *modernité* et de renouveler la crédibilité du christianisme en fonction du régime moderne de l'intelligence.

Mais s'il est vrai que le climat a beaucoup changé dans l'Église postconciliaire, s'il est vrai que la foi est soumise à des questions radicales qui lui viennent d'une culture que l'on a qualifiée de «postchrétienne», pourquoi les théologiens qui ont joué un rôle si actif à Vatican II ont-ils si peu de successeurs, pourquoi la production française est-elle si modeste sur le marché international de la théologie?

Il est difficile de donner des réponses satisfaisantes. Il est tout de même possible de faire état de quelques données incontestables. Certaines sont d'ordre sociologique. D'autres relèvent plutôt du statut épistémologique de la théologie.

a. Il faut, tout d'abord, rappeler la pauvreté en hommes de la théologie française. La chute dramatique des vocations sacerdotales et religieuses depuis environ 1965 a contraint beaucoup de séminaires et de scolasticats à fermer leurs portes ou à se regrouper. Il y avait encore environ un séminaire par diocèse avant Vatican II[4]. Ils sont moins de la moitié aujourd'hui et ils ont rarement un cycle complet de philosophie et de théologie. Cela a libéré de nombreux professeurs pour le ministère et la forma-

---

4. Cf. A. ROUSSEAU et J.-P. LECONTE, «Les conditions sociales du travail théologique», dans *Concilium*, n° 135, pp. 19-27; cf. aussi: A. ROUSSEAU, «La formation théologique, I, Description du contexte catholique français actuel», *Initiation à la pratique de la théologie*, Paris, Cerf, vol. I, 1982, pp. 329-344.

tion permanente des clercs et des laïcs. Mais ils sont souvent perdus pour une recherche théologique aboutissant à des publications.

On sait par ailleurs que, par suite de la loi de séparation entre Église et État (1905), il n'y a pas de faculté de théologie dans les universités françaises à l'exception de Strasbourg et d'un institut à Metz puisque l'Alsace-Lorraine demeure sous régime concordataire. Paris, Strasbourg, Lyon, auxquels il faut ajouter le centre Sèvres des jésuites à Paris demeurent des centres théologiques très vivants avec de nombreux étudiants clercs et laïcs. Les facultés de théologie des autres instituts catholiques de Toulouse, Lille et Angers connaissent de grandes difficultés du point de vue du recrutement de leurs professeurs et de leurs étudiants.

Si l'on met à part le cas de Strasbourg, où les facultés de théologie catholique et protestante sont reconnues par l'État, tous les instituts catholiques de France doivent faire face à une situation financière préoccupante. Ils ne subsistent que grâce à une subvention du gouvernement qui demeure toujours aléatoire dans la conjoncture politique actuelle. Faute de ressources financières, peu de professeurs de théologie peuvent se consacrer à plein temps à la recherche théologique. Ils sont souvent surchargés de tâches d'enseignement ou de tâches administratives. Et ils ne disposent pas, comme leurs collègues allemands, d'assistants et de secrétaires. Ils doivent parfois accepter une activité annexe pour compléter leurs ressources. Et il n'est pas rare que les théologiens chargés d'un enseignement universitaire soient aussi sollicités pour l'animation de sessions, de groupes de travail, de revues non scientifiques, etc. Cela ne favorise pas la production théologique, même si cela a l'avantage de maintenir l'orientation profondément pastorale de la théologie française.

Si étonnant que cela puisse paraître, l'épiscopat français n'a pas prévu un fonds de recherche qui puisse aider les théologiens isolés et favoriser la publication des thèses ou travaux. On assiste donc parfois à un exode des meilleurs cerveaux théologiques vers les sciences humaines de la religion, à cause de l'insécurité de l'emploi en théologie, de l'absence de bourses, à cause aussi sans doute d'un manque de liberté de recherche dans les structures officielles de l'Église.

J'ajoute enfin que l'absence de leaders incontestés et d'ouvrages marquants de renommée internationale dans le paysage théologique français ne doit pas nous conduire à sous-estimer une intense activité théologique qui ne se situe plus uniquement dans les lieux institutionnels classiques comme les facultés de théologie ou les séminaires.

Le phénomène le plus intéressant de la théologie française actuelle est la multiplication des centres théologiques non universitaires et l'intérêt croissant des laïcs pour la théologie. Cela remet évidemment en question la prépondérance d'une théologie de style universitaire plus ou moins clérical. Il s'agit d'une théologie plus tâtonnante qui veut être l'expression du vécu de telle ou telle communauté de base ou de tel groupe de travail. Cette théologie a déjà ses organes d'expression comme la collection « Dossiers libres » des Éditions du Cerf et de nombreuses publications sous forme de polycopiés [5].

b. Pour rendre compte d'un certain silence de la théologie française, il ne suffit pas d'invoquer son infrastructure sociologique et démographique. Il faut parler aussi, plus de quinze ans après le Concile, d'un déplacement de la théologie sous le choc de la critique de plus en plus radicale du langage religieux et du succès des sciences humaines.

On peut dire que les quinze années qui ont suivi le Concile sont caractérisées par la *déconstruction* du système de pensée catholique, déconstruction qui correspondait à une certaine désarticulation du corps ecclésial lui-même. La théologie dogmatique, comme discours ecclésial, s'est donc trouvée remise en cause parce qu'elle n'assurait plus la cohésion du corps ecclésial dont les membres prenaient leur autonomie. Ce phénomène est sans doute général dans l'Église depuis le Concile. Mais il a pris une plus grande acuité en France à cause du succès de la linguistique et d'une idéologie comme le *structuralisme* qui aboutissait à une critique radicale du langage comme langage du sens, à cause aussi du succès grandissant des sciences humaines, de la sociologie tout particulièrement.

D'une part, le théologien est devenu beaucoup plus critique à l'égard de son propre discours : il s'interroge nécessairement sur ses conditions de production (socio-économiques, psychologiques, linguistiques). D'autre part, par suite de l'absence d'un

5. Mais pour être tout à fait juste, il faut préciser que ce sont aussi des laïcs qui sont les animateurs, et pour une bonne part les rédacteurs, de revues théologiques universitaires comme Les Quatre Fleuves et Communio.

discours idéologique cohérent, l'attention des théologiens s'est portée de plus en plus sur les *pratiques*. Et là ils entraient en conflit ou en collaboration avec les divers experts des sciences humaines.

Je pense que c'est ce nouveau dialogue avec les sciences humaines – en particulier les sciences humaines de la religion – qui caractérise la nouveauté du climat théologique en France et qui explique en partie la relative pauvreté de la production théologique française [6].

En France, beaucoup plus qu'en Allemagne, la visée totalisatrice du discours dogmatique a été remise en question *par les théologiens eux-mêmes*. L'ancien discours théologique éclate en discours parcellaires. Beaucoup de questions cruciales, d'ordre dogmatique ou moral, sont abordées, mais elles le seront sous forme d'articles ou d'essais, sans grande bibliographie théologique classique, mais en se basant sur des pratiques ou des analyses scientifiques profanes.

Les théologiens sérieux ne manquent pas en France. Mais ils sont devenus plus modestes, plus silencieux que leurs grands aînés d'avant le Concile car ils savent mieux que quiconque combien le langage de la foi est soumis à un questionnement radical et combien les pratiques chrétiennes relèvent d'une autre analyse que le seul jugement théologique. On ne compte plus le nombre de congrès, de sessions ou de séminaires où le théologien se voit dans l'obligation de multiplier les réserves prudentes quand il intervient à la suite d'experts historiens, sociologues, psychologues, linguistes. Il sait très bien qu'il lui est impossible de se contenter de «récupérer» les sciences humaines pour renouveler le langage de la foi. Le dogmaticien a donc perdu son rôle privilégié. Et souvent, c'est l'exégète qui joue un rôle médiateur en sauvegardant le principe d'une orthodoxie par le recours régulateur à un texte normatif.

En conclusion, je dirais qu'on peut sans doute déplorer l'absence de créativité des théologiens français. Mais on aurait tort d'interpréter cette relative éclipse de la théologie française d'un point de vue purement négatif. Il faut plutôt parler d'un

---

6. Voir à cet égard le jugement de l'actuel secrétaire de l'Épiscopat français, G. DEFOIS: «Le pari chrétien dans l'intelligence? Une tâche pour les Instituts catholiques?» dans *Études*, janvier 1976, pp. 101-115.

silence provisoire qui est le signe d'une plus grande lucidité. Malgré le caractère tâtonnant et même balbutiant des recherches actuelles, on peut espérer que la théologie française n'a pas dit son dernier mot. Elle se prépare, de manière encore souterraine, à relever le défi de la contestation radicale du langage religieux qui fait suite à la rupture de l'ancien ordre épistémologique.

II. LES ORIENTATIONS ACTUELLES
DE LA THÉOLOGIE FRANÇAISE

Il n'y a plus en France de théologiens vedettes ou d'Écoles de théologie caractérisées. Malgré l'éclatement du discours théologique dont j'ai parlé plus haut, on peut repérer cependant des tendances générales qui donnent son visage propre à la théologie française. Je me contenterai de mentionner trois grandes tendances. Et à chaque fois, on verra que le discours dogmatique est nécessairement dépendant de l'évolution de la culture française – surtout philosophique – au cours des vingt dernières années.

A. La nomination de Dieu au-delà de l'athéisme et du théisme

Comme dans d'autres pays, la théologie française a vécu longtemps sous le signe de la *concentration christologique* et on ne saurait sous-estimer à cet égard l'influence de K. Barth. Mais on sait que durant l'après-Concile – sous la pression des milieux chrétiens les plus engagés dans des luttes politiques – la théologie a été tentée de disjoindre le lien entre Jésus et le Christ. La christologie risquait de devenir une simple «jésuologie» ou même une christologie athéiste comme dans les théologies de la mort de Dieu.

La dogmatique française redécouvre «le droit de Dieu»[7]. Il faut même parler d'un retour sauvage de Dieu hors des milieux théologiques. Ce retour de Dieu est presque un phénomène de culture. Qu'il suffise de penser à des essais comme ceux de Maurice Clavel *Dieu est Dieu, nom de Dieu!*[8], d'André Frossard *Dieu existe, je l'ai rencontré*[9], René Girard *Des choses cachées*

---

7. C'est le titre de l'ouvrage de C. BRUAIRE, Paris, Aubier, 1974.
8. M. CLAVEL, *Dieu est Dieu, nom de Dieu!*, Paris, Grasset, 1976.
9. A. FROSSARD, *Dieu existe, je l'ai rencontré*, Paris, Fayard, 1975.

depuis la fondation du monde [10], et même à l'ouvrage d'un
«nouveau philosophe» comme Bernard-Henri Lévy qui, dans
son *Testament de Dieu,* fait de l'idée vétéro-testamentaire de
Dieu l'unique rempart contre l'absolutisation de l'État totalitaire [11].

La dogmatique française – aussi bien protestante que catholique – fait donc preuve d'un certain radicalisme dans sa recherche d'un langage sur Dieu au-delà du théisme et de l'athéisme
compris comme nihilisme et non comme humanisme athée exis-
tentialiste ou marxiste. En ce sens, la pensée théologique française est plus proche d'un ouvrage comme celui d'E. Jüngel *Gott
als Geheimnis der Welt* [12] que de l'ouvrage encore trop apologétique d'H. Küng *Existiert Gott?* [13]. Mais pour comprendre cet
effort théologique, il faut tenir compte d'un certain nombre de
données propres au paysage culturel français.

La crise du théisme métaphysique

La pensée théologique française a reçu de plein fouet la critique heideggérienne de l'onto-théologie [14]. Le néo-thomisme qui
fut si florissant en France entre les deux guerres n'existe plus que
dans des milieux isolés. Il n'y a pas eu comme en Allemagne
sous l'influence de K. Rahner de tentative pour donner une postérité à l'œuvre du Père Maréchal dans le sens d'une réconciliation entre la métaphysique thomiste et la philosophie de l'esprit
de l'idéalisme allemand. Si on excepte des philosophes isolés
comme Claude Bruaire et P.-J. Labarrière (cf. en particulier:
Dieu aujourd'hui, Paris, Desclée, 1977), il n'y a pas eu non plus
en France de renouvellement de la théologie systématique à partir de la dialectique hégélienne comme c'est le cas dans l'œuvre
de Pannenberg.

On est donc en présence d'essais théologiques qui s'efforcent

10. R. GIRARD, *Des choses cachées depuis la fondation du monde,*
Paris, Grasset, 1978; cf. aussi, *Le Bouc émissaire,* Paris, Grasset, 1982.

11. B.-H. LÉVY, *Le Testament de Dieu,* Paris, Grasset, 1979.

12. E. JÜNGEL, *Gott als Geheimnis der Welt,* Tübingen, J.B.C. Mohr,
1977; trad. franç., Dieu mystère du monde, Paris, Cerf, «Cogitatio
Fidei» nos 116-117, 1983.

13. H. KÜNG, *Existiert Gott?,* München, Piper, 1978; trad. franç.,
Dieu existe-t-il?, Paris, Seuil, 1981.

14. Cf. *supra,* chap. VII.

de souligner la différence entre le « théologique » de nature proprement ontologique et le « théologique » qui vient proprement de Dieu, de même que la différence entre le Dieu subsistant du théisme métaphysique et le Dieu de Jésus-Christ (cf. l'ouvrage de C. Duquoc *Dieu différent* [15] ou l'ouvrage collectif sous la direction de J. Moingt *Dire ou taire Dieu* [16]). Dans le sens d'une critique de la théologie conceptuelle qui en reste au niveau de la *représentation* au sens péjoratif de Heidegger, les théologiens ont beaucoup reçu d'ouvrages philosophiques comme celui de Stanislas Breton *Du principe* [17] et celui de Jean-Luc Marion *L'Idole et la distance* [18]. Ce jeune philosophe montre que le Dieu conceptuel de l'onto-théologie pourrait bien n'être qu'une « idole », c'est-à-dire la mise à la disposition de l'homme du divin dans la méconnaissance de sa distance absolue.

La critique marxiste de l'idéologie

De plus en plus, le théologien doit répondre à la question : « D'où parlez-vous ? » Les théologiens français sont devenus très sensibles à la fonction idéologique que peut exercer la théologie à un moment historique donné. Ils savent qu'il n'y a pas de discours théologique innocent. Il n'est pas nécessaire d'être marxiste pour prendre au sérieux l'idée que l'histoire des images sur Dieu a un lien avec l'histoire économique des sociétés. Il

15. C. Duquoc, *Dieu différent*, Paris, Cerf, 1977. On peut déceler la même orientation dans plusieurs ouvrages de la collection « Jésus – Jésus-Christ » dirigée par J. Doré et publiée chez Desclée. Cette nouvelle collection qui compte déjà dix-sept titres témoigne de la vitalité de la théologie française, une théologie attentive à la pratique pastorale et à la vie des communautés chrétiennes, et qui accepte de se laisser questionner tant par les sciences humaines que par les religions non chrétiennes.

16. « Dire ou taire Dieu. Le procès de Dieu entre paroles et silences », *Recherches de sciences religieuses*, Paris, 1979, avec en particulier les contributions de J. Moingt, S. Breton, M. de Certeau, J. Greisch.

17. S. Breton, *Du Principe. L'organisation contemporaine du pensable*, « Bibliothèque des sciences religieuses », Paris, Aubier-Cerf, 1971.

18. J.-L. Marion, *L'Idole et la distance*, Paris, Grasset, 1977. Voir aussi du même auteur : *Dieu sans l'être*, Fayard, 1982, qui conteste encore plus radicalement la tradition onto-théologique.

s'agit donc de savoir quand la théologie dégénère en idéologie au service des diverses formes de pouvoir, qu'il s'agisse du pouvoir à l'intérieur de l'Église ou du pouvoir politique dans la société environnante. Comment nier, par exemple, qu'un certain discours sur Dieu puisse fonctionner comme justification d'un ordre social injuste ? Les théologies de la libération ont pratiqué un tel discernement. On trouve aussi en France des travaux dans le même sens : *Christianisme sans idéologie* de C. Wackenheim [19] et *Pouvoir et vérité* [20], ouvrage collectif de la Faculté de théologie de Strasbourg.

La déconstruction du langage

La théologie dogmatique française cherche encore sa voie dans la mesure où elle connaît un ébranlement de ses présupposés philosophiques qui correspond à la crise profonde de la philosophie française. J'ai déjà évoqué la critique de l'onto-théologie. Jean-Paul Sartre qui cherchait à réconcilier phénoménologie, existentialisme et matérialisme historique a dominé la philosophie française des années quarante et cinquante. Les tentatives de renouvellement de la dogmatique à partir de l'existentialisme et du personnalisme ont été sans lendemain. La philosophie sartrienne était encore une philosophie du sujet et de la liberté créatrice. Or, une telle philosophie a été remise radicalement en cause par le structuralisme français des années soixante (M. Foucault, L. Althusser, J. Lacan, C. Lévi-Strauss).

Ce qui caractérise la révolution culturelle opérée par le structuralisme, c'est la mise à mort de l'homme comme *sujet* au sens classique de la tradition philosophique. On ne retient de l'homme que ce qui est formalisable. L'homme, comme sujet concret se faisant dans l'histoire, comme intentionnalité signifiante, disparaît. En combattant l'idéologie de l'homme sujet de l'histoire, le structuralisme s'attaque aussi bien à l'humanisme théologique qu'aux humanismes tels que l'existentialisme et le marxisme qui, malgré leur athéisme, apparaissent comme des théologies masquées qui divinisent secrètement l'homme. Avec

19. C. WACKENHEIM, *Christianisme sans idéologie,* Paris, Gallimard, 1974.
20. Travaux du C.E.R.I.T. dirigés par M. MICHEL, *Pouvoir et vérité,* Paris, Cerf, «Cogitatio Fidei», n° 108, 1981.

J. Derrida *(De la grammatologie),* ce mouvement de pensée trouvera son expression radicale. Il veut pousser jusqu'à ses ultimes conséquences la déconstruction de la métaphysique comme onto-théologie opérée par Heidegger. En remettant en cause la relation signifiant-signifié qui est au principe de toute herméneutique, il fait finalement le procès de toute philosophie du sens, qu'elle soit classique, c'est-à-dire métaphysique, ou moderne, c'est-à-dire husserlienne ou même heideggérienne (cf. *supra,* notre chap. II). Le radicalisme de Derrida remet en cause toute possibilité de discours théologique. Certains théologiens français cherchent cependant à relever le défi. Il faut signaler ici la tentative d'A. Delzant. Dans son ouvrage *La Communication de Dieu*[21], il rompt délibérément avec les présupposés onto-théologiques de la théologie et de l'herméneutique traditionnelles auxquelles il reproche leur anthropocentrisme secret, et, à partir de la catégorie d'*alliance* comme ordre symbolique, il ouvre les voies d'un discours neuf sur Dieu qui soit sous le signe de la gratuité et non de l'utilitarisme.

Après avoir brièvement rappelé les conditionnements culturels majeurs de la pensée théologique française, que conclure sur les tendances générales de la théologie dogmatique qui se cherche en France sous forme d'articles ou d'essais?

1. C'est une théologie qui prend acte du déclin de la métaphysique et qui s'efforce de laisser Dieu être le Dieu de la révélation, plutôt que de le reconstruire conceptuellement. Plutôt que de penser Dieu dans le discours de la représentation, elle cherche à penser Dieu à partir de la catégorie d'avènement (cf. A. Dumas, *Nommer Dieu*[22]). Il s'agit de méditer l'avènement d'un Dieu qui se manifeste dans les événements de l'histoire et du monde, qui se manifeste plus dans l'altérité que dans l'identité; dans l'écart, la gratuité et l'excès plus que dans l'immédiateté de sa présence (cf. M. Corbin, *L'Inouï de Dieu*[23]). À cet

---

21. A. Delzant, *La Communication de Dieu. Par-delà utile et inutile. Essai théologique sur l'ordre symbolique,* Paris, Cerf, «Cogitatio Fidei», n° 92, 1978. Comme exemple d'une voie nouvelle pour poser la question de Dieu, on doit citer aussi l'ouvrage récent de G. Lafon, *Le Dieu commun,* Paris, Seuil, 1982.

22. A. Dumas, *Nommer Dieu,* Paris, «Cogitatio Fidei» n° 100, Cerf, 1980.

23. M. Corbin, *L'Inouï de Dieu,* Bruges, DDB, 1980.

égard, on ne doit pas négliger l'influence croissante de l'œuvre d'E. Levinas sur les théologiens français.

2. C'est une théologie qui cherche à repenser la transcendance de Dieu comme transcendance de l'Amour et non comme transcendance de l'Être absolu. Dans cette perspective, à la suite de Rahner et de Moltmann, elle cherche à dépasser l'opposition classique entre l'immutabilité de Dieu et le devenir. Il s'agit de repenser l'événement de l'Incarnation comme universel concret et au-delà de la conceptualisation classique de renouveler notre intelligence des attributs concrets de Dieu (son amour, sa passibilité, sa vulnérabilité). L'événement historique ne se réduit pas à sa factualité contingente. Comme l'a pressenti Hegel, il appartient à l'émergence même de la vérité.

3. C'est une théologie qui, au-delà du nihilisme et du théisme, cherche une réponse à l'injustifiable du monde actuel dans le Dieu crucifié. Dans ce nom blasphématoire de *Dieu crucifié,* ce qui nous a été révélé avant toute théologie de la Rédemption, c'est la solidarité de Dieu avec l'injustifiable par excellence, à savoir l'innocent qui souffre. La théologie française a cherché à exploiter les intuitions maîtresses de Bonhoeffer quand il affirme que c'est la religion en général qui renvoie l'homme à la Toute-Puissance de Dieu. La Bible, elle, renvoie l'homme à la faiblesse et à la souffrance de Dieu. On peut citer en particulier les ouvrages de F. Varillon, *L'Humilité de Dieu* et *La Souffrance de Dieu* [25]. Et *Le Dieu crucifié* de J. Moltmann a trouvé une grande audience en France. Comme « Théologie de la Croix », l'œuvre théologique la plus originale en langue française qui mérite d'être citée est l'ouvrage de Stanislas Breton, paru dans la collection « Jésus-Jésus-Christ » [26].

4. Je signale enfin l'influence de la théologie orientale sur certains milieux théologiques français très attentifs au retour de l'Esprit et à la signification ecclésiale du mouvement charismatique. Il y a eu l'âge de la « concentration christologique ». Il y

24. Sur cette recherche du nom propre du Dieu chrétien au-delà du nihilisme et du théisme, voir *supra,* notre chapitre VIII : « Père comme nom propre de Dieu».

25. F. VARILLON, *L'Humilité de Dieu,* Paris, Centurion, 1974 : *La Souffrance de Dieu,* Paris, Centurion, 1975.

26. S. BRETON, *Le Verbe et la Croix,* Paris, Desclée, coll. « Jésus – Jésus-Christ », 1981.

a encore l'âge de la «nomination de Dieu». Il y a déjà l'âge de la «célébration pneumatologique». Est-ce un hasard si la dernière grande œuvre du Père Congar est consacrée au troisième article : *Je crois en l'Esprit Saint ?* [27].

B. La théologie fondamentale comme herméneutique

La situation culturelle propre à la France, caractérisée en particulier par une crise des fondements métaphysiques et une crise du langage du sens, conduit nécessairement à des recherches multiples qui relèvent de ce qu'on appelle la théologie fondamentale. Il s'agit d'assurer la crédibilité du christianisme et les conditions de validité du discours sur Dieu.

Il va de soi que l'on ne peut plus se contenter d'une apologétique qui fournirait une crédibilité extrinsèque du christianisme. Il s'agit de montrer à partir de la logique même de la foi que le christianisme est plein de sens pour l'existence humaine.

Dans cette perspective, la théologie fondamentale en France tend à se comprendre comme une herméneutique de la Parole de Dieu. Qui dit herméneutique dit interprétation des textes et primauté de la recherche du *sens* sur le seul souci de la vérité objective. Sans doute, cette promotion du sens ne peut aboutir à faire l'économie de la vérité. La grande mutation dans le travail théologique, c'est que le théologien travaille moins sur des énoncés objectifs intemporels dont il cherche l'intelligence spéculative que sur des textes (Écritures saintes – écritures dogmatiques – écritures théologiques) pris dans leur épaisseur textuelle et dont il cherche à actualiser les multiples sens.

En France, la situation de la théologie fondamentale est commandée par la contestation d'une métaphysique fondée sur l'ordre de la nature et d'une philosophie centrée sur la subjectivité existentielle. On prend ses distances non seulement par rapport à une théologie classique qui pensait pouvoir fournir une justification rationnelle de la foi à partir d'une élucidation des facultés d'accueil de l'homme considéré comme nature spirituelle, mais aussi de la philosophie transcendantale au sens de Rahner ou du personnalisme théologique qui sont sous le signe du primat de la subjectivité humaine.

Il semble que le lieu privilégié d'une précompréhension de la

27. Y. CONGAR, *Je crois en l'Esprit Saint,* Paris, Cerf, 3 vol., 1979-1980.

foi serait le langage symbolique, qu'il s'agisse de l'archéologie humaine révélée dans le langage mythique ou des latences humaines enfouies dans le langage de l'inconscient mis à jour par la psychanalyse. À cet égard, beaucoup d'essais théologiques français ont reçu une impulsion décisive des travaux en herméneutique de Paul Ricœur [28] et des recherches sur le langage analytique d'Antoine Vergote [29]. La tâche d'une théologie fondamentale est de déchiffrer les significations cachées dans le langage symbolique et de manifester à la fois les continuités et les ruptures avec les grands symboles du langage biblique. Qu'il suffise de penser à des thèmes comme ceux de la loi, de la transgression, de l'innocence, du Père, du désir d'une patrie, du paradis perdu. Et un auteur comme René Girard veut nous persuader de cette richesse inépuisable des grands mythes bibliques, alors que depuis Freud nous sommes tentés d'interpréter notre inconscient collectif uniquement à partir des mythes des tragiques grecs.

Je sais bien la difficulté de cette identification de la théologie fondamentale et de l'herméneutique alors que cette dernière est l'objet d'un soupçon radical de la part du structuralisme. Mais il est trop facile de faire le procès de l'herméneutique sous prétexte que son destin est lié de manière inéluctable à celui de la métaphysique. En face du langage symbolique de la révélation, on ne peut se contenter d'une approche linguistique. Il relève aussi d'une étude sémantique. Par ailleurs, tout langage relève d'une phénoménologie par laquelle on tâche de ressaisir l'intentionnalité signifiante qui préside au discours. Il faut même ajouter que l'on ne peut faire l'économie d'une philosophie du langage où l'on considère le langage comme modalité d'être. Avant d'être une parole adressée à quelqu'un, le langage est un *dire :* il est une parole comme manifestation d'être. Le niveau ontologique du *dire* comme manifestation universelle de l'être est le présupposé nécessaire d'une théologie de la Parole de Dieu.

Enfin, les analyses structurales du langage conduisent à un déplacement de l'herméneutique qui peut être d'un grand béné-

---

28. Parmi les nombreux travaux de P. Ricœur, voir en particulier: *Le Conflit des interprétations,* Paris, Seuil, 1979 et *La Métaphore vive,* Paris, Seuil, 1975.

29. A. Vergote, *L'Interprétation du langage religieux,* Paris, Seuil, 1974.

fice pour le travail théologique[30]. L'herméneutique moderne réagit contre le romantisme de Schleiermacher et de Dilthey. Elle cherche à privilégier l'objectivité du texte, non pas au sens où il y aurait déjà là un sens donné, objectivé, qu'il suffirait de déchiffrer, mais au sens où, comme dit Paul Ricœur, il y a un *monde du texte* qui renvoie à une représentation originale du monde et de l'homme[31]. Dans le cas du texte biblique, c'est cet être nouveau du texte qui est créateur de quelque chose de nouveau dans l'homme, de son «être nouveau». Le discours théologique compris comme herméneutique ne cherche pas à expliquer les grandes catégories de la révélation à partir de concepts qui lui sont extrinsèques. Elle s'efforce de parvenir à une «monstration» de la vérité originaire des symboles clés de l'univers biblique.

C. La pratique comme lieu théologique

Dans mon effort pour restituer le paysage intellectuel de la théologie française, je ne puis passer sous silence l'attention accrue des théologiens français pour les pratiques, qu'il s'agisse de la pratique historique des hommes en général ou des pratiques individuelles ou sociales des chrétiens. Comme je l'ai dit plus haut, c'est le lieu par excellence d'un dialogue fécond entre les sciences humaines et la théologie. Nous disposons déjà d'un certain nombre de travaux significatifs où des théologiens renouvellent notre intelligence du mystère chrétien en mettant en œuvre les pratiques et les résultats d'une science humaine. Je pense à Gérard Defois[32] et Jacques Audinet[33] pour la sociolo-

---

30. Nous avons essayé dans notre chapitre II de mesurer les conséquences pour la théologie de ce déplacement de l'herméneutique contemporaine.

31. Cf. P. RICŒUR, «Herméneutique philosophique et herméneutique biblique», dans *Exegesis. Problèmes de méthode et exercices de lecture* (Genèse 22 et Luc 15), Neuchâtel, Delachaux & Niestlé, 1975, pp. 216-228.

32. G. DEFOIS, «Révélation et société. La constitution *Dei Verbum* et les fonctions sociales de l'Écriture», *Recherche de Sciences Religieuses* (1975), pp. 457-504.

33. J. AUDINET, «Théologie pratique et pratique théologique», dans *Le Déplacement de la théologie*, Paris, Beauchesne, 1977, pp. 91-107.

gie, à Jacques Pohier [34], Denis Vasse [35], Xavier Thévenot [36] pour la psychanalyse, à Guy Lafon [37] et Antoine Delzant [38] pour la linguistique, à Louis-Marie Chauvet [39] et Michel de Certeau [40] pour l'anthropologie culturelle. Il est intéressant par exemple de noter que, dans une maison d'édition comme le Cerf, on a vu la naissance, en 1972, d'une collection « Sciences humaines et religions » à dominante sociologique ; en 1974, la collection liturgique bien connue « Lex orandi » s'est transformée et a pris le titre « Rites et Symboles » ; et en 1976, la collection « Cogitatio Fidei » a pris comme sous-titre : « Théologie et sciences religieuses ».

La théologie française a toujours eu une orientation pastorale. Elle est moins académique que la théologie allemande. Aujourd'hui encore, elle a la hantise de surmonter le fossé entre le dire théorique de l'Église et le faire concret dont témoigne la pratique des chrétiens. On trouvera un exemple particulièrement significatif de cette théologie française non académique et attentive à l'expérience concrète dans l'œuvre théologique de J.-P. Jossua (plusieurs ouvrages publiés au Cerf). On parlera justement de théologie pratique (cf. R. Marlé [41]) pour désigner une théologie qui non seulement part de la pratique comme lieu théologique, mais est prête à se laisser mettre en question par la pratique. Il ne s'agit pas de donner un primat à la pratique, ni d'identifier théorie et pratique, mais de parler d'une tension entre les deux. Une théorie a constamment besoin d'être vérifiée ou infirmée par la pratique. Et celle-ci doit être de nouveau

---

34. J. POHIER, *Au nom du Père. Recherches théologiques et psychanalytiques,* Paris, Cerf, 1972 ; *Quand je dis Dieu,* Paris, Seuil, 1977.

35. D. VASSE, *Le Temps du désir. Essai sur le corps et la parole,* Paris, Seuil, 1969.

36. X. THÉVENOT, *Repères éthiques,* Mulhouse, Salvator, 1982 ; *Sexualité et vie chrétienne, point de vue catholique,* Paris, Centurion, 1981.

37. G. LAFON, *Esquisses pour un christianisme,* Paris, Cerf, 1979.

38. A. DELZANT, *op. cit.*

39. L.-M. CHAUVET, *Du symbolique au symbole. Essai sur les sacrements,* Paris, Cerf, « Rites et symboles », nᵒ 9 (1979).

40. M. DE CERTEAU et J.-M. DOMENACH, *Le Christianisme éclaté,* Paris, Seuil, 1974.

41. R. MARLÉ, *Le Projet de théologie pratique,* Paris, Beauchesne, 1979.

transcendée par la théorie. À ce prix, on peut parler d'une théorie critique. À ce prix aussi, c'est-à-dire au prix d'une confrontation incessante du croire et du faire, on peut parler d'une théologie critique. Les théologiens français ont le souci de ne pas se contenter d'un discours théologique qui ne déboucherait pas sur une pratique. Mais en même temps, ils sont de plus en plus attentifs aux pratiques historiques des chrétiens. Il s'agit là en effet de pratiques signifiantes qui sont créatrices de sens nouveaux et d'interprétations nouvelles du message chrétien.

Comme l'a montré l'histoire ultérieure du marxisme et comme le soulignent aujourd'hui les représentants de l'École de Francfort, le projet d'une identification de la théorie et de la pratique est un idéal impossible qui risque de nous faire retomber dans un nouveau dogmatisme. Mais nous n'avons pas encore mesuré toutes les conséquences d'une nouvelle intelligence des rapports entre théorie et pratique pour la manière de pratiquer la théologie [42].

À moins d'être de plus en plus culturellement marginalisée, la théologie ne peut ignorer qu'il y a d'autres approches de la vérité que celle de la connaissance spéculative au sens classique. Le fameux dialogue avec les sciences humaines peut être sans lendemain s'il s'agit seulement de « récupérer » en théologie les résultats des sciences humaines. Les théologiens français comprennent de mieux en mieux qu'il s'agit d'accepter la remise en question de notre rationalité théologique par les nouvelles rationalités mises en œuvre par les sciences humaines dans leur approche de la réalité, qu'il s'agisse de la société ou de l'homme. Or, justement, leur approche n'est pas celle d'un savoir totalisant. Il s'agit beaucoup plus d'une entreprise qui est inséparablement vérification et production de rationalité.

Le débat le plus urgent est donc d'ordre épistémologique. Il faudrait acclimater en théologie ce que Michel Foucault appelle l'« aléthurgie », c'est-à-dire cette intrication du vrai et du faire qui s'impose de plus en plus comme un lieu de vérification mutuelle. On peut accepter de définir la théologie comme une herméneutique de la Parole de Dieu. Mais il ne peut s'agir d'une interprétation théorique de l'Écriture qui fasse abstraction de la

---

42. Un ouvrage collectif comme *Le Déplacement de la théologie* essaie de réfléchir sur ses conséquences: voir les conclusions par C. GEFFRÉ, J. AUDINET, P. COLIN, *op. cit.*, pp. 169-184.

pratique actuelle des chrétiens. La théologie n'est pas un savoir absolu, antérieur à la praxis chrétienne, celle de la foi et de la charité. C'est celle-ci qui est le lieu adéquat de l'interprétation de l'Écriture. La pratique concrète des chrétiens est autre chose que le champ d'application d'une théologie dogmatique immuable ou même le simple conditionnement accidentel d'un message chrétien déjà tout constitué. Dans une vision de foi qui fait sa place à l'action permanente de l'Esprit, il faut comprendre la pratique historique des chrétiens et des diverses Églises comme des pratiques signifiantes qui sont au service d'une réinterprétation créatrice du message chrétien.

Ainsi, l'importance donnée à la pratique comme lieu théologique entraîne un véritable retournement dans la manière de concevoir le travail théologique. La théologie comme théologie de la praxis ne peut se contenter d'une interprétation différente du message chrétien. Elle est créatrice de nouvelles possibilités d'existence [43]. À partir du moment où l'on prend au sérieux la pratique propre à chaque Église en tant qu'elle est conditionnée par une culture originale et par des mouvements historiques spécifiques, on doit renoncer à l'idéal illusoire d'une théologie universelle valable pour toute l'Église. Nous vivons désormais dans une situation de pluralisme théologique insurmontable. Nous savons déjà l'importance des théologies latino-américaines comme théologies dites de la libération. Mais nous connaissons aussi des essais de théologie africaine, asiatique... À Paris surtout, du fait de la présence de nombreux étudiants venant des Églises du Tiers-Monde, nous sommes très attentifs à ce phénomène nouveau. L'avenir de la théologie chrétienne ne se joue plus uniquement en Occident. Nous sommes donc invités à remettre en cause l'ethnocentrisme occidental de notre théologie et à nous ouvrir aux possibilités nouvelles d'intelligence de la foi que nous proposent d'autres mondes culturels. Les études de doctorat de l'Institut catholique de Paris dont j'ai la responsabilité comportent plusieurs séminaires de réflexion sur les rapports entre la théologie chrétienne et les cultures non occiden-

---

43. Sur cette dimension pratique de l'herméneutique, on se reportera tout spécialement à P. GISEL, *Vérité et histoire. La Théologie dans la modernité: Ernst Käsemann*, Genève-Paris, Labor et Fides-Beauchesne, 1977.

tales, et plusieurs travaux de thèse s'inscrivent dans ce champ de recherche.

Ainsi, au terme de ce rapide tour d'horizon, la théologie française de l'après-Concile peut sembler modeste. Elle compte peu d'ouvrages systématiques de portée internationale. Mais elle se caractérise par une extrême attention aux signes des temps dans l'ordre culturel, social et ecclésial [44]. Par là, elle se veut au service de l'Église universelle et elle prépare peut-être des printemps théologiques nouveaux dont l'Europe n'aura pas le monopole.

---

44. La nouvelle *Initiation à la pratique de la théologie,* publiée aux Éditions du Cerf sous la direction de B. Lauret et F. Refoulé (2 vol. parus en 1982 et 3 vol. à paraître en 1983), qui a fait appel à la collaboration de soixante auteurs, tous francophones, est à ce jour le meilleur témoignage du *style* propre de la théologie française dans sa différence avec la production germanique ou anglo-saxonne.

NOTE BIBLIOGRAPHIQUE

1. Le chapitre I reprend et complète le texte d'un exposé donné lors du colloque de l'Institut catholique de Paris dont les Actes ont été publiés sous le titre : *Le Déplacement de la théologie*, Paris, Beauchesne, 1977, pp. 51-64.

2. Le chapitre II reproduit le texte d'une conférence prononcée dans le cadre du C.E.R.I.T. (Centre d'études et de recherches interdisciplinaires en théologie) de Strasbourg et publiée sous le titre « La crise de l'herméneutique et ses conséquences pour la théologie » dans *Revue des Sc. Rel.*, no 52 (1978), pp. 268-296.

3. Le chapitre III constitue le texte inédit d'une conférence prononcée dans le cadre du programme annuel de 1982 du C.E.R.I.T. de Strasbourg et qui fera l'objet d'un ouvrage collectif à paraître aux Éditions du Cerf sous le titre *La Théologie à l'épreuve de la vérité*.

4. Le chapitre IV reprend et complète un article initialement paru sous le titre « Liberté et responsabilité du théologien » dans *Le Supplément*, no 133 (1980), pp. 282-293.

5. Le chapitre V est la reprise d'une contribution à l'ouvrage collectif *Le Témoignage* (Colloque romain édité par E. Castelli), Paris, Aubier, 1972 et publiée sous le titre « Le témoignage comme expérience et comme langage. »

6. Le chapitre VI reproduit le texte d'une contribution à l'ouvrage collectif, *Religione e Politica* (Colloque romain édité par E. Castelli), Padoue, 1978.

7. Le chapitre VII reprend le texte, profondément remanié, d'un article paru sous le titre « La crise moderne du théisme » dans *Le Supplément*, no 122 (1977), pp. 357-379 et qui avait fait

initialement l'objet d'une conférence prononcée lors d'un colloque international de l'abbaye de Sénanque entre juifs, chrétiens et musulmans.

8. Le chapitre VIII reproduit le texte d'un article publié dans la revue *Concilium,* n° 163 (1981), pp. 57-77.

9. Le chapitre IX reprend et complète le texte d'un exposé fait lors d'un colloque organisé en mai 1982 à l'Institut catholique de Paris à l'initiative de la Mission ouvrière et qui a été publié dans la *Revue de l'Institut catholique de Paris,* n° 3 (1982), pp. 3-22.

10. Le chapitre X modifie et complète un texte initialement paru dans *Le Supplément,* n° 140 (1982), pp. 103-129 sous le titre « Les exigences d'une foi critique face à une culture non chrétienne » et qui avait pour origine une conférence donnée en août 1981 à Grottaferrata lors des Journées romaines qui réunissent les dominicains travaillant en terre d'islam.

11. Le chapitre XI reprend et complète le texte d'une contribution à l'ouvrage collectif *Herméneutique de la sécularisation* (colloque romain édité par E. Castelli), Paris, Aubier, 1976.

12. Le chapitre XII développe un texte inédit dont le point de départ fut une conférence prononcée à Rome en septembre 1978 lors de la réunion annuelle du C.E.C.C. *(Catholics in Europe Concerned with China).*

13. Le chapitre XIII reprend le texte inédit d'une conférence prononcée en mai 1982 lors de la 3e Rencontre islamo-chrétienne de Tunis sur « Islam-Christianisme et Droits de l'homme ».

14. Le chapitre XIV reprend et complète le texte d'une communication rédigée à la demande du Secrétariat pour l'unité en vue de la rédaction du *Memorandum* catholique sur la Mission adressé au Comité central chargé de la préparation de l'Assemblée œcuménique de Vancouver (juillet 1983).

15. L'épilogue reprend le texte d'une conférence prononcée en novembre 1981 devant la Société suisse de théologie et également à Varsovie et Cracovie. Le texte initial a paru dans la *Rev. de théol. et de phil.,* n° 114 (1982), pp. 227-245, dans *Rivista di teologia morale,* n° 54 (1982), pp. 187-207 et dans la revue polonaise *ZNAK* n° 337 (1982), pp. 1575-1593.

INDEX DES NOMS D'AUTEURS

TABLE DES MATIÈRES

Deuxième partie

LE TÉMOIGNAGE INTERPRÉTATIF DE LA FOI

Troisième partie

LA PRATIQUE DES CHRÉTIENS RÉINTERPRÈTE LE CHRISTIANISME

Achevé d'imprimer en avril 1983
sur les presses de l'Imprimerie Saint-Paul
55001 Bar le Duc, France
Dépôt légal : avril 1983
Nº d'Ed. 7657
Nº 2-83-142

COGI TATIO FIDEI

Théologie et sciences religieuses
Cogitatio fidei

Collection dirigée par Claude Geffré

L'essor considérable des sciences religieuses provoque et stimule la théologie chrétienne. Cette collection veut poursuivre la tâche de *Cogitatio fidei*, c'est-à-dire être au service d'une intelligence critique de la foi, mais avec le souci d'une articulation plus franche avec les nouvelles méthodes des sciences religieuses qui sont en train de modifier l'étude du fait religieux.